Peter Rosei
Die große Straße

Peter Rosei

Die große Straße

Reiseaufzeichnungen

Residenz Verlag

Wir danken für die Unterstützung

Bibliografische Information der Deutschen Nationalbibliothek
Die Deutsche Nationalbibliothek verzeichnet diese Publikation in
der Deutschen Nationalbibliografie; detaillierte bibliografische Daten
sind im Internet über http://dnb.dnb.de abrufbar.

www.residenzverlag.at

© 2019 Residenz Verlag GmbH
Salzburg – Wien

Umschlaggestaltung: Thomas Kussin/Buero 8
Typografische Gestaltung, Satz: Lanz, Wien
Lektorat: Jessica Beer
Gesamtherstellung: CPI books GmbH, Leck

ISBN 978 3 7017 1717 0

Vorbemerkung

Nicht jede Reise, die ich je unternommen habe, habe ich auch dokumentiert. Ich bin viel mehr herumgekommen. Vielfach habe ich keine Aufzeichnungen gemacht, aus welchen Gründen auch immer.

Die sich aufdrängende Organisation der Texte an der Zeitlinie entlang kam mir bald nichtssagend vor, weil letztlich zufällig. Weshalb fährt man erst dorthin und dann dahin? Ich weiß es nicht. Es ergibt sich. Also habe ich versucht, die Texte einer inneren Notwendigkeit nach anzuordnen, um so besser herauszubringen, was sie eigentlich ausmacht und verbindet.

Nebenbei ist hier zu sehen, wie einer wurde, was er ist; zugleich aber, wie einer blieb, was er war – eine Art von Lebensgeschichte, in Form eines Logbuchs.

Der erste Teil besteht im Großen und Ganzen aus Aufzeichnungen aus den letzten Jahren, Reisen, die vielfach nach Asien führten, mit ein paar Einsprengseln von früher: Ich habe ihn mit *Weiter, Weiter* übertitelt. Folgt ein amerikanischer Block, aus unterschiedlichen Zeiten datierend: *The Americas*. Folgt Europa, Reisen der achtziger und neunziger Jahre, die vielfach *Bildungsreisen* waren, mehr oder weniger nach Destinationen angeordnet. Zuletzt das Material aus den Siebzigern, das ich seinerzeit unter dem vielleicht gar nicht so illusorischen Titel *Reise ohne Ende* veröffentlicht hatte.

Etliche Texte habe ich ausgeschieden, einige wenige unwesentlich verändert, die große Zahl nahm ich unverändert auf.

Die Dankbarkeit, die mich während der Arbeit an der Sammlung gelegentlich überfiel, war so real und wahrhaftig, wie ich wahrhaftig nicht weiß, an wen sie sich richtete – sie war einfach da.

Weiter, Weiter

China zu verstehen (2012)

Ironischer-, aber vielleicht auch passenderweise habe ich während meiner dreiwöchigen Reise das alte, das ewige, das ländliche China nur zwei Mal zu Gesicht bekommen, einmal durch das Fenster eines Hochgeschwindigkeitszuges von Chengdu nach Chongqing, das zweite Mal aus dem Fenster eines Flugzeuges von Xi'an nach Beijing: tiefgrün und feucht das Land im Süden, regelrecht prangend, eher trocken, braun und von einer Art Sparsamkeit geprägt im Norden. Sehr gebirgig alles. (Eine dieser Seltsamkeiten: China hab' ich mir immer als große Ebene vorgestellt.) Wie ein Garten das Land, so weit man schauen kann, fein unterteilt in nahtlos aneinandergefügte Felder und Beete, das Gelände terrassiert und gegliedert, wo immer es notwendig ist, bis in höchste Höhen hinauf: So entsteht der Eindruck einer zweiten Natur, die sich die erste und gegebene vollkommen anverwandelt hat.

Stellen Sie sich etwa hundert Meter hohe Gebäude vor, dreißig, vierzig Stockwerke hoch, keine Türme allerdings, sondern zwei-, dreihundert Meter breit und wallartig aufragend. Platzieren Sie diese Blöcke, voneinander getrennt jeweils durch Grünflächen, auf ebenem Terrain, so weit die Sicht reicht. Sind Sie am Horizont angekommen, stellen Sie weitere Gebäude derselben Art wieder bis zum Horizont auf und immer so fort. Gliedern Sie das so entstandene Revier durch sechsbahnige Straßen, flankiert von Nebenfahrbahnen, legen Sie einen Schachbrettraster an. Komplettieren Sie das Ganze mit Hochbahnen oder zusätzlichen Autobahnen auf Stelzen: Interchanges, Thruway, Expressway, Highway – Straßen, die zwischen den Blocks gleichsam in die Unendlichkeit führen.

Baudrillard hat Los Angeles als die horizontale Stadt schlechthin beschrieben. Es stimmt schon: Schaut man von den Hills gegen Süden, dehnt sich die Stadt, dehnt und dehnt sich aus, in ihrer Hauptmasse, Downtown abgerechnet, besteht sie aus ein- oder zweistöckigen Häusern. Wer kennt nicht das Bild des nächtlichen Los Angeles, wenn die Boulevards wie Perlenschnüre in der Finsternis glitzern, die Vergnügungsmeilen wie giftig entzündete Herde schillernd sich abheben.

In der chinesischen Metropole ist der urbane Traum zu Ende gedacht: Gleichsam ohne Anfang und Ende, gleichförmig – manche nennen es gesichtslos – und auffällig *un*fremd präsentiert sich die Stadt, da und dort zu Einkaufsmeilen oder Geschäftsclustern verdichtet: Otto Wagner mit seinen Plänen für die endlose Großstadt hätte hier seine Freude.

Gleich am ersten Abend in Shanghai werfe ich mich ins Getümmel, unter einer Hochbahn durch, an den Straßen entlang Stände, wo ausgekocht wird, Fleischspieße, Omeletten, Suppendunst, in halber Dunkelheit, schwankende Lampen, diesig dunkle, smoggesättigte Luft, der Verkehr tobt, die Passanten kaufen von am Boden ausgebreiteten Planen Zwiebeln oder Lauch, direkt vom Bauern, an den Gehsteigrändern, im Schatten der Wohntürme, möchte ich sagen, sitzen Männer beim Schach, beim Mah-Jongg, oder sie spielen Karten, geradeso, als wäre da ein beschaulicher Dorfplatz und nicht die wild dahintosende Stadt.

New York wirkt im Vergleich dazu wie Historyland, eine Art gepflegter Puppenküche, Chicago wie ein stromlinienförmiges, blankpoliertes Maschinenteil, Detroit wie ein verwahrloster Schrebergarten – und Wien? Das lässt sich eben nicht sagen.

Die chinesische Metropole ist inkommensurabel. Mit europäischen Verhältnissen hat das nichts gemeinsam. Keine Referenzgrößen. Du musst dir eine neue Sprache erfinden, willst du das in den Griff bekommen. Der Umschlag von der Quantität in die Qualität, hier wird er vorgeführt: Macht eine Million Menschen das Gleiche wie, sagen wir, hunderttausend, wird etwas ganz anderes daraus.

Alle Städte, die ich in China besuchte, haben zumindest so viele Einwohner wie ganz Österreich insgesamt, manche ein Mehrfaches.

»Ja, als Kind habe ich gelegentlich die Sterne gesehen«, sagt einer meiner Begleiter während einer Nachtfahrt zu mir. Tagsüber scheint die Sonne, sichtbar als helle Blesse im grauen, bald silbrig glitzernden, bald hastig in Schwaden oder Fetzen vorüberjagenden Dunst. Wie Unterseeboote in einem wellenlosen Meer stehen die Hochbauten da, ahnungsvoll und düster.

Als ich wieder einmal mit einem dieser Taxifahrer die Stadt durchquere – mittlerweile sind mir alle Städte in der Vorstellung zu einer einzigen Superstadt verschmolzen –, wünsche ich mir, er möge doch noch schneller, noch irrer und rücksichtsloser fahren, ich würde dann endlich ans Ziel kommen – an irgendein Ziel.

Wer weiß, gibt es den Dichter schon, der das Schicksal der Millionen Wanderarbeiter beschreibt, die die Gebäude errichtet haben. Hoch oben bei den Wolken arbeiten sie. In der chinesischen Kunst spielen Wolken eine hervorragende Rolle. Dort oben wohnt der mythische Drache. Der Riesenvogel Rokh wird sich einmal erheben und seine Flügel ausspannen und dann …

Wenn der Architekt Wang Shu, der Pritzker-Preisträger, in einem Interview über seine Landsleute anmerkt:»I hope they will realize that our country cannot develop at the cost of destroying our history«, ist da was Wahres dran. (In chinesischen Städten findet sich kaum eine Altstadt.) Wie allerdings Wohnraum für Millionen und Abermillionen von Menschen in so kurzer Zeit sonst hätte geschaffen werden können, ist eine andere Frage.

Es ist doch auch chinesisches Leben, wenn eine Großmutter ihr Enkelkind aus der Flasche füttert, irgendwo im Trubel einer Metrostation, der Menschenstrom zieht im Glanz von Stahl, Neon und Marmor vorbei, wenn die Einwohner abends aus ihren Blocks heraustreten, mit vor der Brust verschränkten Armen dastehen, Bier aus der Flasche trinken und sich über ihre Angelegenheiten unterhalten.

Viele beklagen das Rücksichtslose einer nur aufs Geldverdienen abgestellten Gesellschaft. Hier ist einer nur Mensch, wenn er Geld hat, sagt man voll Bitterkeit zu mir. Richtig: Das erinnert mich an Europa und an den Rest der Welt.

Die Liste der Probleme ist lang: Sozialer Gegensatz zwischen Stadt und Land, Minoritäten und fremde Nationalitäten, Menschenrechte, Demokratisierung, beschädigte Umwelt. Ich traue es den Chinesen zu, diese Probleme in den Griff zu bekommen – oder hoffe ich es nur? Engagiert in die Transformation von der Agrar- zur Industriegesellschaft, in einer Bewegung begriffen, die kein Zurück erlaubt: Wie oft hat dieses Volk sich selbst aufs Neue erfunden? Vom Tiger abzusteigen ist bekanntlich schwer. Wer wüsste das besser als die Chinesen? Wer will den Prozess, der da abläuft, auch restlos durchschauen? Es kann bloß gelingen, einzelne Fakten oder Strukturen herauszugreifen, sie zu analysieren und zu versuchen, sie mit anderen in einen nachvollziehbaren Zusammenhang zu bringen: Die Verhältnisse nicht von außen zu denken und also Ratschläge zu erteilen, sondern von innen her begreifen und also Notwendigkeiten erkennen.

Allerorten in China hört man von Finanzjongleuren, von Spekulanten, von Korruption. Schlägt man *China Daily* auf: Schon platzt einem der Aufmacher über einen dingfest gemachten Großschieber entgegen. Ist Österreich jetzt am vierten oder am sechsten Platz im internationalen Korruptions-Ranking? Ein Spitzenplatz, immerhin.

Auf den Straßen der Megastädte wird dir schlagartig klar – du hast es gewusst, aber offenbar nicht verinnerlicht –, wie weit die globale Vernetzung schon fortgeschritten ist, wie abhängig wir voneinander geworden sind. In Peking oder Shanghai etwa fahren Millionen von europäischen Autos, hier fährt das Produkt unserer Arbeit, denkst du und dann: Wo gäbe es denn Arbeit, hätten wir nicht diese Kunden? Natürlich gilt das auch umgekehrt. Für die Europäer ist es von höchstem Interesse, dass das chinesische Experiment gelingt, wie es andererseits den Chinesen nicht gleichgültig sein kann, ob wir Europäer mit unseren Wohlfahrtsstaaten auf Kurs bleiben oder pleitemachen.

Bild einer großen Schleife, die die Menschheit zu gehen hat, fort und fort.

Verwechsle deine Euphorien nicht mit den Realitäten! Wenn du etwa vom Platz des Volkes kommend die Nanjing-Straße hinuntergehst, zwischen kulissenhaft aufragenden Wolkenkratzern, Shopping Malls allesamt, und du trittst aus dem Lärm der Leuchtschriften und Glitzerfassaden auf den Bund hinaus, den großartig geschwungenen Kai, mächtig biegt sich der ruhig strömende Fluss her, Schiffe und Lastkähne darauf, schnell gleiten sie bergab und schwerfällig streben sie flussauf, drüben die fantastischen Türme von Pudong, ein technisches Märchenland, es erregt dich, ob du willst oder nicht, auch wenn dir aus dem bestürzend beglückenden Augenschein auch schon die Fragen entgegenpurzeln, jene Fragen, auf die du keine richtige und also beruhigende Antwort weißt.

Da ist eine Aporie, nicht zu übersehen.

Kann man etwas finden, von dem man nicht weiß, was es ist? O doch! Wie viel in unserem Schicksal ist nicht gerade darauf gestellt? Wie viel Mut es immer braucht, wie viel Kraft, Lebendigkeit und Glück. Oder folgt doch nur ein Dilemma auf das andere?

»Lernen und das Gelernte bei Gelegenheit wiederholen – ist das nicht auch eine Freude?«, sagt Konfuzius. Man muss immer weiter lernen, auch wenn die Freude gelegentlich bitter schmeckt.

In Chengdu besuche ich die Hütte des Du Fu, meines Lieblingsdichters. Ein Garten zwischen Wolkenkratzern, darin die natürlich bloß nachgebaute Hütte. Du Fu hat im 8. Jahrhundert gelebt, in der zu Ende gehenden Tang-Zeit. Li Bai schreibt ihm zum Abschied in seinem Gedicht: »Wie Wen, der Fluss, denk ich an dich / südwärts rollen endlos seine Wellen«, und in einem zweiten: »Fort gehst du wie der Disteln Flaum fliegt / füllen wir unsere Gläser, leeren wir sie.« Du Fu schreibt ihm: »Wasser so tief, Wellen so weit, wo du bist. / Mögen die Drachen, die gehörnten Drachen, dir kein Leid antun.« – Schwere Zeiten damals, als das Tang-Reich zerfiel, eine Ära zu Ende war.

In Xi'an gehe ich unter den Bögen der Stadtmauer durch, geradewegs zum Glockenturm, der aus der Zeit stammt, als Xi'an noch Chang'an hieß und Hauptstadt eines Weltreichs war. Meine beiden Dichter haben hier gelebt. Bei Starbucks nehme ich einen Kaffee, schaue die Zeile der Läden entlang: Prada, Gucci, Tommy Hilfiger, Vuitton, Chanel … Hinten der Turm der Trommler, die islamische Vorstadt mit Suppenküchen, Ramsch und Früchten, mittendrin die alte Moschee mit ihren mächtigen Mauern.

»Wer nicht in Xi'an war, war nicht in China.« Gilt das noch? Ich weiß nicht. Auffällig jedenfalls ist die Idee von der Mitte, die Idee von der Mitte der Mitte: Weltmittelpunkt! Dementsprechend ist die alte Stadtmauer auch nicht rund, sondern als Rechteck angelegt. Hier begann die Seidenstraße. Durch die Wüsten und Bergwüsten zogen die Karawanen westwärts, nach dem Vorderen Orient, nach Europa. Im Übrigen muss man sich verdeutlichen, dass gut die Hälfte des heutigen chinesischen Territoriums dünn besiedelt und wenig fruchtbar ist: Die Millionen drängen sich im Rest des Landes.

Die Studenten, denen ich vortrage, verstehen mich, wenn ich sage: »Alles, was ich möchte, ist, mich klar und deutlich ausdrücken.« Sie fragen mich nämlich: »Was ist denn deine Wahrheit?« Sie verstehen auch, wenn ich darauf antworte: »Ich bin kein Felsen, ich bin ein Fluss.«

An den Eliteuniversitäten, wir unterhalten uns auf Deutsch, auf Englisch, ist das Niveau sehr hoch. Den Standard der chinesischen Studenten kenne ich aus den USA, es gibt dort viele von ihnen. Als Gedankenexperiment schlage ich im Workshop die Frage vor, wie denn etwa ein Roman über Beijing zu schreiben wäre. Nicht nur Sprachkenntnisse kann ich dabei voraussetzen, sondern auch ein Wissen, das etwa Wittgenstein oder Keynes oder Lévi-Strauss selbstverständlich einbegreift. Vortrag und Debatte machen da freilich Spaß, frei und offen gehen Rede und Gegenrede hin und her. Nachts im Hotel, vor dem Fernseher, erinnern gelegentlich eingeschobene Schwarzkader daran, dass es hier auch ganz anders zugehen kann.

So weit ich verstanden habe, stellt die Kommunistische Partei Chinas eine Art Parallelwelt dar, einen aus dem Hintergrund wirkenden Apparat. Wer sich nicht direkt mit ihm anlegt, merkt wenig davon. Wer sich allerdings anlegt ... Die Alltagsgesellschaft sieht sich weitgehend unbehelligt. Ein auf Erfolg und Konsum abgestelltes System hat sich etabliert, eine Ellbogengesellschaft, in der es für die meisten nur ein Ziel gibt: Nach oben zu kommen und oben zu bleiben. Kommt uns das nicht bekannt vor?

Shanghai, Qingdao, Chengdu, Chongqing, Xi'an, Beijing: Ich kehre zu den City Territories zurück. Vergleichsweise wenig Kriminalität hier, kaum Bettler und schon gar keine Junkies. Manchmal geht noch ein alter Mann im Mao-Look oder im Uniformrock der Volksarmee vorüber. Tänzer und Tai-Chi-Gruppen in jedem Park. Martial Arts und Jogging. Lastträger, die schwer beladene Körbe tragen, die von einer über den Rücken gelegten Stange herunterhängen. Schuhputzer. Gedränge überall. Gepäckkontrollen in der U-Bahn. Überhaupt der Hang, alles mehrfach zu kontrollieren, vorgewiesene Papiere abzustempeln und noch einmal abzustempeln. Bürokratische Neigung, wie ich sie etwa auch aus Japan kenne. Manchmal der Eindruck von Arbeitsplatzbeschaffung, diese personelle Übersetzung erinnert an die frühere Sowjetunion. Die jungen Leute in Jeans und Minirock, auf Stöckelschuhen die Mädchen, je nach Stadtgegend teuer oder billig aufgemacht. Alle scheinen diesem Glück nachzustreben oder nachzulaufen, das ich so gut kenne und von dem ich so wenig halte.

»Erwäge alles drei Mal, dann handle!«, sagt Konfuzius.

Es ist so viel leichter, ein *Inferno* zu schreiben als ein *Paradiso*, meinte Ezra Pound. Gerade um Letzteres wollen wir uns bemühen.

Beijing (1978)

Stelle ich Überlegungen zu einem Text über Beijing an, ist da zuerst der graugrüne oder hellgraue Platz des Himmlischen Friedens im sanftgrünen Regengrau meiner Vorstellungen, durch die kleine Radfahrer mit Pelerinen auf ihren militärgrünen Fahrrädern fahren.

Erst ist da immer ein heller, leuchtender Nebelplanet in der weiten Raumstille, langsam kreiselnd, deutlicher werdend, mit Strukturen, die an Bambusschösslinge erinnern oder an jene Blumen, die man essen kann.

Nicht dass ich China kennte, o nein, ich bin ja bloß der rote Seidenvogel, der auf seinen Flügeln diese Tuschezeichen trägt: *Ich lebe noch.*

Zwar gehöre ich einer aufstrebenden Klasse an, aber ich bin frei von Illusionen und besitze nicht die Fähigkeit zur Selbsttäuschung. Ich weiß also, wie es um uns bestellt ist, dass es mit uns schon vorbei war, noch ehe wir anfingen, an die Macht zu kommen. Wir sind, und das kann in Anbetracht unserer Jugendlichkeit kein Trost sein, Geschichte.

Ich saß in diesen Bars in den Vorstädten, und ich sah die Leute dort, und ich hörte, was sie redeten, und ich fühlte mich nicht so gut.

There is only one purpose in hand-to-hand combat, and that is to kill. Never face an enemy with the idea of knocking him out. The chances are extremely good that he will kill you.

Denke ich zurück, denke ich an Demütigungen. Man verabsäumte es nie, mir zu zeigen, wie machtlos ich war.

Ich las von Menschen, die für zwei Dollar am Tag dreizehn Stunden lang arbeiten müssen. Nachts stellen sie sich vor den Molkereien an, um morgens billige Milch zu bekommen. Wir möchten wissen, fragen sie, ob die Regierung auf unserer Seite ist oder auf der Seite derer, die uns ausbeuten. Diese Frage ist rhetorisch. Es gibt keine Regierung, die nicht auf der Seite der Ausbeuter stehen würde.

Man muss den Ausgebeuteten dienen, um nicht selbst Ausbeuter zu sein. Man muss die Menschen lieben und danach handeln.

Ich saß in diesen Bars in den Vorstädten, und ich sah die Leute dort, und ich hörte, was sie redeten, und ich fühlte mich nicht so gut.

Generally speaking, the side or heel of the boot is a better weapon than the toe, as it tends to slide off the object it is attacking.

Denke ich, denke ich, dass das Denken immer unerträglicher wird, im Angesicht dessen, was zu tun wäre.

In dieser Serie von Mao-Porträts, die Warhol nach dem offiziellen Foto verfertigt hat, lächelt der Große Vorsitzende sein Lächeln. Er lächelt und lächelt. Andy hat das sehr gut begriffen.

Erst ist da immer das finstere Vorhaus, und dann das gewundene, mit Pfeifenton geweißelte Stiegenhaus, und dann die Wohnung mit der schlecht schließenden Tür, hinter der ich aufwuchs und hinter der ich gewartet habe.

Nicht dass ich aufbegehrt hätte, o nein, ich bin ja bloß einer von den Hunden, die man losließ mit dem Zuruf: *Siege!*

Zwar gehöre ich einer aufstrebenden Klasse an, aber ich bin frei von Illusionen und besitze nicht die Fähigkeit zur Selbsttäuschung. Ich weiß also, wie es um uns bestellt ist, dass wir, weil nur mit umfassendem Neid ausgestattet, zur Veränderung nicht imstande sind. Was aus uns werden wird, wenn denn etwas werden wird, steht fest: Herren, nichts anderes.

Ich saß in diesen Bars in den Vorstädten, und ich sah die Leute dort, und ich hörte, was sie redeten, und ich fühlte mich nicht so gut.

The heart is another fatal spot to be considered in your attack, but it should be noted that the heart is well protected by the rib cage and is pretty hard to hit.

Als Antonioni seinen Film über China abgedreht hatte, warfen ihm die Chinesen vor, dass er, weil er selbst einer sterbenden Klasse angehöre, deren fatale Sicht auf die neue chinesische Gesellschaft angewandt habe. Antonioni hat das sehr gut gemacht, sein Film ist tatsächlich ein Dokument.

Denke ich an das, was zu tun wäre, denke ich an meine Unfähigkeit, das zu tun, was zu tun wäre.

Man muss den Ausgebeuteten dienen, um nicht selbst Ausbeuter zu werden. Man muss die Menschen lieben und danach handeln.

The throat is one of the most vulnerable spots in the body and should be treated as such, las ich in dem Handbuch, das ich hier im Text mehrfach zitiert habe. Ich las und las.

Denke ich an das, was kommen wird, denke ich an das, was ist. Denke ich, denke ich, dass das Denken immer unbrauchbarer wird, dieses ununterbrochene Denken.

Überprüfe ich den Text über Beijing, sehe ich, dass er mit Beijing nichts zu tun hat. Um nicht über das schreiben zu müssen, was mit Beijing so gar nichts zu tun hat, stelle ich mir den graugrünen oder hellgrauen Platz des Himmlischen Friedens vor und lasse kleine Radfahrer mit Pelerinen auf ihren militärgrünen Fahrrädern durch das sanftgrüne Regengrau meiner Vorstellung radeln: Da radeln sie.

Metropolis (1978)

Ich schreibe dieses in Bern, wohin ich aus Zürich kam. Morgen gehe ich nach Holland und dann weiter, nach woanders, und dann wer weiß wohin.

Es ist schön, aus dem Leben in den Tod zu gehen, ohne das zu beabsichtigen, einfach so frank und liederlich.

Ja, wie denn anders? Es ist mir allerdings gleichgültig, wo ich meine Sache betreibe, wenn ich nur erfahren kann, was mein Auftrag denn ist, diese Frage zu lösen.

Manchmal denke ich an die Städte des Sant' Elia. Dort sich aufzuhalten, im Aluminiumzug durch Röhrensysteme zu rasen, mit Expressliften zum Himmel zu fliegen, das könnte mir gefallen. Ich stelle mir die überdachten Straßen mit der leise brausenden Luft aus Turbinen ganz menschenlos vor im ewigen Frühling. Ich werfe Münzen ein, drücke Knöpfe, reguliere. Das tue ich, sonst nichts. Manchmal leiste ich mir den Luxus, mit einem TV-Adapter zu sprechen: Ich spreche mit mir selbst.

Stehe ich in einer nächtlich leeren Automatenstraße, bin ich so weit. Ich sehe Ginflaschen, Snacks und Damenbinden und Nylons. In der Tasche spiele ich mit den Münzen. War das in dem Film *Zabriskie Point*, wo die Märchenvilla des Managers immer wieder in Flammen explodierte und sich, zur Musik von *Pink Floyd*, alles in Nichts auflöste?

Mein Platz ist in Städten, die auf die eine oder andere Weise korrumpiert und verloren sind. In brennenden Kaufhauspalästen einzukaufen, das stelle ich mir zum Beispiel schön vor. Oder in U-Bahnen zu fahren, wo Mörder unterwegs sind, wo Irre sich der Steuerungsmechanismen bedient haben.

Versteht man mich? Ich liebe Städte wie Tokyo oder Los Angeles, die so recht die Zukunft der Stadt aufzeigen. An ihnen demonstriert das System seine Vorzüge: Kälte, Glamour und Entfremdung.

Anderswo belügt man sich und wird belogen. Es ist die Rekonstruktion eines Lebens, das längst vorbei ist. Es ist das Vortäuschen von Verhältnissen, die aufgehört haben, zu bestehen. Es ist ein Als-ob. Diese Menschen sind voller Angst. Ich will leben.

Was ist meine Ausrüstung?

Ich habe eine Hose, einen Rock, ein Hemd, ein Paar Schuhe. Mit ihnen gehe ich durch Metropolis. Meine Augen sind geöffnet.

Kambodscha (2013/14)

Nach Absolvierung des touristischen Pflichtprogramms – Königspalast, Silber-Pagode, Nationalmuseum – gehen wir vom Wat Phnom, dem von einer Pagode gekrönten Stadthügel, zum *Freiheitspark* hinüber. Meine Frau hat am Hügel oben einen Singvogel freigekauft, da fliegt er – angeblich verschafft einem das die sofortige Vergebung aller Sünden. Seit Wochen ist der *Freiheitspark* jetzt Zentrum der Proteste gegen die Regierung. Gleichzeitig ist er Versammlungsort der für höhere Löhne streikenden Textilarbeiterinnen und Textilarbeiter. Man hat mir die Lage so erklärt: Aus Kostengründen haben die Fabrikbetreiber, zumeist Amerikaner, Chinesen und Koreaner, auf möglichst kleiner Fläche möglichst viele Arbeitsplätze eingerichtet – dementsprechend sind die Arbeitsbedingungen. Der monatliche Mindestlohn liegt bei achtzig Dollar, davon kann man auch in Kambodscha nicht leben.

Man wird davor gewarnt, politische Versammlungen zu besuchen, Demonstrationszüge soll man meiden. Der *Freiheitspark* ist eigentlich ein großer, langgestreckter Platz, von kümmerlichen Baumreihen eingefasst. Als wir ankommen, es ist früher Abend, sehr heiß noch, steht dort eine tausendköpfige Menge und hört den Reden von Anführern zu, die man weit, weit vorn auf einer Tribüne sehen kann. Die Stimmung ist aufgeheizt, immer wieder schwenken die Leute ihre mitgebrachten Fahnen oder sie heben zustimmend die geballten Fäuste. Ich kann mir nicht helfen: Der Eifer, die Wut, die kaum verhüllte Hoffnung, all das springt auf mich über. Es zieht mich hinein in die Menge, immer tiefer hinein, ich weiß nicht … Erst als meine Begleiter sich weigern weiterzugehen, kehre ich um.

M. ist Beamtin, knapp an die sechzig, klein und zierlich, große, dunkle Augen, ein schwarzer Zopf, geht wie ein Kind neben mir her, ganz verfangen in die schrecklichen Bilder, die ihr beim Erzählen aufsteigen. Sie spricht stockend, sucht nach Worten, nicht radebrechend: »Nachts kommen die amerikanischen B 52-Bomber herein. Erst werden ›Christbäume‹ geworfen, die alles taghell erleuchten. Wir sind im Erdbunker. Dann die Kanister – auf die geschossen wird. Jetzt läuft das brennende Öl herunter. Meine kleine Nichte wird ganz verbrannt, stirbt – keiner kann ihr helfen.« (Auf Kambodscha, lese ich später, wurden während des Vietnamkriegs ohne Kriegserklärung mehr Bomben abgeworfen als auf Japan während des ganzen Zweiten Weltkriegs.) »Als die Khmer Rouge in Phnom Penh einmarschieren – die Leute jubeln! Die Kinder sind ihnen entgegengelaufen. Man hat mich in den Dschungel geschickt, zu Rodungsarbeiten. Wir alle mussten gehen. Viele sterben. Nachts schlafen wir in den Bäumen, hoch oben, wegen der Tiger. Kam einer in die Nähe, schlugen wir mit Stöcken und Pfannen gegeneinander, bis er weglief.« M. erzählt, wie ich merke, sie erzählt gar nicht mir, ich bin nur Zeuge oder Vorwand – es muss heraus, *alles* will sie sagen:»Unsere Regierung ist schlecht. Unsere Regierung bestiehlt uns. Sie verkaufen den Wald, die Diamanten – sie verkaufen alles.«

Kokospalmen, Mangobäume, Papayas, Ananas, Gemüse, Gewürze, Palmöl, vor allem aber Reis: Die zentralkambodschanische Ebene ist sehr fruchtbar. Schaut man von den Hügeln von Oudong, ehemals stand dort der Königspalast, auf die Ebene hinunter – sie greift weiter aus, als das Auge reicht, verliert sich draußen im Dunst. Kleine Dörfer, Reisfelder, Reisfelder, Palmen und Buschgruppen.

Auf den Feldern arbeiten Bauern, man sieht kaum Maschinen, dafür diese kegelförmigen Hüte aus Reisstroh, wie man sie aus chinesischen oder japanischen Tuschezeichnungen kennt. Fehlen nur noch die Ochsen und Wasserbüffel – dort drüben weiden sie! Jetzt ist Erntezeit, Trockenzeit. Der Reis wird mit der Sichel geschnitten, die Garben mit Stöcken ausgedroschen. Ochsenkarren. Unterhalb der auf Stelzen stehenden Häuser Arbeitsvorrichtungen, Ställe, Hängematten und Plattformen zum Essen und Wohnen.

Der Morgenverkehr ist heute wie immer sehr lebhaft, deutlich verstärkt allerdings durch mit Fahnen bestückte Tuk-Tuks sowie Kolonnen von Kleinlastern, die man mithilfe von quer über die Ladeflächen gebundenen Brettern in eine Art offener Busse verwandelt hat: Auf den Ladeflächen sitzen, eng gedrängt, meist junge Leute, die zur großen Demonstration unterwegs sind. Es ist Sonntag, arbeitsfrei. Wir winken ihnen vom Gehsteigrand aus spontan zu. Ihr Trotz, ihr Mut, ihre Siegesgewissheit stecken an. Da fällt mir, für einen Augenblick, ein, man könnte uns, als Fremde, als *barang*, wie sie hier sagen, für Leute von der *anderen* Seite halten, für Agents provocateurs: Vielleicht halten sie uns für Feinde, fällt mir plötzlich ein. – Aber nein, sie tun es nicht, sie winken freundlich zurück und recken die Fäuste.

Schon in den vergangenen Tagen sind mir Aufläufe aufgefallen, ein irgendwie ratloses Durcheinander an den Fabrikstoren, da und dort von Polizisten beobachtet: Die Menge versuchte die Arbeiterinnen davon abzuhalten, zur Arbeit zu gehen. Streikposten sah ich keine. Die Fabriken: weitläufige, langgestreckte Hallen, stets von hohen Mauern umgeben, die man oben mit Stacheldrahtrollen zusätzlich gesichert hat.

Jetzt geht es die lange und endlos gerade Veng-Seng-Straße hinunter, Richtung Industriezone und Flughafen. Auf den Gehsteigen, vor den Läden mit ihren ausgelegten Waren patrouillieren Militärpolizisten in schwarzen Monturen, mit weißen Helmen, Sturmgewehre vor der Brust. Weiter draußen auch reguläre Truppen in Tarnanzügen, sie kampieren auf den Rasenflächen, stehen müßig herum, die Tuk-Tuks mit den Fahnen, die Kleinlaster mit den jungen Leuten rollen vorbei. Dicke Luft. Ein paar Tage später schießt die Polizei mit scharfer Munition in die Menge, es gibt mehrere Tote.

Wer einmal die Torbauten von Angkor Thom gesehen hat, die aus Stein gehauenen, gottgleich lächelnden Köpfe oder Gesichter, wer über die Schlangenbrücke auf die wuchtige und doch zugleich zarte, filigrane Baumasse von Angkor Wat zugegangen ist, wer von einem der hoch aufragenden Tempel über Urwald, spiegelnde Wasserflächen und das schachbrettförmig gegliederte Bauernland hingeschaut hat, wird es nie vergessen.

Eigentlich bin ich wegen der Tempelanlagen von Angkor nach Kambodscha gereist. Sie begeistern durch ihre Weitläufigkeit und schiere Größe, durch die Feinheit der Ausführung, durch die Strenge des geometrischen Plans der gesamten Anlage, die in denkbar schroffem Kontrast zum Wuchern des umgebenden Dschungels steht. Es ist etwas Märchenhaftes um diese von Alter und Regen dunkel gefärbten, trotz ihrer Wucht feingliedrigen Türme, Treppen, Rampen und Mauern, die sich unversehens aus Dunst und Miasma erheben. Freilich kommt einem bald der Gedanke, dass all diese großartigen Monumente, mögen es die ägyptischen Pyramiden sein, die Tempel von Angkor oder die Wolkenkratzer von NYC, Ausdruck von Gesellschaften sind, die das Leben des Einzelnen einem einzigen Willen unterordnen. Was wäre denn menschliche Architektur, eine dem menschlichen Maß angemessene? Doch wohl ein kleines Haus mit Garten. Das erfüllt die menschlichen Bedürfnisse. Alles andere ist zum Staunen und Träumen da. Staunen und Träumen sind wohl auch menschliche Bedürfnisse.

Mit der beiläufigen Bemerkung unseres Führers, eines jungen Mannes um die dreißig, schwarzhaarig, klein und zart von Wuchs, grundsätzlich sanft und umgänglich wie die meisten Khmer, nimmt alles eine andere Richtung. Er sagt:»Wenn wir nicht leben können, brauchen wir keine Monumente.« Es stellt sich heraus, dass die großen Einnahmen aus dem Tourismusgeschäft vor allem ein paar Firmen zufließen, die die Lizenzen vom Staat gepachtet haben. Unlängst erst sollte der Transport der Gäste zu und von den Tempeln auf Elektroautos umgestellt werden, zum Schutz der Anlagen. Damit wären die lokalen Tuk-Tuk-Fahrer aus dem Geschäft gewesen. Sie haben sich gewehrt und die Elektroautos angezündet.

Während ich eine der Hauptstraßen in einem der Provinzkaffs hinuntergehe, die Sonne scheint grell auf den überall herumliegenden Müll, auf die immer gleichen Stapel aus Coladosen, Mineralwasserflaschen, aus Crackerpackungen und Kokosnüssen, denke ich plötzlich: Warum muss es nur immer jetzt sein – weshalb kann es nicht später sein, meinetwegen, in hundert, in zweihundert Jahren?

Man könnte sagen, die europäische Geschichte des neunzehnten und zwanzigsten Jahrhunderts wiederholt sich in Ländern wie Kambodscha. Ob das ein Trost ist?

Indien (2010)

Pilger, die flitterbehangene, im Sonnenlicht gleißende Gestelle auf dem Kopf tragen und die schnurgeraden, schier endlosen Straßen in der Flussebene entlanggehen, zwischen sattgrünen Feldern und im Wind sich bauschenden Bäumen … und dann der Reisende in seinem Station-Car mit den getönten Scheiben, der den Fahrer alle halben Stunden einmal anweist, die A/C einzuschalten, damit sich das Wageninnere angenehm abkühlt.

Durch die Schleife des kaum sich regenden, dunkelfarbigen Flusses, dessen Wasser von unten zu uns heraufstinkt, schwimmt eine Herde von Wasserbüffeln zu einer der spärlich begrünten Sandbänke hinüber. In dem Bild steckt zugleich jene Anmut und Zierlichkeit, wie wir sie von persischen Miniaturen kennen, und das ganze Elend vollständiger Verkommenheit.

Drüben, auf dem anderen Ufer, Verbauung in jedem Stadium der Vollendung, rostige Stahlarmierungen, Verkehrsgebrüll. An den Ufersäumen zierliche Reiher und andere Wasservögel. Knaben, die auf den Buckeln der schwimmenden Büffel sitzen und sie mit um die Hörner gelegten Händen leiten.

Der Straßenverkehr ist in Ermangelung von Untergrundbahnen völlig außer Rand und Band geraten. Autofahrten von einer Stunde und mehr sind innerstädtisch die Regel. (In New Delhi wird jetzt eben eine Metro gebaut, man erwartet die Commonwealth Games. Zur Erinnerung: Delhi hat an die zwanzig Millionen Einwohner.)

Über Indien kann man dieses und jenes sagen: Es wird stets einerseits richtig und zugleich auch wieder falsch sein. Es gibt viele verschiedene »Indien«.

Ich bewundere die arabisch wirkende Schrift des Urdu, die so ordentlich und ein wenig spröd wirkende des Hindi, die verspielte, in sich gerundete des Telugu. In Hyderabad besuche ich die große Moschee, in Delhi einen der Hindu-Tempel, wo ich befremdet vor den so menschlich wirkenden Göttern stehe, bis mir einfällt, dass ja auch in unseren Kirchen Menschen zur Anbetung ausgestellt sind: die »Heiligen«. In Pune stoße ich in einer der von riesigen Banyanbäumen gesäumten Straßen auf einen jüdischen

Friedhof: Er sieht, mit den umgesunkenen Grabsteinen und den unkraut-
überwucherten Flächen dazwischen, genauso trostlos und verloren aus wie
einer bei uns daheim.

Mit den unzähligen Luftwurzeln, die von den Zweigen wie Vorhänge
herunterhängen, bildet die gewaltige Krone des Banyanbaumes eine Welt
für sich, und man kann sich leicht vorstellen, dass Sadhus früher einmal
meditierend ihr ganzes Leben in einer solchen Krone verbracht haben.

Schon auf dem Flughafen in Wien fallen mir Leute auf, die, wie soll ich
sagen, die so aussehen, als würden sie sich aufmachen, um in Indien so
etwas wie Erleuchtung zu finden. Aber vielleicht will der eine oder andere
auch bloß in einem der Ashrams einen Schnellsiederkurs absolvieren, um
sich dann, wieder heimgekehrt, als geläutert verkaufen zu können?

Wie man allein dadurch zu etwas Besonderem wird, dass man sich 1000
Kilometer von daheim entfernt.

Rechts und links der achtspurigen Straße gibt es bloß Andeutungen eines
Rinnsteins, eines Gehsteiges: Nach dem Regen riesige Lachen, auseinander-
fließende Haufen aus aufgeworfener Erde, Abfall, Zeugs: Kühe dazwischen,
grasende Ziegen, ein Schwein gar zuoberst auf einem Misthaufen – und
Läden, Läden, Läden, die Straße hinunter, kleine Buden, groß beschriftet,
Nischen in halbfertigen Betonbauten, Höhlen für Produktion, Kauf und
Verkauf – ich schaue in einen Keller hinunter: Dort sitzen fünfzig oder
mehr Schneider über ihre Näherei gekrümmt, die Verdammten, die eben
jetzt fragend zu mir heraufschauen.

Menschen, in Klumpen um die Verkaufsstände herum, als wandernde
Horde an den Straßenrändern entlang – dort hocken ein paar unter schütteren, Schatten spendenden Bäumen, ein Weiser auf einer Holzpritsche,
Hunde, immer wieder diese zahmen, freundlichen, indischen Hunde und
die Schemen der von mir Weggehenden, Forttrottenden, die festeren Konturen der auf mich Zukommenden: Jetzt male ich mit breiter Bürste Staub
und Smog über das Ganze … dabei habe ich die Zelte und die behelfsmä-
ßigen Hütten vergessen, die kilometerlang die Straßen säumen, Ausblicke
in Geländemulden, die kleine, in sich abgeschlossene Slums beherbergen,
Frauen mit Schalen oder Krügen auf dem Kopf, da und dort ein hoch he-
rausgewachsener Baum, Dächer aus buntem Plastikmaterial und Kinder,
immer wieder Kinder, die, hält der Verkehr nur kurz einmal an, akrobati-
sche Kunststücke vorführen – und dann betteln sie.

Atemlosigkeit. Totale Verortung. Alles ist Ort, ein Ort neben dem anderen – und alles ruft: Schau! Schau her!

Unter den Trassen der Stadtautobahnen, den Stelzen der im Bau befindlichen U-Bahn staut es sich kilometerlang, und doch kommen wir voran,

vorwärts, auf freies Feld, eine Art Savanne mit schirmförmigen Bäumen: Dann die ersten Hochbauten, Wolkenkratzer mitten in verwahrlostem, von Müll übersätem Gelände: Schon formt sich aus dem Dunst etwas wie eine ferne Stadt, mit Reklametafeln, Shopping Malls, Wohntürmen, kleinere Häuschen dazwischen – Weichbild oder Fata Morgana? Hier ist alles real und echt, dies Märchen dreht sich um Erfolg und Sieg, um gesellschaftlichen Aufstieg, um Geld, Geld, Geld.

Einerseits denken die meisten Inder voll Bitterkeit an die Zeiten der kolonialen Unterdrückung: Herrschaft der Engländer; Herrschaft des weißen Mannes. Andererseits zeigen die zahllosen Plakatwände in den Straßen stets Menschen mit weißer oder beinahe weißer Haut, vom Typus her eher Amerikanern oder Europäern gleichend als Indern. Bleichcremen sind ein Verkaufserfolg, selbst Shah Rukh Khan, der Bollywood-Star, macht Reklame dafür.

Häufig passiert es auch, dass man auf der Straße angehalten wird: Junge Leute wollen sich mit einem fotografieren lassen – der Freund oder die Freundin drückt den Auslöser. Dann das Ganze mit vertauschten Rollen. Im Tempel kommt ein junges Ehepaar herüber und schiebt mir ihr Kind zu: Ich soll es berühren. Das soll Glück bringen.

Jetzt versuche einmal, die Psychologie einer solchen Begegnung zu ergründen. Wie vertrackt das ist!

In den Häusern der Oberschicht herrscht barockes Domestikenwesen. Wie der Diener, so der Herr – und nicht umgekehrt! Ganze Familien leben da mit ihrer Herrschaft dienend zusammen – etwa wie ärmere, eher ungeliebte Verwandte. Naturgemäß findet sich in einem solchen Umfeld auch Schwejk, der Diener, der vorgeblich jede Anweisung ausführt, tatsächlich aber nichts oder sogar das Gegenteil von dem tut, was er soll: »Yes, sir!«

In der Erinnerung korrespondieren die an Hals und Nacken der Rikschafahrer hervortretenden Muskelstränge mit den Stromleitungen, die bündelweise und tief durchhängend die engen und schluchtengleichen Gassen der Altstadt queren. Wir sitzen zu zweit auf der Hinterbank. Gleich an der ersten Steigung bricht dem ausgemergelten Fahrer der Schweiß aus. Old Delhi – aber auch die meisten der anderen Märkte, die man mir zeigt – fantastisch und heruntergewirtschaftet; schmutzig, verrostet, verrottet und doch funktionierend: Esswaren und herumkletternde Affen, wunderschönes Obst und Gemüse, Ersatzteile für Autos und Motorräder, Gewürze und nepalesische Medizinen, Stoffe, Glasschmuck, Kleider – was-weißich, zu schön, um wahr zu sein, und zugleich zu traurig, um wahr zu sein. Der Rikschafahrer hat absichtsvoll die falsche Richtung eingeschlagen – so fahren wir immer weiter, immer tiefer hinein zwischen kleine Bethäuser,

Metzgereien, Roti-Backstuben, Garküchen – immer im Kreis, kommt mir vor: Der Fahrer bleibt immer öfter stehen, ich gebe ihm das Verlangte fürs Weiterfahren, und weil ich ein schlechtes Gewissen habe, mehr.

Einer meiner indischen Gastgeber stellt mir bei Gelegenheit seine ganze Familie vor: Sechs oder sieben Brüder, einige Schwestern, wohl an die zehn oder fünfzehn Söhne sind da. Es stellt sich heraus, dass alle diese Leute gut zwanzig Jahre jünger sind als ich, aber sie schauen wie meine Großeltern aus.

Wanderarbeiter, die entlang der Straßen nächtigen, schlafen auch im Winter, in den kalten Winternächten, bloß auf einer dünnen Matte auf blanker Erde.

Viele Bollywood-Filme erzählen die Geschichte eines armen Mannes, der, meist auf wundersame Weise, reich wird. Es gibt sehr viele Kinos in Indien, und sie sind gut besucht.

Wie aus dem Traum eines Kindes herauf, vernarrt in das Bunte und Neue und nie Gesehene, schwebt mir jetzt ein hellgrüner Zimtapfel her, mit seinen an Kristalldrusen oder Diamanten erinnernden Stacheln, während im Hintergrund rote und orange-grüne Mangos sich runden.

Gleicht der Reisende nicht, tief verstrickt in die eigene Befindlichkeit, einem jener von Schmutz und Abwässern gesättigten Flussläufe, auf deren trüben Wellen sich – vielleicht hell, anmutig und bloß ein wenig verzerrt – allerhand spiegelt, dies und das, jenes und dieses, fein und flüchtig vorübergaukelnd – was eben gerade des Weges kommt, den verschlungenen Lauf zufällig begleitet?

Die Sonne scheint grell beim Fenster herein. Saris mit Goldborten. Bunte Stoffe. Hitze. Ein Esel ist an einer Kreuzung zusammengebrochen. Ein Junge sammelt ein, was vom klapprigen Wagen heruntergefallen ist. Da rollen die Sachen.

Noch einmal Indien (2012)

Die Sé de Santa Catarina, die Basilika des Jesuskindes, die Kirche des Franz von Assisi, St. Augustin, die Kirche unserer lieben Frau vom Rosenkranz, St. Anton, St. Xavier: Was Antigua in Guatemala für die amerikanischen Kolonien der Spanier, das war Goa für das asiatische Reich der Portugiesen. 1510 landete Alfonso de Albuquerque hier mit seinen Truppen. Von Goa aus segelte er zu den Molukken, nach Timor, nach Macao in China. Luís Vaz de Camões, der Dichter der *Lusiaden*, lebte hier. Während ich eine der Straßen zwischen alten, portugiesischen Ansitzen hinunterspaziere, verkommen und von vielerlei Pflanzen überwuchert die meisten, mit eingesunkenen Dächern und herunterhängenden Fensterläden, denke ich mir: Wie muss nur den Portugiesen zumute sein? Einst Herren eines Weltreiches, jetzt nicht gerade obenauf. Bis mir einfällt, dass die Österreicher einst ja auch Beherrscher eines Imperiums waren.

Öfter hört man die Phrase, Indien sei ein Land im Wandel, im Umbruch, und das stimmt. Wandel ist das Wesen des Geschichtlichen. Es fragt sich nur, wie er aussieht.

Ich unterhalte mich mit einem alten Herrn, Inder, offenbar gebildet und zur reichen Oberschicht gehörend. Als ich auf seine Frage, wo ich denn herkäme, antworte: »Aus Goa!«, und hinzufüge: »Goa is just a heap of junk now!«, erwidert er zustimmend, wenn auch gedanklich etwas unscharf und voller Groll: »It's the British that ruined India.«

Im Hinterland von Goa, östlich von Ponda, liegen die Abbauzonen für Mangan-Erze und Bauxit. Fingerdick bedeckt roter Staub die Bäume an der Straße, ja die ganzen umgebenden Urwaldtäler. Sechs Tage die Woche blockiert eine ununterbrochene Karawane von schweren Lastern die Durchzugsstraße zum Mandovi-Fluss. Dort liegt der Pier, von dem Lastkähne das Erz zum Hafen hinausbringen, wo es auf Hochseeschiffe verladen wird.

Wer zu denken aufhört, beginnt auch schon zu sterben. Unter Palmen und Banyanbäumen lässt sich leicht träumen. Verführerisch ist es, über den Dreck, all die Plastikflaschen, den Schutt und die Abfälle hinwegzusehen. Die Küsten von Goa sind eine Art Jesolo voller Ferienvillen, Resorts und Gästehäuser. Was die Fetzenmärkte für den Einkaufswilligen, sind die halbnackten Touristinnen am Strand für den Voyeur. Bis ins Wasser hinein verfolgen fliegende Händler die Kundschaft. Vom Krokodil bis zum Delfin kann alles besichtigt werden. Die wunderbar besternte Tropennacht – ein Discorausch.

»Where have all the good times gone?«, frage ich in einem anderen Gespräch. Einst war Indien *The Golden Bird*, Sehnsuchtsziel der Völker, die aus dem Norden kamen. »Our culture, it was all about art and music and dancing«, bemerkt eine indische Dame voll Schwermut. Man sagt, dass eine Handvoll reicher Familien das heutige Indien beherrscht. Tata, Mittal, Mahindra, die Gandhis, um nur einige zu nennen. Korruption heißt das allgemein beklagte Übel.

Für Todessüchtige empfiehlt sich eine Reise hierher stark.

Von Luxus gesättigt, vollgesogen mit tropischen Düften, eingelullt von Vogelgesang, vom Flug bunter Schmetterlinge verwirrt, bis zum Kragen angefüllt mit herrlichen Speisen und Getränken, wer wollte da nicht faul und verfaulend in den Tag forttträumen?

Du kennst dieses Licht aus den Italowestern. Immer, wenn es brenzlig wird, ist die Szene stark überstrahlt. Die Gegenstände, die Häuser, alles scheint zusammengepresst und wie eingesperrt in seine Kontur, farblos. Ragende Pfähle. Hier ist kein Film, hier ist Wirklichkeit. Vom Bahnhof wallt eine Menschenmenge heran, staubwolkenumhüllt. Schaukelnde Dächer von Bussen. Die Gelasse und Verschläge am Straßenrand, wo immer das Gleiche verkauft wird: Cola, Kokosnüsse, Chips, Kaugummi, Bananen. Kundschaft steht herum. Weiße Häuser, auch ganz hinten noch, klein in der Ferne. Ferkel im Müll, groß und grunzend, sondierend. Nirgends eine Uhr. Und gäbe es denn eine, sie hätte keine Zeiger.

Die Infrastruktur des Landes ist desolat. Große Bezirke rein agrarisch. Die Fabriken, etwa Zuckerfabriken oder Stahlwerke, oft in ausländischer Hand. Diese Situation lässt das Erstarken der indischen Wirtschaft nun doch in etwas anderem Licht erscheinen: Vor allem dürften Niedriglöhne und das Beiseitelassen jeden Umweltschutzes für die Erfolge auf dem internationalen Parkett verantwortlich sein. Wie lange das aber gehen kann?

Je mehr Fäden ich aufnehme, desto verwirrender präsentiert sich das Muster.

Zuletzt ist Leben doch eine Frage des Mutes, sage ich mir immer wieder vor – mit der Halbherzigkeit des Europäers.

Hier ist islamisches Territorium. Würde man mit verbundenen Augen an einen Ort entführt, dort freigelassen, man könnte sofort sagen, ob Hindus oder Moslems die Mehrheit stellen. Schwer zu beschreiben, aber zweifelsfrei zu erkennen: Die Welt der Moslems hat etwas Scharfkantiges, auch Verschlossenes, ja Schroffes, während die Ortschaften und Städte, in denen Hindus überwiegen: Da geht alles gerundeter, gelassener seinen Lauf, möchte man meinen oder soll man eher sagen, einfach den Bach hinunter?

Neugier und Freundlichkeit dieser Menschen, Letztere so direkt und auf einen zugehend, dass man, vom Übermaß betroffen, sich sagt oder denken muss: Die kennen mich nicht. Die wissen nicht, was für einer ich bin.

Zweierlei kommt immer wieder auf: Die Rivalität mit China einerseits, die nur notdürftig unterdrückte und kaschierte Feindschaft zwischen Hindus und Moslems andererseits. Da steigen wir Europäer ja direkt noch fein aus. Kastenwesen: Was in der Stadt überwunden scheint, auf dem Land regiert es. Die Geburt zählt viel. Ich traf allerdings auch *Unberührbare*, die es zu Wohlstand, ja Reichtum gebracht haben.

Tiefe Religiosität vieler Menschen. Mir fällt meine böhmische Großmutter ein, die jeden Tag zwei Mal in der Kirche war, in ihrem Zimmer noch einen kleinen Altar aufgebaut hatte, Muttergottes mit Rosenkranz, wo sie untertags öfter betete, kniend, in tiefer Versunkenheit.

Heilige Bäume am Weg, mit buntem Tand geschmückt, Andachtsstätten. Plattformen um Bäume, wo man im Schatten ruht oder sein Gebet hersagt. Geleiert, das Ganze, aber mit der Kraft des Herzens, inbrünstig. Wie lange habe ich solche Demut, solche Hingabe und Schicksalsergebenheit nicht mehr erlebt?

Die vielen Pilger dagegen, hier in Schwarz gekleidet, barfüßig, sie schauen beinah schon wie Touristen aus.

Fortströmende Landschaft der Hochebene: Meile um Meile wie ein riesiger Park, ganz flach, gegliedert nur durch jetzt meist ausgetrocknete Wasserläufe, die der Monsun dann hoffentlich füllen wird. Missernten. Nach Missernten kommt es zu Selbstmorden unter den Farmern. Verzweiflung. Alles am Äußersten. Preisdiktate der Großabnehmer. Streiks, um doch noch einen gerechten Preis zu erzwingen. – Und dann wieder der friedvolle Ausblick in die sich weitererzählende Landschaft, sanft wellig nun, mit mächtigen Bäumen darin, Mango oder Peepul-Tree, klein in der Weite, Akaziengestrüpp an den Straßen, Brennholz.

Dass eine kleinere Stadt zwei Millionen Einwohner hat, ist hier nichts Besonderes. Moderne Hochbauten zwischen Lehmhütten. Wird die Straße verbreitert, reißt man die Hütten einfach ab. Öfter sieht man die Ärmsten: Sie hausen in den Ruinen, in dem, was übrig blieb.

Zwangsumsiedlungen ganzer Dörfer.

Dann die *Gipsies*, wie sie hier genannt werden, allerhand unstete Völkerschaften, von alters her diskriminiert, bringen sich als Wanderarbeiter für Erntekampagnen oder beim Straßenbau durch. Zelte aus verwitterter Plastikbahn, Kochen auf dem Dreifuß, Leben auf der Erde. Ochsenkarren, Feldarbeit mit der Hand, die Zuckerrohrschneider in parallel vorgehenden Arbeitskolonnen: kleine Leute im hohen Röhricht, Messer schwingend.

Wo will mein Bericht denn hin? Eingedrückt von der schieren Masse des Erlebten, des oft Unvereinbaren, ich weiß es nicht. Mir wird etwa nebenher klar, dass es um eine Zivilisation, wie z.B. die unsere, die es nicht schafft, sich in ausreichendem Maß fortzuzeugen, dass es, bei all der technischen Überlegenheit, der sozialen Raffinesse, dass es um eine solche Zivilisation nicht gut bestellt sein kann. Eine Art Tabu, wie mir scheint: Das Offensichtliche, klar zutage Liegende wird nicht gedacht, darf auch nicht gesagt werden. Das Ungeheuerliche, das in der Tatsache sich verbirgt, dass es zu wenig Kinder gibt, es wird nicht adäquat angesprochen.

Die historische Ablage, das Ranking des Gewesenen, wenn man so sagen kann, in Indien kommt einem das bald durcheinander, das Gewohnte gilt auf einmal nicht mehr: Hier herrscht eine ganz andere Ordnung.

Gewiss, das Engagement der hochindustrialisierten Länder, meist selbstsüchtig, gibt es, ja, es erscheint sogar gewaltig: Wie aber die Transformation im Einzelnen aussehen und ausgehen wird, ob die Kräfte des Voran, des Immer-Weiter nicht erlahmen, versanden werden, im Forttorkeln schließlich, im Desolaten, Verwahrlosten, in Müll und Plunder enden werden? Gut möglich auch, dass der Spieß einmal umgedreht werden wird: Indisches Kapital geht nach Europa. – Es ist doch längst so weit.

Sind wir jetzt für oder gegen die Globalisierung? Die Auskunft lautet: Nur ein Dummkopf kann das Vergangene zurückwünschen. Und außerdem, ganz gleich, wie wir uns einstellen, der Sog, die mächtige Strömung ist da, sie lässt sich nicht aufhalten.

Monotonie der Landstraße. Die Sonne brennt herunter. Alleen. Das zwanzigste Dorf sieht aus wie das erste. Kleine Häuschen, bunt angemalt. Ein Raum, unterteilt, für die ganze Familie. Daneben Tiere, so vorhanden: Büffel, Ziegen, Schafe – unter Wellblech. Kein Gehsteig. Kehrende Frauen. Viele Handys. Schwatzende Männer. Alle Stadien der Bekleidung. Weißbärtige alte Männer. Frauen, die Lasten auf ihren Köpfen tragen. Schulkinder auf Fahrrädern, von der Regierung gestellt. Schuluniform. Gratisessen. Die Alten sprechen nur den lokalen Dialekt. Die Kinder, mit ihrem Hello-Goodbye-Englisch.

Jetzt wird das Land trockener, ja wüstenhaft. Bewässerungsprojekte. Erbsen, Paprika, Chilischoten, Mais und Weizen, Zuckerrohr, Wein gelegentlich. Vorn erscheint das Weichbild einer Stadt. Türme für Fernsehen und Telefonie. Moscheekuppeln oder Tempel. Erste Imbissbuden und Stände. Passantengewusel. Aufkommender Verkehr.

Zukunft ist Wissen mal Hoffnung, könnte man sagen. Erbärmlichkeit des Lebens, in unserer Zivilisation meist tröstlich verhüllt. Ich meine: Der Pfeil der Betrachtung, akkurat auf das Fremde gerichtet, er biegt sich zurück, biegt sich jetzt gegen dich her und sticht dir ins Herz.

Ägypten (2009)

Als die schlanken Minarette der Moscheen, die massigen Lotos- und Papyrussäulen der alten Tempel um mich herum aufragten, sah ich die gezackte Linie im Hintergrund der weiten Ebene nicht als Gratlinie der kahlen Berge dort in der Wüste, sondern – das Bild schoss ganz unmittelbar und wie selbstverständlich ein – als Diagrammlinie von Börsenkursen; in den letzten Tagen vor Reiseantritt waren solche Bilder unentwegt über die Bildschirme geflimmert.

Da die Ägypter kaum etwas anderes zu verkaufen haben als die touristisch inszenierte Ansicht ihrer Altertümer, werden sie Rezession und Wirtschaftskrisen jeweils deutlich zu spüren bekommen, dachte ich, sie werden eine Zeche mitzubezahlen haben, von der sie keinen Tropfen, kein Brösel konsumiert haben – es sei denn eins der Brösel, das nebenher vom Tisch heruntergefallen ist.

An den reich gedeckten Tafeln, sei es auf den Nil-Kreuzfahrtschiffen, sei es im Vier-Sterne-Resort in Kairo, sei es in den Badehotels am Roten Meer, bedient sich und schwelgt da in vergleichsweise märchenhaften Genüssen die europäische Mittelschicht (von den Reichen rede ich erst gar nicht), während draußen, am Fallreep des Schiffes, am Entrée des Hotels etwa Gassenjungen einander verprügeln, weil der eine im Revier des anderen – oder was der für sein Revier ansieht – gewildert und eine Stange Zigaretten, einen dieser hässlichen Pharaonenköpfe aus Plastik oder ein rotes oder schwarzes Palästinensertuch an den Mann gebracht hat.

Da fährt eine braune Faust mitten in ein Gesicht – der Mund ist schon zum Schrei aufgerissen – oder eine Hand verkrallt sich ins Gewirk eines abgetragenen, schäbigen Pullovers. Staub raucht auf, dreckige Zehen stemmen sich gegen den Dreck.

Frühmorgens, allein an Deck, rechts und links die breite Flusslandschaft mit ihren Dattelpalmenwäldern, den Äckern, Gärten und Gärtlein – die aus Lehmziegeln aufgeführten Hütten der Einwohner dazwischen –, der Strom mit Inseln und Nebenarmen mächtig sich herbiegend, kann ich mich so recht in die Stimmung eines der englischen Kolonialisten hineindenken, die da Flusskehre hinter Flusskehre in ein fantastisches Reich hineinfuhren: Und alles, was sie sahen, alles gehörte schon ihnen – einfach so!

Das sprichwörtlich schlechte Gewissen des Europäers, hier holt es mich wieder ein, und zwar so penetrant, dass es beinah schon etwas Pharisäerhaftes hat: Diese Sorte von Ehrlichkeit und Offenherzigkeit, das ist doch eher bloß Eitelkeit und Selbstbetrug.

Du magst dich noch so viel im Kreis drehen und dich umschauen, du kommst aus der schiefen Optik einfach nicht heraus: Du selbst bist ja Teil davon.

Lautlos und so, als wäre kein Kraftaufwand dafür nötig, gleitet das schwere und vielfenstrige Schiff über den Nil, mitten durch ein Märchenland aus Palmen und saftigem Grün, im Hintergrund die grauen Wüstenberge.

Die Palmenhäuser von Brüssel, das India House und die Ministerien an der Themse, der Obelisk auf der Place de la Concorde – und vieles mehr: all diese Bauten, das Kupfer, die Geländer, Regenrinnen und Poller, der Zierrat, der Kies mit Palmen in Kübeln darauf und die weißen Korbstühle auf den schönen, luftigen Terrassen, von denen aus wir in gepflegte Parks hinein- und hinunterschauen: Wo ist das alles nur hergekommen?

Um diesen Aspekt jetzt einmal abzuschließen: Zur Bewältigung der ökonomischen Krise nehmen die Staaten über die Ausgabe von Schatzscheinen Kredite auf, um ihre diversen Konjunkturpakete zu schnüren. Auf den Kapitalmärkten kommt es zu einer Konkurrenz der Kreditnehmer. Länder wie etwa Ägypten, mit ihrer vergleichsweise geringen Bonität, kommen nur schwer an geliehenes Geld, und wenn, dann zu sehr ungünstigen Bedingungen.

Das ganze Niltal – zu den Gebetszeiten vier Mal am Tag – hallt wider von den Rufen der Muezzins. Rufen – so sagt man traditionellerweise. Tatsächlich klingen die Aufforderungen zum Gebet in meinen Ohren eher wie agitiertes, erregtes, aufpeitschendes Schreien. Natürlich – ich verstehe die Sprache nicht. Sehr wohl aber verstehe ich den Ton, die Sprechhaltung. Rechne ich die kulturelle Differenz ab, bleibt immer noch der Eindruck: Dies ist kein ruhiges, freundliches Herbeirufen. – Und unsere Glocken? Die stören doch auch manche Leute.

Klar ist, dass das Regime die fundamentalistisch ausgerichteten Muslime fürchtet. Je länger ich im Land bin, je mehr ich mit dem oder jenem mich unterhalte, desto deutlicher wird mir – im Zusammenhang mit dem allgegenwärtigen Elend –, dass die ägyptische Gesellschaft tief gespalten ist: in eine kleine, wohlhabende oder reiche Oberschicht, und in die sich gerade eben so durchbringende Masse.

In Abu Simbel sehe ich mich in der Vorhalle des Tempels mit dem Bild des kämpfenden Pharao Ramses konfrontiert. Es geht gegen die Hethiter. Zweitausend vor Christus. Auf dem überlebensgroßen Flachrelief fährt Ramses mit dem Streitwagen her. Dann, im Mittelbild, schlägt er mit der Keule auf einen der herandrängenden Feinde ein. Ein zweiter liegt schon auf dem Boden, tödlich getroffen, und er hebt, in einer Art letzter, vergeblicher Abwehr, die Hände zum Pharao empor, der – mit einem Fuß steht er auf dem Kopf, dem Gesicht des Gestürzten – dabei ist, ihn zu erledigen.

Der Wille zum Töten, der Wille zum Sieg – wie ist das in wunderbar klarer Zeichnung hier ausgedrückt. Für alle Zeiten, möchte ich sagen. Und gleicherweise die Ohnmacht der Opfer, das Elend der Besiegten, deren Menschlichkeit sich auflöst in pflanzenhaftem Gerank, niedergetreten von der animalischen Eleganz einer Bestie.

Der Koloss von Memphis: ein größerer Kontrast ist wohl kaum denkbar. Hier tritt uns Ramses, der Pharao, mit der Würde, Milde und Entrücktheit eines Buddhas entgegen. Vorbei sind die Zeiten der Schlachten: Gerecht, edel und schön, diese Eigenschaften sind jetzt Programm.

Die Souks, bei jeder Orient-Reise ein Höhepunkt: Zwar ist das meiste Ramsch, was hier an Waren ausliegt und angeboten wird. Doch die schiere Fülle des Gebotenen, die Enge der Gänge zwischen den Geschäftsgelassen, die selber wieder Höhlen voller Waren sind, das Geschrei der Händler, das Feilschen, die Gerüche von Parfüms und Gewürzen – einer will noch mit einem Schubkarren durch, ein anderer trägt ein großes Brett mit frischen Broten auf dem Kopf, ein Bettler klammert sich an deinem Ärmel fest –, das Durcheinander von Sachen und Lebensäußerungen ist nicht zu überbieten, du verlierst die Übersicht, ein wenig auch die Beherrschung, das Geld sitzt locker, du treibst fort und wirst getrieben von der aufgekratzten, berauschten, sich unentwegt an den Dingen, an sich selbst berauschenden Menge.

Oleander, Bougainvilleen, Tamarinden, Eukalyptus, Mimosen, Königspalmen, Dattelpalmen, Zuckerrohr; der Domm-Baum mit seinen Früchten, Mangos, Zwergpalmen, Affenbrotbaum, Hibiskus, Papyrus – und so weiter und so fort: Traumhaftes Smaragdgrün bewässerter Flächen, biblische Gestalten zwischen Bäumen, vor dem Dunkel der Haine, flackernde Feuerchen im Gelände. Über die zerbrochenen Stufen am Kai läuft ein Knabe herunter, schnellfüßig, er hat bemerkt, dass unser Boot, das Boot mit den Touristen, bald anlanden wird. Doch der Steuermann unseres Bootes hat ihn längst entdeckt und droht ihm mit der langen Hakenstange.

Anmerkungen anlässlich einer Japan-Reise (1997)

Am Anfang gar kein Fremdheitsgefühl. – Die Wolkenkratzer von Tokyo, kleiner als die von New York City oder Chicago, grüßen wie ein Dorf im Abendrauch von den Hügeln über die Bucht her.

Es ist ein endloses Dorf. Wolkenkratzer, Wolkenkratzer, Blocks, Blocks. Gleich hinter den glitzernden Fronten der Boulevards beginnt es: kleinteiliges Häusergewirr, das in seiner engen, unübersichtlichen Vernetzung an mediterrane Städte, an marokkanische Souks erinnert.

Überall wuchert spitzes Grün heraus, und die zum Trocknen aufgehängte Wäsche der Hausbewohner pendelt zwischen Bambusstauden, kleinen Föhren oder einfach in Kübeln oder Töpfen aufgestellten Pflanzen. – Vorn Wolkenkratzersilhouetten.

Kleine Handwerksbetriebe dazwischen, Auslieferungen für Elektrogeräte und ähnliches, Friedhöfe und Tempelhaine, die Hausschuhe der Bewohner stehen vielfach vor den Schwellen.

Holzhäuser.

Gewaltig strahlende, aufgewienerte Autos: Die Leute hier leben im Auto – sie fahren ja auch, der Staus wegen, tagtäglich stundenlang darin.

Ich will es gleich sagen: Tokyo gefällt mir. Es ist die *totale* Metropole, in dem Sinn, dass es alles in ihr gibt, ob Boutiquen, Theater, Spielhöllen, Ministerien, Kaufhauspaläste, Puffs, Parks oder Fischmärkte. Das gibt es bald wo, wird man einwenden. Aber Tokyo kann man universell benutzen; alles sehr eng beisammen. Dazu kommt: Man braucht keine Angst vor Überfällen zu haben, und mitten in der Nacht schlendere ich durch wildfremde, mich verträumt anschauende Viertel.

Die Straßen Japans sind weniger beleuchtet als unsere, und wieder ist da die Erinnerung an Dorfstraßen, ja, an die Kinderzeit, als man, wohlig eingebettet ins Gefühl fragloser Sicherheit, heimwärts ging.

Mit Stricken zusammengebundenes Gut entlang der Straße, Bambuszäune, Gerümpel, an Hausfassaden gelehnt. – Habe ich mich richtig ausgedrückt? – Die Verbindung von Dörflichkeit und Metropolis fasziniert.

Die Geschichte von der leeren Mitte Tokyos stimmt übrigens nur bedingt. Zwar liegt der Kaiserpalast mit seinen Gärten tatsächlich von Wassergräben und Steinwällen umgürtet in der Mitte, und keine U-Bahn-Linie darf diese Territorien unterqueren – aber Tokyo ist, darin ähnelt es London oder L.A., multizentral eingerichtet und enthält viele Städte in einer.

Tokyo – Kawasaki – Yokohama: wiederum eine noch viel größere Stadt, grenzenlose Urbanwüste mit Lebenskernen, viele Stunden lang und breit. Im Hintergrund hohe, wie ich später erfahren sollte, unwegsame Berge – vorn das dunkelblaue Meer.

Dazu gehören die Superexpresszüge, die wie Raketen dahinzwitschern.

Ich gehe, eines schönen Tages, an der Klippenküste der Halbinsel Izu spazieren und schaue zwischen Kiefern und Immergrüngewächsen zu den Inseln aufs Meer hinaus.

Tokyo, mondbegossen, mondgeküsst. (Der Mond schaut hier tatsächlich ganz anders aus: eine Laterne, die hinter treibenden Wolken sanft, mit dem Gelb eines Kürbisses etwa, leuchtet.)

Roppongi: guter Sound der zwölfspurigen Straße, übertürmt von der sechsspurigen Autobahn, untergraben von einander kreuzenden U-Bahn-Tunnels; Hochhäuser; Hochhäuser; Menschen.

Ich esse mein japanisches Frühstück, komplett mit Reis, Miso-Suppe, Dörrfisch und saurem Rettich, sehr bunt alles, duftender grüner Tee dazu, ein Ei in Sojasauce, Mandarinen.

Abends die Angestellten und Broker in der kleinen Bar, alles voll mit Bier und Sake. Heftiges Sich-Ereifern! Frauen fehlen weitgehend in diesen Gesellschaften. Man führt mich eine enge, schäbige Treppe hinunter, von unten Lärm und Qualm, oben draußen eine enge Straße mit ochsenblutfarbigen Lampions voll weißer Zeichen, Neonschriften zum Himmel hinauf: Wir treten, im Untergeschoss, in eine Kneipe, in der kaum zwanzig Leute Platz haben, einige an der Theke sitzend, der Rest auf Tatamis hockend, kniend; Essen in vielerlei Schalen auf niederen Tischen, ein glatzköpfiger Wirt wie ein No-Schauspieler in Maske aussehend. Meine Gastgeber führen mich: Das Teure am japanischen Lokal erkennt man nicht unbedingt an der Ausstattung, eine Bretterbude kann ein kostspieliger Ort sein – eine Sache, die mir imponiert; allerdings wird mir später erläutert, dass die gesellschaftlichen Hierarchien hier so fest zementiert sind, dass ohnehin immer und überall klar ist, wer das Sagen hat. – Natürlich gibt es auch Protzlokale mit zwölfteiligem, vergoldetem Besteck, das Geschirr in Fantasie-Rokoko, chinesisch oder französisch – wie es euch gefällt.

Ich trete auf die Straße und sehe mich sofort auf mich selbst verwiesen, ganz und gar. Überall ist alles voll: voll mit Häusern, mit Schildern und Zeichen, mit Gegenständen und Pflanzen. Nur der Himmelsraum ist offen – und von dem ist nicht viel zu sehen.

Monadische Abgeschlossenheit der Menschen hier. Schlafen an öffentlichen Plätzen, in Zügen oder U-Bahnen. Der Japaner kann schweigen: was *mir* gefällt.

Vor den Fenstern des Zuges zieht die Landschaft ganz abstrakt vorbei als Berg, Hügel oder Tal: Bei zweihundert Sachen wird die Welt abstrakt und glatt. Ich fahre zum Kansai-Airport, der mitten im Meer liegt, durch Autobahnbrücken und Bahnlinien mit dem Festland verkabelt.

Die Japaner essen gern und viel, und das Essen hat hier tatsächlich noch den Stellenwert, den es in Österreich nur mehr in den Prospekten der Fremdenverkehrswerbung hat.

Du trittst in dein japanisches Hotelzimmer, und das Erste, was du tust, ist, dich deiner Kleider entledigen, in Kimono und Hausschuhe zu schlüpfen. Eventuell gehst du gleich ins heiße Mineralbad, den Onsen, um dich von der Reise zu reinigen, ein wenig zu entspannen. Auch zum Frühstück darfst du im Kimono und der darübergezogenen Hausjoppe erscheinen: Du bist hier zuhaus. – Die japanische Gesellschaft hat unübersehbar altertümliche Züge, die zum Teil sympathisch, zum Teil befremdlich wirken.

Während meiner Reise erlebe ich zwei kleinere Erdbeben, die die kleinen Steinchen in meinen Ohren ganz schön zum Zittern bringen. – Die Taschenlampe neben dem Bett, für den Fall des Stromausfalls. Im Lift das Piktogramm mit dem wackelnden, taumelnden Wolkenkratzer.

Auf dem Friedhof schläft der Friedhofsdiener in der prallen Sonne, ausgestreckt auf einem Grab.

Die berühmten Stadtpläne sind wirklich nützlich: Zum großen Stadt-plan kommt immer die Skizze oder die Visitenkarte, die die Straßen und Gässchen in der näheren Umgebung des jeweiligen Hauses zeigen.

Die Schönheit der japanischen Landschaft, dort, wo sie halbwegs offen ist, und das trifft auf weite Teile des Landes zu, ist schwer zu port-rätieren: Die hohen, jäh aufsteigenden Berge, die sich zu immerfort sich wandelnden, sich verschiebenden und neu einfärbenden Panoramen zusammenschließen. Weil hier, auf den Inseln, die Luftfeuchtigkeit viel höher ist als auf dem Kontinent, gibt es die allerzartesten und delika-testen Färbungen in der dunstigen Ferne, im Sfumato: Flamingorosa, Pflaumenblau, Zyklam; Schwarz; sich aufhellender Ocker, Gelb, Gelb-grün, Schwarzgrün, schwarzes Blau. Obendrüber Wolken, die ihrerseits wieder, in Tiefe und Höhe gestaffelt, sich zu fantastischen Landschaften arrangieren.

Der japanische Wald, ein dichter, meist undurchdringlicher Urwald, ist dunkler und ernster als unser Wald: Es überwiegen Zedern und die dunkelgrünen Lebensbäume, verschiedenste Thujanarten, dann sind da Eichen, Edelkastanien, Ahorne. Kontrapunktisch nur der Bambus mit seinen hellen, wie ungekämmt aussehenden Schöpfen, die der Wind kräuselt.

Mag sein, dass, weil diese Bäume, die Lebensbäume und Zedern, gern auf unseren Friedhöfen wachsen, eine Art Ernst auf uns überspringt. Aber auch die zwischen den Bergen liegenden Tallandschaften, säuberlich ter-rassiert und in hellgrüne Reisfelder gegliedert, erzählen sich mit Nüchtern-heit, Stille und einer Bescheidenheit, der jeder Überschwang fremd ist. Die Häuser der Bauern sind noch immer klein, aus Holz, mit Keramikziegeln gedeckt – wie in den Stichen Hokusais. Tempel und Schreine, die Gegenstü-cke zu unseren Kirchen, liegen meist versteckt in einem Hain, oder im Wald selber, und oft erkennt man nur an einem der Tore mit den geschweiften Deckbalken aus Holz oder Stein, dass hier ein Heiligtum ist.

Es mag dieser grafische Ernst der Landschaft gewesen sein, die japani-schen Holzschneider haben ihn aufs Genaueste eingefangen, der van Gogh an ihrer Kunst so begeistert hat. Er besaß, zusammen mit seinem Bruder Theo, eine große Sammlung japanischer Blätter, die man heute in Amster-dam sehen kann. *Ich bin durch und durch Japaner* – so oder ähnlich schreibt van Gogh des Öfteren in seinen Briefen. Oder er malt sich selber als Bon-zen, als Anbeter des ewigen Buddha.

Bei Hagi, im Westen Honshus, liegen die gebirgigen Inseln so schön ver-streut vor der felsigen Küste, in der winddurchwehten Bucht, dass sie wie ein Garten eingerichtet und inszeniert erscheinen. Da das natürlich nicht so ist, erweist sich eben beim Hinschauen auf die Inseln und die freie Natur die Kraft der ästhetischen Konzepte, wie man sie hier vielfach antrifft, in

Gärten und Häusern, in Innenräumen, selbst in Kleinigkeiten wie dem Frühstücksgedeck oder der Art und Weise, wie der Gürtel des Kimono-mantels gebunden wird.

Das *Japanische* ist im Wesentlichen etwas Konzeptuelles, würde ich sagen, das gleichmäßig alle Lebensbereiche durchdringt. So schaut dann eben auch ein Notizblock anders aus, ein Plakat, das, handgeschrieben, für irgendeine Veranstaltung wirbt, das hölzerne Geschäftsschild über dem Laden.

Im Teehaus zu sitzen, bei geöffnetem Türrahmen: den blühenden Garten mit seinen Felsen, Bäumen und Blumen – als *Bild* sehen!

Ich möchte nichts anderes lernen, sagt der Zen-Mönch, als zufrieden zu sein.

Im großen Speisesaal sind zwei lange Tafeln aufgebaut, etwa zehn Meter lang jede, aber nicht einmal kniehoch: Die Feiernden sitzen daran auf dem Boden, oder sie knien auf Polstern. Das Licht fällt vom Gang her durch die mit weißem Papier bespannten Schiebetüren, die wieder kleinteilig aufge-teilt sind. Das Bedienungspersonal ist oben am Kopfende der Tafel postiert und bringt andauernd in Schalen neue Speisen, teilt aus hölzernen Kufen Reis oder Suppe aus. – Der Raum oberhalb der Tafelnden ist viel höher als bei uns (weil wir ja auf Sesseln sitzen): So entsteht, auf einfachste Weise, der Eindruck großer, gemessener Feierlichkeit, einer Bedeutsamkeit, die weit über den Anlass hinausgeht und etwa an ein königliches Mahl oder eine Zusammenkunft von Samurais denken lässt.

Die Bedienung durch schön geschmückte Frauen: Stets scheint das in sich gefasste, stark gepuderte und geschminkte Gesicht unter der reichen, schwarz glänzenden Frisur zu lächeln – und lächelt doch nicht. Und zu-gleich wirst du, der du doch bedient wirst und hier zu befehlen hast, dis-zipliniert, ja unterworfen und beherrscht vom Zeremoniellen der Hand-habungen, von der Gleichmütigkeit der Dienerin, die, indem sie dir dient, doch nur ein Gesetz ausführt, das viel stärker ist als das deinige, das kurz-atmige, temporäre des Gastes.

Japanische Erotik: Darüber schreibe ich ein andermal.

Das Eingefaltete am Japanischen: Immer steckt noch irgendetwas da-hinter; sei es in einem Garten, in einem Zimmer, bei der Bekleidung, beim Essen. Hier herrscht höchste Ökonomie, die ihrerseits in eine Ästhetik der Kargheit, des Aussparens, des Ausgetüftelten umschlug. – So ist es etwa schwer, einen japanischen Garten richtig zu beschreiben: Immer gibt es da viel mehr zu sehen, als man auf den ersten Blick sieht. Je länger man hin-schaut, desto mehr wird es; jedenfalls, desto mehr sieht man. – Im Stein- oder Moosgarten der Zen-Tempel triumphiert dieses Prinzip: Eigentlich sind es nur ein paar Felsbrocken, die in einer Fläche von grauem, sauber geharktem Kies liegen: Aber – in Wirklichkeit ist es die ganze Welt!

Briefe aus Japan (Frühjahr 2003)

Erster Brief

Wir gehen an der Schleife des kleinen Flusses herunter. Viele Menschen gehen da, um die Blüten an den Kirschbäumen anzuschauen: die Kirschblüten. Man sagt mir, das sei ein alter Brauch. Einer der sagenhaften Kaiser der Frühzeit ging mit seinen Musikern in den blühenden Kirschgarten hinaus und hieß sie, für die schönen Blüten zu musizieren. Wie ganz anders sind doch die Gedanken, die etwa Tschechow im *Kirschgarten* mit den blühenden Bäumen verbindet! – In Japan sind die Kirschblüten das Symbol für ein freudenvolles, aber kurzes Leben: Denn bald kommt der kalte Nordwind und streift die Blüten zu Boden. Aus dem Grund haben Yakuza, sagt man mir, das sind in Banden organisierte Verbrecher, in Japan Kirschblüten auf die Arme oder sonstwo auf ihren Körper tätowiert.

Ein Landstrich, in dem die Sonne nicht untergeht: Nirgends klingt mir unsere österreichische Musik schöner in den Ohren und im Gemüt als etwa hier, in der großen Fremde. (*Gemüt*, von dem ich sonst, im Gegensatz zu meinen Landsleuten, so wenig halte.) Freilich, manchmal ist es eine Sonne, die von der Nacht verdeckt ist. Du musst *sehr* weit gehen, damit du sie aufgehen und scheinen siehst.

Vormittags, wenn ich mit dem Fahrrad durch die engen Straßen fahre, ist kaum jemand unterwegs. Die saubere Straße und die Mauern der Vorgärten, die Häuser und ihre Zeltdächer, die Äste der Bäume in den Vorgärten, die wie Arme von Tafelleuchtern über die Zäune in den leeren Raum der Straße herauszeigen, all das, kompakt und eben durch völlige Geheimnislosigkeit geheimnisvoll – wie Augen einer halb schlafenden Katze – unter grauen, kaum wärmenden Sonnenstrahlen, die doch wieder, wie in Farben aufspringend und als farbige Striche durch kalte Dunstschleier zeigen … schwer, eine solche Allerweltsstraße zu beschreiben, die doch so ganz verschieden ist von allem, was wir eine Straße nennen würden, die Möglichkeit zum Fortgehen jetzt einmal abgerechnet.

Das urbane Leben konzentriert sich auf die zentralen Stadtteile und auf die großen Nahverkehrsknoten. Jeder Bahnhof ist zu einer Einkaufsstadt ausgebaut. In Hochhäusern, auf fünfzehn, zwanzig Etagen, entwickelt sich ein Leben, das auf der Situation des Marktes gründet, des Ein- und Verkaufs. Längst aber hat dieses Leben ein zweites und drittes Gesicht angenommen: Familien verbringen ihr Wochenende gemeinsam in dieser Einkaufswelt, die als Welt der Abenteuer konzipiert ist, so empfunden wird. Liebespaare schlendern durch diese Welt der Sonderangebote, wie sie früher einmal vielleicht durch einen Kirschgarten geschlendert sind. Kurz und gut, wir haben hier ein regionales Stadium jenes universellen Prozesses vor Augen, den man überschreiben könnte: wie die Welt New Jersey wurde.

Mittags, im Pizza-Takeout, der Dienst hat gerade begonnen, ich bin der erste Kunde, memoriert die ganze Belegschaft, der Koch mit seiner Mütze, der Bursch an der Kasse, die Fahrer mit den Helmen in der Hand, unter Anleitung eines Vorbeters, das dürfte der Geschäftsführer sein, gebetartig die Dienstregel: Wir wollen immer freundlich zu unseren Kunden sein! Wir wollen pünktlich sein und sauber! Wir wollen ein gutes Produkt liefern!

Im Shintō-Schrein, die Tempelgebäude mit ihren geschweiften Dächern stehen in einem waldartig von alten Laubbäumen bestandenen Gelände, beeindruckt die Abwesenheit des frömmelnd Religiösen: Die Leute, die durch die Anlagen wandern, sind feiertäglich gut aufgelegt, plaudern und lachen. Es gibt Stände, an denen man Essen kaufen kann. Die Kinder vergnügen sich mit dem Füttern der mächtigen Karpfen, die gemächlich und kontemplativ durch das trübe Wasser der Teiche schwimmen. – Am Tor des Schreines, von wo aus man über den weiten, bekiesten Hof zum verschlossenen Heiligtum hinüberschauen kann, wirft man ein paar Münzen in die vergitterte Holztruhe, die hier als Opferstock dient. Dann verneigt man sich, klatscht zwei Mal in die Hände, verharrt kurz in einem Moment der Besinnung – dann verneigt man sich noch einmal und geht.

Es ist zu früh, um irgendein Resümee zu ziehen. Ich lebe glückselig – wie etwa ein Vogel, der über ihm fremden Gegenden dahinfliegt.

Die uralten Bäume im Schrein, manche wohl tausend Jahre alt, mit ihren weit ausladenden Kronen, den wolkenhaften Laubmassen, den herunterhängenden Gräsern, die sich in Astgabeln und auf besonders wuchtigen Ästen angesiedelt haben, stellen eine eigene Welt, eine Welt für sich dar. Meist sind sie, was den Eindruck noch verstärkt, von einem Zaungeviert umfriedet, durch ein eigenes Tor tritt man zu ihnen ein: Wenn ich leise zu einem solchen Baum spreche, weiß ich natürlich, dass er meine Sprache nicht kennt, mich also in landläufigem Sinn nicht verstehen kann. Ich fühle mich aber doch verstanden, und daran gibt es auch nichts zu rütteln.

Die unterirdischen Passagen, die so lang sind, dass, schaut man sie entlang in die Tiefe, die Zentralperspektive zu wirken beginnt. Der an sich eher schmale und sehr lange Raum wird plötzlich, in einer gewissen Entfernung, sehr breit, er scheint dort auseinanderzubrechen, auszuufern; und die Menschen, insgesamt als schwarze Krakel oder Männchen sichtbar, werden dort mit einem Mal sehr groß und kommen als richtige Statuen auf dich zu: fremd und noch einmal fremd und von einem anderen Stern.

Du gehst die Passage hinunter, beleuchtet von tausenden Lichtern, begleitet von Säulen, die sie stützen, Geschäft reiht sich an Geschäft, Lokal an Lokal, und in den, im Vergleich zur Passage, halbdunklen, höhlenartigen Innenräumen dieser Lokale wieder Menschen und Menschen, in kleinen, abgeteilten Logen oder an langen Theken, oder sie kommen aus einem Kino, einem Schallplattenladen, einer Pachinkohalle, umspült von Popmusik, umgeben vom sonderbaren Schein, den die in Reihen angeordneten Spielautomaten oder ein anderes Display absondern.

In den großen U-Bahn-Stationen von Tokyo oder anderen Großstädten verliert man rasch den Überblick, und selbst derjenige, der sich sonst auf seinen Orientierungssinn etwas zugutehält, geht hier bald verloren.

Fast scheint es, als wären diese Räume nur dafür gemacht, dass man sie zielstrebig durchquert. Es ist sicher zu pathetisch, zu sagen, man müsse hier dahinfahren wie Charon auf seinem Nachen, aber etwas davon trifft zu.

Die öffentlichen Parkanlagen der zentral gelegenen Stadtteile sind mittlerweile, wegen der seit Langem anhaltenden Wirtschaftskrise, voll mit den Unterkünften von Obdachlosen, den Zelten und Hütten der Armen. Meist handelt es sich um alleinstehende Männer, selten ist eine Frau darunter. Die Populationen dieser Gegen-Städte führen ein trübseliges, ein verzweifeltes Leben, ohne Strom, ohne Wasser, ohne sanitäre Einrichtungen. Ja, das Bild des Strandes drängt sich auf, an den Schiffbrüchige nur das nackte Leben gerettet haben.

Eben die Stadtzentren beherbergen in Hochhäusern und noch stolzeren Türmen auch die Firmen, die Companies, Holdings und Aktiengesellschaften, deren Arbeiter und Angestellten die jetzt Obdachlosen wohl einmal gewesen sind.

Die perfekte Inszenierung findet das von den Menschen selbst erzeugte Unglück in einem Park, wo Skulpturen berühmter westlicher Künstler nun von mit Stricken verschnürten, aus blauen und schwarzen Nylonplanen erbauten Elendsbehausungen umgeben sind. Unten sind die Plastikplanen mit ausgedienten Autobatterien beschwert, damit der Regen nicht eindringen kann.

Im Großen und Ganzen ist der öffentliche Raum der japanischen Stadt gut in Schuss, kaum haben Bauarbeiter irgendwo ein Loch gegraben, schütten sie es auch schon wieder zu, ziehen die Linien des Verkehrsleitsystems mit flinkem Pinsel nach, überall sind auch diese gelben Noppen- und Streifenfliesen eingelassen, die es blinden Mitbürgern erlauben sollen, sich besser zu orientieren.

Im Museum, und es gibt mittlerweile viele Kunstmuseen hier, trifft man meist nur bürgerliches Publikum, die feinen Damen im europäischen Kostüm, im Kimono, je nachdem. Angehörige der unteren Schichten, selbst mittelständische Kleinbürger, besuchen keine Museen, obwohl der Eintritt nicht teuer ist.

Die japanische Gesellschaft ist im Vergleich zu irgendeiner europäischen stark klassiert. Was eine Klassengesellschaft ist und ausmacht, hier kann man es eingehend studieren.

In dem Standardwerk über japanische Geschichte schreibt der Autor Kiyoshi Inoue: »Die Japaner haben bis heute keine Maßstäbe setzenden, bedeutenden schöpferischen Leistungen vollbracht, sondern immer nur die hoch entwickelte Zivilisation anderer Völker importiert. Diese Tatsache wird oft negativ bewertet. Japan befand sich aber, solange es die modernen Kommunikationsmittel noch nicht gab, immer am Rand der zivilisierten Welt, und es versteht sich von selbst, dass dieses Land keine Wahl hatte, als die hoch entwickelten Zivilisationen anderer Völker zu importieren.« – Dem ist wenig hinzuzufügen, als insbesondere die Tatsache, dass Japan zusammen mit der chinesischen Kultur auch deren schier unendliche Möglichkeiten übernommen hat, sich Fremdes so vollkommen anzuverwandeln, dass es zuletzt wie das Eigene aussieht.

Die Chinesen sind etliche Jahrtausende länger im Geschäft als wir. Und wenn ich überlege, wie sensibel oder aggressiv meine eigene, die abendländisch-europäische, Kultur auf Fremdes reagiert, wie schnell da das Gefühl aufkommt, sich selber zu verlieren, wenn man Fremdes zulässt und hereinnimmt, kann ich mich des Eindrucks kaum erwehren, dass die Chinesen und also auch die Japaner uns in der Hinsicht überlegen sind.

(Ich schreibe das auf, obwohl mir vergleichende Bewertungen von Kulturen generell kaum etwas zu leisten scheinen.)

Im Übrigen ist es immer wieder frappant, zu sehen, wann, zu welchem Zeitpunkt, die Chinesen auf Lösungen kamen, die wir, als Europäer, für gewöhnlich ganz anders herleiten: Wer denkt etwa bei rasterförmigen Städtegrundrissen nicht an New York, überhaupt an amerikanische Großstädte? Die Chinesen ordneten ihre Städte schon in der Tang-Zeit so an. Da grasten in Manhattan noch für eine Weile die Büffel.

Die Japaner fürchten den Tod nicht. Sie beschäftigen sich nicht mit ihm. »Fließe, fließe, fließe, der Strom des Lebens strömt immer weiter. Stirb, stirb, stirb, stirb, der Tod kommt zu allen«, heißt es bei Kōbō-Daishi. Ich will hier aber nicht von den Taoisten, vom Zen und also von der Hochkultur reden, sondern von den Leuten, wie ich sie da überall sehe.

Geheiratet wird jetzt gern in der Kirche, auch wenn keiner der Brautleute christlich ist. Die Japaner feiern auch begeistert Weihnachten, weil man da so schön feiern kann. Die *Form* dieser Feste gefällt ihnen: Warum also nicht feiern?

Auf eine vertrackte Art scheint für sie die Form auch der Inhalt zu sein. Ich meine das nicht ironisch. Begräbnisse wieder und Totengedenken sind buddhistische Angelegenheiten. Öfter schon sah ich schwarzgekleidete, aber bestens gelaunte Gesellschaften hier auf den Friedhöfen, die gern auch als Park, oft in Verbindung mit einem Kinderspielplatz organisiert sind. Auch um kleinere Tempel und Schreine herum liegen oft Kinderspielplätze, und so mancher große Tempel dient, mit seiner ursprünglich ausschließlich religiösen Anziehungskraft, nun einem ausgedehnten Einkaufsbezirk als Mittelpunkt.

Über den Eingangstoren zu vielen Häusern, so sie auch nur den kleinsten Vorgarten haben, spannt eine Kiefer zum Willkommen einen dachartig vorspringenden und mit viel gärtnerischem Aufwand hervorgezüchteten Ast aus. Bambuszweige verheißen ebenfalls Glück. Viel Aberglauben hier, der aber wohl Glaube ist, nur für uns wie Aberglauben ausschaut.

Das kleine Allegretto, das Schubert am 26. April 1827 für seinen Freund Ferdinand Walcher schrieb, als der nach Venedig reiste, stellt mir heute die Frage: Wo ist denn der Freund jetzt, da er fortgegangen ist? Und, natürlich, die erste Antwort lautet: Wo soll er schon groß sein? Dort, auf dem Wagen ist er, in der Postkutsche, im Flugzeug, im Shinkansen. Aber zugleich, und das ist die zweite Antwort, ist er doch da, bei mir, in meinem Herz und meinem Kopf, bei mir, weil ich an ihn denke und mich so lebhaft erinnere. Der Freund ist bei mir. – Und wenn er tausendmal fortgegangen ist und immer noch geht.

Fein läuten die goldenen Glöckchen, die jener Kaiser aus der fernen Tang-Zeit in die blühenden Bäume hängen ließ, um die Vögel fernzuhalten.

Zweiter Brief

Grundsätzlich hat jedes japanische Haus einen Garten, auch wenn er manchmal nur aus ein paar Grünpflanzen in rostigen Blechdosen besteht. Mitten in der Stadt finden sich oft reizende Großmuttergärtchen, die, als wollten sie einen in ein Märchen hineinlocken, als ein schmaler, über und über von blühenden Pflanzen und Blumen bestellter Gang zur Pforte des Hauses führen. In der stillen Straße da, oft nur um ein paar Ecken von der großen Hauptstraße entfernt, kann man manchmal die Eigentümerinnen dieser Gärten hinter den Fensterscheiben kurz auftauchen sehen: gebückt dastehende, alte Frauen mit weißem Haar vor der Dunkelheit ihrer Zimmer.

»Und dann vor allem der Reis!«, schreibt Tanizaki Jun'ichiro in seinem Essay über japanische Lebensart: »Gibt man ihn in einen glänzenden, schwarz lackierten Reisbehälter und stellt man ihn an einem dunklen Ort auf, dann ist er nicht nur schön zum Anschauen, sondern regt auch den Appetit an. Wer jenen frischgekochten, rein weißen Reis sieht, wie er unter dem rasch abgehobenen Deckel hervor warmen Dampf aufsteigen lässt, wie er in dem schwarzen Gefäß aufgehäuft daliegt und wie jedes einzelne Korn gleich einer Perle glänzt, der wird, sofern er ein Japaner ist, so recht das Ehrfurchtgebietende des Reises spüren.«

Im Kaufhaus finde ich einen Friseurladen, der mit der schlichten Aufschrift wirbt: 10 Minuten = 1000 Yen. In einem schmalen, von Neonlicht erhellten Gelass arbeiten zwei Friseure nebeneinander, die Kunden sitzen auf einer Bank aufgereiht. Du schiebst die 1000 Yen in einen Automaten, der dir einen Bon auswirft. Dieser Bon gibt die Nummer an, unter der du an der Reihe bist; er ist später auch Beleg, dass du bezahlt hast.

Beide Friseure, noch jung, keine dreißig Jahre alt, können nicht mehr richtig gehen, hüpfen mit krummem Rücken und schief gehaltenem Kopf um ihre Kunden herum. Ist ein Kunde fertig, wird das abgeschnittene, auf den Boden gefallene Haar rasch in eine Klappe gekehrt, die sich unter dem Friseurstuhl befindet. Der neue Kunde übergibt schon seinen Bon, der Friseur tippt die Zeit, zu der er mit der Arbeit beginnt, noch zusätzlich in eine Kontrolluhr ein. So hat der Eigentümer des Ladens gleich doppelte Kontrolle: die Zeit auf dem Bon und die in die Uhr eingetippte Zeit.

Die Gärten der großen Villen hier in der Vorstadt gleichen meist weltabgewandten, der Stille geweihten Hainen oder, äußerlich betrachtet zumindest, kleinen Urwäldern, aus denen Giebel oder Mauern der in der Tiefe der Grundstücke befindlichen Häuser nur andeutungsweise aufleuchten. Diese Haine bestehen, wie naturbelassener Wald, aus vielerlei Laubbäumen, aus den Stämmen und schlangenhaften Ästen roter und schwarzer Föhren, aus Fächerpalmen, Bambuswedeln und Aralienbäumen. Darunter dann Farne, Huflattich und alles, was gern Feuchtigkeit und Dunkelheit hat. Hier herrscht Zwielicht, und die sauber gekiesten Weglein winden sich, wie es japanischer Sitte entspricht, nur indirekt auf die erleuchteten Fenster der Häuser zu.

Im 5. und 6. Jahrhundert, in der Frühzeit, dem Altertum, ließen sich die Häuptlinge oder Könige der Clans große Tumuli aufschütten, mächtige und Ehrfurcht gebietende Gräber, die von großen Tonfiguren umstellt und zusätzlich von Wassergräben umgeben waren. Schon von Weitem waren diese künstlichen Hügel in der Ebene zu sehen, die damals wohl in kleine Reisfelder unterteilt war.

Heute deckt dort, wo sich eins dieser Gräber erhalten hat, dichter Wald die bucklige Form, die fremd und verloren dasteht. Ringsum sind jetzt die Gassen der Stadt mit kleinen Häuschen und Gärten und Läden, dann Hauptstraßen, und Leute kommen die Gehsteige herunter.

Verletzt sich ein Spieler auf dem Spielfeld, ich rede nicht von Profis, sondern von Amateuren, die abends zu ihrem Vergnügen spielen, beachten die anderen den Verletzten nicht, sie spielen unbekümmert weiter, als wäre nichts geschehen. Der Verletzte selber setzt sich an den Rand des Spielfeldes oder humpelt zu einer Bank im Hintergrund.

Auf den ersten Blick wirkt das Verhalten der Mitspieler herzlos. Dann aber kam mir vor, dass sie gerade dadurch, dass sie weiterspielten, als wäre nichts geschehen, den Verletzten aus ihren Reihen nicht ausgestoßen hatten, dass er gerade durch die vorgebliche Gleichgültigkeit seiner Mitspieler nicht ausgesondert war. Sie hätten ihm jetzt ohnehin nicht helfen können. Er musste sich jetzt selber helfen. So war er dabei.

Das Wa oder die Harmonie, die Einigkeit, ist ein hochgeschätzter und gepriesener Grundwert der japanischen Gesellschaft. Man erklärt mir, dass damit insbesondere auch gemeint ist, dass keiner sich allzu viel vom anderen unterscheidet, er will sich nicht unterscheiden und soll sich nicht unterscheiden, was für meine Ohren nach Konformismus und Zwang zum Konformismus klingt.

Die durchschnittlichen Häuser oder Häuschen der Japaner sind einander im Prinzip völlig gleich. Im Detail allerdings herrscht ein großartiges Durcheinander, unerschöpfliche Vielfalt, und man wird kaum zwei gleiche Häuschen in der Millionenstadt finden.

Die Fenster der japanischen Häuser bestehen oft aus undurchsichtigem Glas, oder sie sind mit Vorhängen zugehängt. An älteren Häusern sind die Fenster mit Holzläden verschlossen oder mit Matten aus Schilfrohr abgedeckt. Viele Häuser machen den Eindruck, sie seien unbewohnt. Oder man denkt, der Besitzer oder Eigentümer ist gerade verreist. Ein Fenster hat in Japan eine andere Bedeutung und Funktion als bei uns.

Wie in den USA sind in den Straßen Japans die elektrischen Leitungen nicht unterirdisch verlegt, die Straßen entlang steht ein ganzer Wald von Strom- und Telefonmasten, meist gemischt mit Alleebäumen, die allerdings nach hiesiger Sitte beschnitten und zusammengestutzt sind.

Sind die inneren Stadtgebiete, im Zweiten Weltkrieg meist dem Erdboden gleichgemacht und also ausgelöscht, in quadratischer Rasteranordnung wiedererrichtet worden, so finden sich in den Vorstädten vielfach gewundene oder großzügig gebogene Straßenzüge, die der Gestalt des Terrains folgen, es nachzeichnen und interpretieren. – Hier wird wohl einmal ein

Dörfchen gestanden haben, denkt man etwa an einer Kreuzung, wo jetzt, im Schatten vielstöckiger Hochbauten, noch etliche Häuschen übrig geblieben sind und ihr ländliches Leben weiter zu träumen versuchen.

Manchmal fühle ich mich da an die Sommerfrischen meiner Kindheit erinnert, wo etwa ein Hauseingang unter einer Rosenstaude halb versinkt oder auf einer Treppe, die steil in einen Garten hinaufführt, ein paar Holzpantoffeln stehen.

Die japanische Stadt kann sehr laut sein; aber, unversehens, kommst du in abgelegenere Viertel, und abends, gegen zehn oder elf, gehst du oft ganz allein durch die nur spärlich erhellten und zauberisch still daliegenden Straßen.

Schaut man genauer hin, ist die japanische Stadt ein oft geradezu unwahrscheinliches Durcheinander von dörflich-ländlicher Nachbarschaftlichkeit und Vertrautheit der Bewohner und wirklich großstädtisch zu nennender Anonymität, Glätte und Kälte. – Im Appartmentblock mit seinen offenen Gängen, auf denen unweigerlich trocknende oder einfach zum Lüften aufgehängte Wäsche flattert, kennen einander die Mieter kaum, und jeder lebt für sich in seinem für unsere Verhältnisse winzigen Gelass. In den Straßenzügen ringsum, unterteilt in kleine Gärten mit Häusern und den jetzt unabdingbaren und jedenfalls asphaltierten Parkplätzen für die Autos, lebt oft eine Art Dorfgemeinschaft weiter, und stirbt da einer, wissen und betrauern es alle – oder die Frauen stehen vor den Häusern draußen, begutachten gemeinsam eine einzusetzende Gartenpflanze oder einen Säugling, der auf seine Robustheit oder Gesundheit hin examiniert wird.

Für Kinder generell, höre ich, wünscht man, dass sie wachsen und gedeihen mögen wie der Bambus, stark, unaufhaltsam und gerade. Dieser Wunsch klingt sehr altertümlich und ganz modern.

Im letzten Krieg wurden viele japanischen Städte beinah dem Erdboden gleichgemacht: Ohne jeden Unterschied wurden militärische, halbmilitärische und zivile Ziele bombardiert. Provoziert auch durch die Halsstarrigkeit und Rücksichtslosigkeit der japanischen Führung, die, ähnlich der nationalsozialistisch-deutschen, unverdrossen und gleichgültig gegenüber der Not der Bevölkerung auf den Endsieg setzte, wurden dabei viele historisch oder künstlerisch wertvolle Gebäude, Anlagen oder Dinge vernichtet, sodass die Japaner sich vielfach ihrer Vergangenheit beraubt sahen.

Etwas Bitteres, kommt mir vor, schwingt deshalb immer mit, wenn von diesem Kriegsende die Rede ist, und ist nicht der Abwurf der Atombomben, bei dem der Tod von Hunderttausenden auf einen Schlag kaltblütig einberechnet wurde, auch der Ausdruck äußerster Verachtung und Missachtung, die viel schwerer zu verwinden sind als jeder materielle Verlust, ja als selbst der vieler Leben? – Von Juden, die den Holocaust überlebt haben, kenne ich eine ähnliche Stimmungslage, das Gefühl einer nie zu besiegenden Demütigung, einer Kränkung, über die keiner hinwegkommen kann.

Jetzt, als enger Verbündeter Amerikas, sind die herrschenden Parteien Japans dabei, die nach dem verlorenen Krieg angenommene Doktrin der Selbstverteidigung aufzugeben und umzuwandeln in ein Konzept, das vorbeugende Angriffe auf Gegner, die man ausgemacht hat und dereinst wohl ausmachen wird, nach Gutdünken erlaubt.

Begrüßen die einen die Heraufkunft einer neuen Weltordnung, prophezeien die anderen ein Meer von Blut und Tränen, und beide werden wohl recht haben.

Regen – Regenzeit – Fahrradfahrer mit Regenschirmen – der Schirm im Japanischen überhaupt: Wer kennt nicht die wunderschönen Darstellungen des Regens auf den Drucken des Hiroshige? In schiefen Strichlagen, oft untermischt mit Punkten, ist da der Regen abgebildet. Es regnet sehr oft in Japan. Insbesondere erinnere ich mich an einen der Holzschnitte, auf dem Leute über eine Brücke gehen, indes unten, auf dem Fluss, Flößer ihre Holzflöße stromab manövrieren. Und es regnet. – Das Japanische kennt viele Zeichen für Regen, etwa auch eins mit der Wortbedeutung: Mairegen.

Durchaus vertraut ist der japanischen Kunst die Methode, innere, seelische Befindlichkeiten mithilfe der Beschreibung äußerer Gegebenheiten darzustellen. Regen, Nebel und Frost, jeweils in ihrer fein erfassten Phänomenologie, bieten einen reichen Vorrat an Möglichkeiten, abzustufen und zu formen.

Im *Jagdgewehr* von Yasushi Inoue schaut etwa der Schriftsteller, nachdem sich ihm das seelische Drama einer Dreiecksbeziehung in drei Briefen – der Ehefrau, der Geliebten und der Tochter desselben Mannes – geoffenbart hat, »in die Dunkelheit des kleinen, dicht bewaldeten Gartens hinunter«.

Auch heute noch sieht man Flöße und Flößer auf den japanischen Flüssen, die im Übrigen stets durchwegs reguliert sind und das Aussehen von Kanälen haben. Öfter ist dabei seltsamerweise der ursprüngliche Schwung der Ufer erhalten geblieben, und sieht man Radfahrer mit aufgespannten Schirmen im Regen über eine der vielen, charakteristisch gebogenen Brücken fahren, fühlt man sich bald an Hokusai, an Hiroshige erinnert.

Scheint die Sonne, und sie scheint südländisch stark hier, geht die Japanerin meist behütet oder eben unter einem aufgespannten Schirm.

Im Briefkasten meiner Wohnung hier finde ich pünktlich alle vier Wochen den farbig gedruckten Prospekt eines Callgirl-Ringes vor, der mit freizügigen Fotos seine Dienste anbietet. – Von diesen bunten Fotos zu den Schilderungen der Sei Shōnagon im *Kopfkissenbuch* ist es ebenso weit wie von den Trottoirs der endlosen Großstadt zu den gepflegten, aber ganz und gar exklusiven Gärten der Heian-Zeit.

Dritter Brief

Die unbegrenzte Großstadt, von der Otto Wagner geträumt hat, in Japan finden wir sie des Öfteren verwirklicht. Tokyo ist nur das am weitesten entwickelte Exemplar. *Tokyo Metropolis* steht auf dem Stadtplan, es ist nicht vermessen. Kaum etwas in diesem weitläufigen und verwirrenden Gebilde ist zentral organisiert. Das Leben wallt vielfältig durcheinander. Die unbegrenzte Großstadt – eine Art Myzel, eine Milchstraße oder Korallenbank aus vielen kleineren Städten, die nur lose miteinander verbunden sind und korrespondieren. Dementsprechend ist das Bewusstsein der Bewohner. Es gibt bestimmt Tokyoter, die noch nie in Ueno oder Roppongi waren. Metropolis – das ist immer auch Mythos, ein Traum von Macht, von unendlicher Verfügbarkeit, von allgegenwärtigem Zugriff.

In den überfüllten, von Lärm und Licht schier explodierenden Straßen von Shinjuku, zwischen den Wolkenkratzern, die da unvermittelt aufragen, können wir vor allem eines lernen: Schiere Quantität schafft eine neue Qualität.

Dem japanischen Denken ist Dialektik fremd; zum Beispiel fasst die Tradition hier Mensch und Natur nicht als Gegensatz auf.

In der Diskussion mit Japanern muss ich bald einsehen, dass jedes Gegeneinanderhalten da wenig leistet: Selbst wenn ich als Europäer von Dialektik wenig halten sollte (was ich, nebenher gesagt, nicht tue), bleibe ich ihr verhaftet.

Blätterst du in einem japanischen Geschichtsbuch, in den Annalen der Shōgun-Zeit oder irgendeiner anderen Periode, will sich bald der Gedanke aufdrängen, dass Geschichte letztlich nur Chaos ist, auf nichts hinausläuft, jedenfalls auf kein Ziel: Dass immer nur gekämpft wird, um dies und das, die Schlacht wogt, zwischen Samurais und Samurais, zwischen Bauern und Samurais, dann werden die Christen bekämpft, weil sie zu viel Einfluss gewonnen haben, dann kommen die Versuche, Japan zu kolonisieren, und dann kämpft Japan selbst gegen die kolonialen Eroberer und jene, die sich dazu aufschwingen wollten, gegen die anderen asiatischen Völker im Moment ihrer Schwäche und Erniedrigung, schließlich gegen die Amerikaner. – Die eigene, die vertraute Geschichte kommt einem bald sinnvoll vor.

In der Einkaufspassage, noch während die Wände unter den wüsten Stößen des Erdbebens wackeln, nimmt der Geschäftsmann im blauen Anzug, er hat noch, dem allgemeinen Sog und der aufkommenden Panik folgend, ein paar Schritte in Richtung Ausgang und möglicher Rettung getan, das Handy zur Hand und ruft an – daheim, in seiner Firma? – um sich zu melden, um zu fragen, wie es dort steht.

Es wird erzählt, einer der sagenhaften Kaiser der Frühzeit hätte nur deshalb sein Reich und seine Herrschaft verloren, weil er, sosehr ihn seine Generäle und Minister auch drängten, sich nicht lösen konnte von der Betrachtung zweier miteinander kämpfender Grillen, seiner Lieblingsgrillen – er wollte wissen, wie's ausgeht –, obwohl bereits an die Tore des Palastes geschlagen wurde.

Für gewöhnlich trug er, wie damals üblich, seine Lieblinge in einer leeren Nussschale bei sich.

In der japanischen Stadt gibt es vielfach noch Läden oder auch Handwerksbetriebe, die in einer Art mittelalterlicher Selbstgenügsamkeit existieren. Meist von einem Ehepaar betrieben, haben sie den ganzen Tag offen, oft sieben Tage die Woche. Schläft der eine, sitzt der andere im Laden, rührt der Mann morgens den Teig für die Soba-Nudeln an, steht die Frau abends hinter der Budel, wenn er sich auslüften geht. Tratscht sie mit ihren Freundinnen, bedient er, bärbeißig, die Kunden. Ein Idyll, und es fragt sich nur, wie lange das so weitergehen kann.

Das Nemawashi-System – eine japanische Spezialität: Will man in einer Firma eine Entscheidung treffen, wird zuerst auf unterer Ebene ein Vorschlag lanciert. Dieser Vorschlag macht dann seinen Weg durch die Company, von unten nach oben, umwegig und oft im Schneckentempo. Dabei werden Ideen eingebracht, Alternativen diskutiert und Kompromisse ausgedacht, die es, nach informellen Gesprächen da und dort, allen ermöglichen sollen, zustimmen zu können. In der japanischen Firma wie in der japanischen Gesellschaft überhaupt ist der Sinn für Hierarchie sehr ausgeprägt. Am Prozess der Entscheidungsfindung nimmt der Vorgesetzte mit seinen Untergebenen allerdings eher gleichberechtigt teil. Es hängt also viel davon ab, welches Ansehen er genießt, auf welchem Fuß er mit seinen Untergebenen steht, ob er akzeptiert wird.

Eine zweite Voraussetzung für das Funktionieren dieses Systems ist die Tatsache, dass die Angestellten einer japanischen Firma, die bei Einstellung und Versetzungen immer wieder aufs Genaueste durchleuchtet werden, einen hohen Grad an Übereinstimmung repräsentieren, was Fähigkeiten, Ausbildung, persönlichen Hintergrund und Wertvorstellungen angeht. Grundsätzlich definiert sich der Einzelne hier eher über die Gruppe. Auch

Pflicht und Verantwortung werden so aufgefasst. Ergänzt durch die Indoktrinierung mit der jeweils spezifisch ausformulierten Firmenphilosophie resultiert daraus im Lauf der Jahre ein Gefühl von Zusammengehörigkeit, von enger Verbundenheit, die nicht vieler Worte bedarf.

Die Japaner haben, unübersehbar, einen Hang zu übersichtlich eingerichteten, ja gezähmten Welten, wie sich das etwa an ihrer Gartenkunst, in der Art, wie sie Hügel und Berge ihren Bedürfnissen gemäß umgraben oder Flüsse regulieren, am eindrücklichsten vielleicht im Bonsai-Bäumchen manifestiert.

Wie hätte Bashō die Yamanote-Linie beschrieben, die halbwegs im Kreis um die zentralen Stadtviertel von Tokyo herumführt?

Wenn der Wind den Bambus ergreift, ergibt das ein charakteristisches Geräusch: Die Blätter rauschen wie fließendes Wasser, die gegeneinanderschlagenden Stangen klappern – wie das Mühlenrad im Gedicht.

Lichtenberg sagt in einem Aphorismus: »Die Frage ist, was man in jener Welt dazu sagen wird, wo man vermutlich anders denkt als hierzulande.«

Von hier, von Japan aus, stellt sich zum Beispiel die Frage, inwieweit man, was sich nach dem Zweiten Weltkrieg in Europa, und insbesondere in Deutschland, abgespielt hat, als einen Prozess der Kolonialisierung auffassen muss und beschreiben kann?

Eine andere, ähnlich befremdliche Frage, die sich aufdrängt: Ob man den Individualismus westlicher Prägung überhaupt von Konsum und Markt trennen kann, ob er nicht, korrumpiert und mutiert, wie er ist, sich längst schon erledigt hat?

Japan als Wirtschaftsmacht, so viel steht fest, und es liegt ja auch in der Natur der Sache, hat massiv investiert in Taiwan, in Korea, an der amerikanischen Westküste, in den USA überhaupt, in China, um nur einige zu nennen, und die Japaner sind wie jeder erfolgreiche Wirtschaftstreibende dabei, ihre Engagements noch nachdrücklich zu verstärken.

Es gibt da einen Widerspruch zwischen der zurückgezogenen, auf die alte Väterweise bedachten Art und diesem wohl erst spät angenommenen Drang, sich nach außen hin Platz zu schaffen.

Die Japaner haben wenig Interesse an scharf umrissenen Begriffen, kommt mir vor. Leben und Denken erscheinen hier eher wie ein Fortflimmern mit tausend Härchen und tausend Beinchen, in tausenderlei Wellen und kleinen Wellen, die bald so, bald so verlaufen, sich kräuseln, schillern und verschwimmen und zuletzt doch einen mächtigen Effekt machen.

Die japanische Gesellschaft sieht sich momentan mit der Herausforderung konfrontiert, dass man, soll die ökonomische Entwicklung weiter vorangetrieben werden, mit der inneren Demokratisierung der Gesellschaft Ernst machen muss.

Haupthindernis auf diesem Weg, neben den Interessen der vielfach miteinander verzahnten und verwobenen Riesenfirmen und ihrer Nomenklatura – die politische Klasse ist fast ident mit jener der großen Unternehmen –, sind die überkommenen Vorstellungen von sozialer Harmonie, vom Menschen als einem durch die Gruppe definierten Wesen.

Die Angst, die japanische Eigenart aufzugeben und zu verlieren, ist groß, umso mehr, als es ja eben dieser Gruppengeist war, der Japan stark und mächtig gemacht hat.

Mir kommt vor, gewisse Leute hier würden Freiheit am liebsten herstellen wie Autos. Das geht aber nicht. Andere wollen wirklich frei sein. Oder was sie sich, nach westlichem Vorbild, darunter so vorstellen. Wieder andere, und das ist nicht die kleinste Gruppe, wollen, dass alles bleibt, wie es ist.

Wie der Schaum, von den Rudern des Bootes aufgewirbelt, in der Nacht vergeht, wenn das Boot, fortgleitend, weiterfährt – das Bild entnehme ich einem alten japanischen Gedicht. Das Bild leuchtet ein, fragt sich nur: Wer rudert das Boot?

Ein Brief von unterwegs (2003)

Angesichts der tausendfachen Verortung – in einer einzigen Straße gibt es hunderte zumindest zehn Stockwerke hohe Häuser, und in jedem von ihnen kommen auf jedes Stockwerk mehrere Restaurants, Discos, Bars oder Karaokeläden, die fünf Kellergeschosse jetzt einmal nicht eingerechnet, dann gibt es Boutiquen, Schallplattenläden, Fast Food, Spielhallen, Anreißer und Zettelverteiler – und all das wird wieder beschienen von tausend Neonlichtern, die zum Teil laufen, sich, momentweise zu Schriftbildern gefasst, bewegen, von den Gebäudefassaden herunterzustürzen scheinen, auf dem Asphalt zu Farbwellen zerfließen, sich zwischen den Passanten stromartig gabeln – und der Verkehr ruckt an, zwischen Wolkenkratzern – und das ist wieder nur eine Straße von Hunderten, ja von Tausenden: Ich war dort. Aber wo war ich wirklich?

»Der Zaun ums Haus liegt eingerissen / ums Haus der Frau, die einmal ich geliebt. // Nur Veilchen wachsen da, / vermischt mit frischen, grünen Blättern.« – Ein altes, japanisches Gedicht, gestern erst las ich es in meinem Hotelzimmer in Tokyo.

Palau, Kiribati, Vanuatu, Tuvalu, Tonga, Fidschi. – Die größte Insel von Fidschi heißt Viti Levu. Taveuni ist die drittgrößte Insel, liegt etwas südöstlich hinter der zweiten Hauptinsel. Der erste Europäer, der hier vorbeikam, war Abel Tasman, 1643, auf der Suche nach dem vermuteten Südkontinent.

Über Nadi auf Viti Levu komme ich nach Fidschi. Nadi ist der große Verteilerflughafen für den Südpazifik; aber er schaut etwa so aus wie der Flughafen von Dubrovnik.

Auf dem Flugfeld auf Taveuni lädt ein Mann die Koffer auf seinen Karren und rollt sie zum Warteunterstand hinüber, wo auch der Angestellte der Air Pacific in einem Verschlag seines Amtes waltet.

Stummes und wie seit Ewigkeiten verlassenes Dastehen der Bergmassive im Inneren der Inseln, mit ihren moosbedeckten Basaltfelsen, die wie Kuppeln oder Kirchtürme irgendeiner seltsamen Religion aufragen, mit grasbedeckten Graten und Gipfeln, den von Urwald überwucherten Flanken und Füßen. Palmen stehen mit ihren Blätterwedeln hoch aus dem Unterwuchs heraus.

Schmale Wege und Straßen führen zu abgelegenen und gottverlassen in der Einöde dastehenden Häusern.

Ich meine, du spürst ein Schluchzen – oder das Aufwallen einer großen Angst, wenn du diese Hütten siehst, weil du denkst – und dieser Gedanken hat die Macht des Panischen: Da könnte ich nicht leben!

Unendliche Abschattierung des Grüns, wundervoll kontrastiert von den rosig durch das hellgrüne und gleißende Meerwasser heraufschimmernden Riffen und Korallenbänken, die, zu Landschaften und Gärten gefasst, sich vor den Inseln ausbreiten.

Die Inseln wieder, mit ihren Kuppen, Gipfeln, Tälern und Wannen, ändern im Fort- und Vorbeifliegen unentwegt ihre Form, und zwar so leicht und wie absichtslos im durch Wolken, Nebelschwaden oder Ballungen von Morgendunst einfallenden Licht, dass man meinen könnte, all dies, das ganze Schauspiel, sei bloß eines der Fantasie, Traum einer heißblütigen und wilden, im tiefsten Inneren verzweifelten und dann wieder glückstrunkenen Seele.

Ich gehe die Straße hinunter, die einzige Straße von Taveuni, sie führt ringförmig um die Insel herum. Eine breite, kürzlich erst asphaltierte Straße. Viele Fußgänger unterwegs. Überall in der sogenannten Dritten Welt begegnen dir an den Rändern der Landstraßen Menschen, die etwas zu besorgen haben.

Im Wald, unter Palmstauden, Gummibäumen, Farnen, Kava-Pflanzen, die Behausungen der Einheimischen, meist ganz einfache Hütten mit einem

Vordach aus Wellblech. Für gewöhnlich stehen die Hütten oder Häuser auf Stelzen. Die Stelzen sind nützlich gegen die Bodenfeuchte, gegen Ratten und Kröten. Alle drei Jahre etwa muss man mit einem Taifun rechnen.

Der Melo-Baum mit seiner schirmförmigen Krone und den weit ausladenden, stets von Schmarotzerpflanzen bewachsenen Ästen. Wer so viel zu geben hat, dem machen ein paar ungebetene Gäste nicht viel aus. – Uralte Bäume da oder dort, an einem Flussübergang, im Dorf, oder einfach irgendwo an der Straße.

Die Supermärkte sind fest in den Händen der Inder. Die Engländer, denen ein Oberhäuptling der Insulaner die Inseln, ohne sie indes allesamt zu beherrschen, abgetreten hatte, brachten an der Wende zum 20. Jahrhundert Inder in großer Zahl als Plantagenarbeiter ins Land: Die Insulaner erschienen dem britischen Gouverneur für die Arbeit ungeeignet. Die Inder wurden in verschiedenen Teilen Indiens rekrutiert und waren von Anfang an, sozial, sprachlich und landsmannschaftlich, eine inhomogene Gruppe. Rassenfragen sind auf Fidschi immer auch ökonomische Fragen. Das Konterfei der Queen ziert die Banknoten der Republik Fidschi. Mein Gott, denke ich beim Betrachten von Fotos aus den fünfziger Jahren, ich sehe die damals noch junge Elisabeth den sogenannten Eingeborenen beim Tanz zuschauen. Naturgemäß ist die Königin ganz in Weiß gekleidet.

Es gibt Hindus und Moslems hier, dazu alle möglichen protestantischen Kirchen und Sekten, und, natürlich, die katholische Kirche mit einem gemauerten Kirchlein am Meeresstrand, mit einer Madonnenstatue aus Gips darin.

Hinter der Kirche der Strand, auf dem bei Ebbe die Leute unterwegs sind, mit Handnetzen und Körben, um Muscheln, Krebse und anderes essbares Getier einzusammeln, kleinere Fische aus Prielen und Wasserlöchern zu fischen.

Wenn dich eine Seeschlange beißt, bist du nach längstens zwei Minuten tot! – Es gibt viele von diesen Schlangen hier, etwa einen Meter lang. Sie sind nicht angriffslustig, liegen wie schlummernd in seichten Lacken. Bei Flut schwimmen sie dann.

Verfolgt man die Nachrichtensendungen in den japanischen Medien, wird einem bald klar, dass, von den herrschenden Parteien inspiriert, das Volk auf einen möglichen Krieg gegen Nordkorea oder China eingestimmt wird. Ob der Krieg je kommen wird? Im Moment sieht es nicht danach aus. Das kann sich rasch ändern. Japan, als der enge Verbündete der USA, wird sich

an diesem Krieg, kommt er denn, beteiligen und hoffen, dafür aus der erwarteten Beute belohnt zu werden.

In einem seiner schönsten Gedichte beschreibt Brecht, wie er seine junge
Geliebte küsst, unter dem Pflaumenbaum, und wie zugleich hoch am Himmel oben und ungeheuer weiß eine Wolke zieht. – Er kann sich an die Frau,
das Mädchen, jetzt eigentlich nicht mehr recht erinnern; er weiß nur mehr,
dass sie einander geküsst haben. Und dass da diese Wolke war, so ungeheuer weiß und oben, die so schnell verging.

Das Gedicht, mit seiner raffinierten Verbindung des Mädchengesichts
mit den Blüten des Pflaumenbäumchens, die Brecht nur anspielungsweise
aufblühen lässt, mit seinem Schmerz um das Vergangene, Entschwundene,
seiner tiefen Lust am Ewigen, erinnert beim Lesen an chinesische, an japanische Gedichte – das fällt mir jetzt ein.

Die Erste, mit der ich mich auf der Insel befreunde, ist Audrey – ich meine,
auf diese Weise befreunde, dass der andere gar nicht merkt, dass man sich
mit ihm befreundet, Sympathie für ihn empfindet.

Audrey ist eine vielleicht siebzigjährige Amerikanerin, die auf der Veranda ihres Hauses eine Art Kaffeehaus betreibt, sie verkauft Kaffee und
selbstgemachte Torten. Man merkt gleich, dass man einen komplizierten
und empfindlichen Menschen vor sich hat, eine Künstlernatur – hätte man
früher einmal gesagt.

Von Audreys Veranda schaue ich zum Strand hinunter mit seinen Palmen, der immer leer daliegt. Meer – Strand – Straße: Auf der Straße Fußgänger, die zum nahe gelegenen Supermarkt gehen, von dort kommen und
zur Veranda heraufgrüßen: Bula! – Kaum Autoverkehr.

Ja, hier ist alles ein bisschen märchenhaft. Nur macht mir das Wissen um
koloniale Vorgänge, um wirtschaftliche und klimatechnische Zusammenhänge, um den Einfluss des globalen Tourismus, als deren Ergebnis alles
doch auch dasteht, immer wieder einen fetten Strich durch die Rechnung.

Korallen etwa werden als Material verwendet, mit dem man Schlaglöcher
in Wegen und Straßen auffüllt. Wie weit ist es da zur Magie, die ich einst
empfand, als ich *Coral Gardens* von Malinowski las?

Doch nachts, wenn du in die Mondnacht hinaustrittst, und der Mond
scheint hier beinah so stark wie eine Sonne, nur die Farben des Tages fehlen, die schwarzen Blätter rauschen, weiß oder silberfarben die Wiesen,
hoch und schwarz die Palmen, rundum fliegen lautlos riesige Fledermäuse,
und das endlose Meer draußen in allen Tönungen von Silber über Perlgrau

zu Taubengrau und Schwarz – dann wieder erinnerst du dich an den angelesenen Zauber, von Kindsbeinen an, und der alte Zauber mischt sich ganz wirklich mit dem neuen und gerade dir vorgezauberten, und du bist selig verwirrt.

»Von Innsbruck herauf wird's immer schöner, da hilft kein Beschreiben«, so Goethe an Frau von Stein, als er aus dem Inntal hinauf Richtung Brenner fährt. Er beschreibt aber dann doch die Dörfer und Kirchlein, die hoch oben über Abgründen stehen, auf Bergschultern, wo auf den Wiesen Heu gemacht wird, während Bergbäche brausend zur Tiefe stürzen.

Abends zieht ein mächtiger Sturm vom Meer her auf: Erst dunkelt es ein, wie gewöhnlich sehr schnell hier. Dann verschleiern sich die kleinen Inseln im Meer draußen noch zusätzlich, eine Art entsagungsvoller Seufzer ist zu hören; und dann ist der Sturm auch schon da, mit Böen und kurzen Verfinsterungen, in die dann wieder Mondlicht fällt, von einem Mond, der am Himmel oben auf zerrissenen Wolken zu reiten scheint. Weiße Wolkenbänke tauchen in diesem allerhellsten Mondlicht auf, aber sie bestehen nicht aus dem Stoff, aus dem Wolken für gewöhnlich gemacht sind, nein, diese Körper da oben scheinen aus ganz anderem Material gemacht, aus dem gegenteiligen, wenn wir das einmal so sagen wollen, diese Wolken bestehen aus leerem Nichts, aus der Leere selbst – da!

Taveuni (Sommer / Herbst 2003)

»Ich will euch nicht nur sagen: Ich habe es gesehen, sondern es euch sehen machen«, so Goethe etwas großspurig im Tagebuch der *Italienischen Reise*.
    Zum Beispiel lässt sich der Regenurwald kaum beschreiben. Von den Büchern der Botaniker zu einem Gang auf einem der Pfade, die sich durch den Wald schlängeln, ist es unausdenkbar weit. Zu Anfang kann ich gar nicht recht unterscheiden, wo das Gartenland der Dörfler aufhört und der Wald anfängt. Überall nur Bäume, Gebüsch und Schmarotzerpflanzen, dazu die ganze Vielfalt an Blattpflanzen, Farnen, Aralien und so fort. Vor dieser Vielfalt möchte man kapitulieren und sagen, es ist eine Welt aus Grün, aufgefächert und immer höher sich bahnend, bis zu den mächtigen, dunkelgrünen Wipfeln der Bäume empor, die wiederum tausendfach vertäut, verheddert und verbunden sind mit der Erde, dem Unterwuchs. Und in all dies Grün zeichnen wir jetzt Blattformen hinein, Herzen, Mandeln, Schiffchen und Kreise, Gefiedertes auch, in Schöpfen oder Fingern, Hän

den, Ohren oder Zungen. All das können wir so weitertreiben, bis wir all unser Vokabular in den Wald hinein verwandelt, in Baum und Blatt zurückverwandelt haben: Denn naturgemäß kennt der Urwald auch Vorhänge, Betten, Teppiche, Fenster, Schleier, Stufen und Firste.

Wenn du durch den Wald gehst, wirst du nicht viel sehen. Deine Augen werden stets auf den Boden geheftet sein, der vielen Wurzeln und Steine wegen, oder weil du in Mulch oder Morast versinkst, zu versinken drohst. Du achtest auf die Netze der Spinnen, auf vielfaches Getier, das vor dir weghuscht, auf dornige Ranken und lästige Widerhaken. Und vor allem rinnt dir unablässig der Schweiß herunter, über Stirn und Wangen, und in die Augen hinein. Und dann sind da noch die vielen Geräusche, von Blattwerk, Getier, Wasserrauschen und Vogelstimmen.

Dieser Wald ist ein dichter und enger Raum, und in dem Maß, in dem du vorwärtsgehst und eindringst, wird dein Bewusstsein von dir selbst immer kleiner – wie eine winzige Funzel, ein Flämmchen, das gerade noch leuchtet. Aber, o Wunder, bei alledem fühlst du dich nicht schlecht oder herabgesetzt, nein, du verlierst dich einfach, bist nicht mehr da und aufgelöst in dieses und jenes: Mag sein, dass du jetzt zu dem Blatt geworden bist, das dort oben wächst, eine lange und hellgrün schimmernde Zunge, die sich der Spitze zu etwas nach vorne einrollt.

Klaviermusik von Mozart, gespielt von einem erstklassigen Interpreten, vermittelt den Eindruck von geistiger Klarheit, einer Lust, die geläutert ist und ihre Herkunft vergessen hat.

Das Wasser der Urwaldflüsse sieht nicht aus wie das Wasser unserer Flüsse. Vielmehr gleicht es rinnendem Kristall. Es ist eine Substanz von seltener Köstlichkeit, was Licht und Sonnenlicht ist, wird anschaulich an diesem Stoff, man kann nicht genug darin schöpfen.

Nie werde ich den Gesang der Dörfler in ihrer Urwald-Kirche vergessen. Nie werde ich die Hand des Landarbeiters vergessen, der im Laden, an der Kasse stehend, etwas fordert, etwas fordert, ohne Geld zu haben.

Abends, wenn man an den Wolken über dem Meer schon deutlich sehen kann, dass die Nacht jetzt rasch hereinbrechen wird, legen die Insulaner gerne Feuer: Sie roden damit Stellen für anzulegende Gärten oder brennen die Haufen von Laub und Fallholz ab, die sie tagsüber um ihre Hütten zusammengetragen haben. Lichterloh und bunt, ja, bunt und hell lodern dann die Flammen und, ähnlich wie beim Wasser der Flüsse, kommt einem vor, als wäre dies Feuer da mehr Feuer als es eines bei uns es je sein kann.

Die Feuer werden wohl deshalb nachts entzündet, weil der reichliche Tau jedes unerwünschte Ausbreiten des Brandes verhindert.

Eine Standardstelle in jedem Abenteuer- oder Entdeckerbericht ist, dass die Seefahrer nachts die Feuer der Eingeborenen sichten, während sich die fremden Inseln als dunkle Buckel oder Höcker aus der mondbeschienenen See wölben.

Ein Urwalddorf steht drüben auf der Lichtung, meist von einem Rasenplatz umgeben. Oder, vielmehr stehen die oft bunt angestrichenen Hütten mit ihren aufgeklappten Sonnenläden über diese Lichtung verstreut, und beinah immer windet sich seitwärts ein Fluss oder Bach vorbei, an dessen Rand dann am Waschtag die Frauen sitzen. Oder sie sitzen auch in voller Bekleidung mitten im träge vorüberströmenden Wasser und bearbeiten ihre Wäsche auf einem Stein.

Bei der Gartenarbeit oder beim Fischfang sehen wir die Frauen. Nachmittags sitzen sie in Gruppen auf einer der Veranden oder auch am Strand, unter Bäumen. Einmal sehe ich eine Frau an ihre Hütte gelehnt dastehen, und sie schaut dem abfahrenden Bus nach.

Dieser Bus, das öffentliche Verkehrsmittel, fährt unregelmäßig, aber eben doch. Das Zeitgefühl ist hier ganz anders. Zeit spielt keine Rolle. Die Männer sind vielfach stolz darauf, dass sie keiner geregelten Arbeit nachgehen, niemandem verantwortlich sind und müßig in den Tag hineinleben. Nur der Fischfang nachts, auf dem offenen Meer, ist Männersache.

Auf Taveuni gibt es im Großen und Ganzen keine Übervölkerung und also auch nicht die Probleme, die sie unweigerlich zur Folge hat: rücksichtslose Ausnützung des Bodens, Abholzung der Wälder, Verseuchung des Wassers. Im Vergleich etwa zu den Indianern Mittelamerikas leben die Insulaner glücklich. Ist das Gartenland erschöpft, legen sie ein paar Schritte weiter einen anderen, neuen Garten an. Brennholz gibt es zur Genüge. Sauberes Wasser auch. Noch ist das Meer voller Fische. Eigentlich braucht man nur die Hände auszustrecken, um zu finden, was man braucht.

In den Läden gibt es dementsprechend nur wenig zu kaufen. Brot in der Hauptsache, Mehl, Reis, Waschmittel. Dazu ein Angebot von Konserven, das sich hauptsächlich an die Touristen richtet. Alles auf primitiven Holzregalen, vielfach verstaubt. Dazu Kühlschränke voller Coca-Cola. Ich war noch an keinem Platz auf der Welt, wo es keine Cola zu kaufen gab.

Freies Kapital, ja verfügbares Geld überhaupt, ist auf Fidschi rar. Kein Wunder, dass alle Produkte von überregionaler Verbreitung von Firmen stammen, die, zumindest zum Teil, in ausländischer Hand sind.

Der Dorfschönling sitzt auf der Bank der Bushaltestelle und schaut mit einladendem Lächeln zu den Frauen im Bus hinauf. Der Bus hat keinerlei Fenster, nur aufgerollte Plastikplanen, die man bei Regen, wenn nötig, herunterlassen kann. Die Frauen, sie sind unterwegs zum Hauptort der Insel, sind bunt herausgeputzt mit ihren großflächig gemusterten Kleidern. Manch eine trägt eine Halskette. Das krause, schwarze Haar zu kompakten Frisuren geschnitten, weiße Zähne im dunklen Gesicht und dunkelrote Lippen, die Haltung stets aufrecht und ungebrochen, nicht selten von geradezu königlicher Würde, sind diese Frauen sehr schön, und sie wissen das auch.

»Eine gute Strecke ging ich so für mich und hatte das Gefühl, wundervolle Dinge durch eine Scheibe zu betrachten, die alles verzerrte – in äußerstem Maß«, schreibt Malinowski im Jahr 1926 anlässlich eines Besuches in einem Pueblo der Hopi-Indianer, und weiter: »Ich begann auch zu fühlen, wie tief die Eingeborenen das Vordringen der Kultur des Weißen Mannes missbilligten, und wie sie versuchten ›zu reagieren‹ und ›sich anzupassen‹, alles umsonst natürlich.«

Übertrage ich diese Sätze hierher auf die Verhältnisse in Fidschi, möchte ich etwa sagen: Was ich vor mir habe, ist auch verzerrt, doch scheint diese Verzerrung keine Schmerzen zu bereiten, zumindest oberflächlich. Der Patient fühlt sich nicht schlecht, wehrt sich nicht. Der ganze Vorgang erinnert eher an die Umwandlung unserer alpinen Täler daheim in die Sportparadiese von heute, mit Schilehrern, Hüttenzauber und, als vorläufige Krönung, dem Popkonzert in der Gletscher-Arena.

Natürlich versucht auch hier der Unterlegene sich anzupassen, und er wird so lange sich anpassen, bis er sich ganz verloren haben wird. Ein wenig von seiner alten Kultur, seinen überkommenen Vorstellungen und Lebensweisen, wird dann freilich in der *Großen Kultur* weiterleben als ein mehr oder weniger bunter und eigenwilliger Faden oder Flicken im globalen Geflecht.

In Taos / New Mexico freilich, wie ich mich bei einem Besuch vor Jahren selbst überzeugen konnte, ist so gut wie nichts mehr übrig geblieben vom ursprünglichen Leben der Indianer. Zwar führen sie in einem abgelegenen Gebirgstal noch ihre Tänze auf und pflegen dort alte Riten, sie leben aber vom Betreiben von Spielcasinos, wohnen in von der Regierung gebauten, wie Strafkolonien wirkenden Bungalows, und der alte Pueblo, von seinen Bewohnern verlassen, ist nur mehr Schauobjekt für die Touristen.

Somosomo heißt der Hauptort der Insel Taveuni. In Somosomo selbst leben nur Fidschianer, eigentlich ist es ein großes Dorf, die Wellblechhütten oder -häuser stehen in einer langgestreckten Graslichtung am Ufer des Meeres. Jenseits des Flusses liegt die Siedlung der indischstämmigen Bevölkerung: Da finden wir Supermärkte, ein Kaufhaus, Kleiderläden, Ersatzteilhändler für Autos, Schneidereien und eine Bäckerei. »Die Inder bringen uns um«, man kann es öfter hören, und gemeint ist das Niveau der Preise, das freilich nicht wegen der Tücke und Gier der Inder, sondern einfach durch die Touristen nach oben gedrückt wird.

Die meisten Fidschianer sind bitterarm. Arbeit gibt es nur auf den Plantagen, und die ist, bei dem Überangebot an Arbeitskräften, nicht gut bezahlt. Ich treffe auf einen Mann aus einer weit entfernten Ortschaft, der mit seinem Boot rund um die Insel gesegelt ist, nur um sich das Blatt eines Spatens reparieren zu lassen, das einen Sprung bekommen hat. Er zeigt mir den Spaten, und ich sehe, der Spaten ist uralt. Aber wahrscheinlich ist es der einzige Spaten, den der Mann besitzt, einen neuen kann er sich nicht leisten, und ohne Spaten, wie will er dann seinen Garten bestellen?

Die Widersprüche in der Gesellschaft sind eklatant. Während in der *Fiji Times* auf Doppelseiten billige Elektrogeräte annonciert sind, haben im Dorf die meisten Haushalte keinen Stromanschluss. Gekocht wird auf offenem Feuer vor dem Haus. Selbst wenn sich das Tourismusgeschäft weiterhin gut entwickelt, sehen sich doch große Teile der Bevölkerung von der Möglichkeit, ins Geschäft zu kommen oder zumindest ein wenig mitzuprofitieren, ausgeschlossen. Kopra- und Zuckerproduktion hängen von den Preisen ab, die sich auf dem Weltmarkt etablieren. Sie werden weitgehend von der Nachfrage der entwickelten Länder bestimmt. Und der Tourismus selbst? – Wir wissen ja, was für ein Geschäft das ist.

Ein wenig südlich von Somosomo, in Wairiki, kam es im 17. Jahrhundert zu einer entscheidenden Kanu-Schlacht der Einheimischen gegen eine Kriegsflotte aus Tonga. Die Krieger aus Taveuni obsiegten, und die getöteten Feinde, sie sollen nach Hunderten gezählt worden sein, wurden gekocht und aufgefressen. Die katholische Mission, die sich heute auf einem Hügel über Wairiki erhebt, wurde damals von den Insulanern errichtet, zum Dank für die Missionare, die sie mit ihren Ratschlägen in der Schlacht unterstützt und zum Sieg geführt hatten.

Der Sinn der Menschenfresserei lag vor allem in der völligen Auslöschung der Feinde, deren Person wurde annihiliert, sie wurden ausgemerzt aus dem Wunder der Welt, als hätte es sie nie gegeben.

Zweifel an der Menschennatur überhaupt regen sich da: Weshalb nur haben sich die Insulaner bekriegt und einander getötet, wo sie doch an nichts Mangel hatten und gleichsam im Paradies lebten?

Schauen wir aufs Meer hinaus, ist es vor allem der große Raum, der uns entzückt: Dunkel und erstarrt, leise schimmernd erscheint das Meer, tief unten gleichsam – etwas heller und da und dort aufglänzend zu uns her.

Mit einem kleinen Fortrucken der Wolken ist alles wieder ganz anders, und der Abend sinkt.

Rosig und grün, umgeben von der Sanftheit von Rosen, erkennen wir noch die Korallenriffe vor der Küste. Die Inseln weiter draußen zeigen sich als niedrige, schwarze, wie ausgeschnitten wirkende Konturen am Horizont. Stumm und so, als wären sie jedes Lebens beraubt, schauen die Bergketten von der anderen Seite des Sunds zu uns herüber. Was Ewigkeit ist, hier wird es anschaulich und manchmal auch fürchterlich klar. Mit einem Mal ist es Nacht, als weiße und grausame Zähne erscheinen noch die Brecher am Riff, die daran anschließende Zone zeigt sich dunkelgrün und hart, wie poliert aus Metall, dann, angrenzend, hell und heller spielende Säume, bis Rosiges sich schlierenhaft kurz hineinmischen kann, kleine Lichtnester aufgleißend mit den Wellen hertanzen und wegschwimmen als niedergetretene Feuer.

Über Fidschi (2003)

Heute stellen die Inder etwa die Hälfte der Einwohner der Inseln, sprechen vielfach auch Fidschianisch – Englisch ist die Staatssprache der Inseln –, sind aber religiös in Hindus und Moslems gespalten. Die politischen Interessen der Inder oder, besser, der Indischstämmigen, vertritt die Arbeiterpartei Fidschis. Diese Partei, mit ihrem quasisozialistischen Programm, ist, weil sie eben die Inder vertritt, für indigene Fidschianer meist von vornherein nicht wählbar. Eine Partei der Linken, die also insgesamt die Interessen der arbeitenden Bevölkerung vertreten würde, gibt es auf Fidschi nicht.

Der, man muss es so sagen, rassische oder rassistische Gesichtspunkt bestimmt weitgehend, welcher politischen Gruppierung man sich zuordnet und wohl, nach der Lage der Dinge, auch zuordnen muss.

Gewissermaßen parallel zur republikanischen Ordnung werden die Geschicke des Staates vom Rat der Häuptlinge bestimmt. Die in Clans und dörflichen Verbänden organisierten indigenen Fidschianer, sie stellen die andere Hälfte der Bevölkerung, werden in diesem Rat von ihren Häuptlingen, manchmal auch Könige genannt, vertreten. Das Ansehen und die tatsächliche Macht dieser Könige sind regional stark unterschiedlich. Das reicht von einer fast nur mehr dekorativen Funktion bis hin zu absoluter Macht. Auch die politischen Interessen der Häuptlinge divergieren stark, je nachdem, in welchem ökonomischen Stadium sich die jeweilige Region befindet. Was die Häuptlinge eint, ist das aristokratische Prinzip, von Geburt her bestimmte Vorrechte zu haben.

In früherer Zeit haben die Häuptlinge miteinander stets rivalisiert, haben einander oft blutig bekriegt. Dazu kommt die räumliche Dislozierung der Inseln. Es gibt, schwach ausgedrückt, auch heute noch regionale Antipathien.

Die Vorstellung oder Vermutung, die Häuptlinge würden die Interessen der ihnen Unterworfenen oder Anvertrauten vertreten, ist, von außen her betrachtet jedenfalls, kaum aufrechtzuerhalten: Insbesondere durch gute Schulbildung, aber einfach auch durch ihre materielle Besserstellung sind die Ratus oder Häuptlinge von ihrem Volk geschieden. Ein Tatbestand, den die Engländer als Kolonialmacht noch dadurch gefördert haben, dass sie, um für eine allfällige Entlassung ihrer Kolonie in die Unabhängigkeit vorzusorgen, naturgemäß gerade auf die Häuptlinge und ihre Söhne gesetzt haben. Was hätten sie auch sonst schon groß tun können, die Frage ist berechtigt. Manch einer der Häuptlinge wurde von der englischen Königin später zum Ritter geschlagen. Es gibt, ganz im Gegensatz zur sonstigen patriarchalischen Verfasstheit der indigenen Gesellschaft, seltsamerweise auch weibliche Häuptlinge.

Der einflussreiche und mächtige Rat der Häuptlinge als aristokratisch konzipierte Institution ist jeder republikanischen Verfassung im Grunde diametral entgegengesetzt. Mein Eindruck ist, dass sogar die indigenen Fidschianer, die es selbst wirtschaftlich *zu etwas gebracht haben* – im Übrigen ist das für gewöhnlich nicht viel –, auch wenn sie gleichviel durchschauen, dass die Häuptlinge eigentlich nicht ganz auf ihrer Seite sind und zuvorderst ihr eigenes Süppchen kochen, sprich, für die weitere Absicherung und den Ausbau ihrer Privilegien sorgen, als Fidschianer müssen sie doch immer die Sache der Häuptlinge hochhalten, dürfen sich nicht mit Positionen und Ideen identifizieren, die etwa von Indern aufgebracht werden: Und sollten es tausendmal die *richtigen* sein.

Vetternwirtschaft und Korruption haben zu einem guten Teil im Häuptlingsprinzip ihre Wurzeln und, bis auf den heutigen Tag, reichen Nährboden. Die Inder wieder, die sich, nach Art der Juden früher in Europa, als benachteiligte und bedrohte Minorität sehen und, wie auszuführen sein wird, auch sehen müssen, helfen in dieser Lage zusammen und fördern ebenfalls ausschließlich einander. Clanmäßige Zusammenhänge sind etwa im von den Indern dominierten Einzelhandel, aber auch in anderen Branchen keine Seltenheit.

Eine Besonderheit der Republik der Fidschi-Inseln besteht darin, dass der verfügbare Boden zu über 90 Prozent der indigenen Bevölkerung gehört. Nur die restlichen zehn Prozent dürfen auch von Ausländern käuflich erworben werden.

Zum Schutz der Interessen der Insulaner richteten die Engländer eine Behörde ein, vor der die clanmäßigen Rechtstitel am Besitz des Landes proklamiert werden konnten, etwas, das es zum Beispiel in Australien und

Neuseeland nicht gab. Der Boden steht immer im Gemeineigentum eines Dorfes, der Häuptling bestimmt über die spezielle Zuweisung. Die Inder, als Nicht-Indigene, konnten und können also kein Land erwerben, es nur leasen. Die ursprünglich abgeschlossenen Leasingverträge gingen auf viele Jahre, die Insulaner erhielten dafür oft nur symbolische Abgeltung. Jetzt laufen diese Leasingverträge aus, die Insulaner verlängern die Verträge nicht, schließen auch keine neuen ab, die indischen Farmer müssen abziehen und hoffen, irgendwo anders ein Stück Boden leasen zu können. Oft verwaldet der nicht mehr bebaute Boden und wird wieder zu Urwald.

Festzuhalten ist, dass eine Republik mit zweierlei Arten von Bürgern, die einen, die das Recht auf Grund und Boden haben, die anderen, die das nicht haben, kaum als solche anzusprechen ist. Die Freiheit zum Erwerb von Eigentum ist ja gerade eines der Grundrechte. Man könnte das Problem für eine jedenfalls notwendige Übergangzeit etwa dadurch lösen, dass man eine Clearingstelle einrichtet, die einen vernünftigen und marktgemäßen Leasingpreis für das jeweilige Objekt feststellt und dabei sowohl die Interessen der Insulaner als auch die der Inder im Auge hat. Was Letztere angeht, ist zu bedenken, dass sie ihre auf eben jenem Boden erzeugten Produkte auf einem immer schwerer zu kalkulierenden Markt verkaufen müssen, der, wie etwa beim Zuckerrohr, oft international organisiert ist. Ganz abgesehen davon, dass viele Insulaner das Auslaufen der Leasingverträge auch als Waffe zur Vertreibung der Inder, jedenfalls zur Beschneidung ihres Einflusses sehen und ihren Boden, was ökonomisch sinnwidrig, ja katastrophal ist, lieber überhaupt einer Nutzung entziehen, als ihn auszuleasen, ist ein gutes Funktionieren einer solchen Institution bei der gegebenen clanmäßigen Verfilzung, dem Nepotismus, der weithin herrscht, eigentlich nur vorstellbar, wenn die Institution gewissermaßen neutral sein könnte, am besten besetzt mit jemandem, der von außen kommt. Hier beißt sich die Katze in den Schwanz, weil das neuerlich koloniale oder quasikoloniale Verhältnisse in einer ganz zentralen Angelegenheit schaffen würde. – Eben wird die Polizei von Fidschi, der steil ansteigenden Kriminalität wegen, von einem aus Neuseeland gekommenen Polizeioffizier *auf Vordermann gebracht.*

Zu Recht fragen viele Inder, weil sie ja von den Engländern nach Fidschi gebracht wurden, wie diese denn ihrer historisch eingegangenen Verpflichtung nachzukommen gedenken. Manche befürchten, ein Schicksal wie ihre Landsleute in Uganda vor sich zu haben, die schließlich, unter Idi Amin, von einem Tag auf den anderen rechtlos gemacht und aus dem Land vertrieben wurden. Viele dieser Vertriebenen leben heute in England.

Wie die Engländer nach all dem, was sie an Komplikationen in ihren einstigen Kolonien hinterlassen haben, sich heute etwa im Irak oder anderswo noch als Retter oder überlegene Ordnungsmacht produzieren können, bleibt eine, hier zwar nur am Rand interessierende, aber doch spannende Frage.

Dass übrigens gerade jene beiden Länder, die ihre Indigenen- oder Aborigines-Frage bis dato nicht gelöst haben – oder, bestenfalls, eben dabei sind, sie zu lösen –, dass gerade Neuseeland und Australien also die, jedenfalls in wirtschaftlicher Hinsicht, am besten dastehenden Staaten der Region sind, gibt zu denken. Die Aufarbeitung der Kriege und Verbrechen, die die Landnahme sowohl in Australien als auch in Neuseeland begleitet haben, droht eben jetzt, nach einer über hundertjährigen Phase der Rechtlosigkeit und Entrechtung, in endlosen Prozessen um Land und Nutzungsrechte zu versanden. Hinter alldem steht der in seiner Primitivität und Brutalität abschreckende, aber inhaltlich eindeutige Satz: »Hätten wir sie damals getötet, wäre jetzt alles einfacher!« Der Satz gilt auch umgekehrt: In Neuseeland etwa haben die Maoris versucht, sich zu wehren, es war gegen Ende des 19. Jahrhunderts, sich in einem Krieg gegen die Eindringlinge das Ihre zurückzuholen – freilich erfolglos.

Die Bevölkerung der Republik Fidschi ist in vielfacher Hinsicht exakt in zwei Hälften geteilt. Sprechen die Insulaner Fidschi, so die Inder Hindi oder Urdu. Sind die Insulaner Christen oder Methodisten, so sie nicht einer der grassierenden Sekten und neuen Kirchen angehören, sind die Inder, wie schon gesagt, Hindus oder Moslems. Ökonomisch leben die Fidschianer meist als Fischer oder Bauern und treiben, jedenfalls im Großteil des Landes, eine vor-marktwirtschaftliche Subsistenzwirtschaft, das heißt, sie bauen an, ernten und fangen gerade jeweils so viel, wie sie selbst zum Leben brauchen. Die Inder hingegen sind, so weit in der Landwirtschaft tätig, Erwerbsbauern – als Rinder- oder Hühnerzüchter, Gemüsebauern, Zuckerrohrfarmer und Ähnliches –, im Großteil jedoch in Handel und Gewerbe zu finden. Auch die sogenannten Intelligenzberufe sind meist von Indern besetzt.

Die Positionierung der beiden Bevölkerungsgruppen in einer modern sich verfassenden Gesellschaft ist, bei gegebener Voraussetzung, leicht vorzustellen. Den Fidschianern läuft, bildlich gesprochen, die Zeit davon. Ablehnung, Ranküne, ja Hass, die auch aus gegenseitiger Entfremdung, dem Mangel auch an Begegnung und Begegnungsmöglichkeit herrühren, beherrschen das Feld. – Dumpfheit, Neuerungsangst und Xenophobie, wir wissen es nur zu gut, sind allerdings keine Spezialität der Fidschi-Inseln.

Von ihrer traditionellen Wirtschaftsform her ist den Fidschianern die Vorstellung von Produktivität und produktiver Arbeit fremd. Schulbildung kostet in Fidschi, von der Grundstufe an, Geld. Viele Kinder besuchen daher keine Schule. Vielfach ist die nächste Schule auch sehr weit weg vom Wohnort der Kinder.

Während manche Regionen der Hauptinseln stark bevölkert sind, gibt es auf vielen anderen Inseln noch keinen Bevölkerungsdruck. Freilich wandern auch von dort viele Insulaner Richtung Stadt, aus verschiedenen Gründen. Auf dem Dorf ist Geld rar. Dazu kommt, dass der Boden nicht auf jeder Insel gleich fruchtbar ist.

Die Nachhaltigkeit der überkommenen Lebens- und Wirtschaftsform beeindruckt. Das Plantagen- und Edelholzgeschäft haben aber das ökologische System, vor allem in den Küstenregionen, schon verändert, stellenweise beschädigt. Bodenerosion und Austrocknung sind die bekannten Folgen.

Was den Fischfang betrifft, sind durch den Verkauf von Fanglizenzen an ausländische Fischindustrien die Bestände bedroht. Freilich überwiegen noch die Orte, wo ein gelungener Fang am Riff eine spielerische Angelegenheit ist.

Vielfach haben die europäischen Kolonisatoren die, von ihrem Standpunkt aus gesehen, mangelnde oder schlechte Arbeitsmoral der Indigenen zum Vorwand für erzwungene, ja für Sklavenarbeit genommen. Heute noch gehen Großfarmer im Amazonasgebiet gegen die dortigen Indianer so vor. Auf Fidschi wurde das Problem, wie schon gesagt, durch den *Import* der Inder, meist unter räuberischen, stets aber unfairen Bedingungen, *gelöst*.

Infolge der Zuwanderung oder Landflucht sind die größeren Städte Fidschis von weitläufigen Squattersiedlungen umgeben. In diesen Bretterstädten herrschen Elend, Analphabetismus und jede Art von Kriminalität. Da eben diese Kriminalität dabei ist, den Tourismus, eine der Haupteinnahmequellen von Fidschi, zu beeinträchtigen, wird nun *zurückgeschlagen*, wie es heißt, man versucht, die Kriminalität durch moderne Polizeimethoden in den Griff zu bekommen.

Dass der Anbau von Marihuana und das illegale Brennen von Schnaps in einem Land, das in weiten Gebieten Zuckerrohr anbaut, keine besonderen Probleme machen, verleiht Elend und Verbrechen eine zusätzliche Facette.

Gerade jetzt verfällt der Preis für Zucker dramatisch an den internationalen Märkten, was heißt, dass die entwickelten Länder auf das Überangebot an Zucker mit Preisdruck reagieren. Für Fidschi bedeutet das den Zusammenbruch der ohnehin schwer angeschlagenen Industrie, ein Hochschnellen der Arbeitslosigkeit in den Anbaugebieten, die Verelendung einer großen Zahl indischer Arbeiter. Die gegenwärtige, von Fidschianern dominierte Regierung spricht vage von einer Restrukturierung. Wie die aber ausschauen soll?

Der Tourismus ist die Wachstumsbranche schlechthin für Fidschi. Vielfach allerdings zerstört gerade der Tourismus die überkommenen Strukturen, ohne dabei für die Betroffenen eine neue und langfristige Lebensperspektive zu entwickeln. Er beeinträchtigt vielerorts zusätzlich die Umwelt und verschärft noch den Unterschied zwischen Stadt und Land: Die meisten Dörfer haben keinen Strom – was den britischen Vodaphone-Konzern nicht daran hindert, Fidschi zum Handy bekehren zu wollen. Der Profit aus dem Tourismusgeschäft fließt zum Großteil in die Taschen von Investoren, die in aller Regel von außen kommen. Der Einfluss, den diese Investoren nehmen, allen voran Australier und Neuseeländer, wächst zusehends. Australien scheint dabei sich zur regionalen Ordnungsmacht aufschwingen zu wollen. Der Posten des Generalsekretärs des Pazifischen Forums, einer Organisation, die alle Inselstaaten zusammenfasst, wurde etwa eben mit einem Australier besetzt. Die Australier intervenieren auf den Solomonen, in Papua-Neuguinea, sind mit Militärkontingenten auf Osttimor, haben ihre Asylwerber nach Nauru abgeschoben.

Für die Zukunft scheint, so nicht Putsch und Bürgerkriege die Situation verschlimmern oder weiter verwirren, eine Republik Fidschi vorstellbar, in der die Fidschianer in einer zum Teil modernisierten, zum Teil nach Art eines Menschenparks eingerichteten Gesellschaft als Angestellte internationaler Konzerne und Investoren oder als urtümliche Ausstellungsstücke und reale Kostgänger leben werden. Die sogenannten besten Köpfe, überhaupt die Qualifizierten, werden bis dahin freilich in großer Zahl abgewandert oder auch, weil sie sich als Inder im Land nicht sicher fühlen, ins Ausland, womöglich in reiche Länder, emigriert sein.

Detour (Herbst 2003)

Ist der Himmel bedeckt, und insbesondere, wenn von Norden her dichte und finstere Wolken sich gebirgsartig im weiten Himmelshintergrund auf-bauen, dann rollt die Brandung am Riff draußen richtig laut. Der weiße Saum, dort, wo die Welle sich bricht, ist leuchtend weiß. Das Grollen der Brandung klingt fast schon wie Donnern, nimmt das künftige Donnern des herannahenden Unwetters vorweg.

Es gibt viele Schildkröten im Meer. Die Vorstellung, es sei von schwimmenden und tauchenden Schildkröten durchwimmelt, ist vielleicht nicht falsch. Dreht der Wind und läuft die Strömung dem Land zu, fangen die Insulaner die aufs Land zutreibenden Schildkröten und schlachten sie.

Die Marienkäfer schauen hier genauso aus wie bei uns daheim.

Hat es längere Zeit nicht geregnet, ist es die richtige Zeit, um Krebse zu fangen. Bei Trockenheit steht das Wasser in den Bächen und Flüssen niedrig, und die Krebse sind leicht zu fangen. Gebückt gehen die Frauen an den Bachufern hinauf.

Besonders in dunklen und finsteren Nächten lohnt es, am Riff draußen ein Netz auszuwerfen: In der Früh wird es voller Fische sein.

Drei Frauen gehen mit einem Netz am Saum des Riffs. Ebbe. Das schlammige Wasser ist höchstens kniehoch. – Auf einmal laufen sie auseinander, werfen und spannen gleichzeitig lose das Netz zwischen sich aus; und dann laufen sie wieder zusammen: Mit dem Kescher holt eine der Frauen den gefangenen Fisch heraus, der mächtig mit der Rückenflosse schlägt.

Abends gehen die Fischer mit Speer und Lampe zum Bootsplatz hinunter. In der Früh sehe ich sie dann heimkommen. Manchmal hängt ihr Gürtel voller Fische.

Fische, Fische, Fische.

Es gibt immer wieder abgelegene Inseln, mit eigenem Flugfeld, die gesamte Bevölkerung, meist ist es nur ein Dorf, irgendwo an einer Bucht, arbeitet auf den Plantagen des Inselbesitzers oder ist bedienstet in einem eventuell vorhandenen Resort.

Nachts, wenn die von Fledermäusen leergefressenen Kokosnüsse zu Boden plumpsen, gibt das einen dumpfen Knall.

Auf Papua-Neuguinea überlegen die Militärs die Wiedereinführung öffentlicher Hinrichtungen. Damit wollen sie die steil ansteigende Zahl von Gewaltverbrechen eindämmen.
    Australien schlägt am Pazifischen Forum vor, den Australischen Dollar, nach Art und dem Vorbild des Euro, für alle Inselstaaten als Gemeinschaftswährung einzuführen, dazu eine ganze Reihe von Maßnahmen, die etwa Polizei, Arbeitsmarkt, Flugverkehr und Ähnliches vereinheitlichen und unter gemeinsame Führung bringen sollen. Hinter all dem stehen freilich die USA mit ihren Interessen.
    Auf den Solomonen rückt nach vierjährigem Bürgerkrieg eben eine pazifische Friedenstruppe ein.
    Auf den Müllhalden rund um die Städte kann man immer wieder Leute nach noch essbaren Abfällen graben sehen.
    Infolge der Erderwärmung und des steigenden Meeresspiegels gehen manche Atolle schon unter.

Wenn ich auf meinem I-Pod etwa Schubert höre, bin ich auch angerührt von der Vorstellung und Tatsache, dass eine Kultur es, nein, nicht zum Ziel haben, es aber jedenfalls hervorbringen und zulassen kann, dass ein Einzelner seine Seelenzustände so unverhüllt und rücksichtslos ausdrückt – freilich nur im Medium seiner Kunst.

Die Nowy Swiat-Straße fällt mir da ein, meine Lieblingsstraße in Warschau. Sie führt vom alten Stadtzentrum am Steilufer der Weichsel entlang Richtung Osten, war einmal die Ausfallstraße Richtung Russland.

Meine Lieblingsstraßen: In London ist es wohl die Kensington High-Street; in Paris die Rue de Tournon; in Berlin wahrscheinlich der Savigny-Platz. Jetzt, hier in Fidschi ist eben die Sonne aufgegangen, überqueren in Berlin gerade die ersten Flaneure den abendlich und erwartungsvoll daliegenden Platz.

Als würden in Tiere verwandelte oder verzauberte Menschen einander im Wald begegnen, und als würden sie, einander in die Augen schauend, erkennen, dass sie einmal Menschen gewesen sind.

Die Ratte, ich habe sie endlich mit Gift erlegt, ihr Kadaver stinkt entsetzlich in der Hitze. Ich will sie eingraben, der Nachbar wirft bloß eine Schaufel Erde darüber: »In our climate here she is finished soon.«

Bei beschlagenem Himmel schaut das tiefe Wasser des offenen Meeres, das sonst oft stark leuchtend und metallisch blau ist, schwarz wie eine finstere und feindselige Nacht aus. In einer solchen Nacht fliegen keine Käfer gemütlich um die Lampen. Die Schildkröten des Meeres, in meiner Vorstellung strahlen sie warmes, gutartiges Licht ab, pflügen jetzt durch ewige und tote und eisige Finsternis.

Auf dem Savigny-Platz in Berlin stellen die Kellner gerade die noch unangezündeten Windlichter auf die Tische auf den Terrassen der Restaurants.

Einen Zahn ziehen kostet hier im Spital fünf Dollar.

Ein weißer Reiher, der bei Ebbe am Riff Fische fängt, spaziert wie ein Haustier durch den Garten.

Bei Ebbe liegen die Boote der Fischer im Schlick oder auf dem weißen Sand, in den sich die zerbrochenen, vom Meer zerriebenen Korallen verwandeln. Inseln von Seegras da und dort. Von oben schauen die leeren, schief im Gelände liegenden Boote manchmal wie offen vor sich hin träumende Augen aus. Aber der Eindruck vergeht rasch, wenn man Ankertau und Anker ausmacht.

Die Landzungen und Bergzüge anderer, weiter draußen liegender Inseln, ihr fernes Profil ruft wie von selbst den Wunsch hervor, dort einmal hinzukommen. Und wenn du dann dort warst und weißt, da ist nichts als Sand und Mangroven-Sumpf, verlassene Hütten und Kopra-Plantagen – und der Sand ist voller Flöhe dazu, so kannst du doch nicht anders, als abends wieder nach den Inseln Ausschau halten, nach den dunkel und keilförmig ins Meer hinauszeigenden Kaps.

Den traurigsten Anblick bietet ein gescheitertes Boot, dessen Planken schief in die Luft zeigen und dessen Kiel jetzt auf den Steinen liegt wie ein zerbrochenes Rückgrat.

Hibiskusblüten in Rot und Rosa. Die Blüten der Bougainvillea, durch die Wipfel von Palmen gewunden.

Die Dorfstraße herunter kommen mir Frauen in ihren bunt gemusterten Blusen entgegen. Es wird bald dunkel sein, jetzt leuchten die Blumen auf dem Blusenstoff geradezu, während die dunklen Gesichter der Frauen und ihre Röcke aus dunklerem Stoff schon mit der Abendluft verschwimmen.

Als junger Mann, an der Biscaya, habe ich zum ersten Mal den Salzgeruch eines aufgeregten Meeres gerochen. Und daran erinnere ich mich jetzt.

In einem Vorort sind gestern drei Chinesen erschlagen worden. Die Chinesen sind hier verhasst. Meist betreiben sie Gärtnereien oder sind Handwerker.
So weit das Auge reicht, Bretterhütten ohne Strom oder Kanalisation an den aufsteigenden Hängen der Hügel. Slum. In der Senke unten ein schmutziger, mäandrierender Bach, an dessen Ufer ich entlanggehe.

Angetan mit Blumengirlanden, auf einer aus frisch geschälten Baumstämmen zusammengezimmerten Plattform, die festlich mit Bastmatten und Rindenstoff ausgelegt ist, wird der Häuptling von seinen Dörflern auf den Festplatz getragen. Die Frauen kochen in Erdöfen das Festmahl.

Der Wind rauscht Tag und Nacht in den Palmwipfeln. Vielleicht wird morgen ein windstiller Tag sein, in dessen absoluter Stille alles erstickt?
Zum Rauschen der Palmwipfel gehören, auf dem Meer draußen, die dahineilenden Schaumkronen und Schaumpfoten auf den grasgrünen Wellen.

Am offenen Feuer dient ein frisches Palmblatt als Topflappen.

Kein einziges Hotel hier gehört einem Einheimischen. Viele Insulaner haben sich beim gewerbsmäßigen Tauchen ruiniert, Gelenkrheumatismus, Lungenkrankheiten, Trunksucht sind die Folge.

Im 19. Jahrhundert setzte in Europa, vielerorts kurz nach der Bauernbefreiung, die Landflucht ein. Rund um die alten Stadtzentren bildeten sich, meist vorhandene Dörfer als Ausgangspunkt nutzend, die Vorstädte aus. Ursprünglich waren diese Vorstädte Elendsviertel.

Die Romane von Dickens erzählen uns in der gefühligen Manier der viktorianischen Zeit von dem Leben dort.

Später bilden diese Vorstädte dann Hintergrund und Schauplatz von Aufständen, Bürgerkriegen und Revolutionen.

Bronze und Smaragd sind die Farben der Untiefen. Und meist spielen noch die Schatten der Wolken darüber, die am Himmel vorüberziehen.

Heute ist Samstag, das ganze Dorf ist betrunken.

Vergewaltigungen. Aids. Diebstähle und Brandstiftung.

Nach einem Begräbnis wird drei Mal gefeiert: Unmittelbar nach der Grablegung, drei Tage und dann wieder eine Woche nachher. Das ganze Dorf ist auf den Beinen, kocht, völlert, trinkt und tanzt. Das Grab liegt für sich allein im Wald, und bald wird, weil Pflanzen es überwuchert haben werden, niemand mehr wissen, wo es ist.

Als junger Mann hatte ich ganz andere Vorstellungen von Leben, vom Sterben und von allem überhaupt. Oder sollte ich besser sagen: Ich hatte bloß andere Wünsche?

Übermorgen werde ich zurück in Tokyo sein.

Seoul – Bangkok (1998/1999)

Der Han-Fluss windet sich in seinem breiten, grauen Bett, themseähnlich, dem nahen Meer zu. Seoul hat zehn Millionen Einwohner, der Großraum wohl an die zwanzig. – Der Chao Phraya-Fluss, zwischen Wolkenkratzern und Hüttenverbauung mäandrierend, wälzt seine trägen, graubraunen Fluten ins nahe Meer. Bangkok hat offiziell sechs Millionen Einwohner, tatsächlich sollen es weit über zehn Millionen sein.

Von den vierundvierzig Millionen Einwohnern, die ganz Südkorea hat, wohnt also beinah die Hälfte in der Hauptstadt oder ihrer unmittelbaren Umgebung. Die Landflucht, die für dieses enorme Wachstum ursächlich ist, scheint abgeschlossen oder beinah abgeschlossen. Man sieht allerdings viele arme Leute in den Straßen von Seoul, die ein paar Krautköpfe, eine Handvoll Eier oder etwas in der Art auf dem Gehsteig ausgelegt haben und an den Mann / die Frau zu bringen suchen; man sagte mir, das seien *die Arbeitslosen*, seit der Krise im vorigen Jahr werden es mehr und mehr. – Immerhin ist diese Art von Handel, die in New York etwa undenkbar wäre, ein Zeichen für intakte und vielfältige Beziehungen zum bäuerlichen Umland.

Bangkok ist eine Stadt der Zuzügler. Die verarmten Bauern – oder ihre Kinder – gehen in die Stadt. In gewisser Weise kann man hier besichtigen, was sich in den europäischen Großstädten vor gut hundert Jahren abgespielt hat: Das Elend der Zuzügler ist groß. In Wellblechhütten entlang von achtspurigen Autostraßen etwa, Wasser kommt aus aufgebockten Eisenkanistern, es gibt keine Toiletten, von Waschgelegenheiten nicht zu reden, und ein Stück Brett wird vor die Türöffnung gelegt, damit die kleinen Kinder nicht aus dem Innenraum herauskrabbeln können. – Es gibt auch sehr viele Obdachlose, die, wenn ein Staatsempfang ansteht oder irgendein anderes offizielles Spektakel, von der Polizei zusammengefangen und aus den zentralen Stadträumen entfernt werden.

Hier regen sich Gefühle, die tiefer liegen als das Moralische: schmerzliche Verwunderung, jäh wie ein Bauchstich mit dem Messer; gekränkte Eigenliebe, denn *so* will man das Menschliche einfach nicht annehmen. Und dann erst folgen Zorn und Mitleid und die anderen erprobten Gefühle.

Dass Kauf und Verkauf der eigentliche Sinn der städtischen Konzentration sind, nirgends noch wurde es mir so deutlich wie hier. Selbst Tokyo hat im Vergleich dazu etwas Gestyltes, einen Touch von ästhetischer Überformung.

Der eine verkauft Wissen, der andere Waren, der dritte Dienstleistungen, der vierte sich selbst.

In Seoul und Bangkok, so verschieden sie im Übrigen sein mögen, ich komme noch darauf zurück, herrscht das zirkuläre Prinzip des Hin und Her, des Auf und Ab, von Konstruktion und Dekonstruktion ohne Anfang und Ende, wie es scheint. Seoul ist eine sehr hügelige, fast möchte ich sagen, eine gebirgige Stadt. Der durchschnittliche Anblick ist also der von aus dem Dunst und Smog aufragenden Hochhäusern und Wolkenkratzern aller Größen und Ausführungen, die sich ohne irgendeinen erkennbaren Plan über Hügelflanken und Taleinschnitte, Ebenen und Flussränder verteilt finden; zuletzt verlieren sie sich in grauer Diesigkeit. Zwischen den

Hochhäusern breiten sich Gegenden mit niedrigerer Verbauung aus, alt-koreanische Holzhäuser mit Dächern aus blau glasierten Ziegeln, Appart-mentblocks, Häuser mit sieben, acht Restaurants oder Clubs übereinander etc. Die Siedlungsdichte ist hoch, also wimmelt es überall von Menschen. – Nirgends sind Anfang oder Ende der Verbauung zu erkennen, etwaige freie Flächen wirken wie Bauland und sind auch meist schon von Autobahnbrü-cken überspannt, durch Ab- und Zufahrten eingegliedert. Vor allem aber ist es der rastlose Verkehr, bei Tag und bei Nacht, der diese Art von zirkulärer Endlosigkeit suggeriert. – Einmal ist ein Stau auf der hochgeführten Auto-bahn so zäh und ausgiebig, dass beim Anfahren der Fahrer des Autos vor uns sich nicht rührt – er ist eingeschlafen. An Smogtagen – und das sind hier die meisten Tage, die Sonne nur eine kleine, harte, flirrende Scheibe hinter Dunstschleiern – erscheinen die Wolkenkratzer von einer spielen-den, erschaffenden Hand hier aus dem Schummer gezogen und heraufge-holt, indes sie an einer anderen, gewisserweise im Moment unbeachteten Stelle schon wieder in sich zusammensinken.

»Wir wohnen über dem Fluss. Dort ist das neue Zentrum.« – Ständig werden neue *Zentren*, komplett mit Einkaufsmöglichkeiten etc., errichtet, indes die älteren, abgebrauchteren sozial abgleiten. Es gibt ausgedehnte Elendsviertel in Seoul, mit blauen Plastikplanen gegen den Regen abgedich-tete Häuser, herunterkollernde Ziegel, brüchige Fensterläden aus Holz – das Alte, könnte man sagen, ist meist schon das Elende. Natürlich abertausende Gebäude in einer Art DDR-Stil, denen man ihre Funktion kaum ansehen kann: Fabrik? Wohnhaus? Lagerhalle? – Dazu beträchtliche Überkapazi-täten, nagelneue Hochhäuser, die nie bewohnt wurden und verkommen.

Im Fall von Bangkok, der Tropenstadt, kommt zum außer Rand und Band geratenen Verkehr und seinem Dröhnen, dem Fehlen jeglicher Stadt-planung (zumindest merkt man nichts davon), noch die Hitze: Einerseits bist du körperlich gleich abgeschlafft, sobald du die klimatisierten Zonen von Hotel und Taxi verlässt, andererseits fühlst du dich aufgekokst und high von eben denselben Faktoren: Hitze, Lärm, Helligkeit, Buntheit und Fülle. Welches Wunder sollst du zuerst anschauen: das bunte Tempeldach, die duftenden Rauchwolken aus der Garküche – oder leere Coladosen, die im dreckigen Wasser des Klong treiben?

Wie in der Geografie der Stadt versinkt auch im vorbeigleitenden Be-wusstsein das meiste spurlos: Seien es nun die von Smog und Schimmel schwarzen Hausfassaden mit ihren vergitterten Balkonen oder die prunk-vollen Fassaden der Tempel und Königspaläste. Abends, wenn du über den auf Stelzen geführten Tollway heimbraust (so gut es geht), freust du dich, wenn du endlich die Silhouette des *heimatlichen* Wolkenkratzers entdeckst.

In den großen, klimatisierten Innenräumen entfaltet sich die Kultur des Westens, ums jetzt einmal so zu nennen: Hier triumphiert eine saubere, glatte und kühle Welt über eine raue, staubige, verschwitzte. Schon aus dem Flugzeug, wenn man auf die Reisfelder, die Bananenwälder und Kokospalmenhaine, auf das flache, grüne, von Kanälen durchzogene Land hinunterschaut, wird einem klar, dass Bangkok nur wenig mit dem Rest des Landes zu tun haben wird und kann.

Die Kosten des westlichen Fortschritts werden im Wesentlichen aus dem agrarischen Reichtum des Landes sowie aus dem Tourismus finanziert. Diejenigen, die den Reichtum erarbeiten, haben allerdings recht wenig davon.

Man muss sich klarmachen, dass heute noch in der letzten Bretterhütte, in der schon von Plantagen umgebenen Siedlung am Klong, wo abends die Leute baden und, auf den Holzleitern stehend, die zu ihren Wohnungen hinaufführen, sich die Zähne putzen, dass dort, in diesen Wohnungen, wo auf vier Köpfe oft nur zehn, fünfzehn Quadratmeter kommen, dass dort jedenfalls ein Fernseher auf dem nackten Fußboden steht: Und durch dieses Fenster kommen die (westlichen) Vorstellungen, Wünsche und Begierden herein. – Eine schwer beschreibbare, jedenfalls aber eine durch und durch instabile Situation.

Wenn heute die Amerikaner und Europäer den *Tigerstaaten* Demokratie, Menschenrechte und freie Marktwirtschaft predigen, so erinnern mich diese Ausführungen in ihrer Rhetorik deutlich an den Sound des mittlerweile ausgelaufenen Modells: Frieden, Völkerfreundschaft und Planwirtschaft. – Was haben die Leute denn *davon* gehabt?

Im *Siam Intercontinental* sagt ein Herr an der Bar zu mir: »Es wird Amerika sein – oder es wird gar nichts sein.«

Angesichts der gewaltigen Anstrengungen, die in Bangkok etwa in die Erbauung eines Massenverkehrssystems in Hochbauweise gesteckt werden (Seoul hat ein perfektes U-Bahn-System), lassen sich Fragen der Ideologie ganz handfest diskutieren.

Die Globalisierung hat übrigens auch positive Aspekte: Die Frauen beginnen zaghaft, aber doch um ihre Rechte zu kämpfen; Gewerkschaften beginnen sich zu formieren; Initiativen für Umweltschutz haben Fuß gefasst etc. – Die koreanische wie auch die thailändische Gesellschaft erscheint streng hierarchisch gegliedert, mit einem daraus resultierenden Hang zu Ordnung, Pomp und Repräsentation. Zeremonien werden hier sehr ernst genommen. – Auch die allgegenwärtigen Wächter, Polizisten und Soldaten gehören hierher.

Sowohl Seoul als auch Bangkok sind vollkommen stillos, könnte man sagen. Beide Städte haben sich aus der Dimension des Ästhetischen, wie wir Europäer es auffassen, emanzipiert. Aber auch etwa NYC wirkt im Vergleich dazu kleinkariert und irgendwie altmodisch. New York kann man kennen: Seoul und Bangkok nicht.

Die Bewohner kennen von ihrer Stadt meist nur die Schneisen, die sie von der Wohnung zur Arbeit führen. Dazu noch ein paar Inseln im

Stadtbetrieb: Einkaufszentren, Vergnügungsviertel, den einen oder anderen Park. – Dem entspricht auch, dass man, wo neue Hochleistungsstraßen durch alte Stadtviertel gebahnt wurden, vielfach jetzt ins Leere sich drehende Stiegenhäuser oder die Fliesen ehemaliger Badezimmer an den Fronten entlang sehen kann. Das sieht aus wie im Krieg.

Wieder beginnt ahnungsvoll ein neuer Tag. Die Beurteilung der Lage geht unter in Ambivalenz: Es ist die Stunde der *Tüchtigen*! Schon gegen Mittag tränen die Augen vom Smog. Schrift, Schrift, Schrift: Die wunderschönen Schriften sowohl der Koreaner als auch der Thais verwandeln die Straßenfronten in ein dynamisches, vorwärtsdrängendes Ornament. Abends erstrahlt das alles in Neon. Berauschte fallen sich in den Musikclubs und Discos um den Hals. Die roten Lichter gehen an. – In Seoul, die Koreaner sind ja zum überwiegenden Teil Christen, leuchten die roten Kreuze von den vielen Kirchen und weisen den Weg.

In Central Bangkok tauchen Stricher und Huren im großen Park auf, in den Gärten der teuren Hotels beginnt das für Europäer und Amis inszenierte Geklimper auf Thai-Instrumenten, auf den Straßen brutzelt es auf den Gitterrosten der Garküchen, und einsam gebliebene junge Burschen oder Junggesellen trinken, in den wilden Verkehr hinausblickend, eine kleine Flasche Schnaps. Hunde laufen vorüber. – Gleichsam im Traum erscheint einem ein großer, lächelnder Buddha, ruhend auf seinem Bett oder durch die Wolken brechend wie ein Flugzeug.

Zwei Bilder zum Schluss: Der europäische Geschäftsmann, hängebäuchig und vom Leben in den Tropen gezeichnet, telefoniert auf seinem Handy und macht seinem asiatischen Partner ständig Zeichen mit dem aufgerichteten Daumen: Es ist alles paletti! – aber das Gesicht des anderen bezeugt nur zu deutlich, dass er nichts davon hält.

In der noch leeren und blanken Hotelhalle, morgens in Seoul, stellt die Kellnerin das mechanische Klavier an, einen schneeweißen Flügel, und es ertönt, die Tasten gehen wie von Zauberhand bewegt auf und nieder, ein Walzer oder *Blue Suede Shoes*.

Über Sri Lanka (2018)

Das Atemholen des Meeres bei niedriger Brandung, das Rauschen, Rollen und Donnern bei hoher.

Auf der Rückreise von der sibirischen Gefangeneninsel Sachalin machte Anton Tschechow ein paar Tage Zwischenstation auf Sri Lanka, das damals Ceylon hieß: »Ich kann sagen: Ich habe gelebt. Mir reicht es«, schrieb er an einen Freund, »ich war in der Hölle, auf Sachalin, und im Paradies, das heißt, auf der Insel Ceylon.«

Was mich angeht, ich lebe in einem ebenerdigen Haus am Rand eines Resorts, fast schon im Dorf. Im Morgengrauen der Hahn, dann der Lastwagen des Fischhändlers, dann Mönchsgesänge vom Tempel herüber, untermischt mit diversen Vogelrufen, dem Getrappel der Leguane unterm Dach, dann mein Nachbar, der sich zwecks ritueller Reinigung täglich erbricht, zuletzt eventuell die Affen, die Palmblätter und abgeknabberte Kerne auf das Blechdach meiner Hütte herunterwerfen, dass es nur so knallt.

Sri Lanka hat ein ausgedehntes Eisenbahnnetz, ein gut ausgebautes Straßennetz. Das ins Auge springende Verkehrsmittel ist freilich der Bus: Vorn und hinten gerade abgeschnitten, ist er knallig bunt bemalt, innen für gewöhnlich ganz abgenutzt, stets bis auf den letzten Platz besetzt und meist vom Dröhnen eines voll aufgedrehten Ghettoblasters erfüllt. Es ist ein eigenartiges Vergnügen, dem Fahrer hinter seinem übergroßen Lenkrad zuzusehen, wie er jedes mögliche Hindernis – ob Auto, Lastwagen, Tuk-Tuk, Mopedfahrer oder Kuh – mit der Hupe aus dem Weg schafft, stets mit äußerster Rücksichtslosigkeit bemüht, möglichst rasch ans Ziel zu kommen: eine Art von Magical Mystery Tour.

Ein Dörfler, der in Colombo arbeitet, erzählt mir, dass er täglich zwei Stunden zur Arbeit fährt, zwei Stunden wieder heim, im überfüllten Zug: im Stehen, ohne Sitzplatz.

Die *teapluckers*, die tamilischen Teepflücker in den Bergen oben: Zuletzt habe ich solch enterbte, verelendete Menschen vor vielen Jahren gesehen, Indios in Guatemala.

Der Arbeitselefant, von seinen Ketten losgebunden, legt sich die Ketten selbst mit dem Rüssel quer über den Nacken: Da hängen sie dann herunter, die Ketten.

Ausmaß und Anlage der Dörfer im Küstenland sind schwer zu erkennen. Ein Gewirr von schmalen Straßen, die oft von Mauern gesäumt – dahinter leben die Wohlhabenderen und die Reichen – und in eine Art von gezähmtem Urwald gebahnt wurden, in den immer wieder Wasserläufe, Sümpfe oder Abschnitte scheinbar naturbelassenen Waldes hereinreichen.

Die Hütten der Armen, entweder aus Bambusrohr gebaut, verputzt mit Lehm, das Dach aus Palmzweigen, ohne jeden Vorplatz oder sonstwie eingezäunt; oder aus unverputzten Betonsteinen aufgeführt, ein einziger Raum, mit Wellblech abgedeckt.

Die Villen der Reichen im umfriedeten Garten, oft in einer Art englischem Kolonialstil errichtet oder tatsächlich aus dieser Zeit stammend, meist auf einer Anhöhe gelegen, wo der Wind geht: Da gibt es keine Moskitos.

Meine Frau arbeitet in der hiesigen Schule, die sich in der Hauptsache aus den Einnahmen finanziert, die das Resort abwirft, in dem ich in meiner Enklave zu Gast bin: tausend Schüler, vierzig Lehrer, dazu eine Schneiderei, ein Computerlabor.

Der Tourist kommt für gewöhnlich kaum in Kontakt mit den Einheimischen, die ihm meist nur als Fahrer, Guide, Kellner oder Diener begegnen. Ein weiterer Typus ist der Beachboy, ein junger Mann, meist arbeitslos, der seine Dienste an Vorüberkommende anbietet – als Fremdenführer, als Agent für Gewürz- oder Edelsteinhändler, für Schildkröten- oder Krokodilfarmen, schließlich als Bettgenosse.

Die Hotelgäste versammeln sich zu den Mahlzeiten an der großen Tafel, unbeschwert gehen Rede und Gegenrede hin und her, die Schüsseln sind wohlgefüllt, was übrig bleibt, nehmen die Boys mit heim.

Die Strände in Sri Lanka, von etlichen touristischen Badeorten abgesehen, sind einsam. Von Sonnenlicht hart überstrahlt liegt die leere Bahn aus Sand. Mächtige Felsen grenzen irgendwo in der Ferne die Bucht ein. Da und dort ein Mensch, ein Angler, ein Spaziergänger, ein Beachcomber. Nach hoher Flut ist der Strand von Treibgut gesäumt. An manchen Stellen kommt schon eine rechte Müllhalde zusammen. Die Brandung rollt die ganze Nacht durch, dringt in den Schlaf herein.

Mir träumte von einem der liegenden oder ruhenden Buddhas, für die Sri Lanka berühmt ist: Wie ein Raumschiff, wie ein Unterseeboot schob sich die ausgestreckt liegende, riesenhafte Gestalt herein und langsam an mir vorüber. Freilich, auf dieser Welt hat nichts Bestand, nur der Wandel.

Die Tropennacht ist sehr dunkel. Vielleicht weil der Tag so hell ist. In dieser Finsternis leuchten die Lampen in den Häusern der Armen noch kärglicher, die jetzt eingeräumten Waren in den Läden an den Hauptstraßen entlang schauen noch schäbiger aus. Nein, nicht schäbiger: Als wären sie gar nicht zum Verkauf gedacht, sondern nur Teil einer Installation, die etwa sagen will: Wir waren da, wir Menschen.

Der Fahrer vorn steigt aufs Gas. Ich schrecke aus dem Schlaf hoch, bin auf der langen Fahrt eingenickt: Grelle Lichter, eine Menschentraube, Polizei: »Was ist los?«, frage ich. »Ein Unfall«, sagt der Fahrer und fährt weiter.

Halb versteckt und ganz fälschlicherweise traulich anmutend schmiegt sich das Urwalddorf in die Senke am Hang drüben. Teebüsche punktieren die Abhänge der Berge und kleineren Kuppen, so weit das Auge reicht.

Es gibt eine Rück- oder Kehrseite des Lebens – ich gehe ihr nicht aus dem Weg.

Sind wir auch nur aus ein bisschen Leim und Blut gemacht, sind wir doch tiefer Gefühle fähig. Ist das nicht wunderbar?

Vom Felsenkloster geht der Blick ungehindert über die Seen und Reisfelder, die von Urwald bedeckten Inselberge hin bis an den Horizont. Eben das Land wie eine Tafel, von ein paar Straßenlinien geritzt. Nach fünf, sechs Autostunden erreichen wir die Berge.

Die Bahndämme werden auch hier von Fußgängern als Wege benutzt. Der durchs Dorf fahrende Bäcker kündigt sich mit Musik an: *An Elise* – seltsamerweise. Eine ganz andere Art von Musik dringt aus dem Tempel herüber. Nacht. Es schüttet in Strömen. Der Donner rollt. Wenn ich es recht auffasse, klingt das, als würden gewaltige Felsbrocken, die seltsamerweise aber *weich* sind, in der Finsternis durcheinanderkollern.

»As sure as the sun will shine / I'm gonna get my share, what's mine«, singt Jimmy Cliff, irgendwo in einem Backpacker-Lokal dröhnt es aus der Box.

Sri Lanka hat etwa das Flächenmaß von Österreich, bei einer ungefähr doppelt so zahlreichen Bevölkerung. Die politische Lage, nach dem langen Bürgerkrieg zwischen Tamilen und Singhalesen oberflächlich befriedet, ist instabil. Gerade jetzt, nach einem dümmlich eingefädelten Putsch, ist der Parteienkrieg wieder aufgeflammt. Ein Wunder ist friedliches Zusammenleben hier allemal: drei Religionen, zwei Sprachen, zwei Schriftsysteme und obendrüber das nach dem Abzug der Kolonialmacht England verständlicherweise geächtete, jetzt aber aus schierer Notwendigkeit wieder geübte Englisch. Am Busterminal in der nahe gelegenen Kleinstadt kommt es zur wohl verfrühten Siegesfeier einer radikalisierten Anhängerschar, mit Fahnen, Feuerwerk und Geschrei. Betreten gehe ich zur Seite. In Österreich waren auch einmal Putsch und Bürgerkrieg. Sri Lanka, das heißt: Strahlendes Land.

Die Hauptstraße entlang entwickelt sich das Dorf, die Kleinstadt, mit Hunderten von Läden, aus denen die Waren zur Geschäftszeit gleichsam auf die Straße herausdrängen. Was es nicht alles zu verkaufen, zu kaufen gibt! Dazwischen Apotheken, Arztpraxen, Hartwarengeschäfte, Friseure, Baubedarf etc. Die Sonne! Der Smog! Ist das traditionelle Geschäft ein ebenerdiger, enger Schlauch, ragen gleich daneben modernistische Einkaufszentren auf, Baulichkeiten in jedem Stadium der Fertigstellung. Gedränge, Sonnenschirme, tosender Verkehr, Schattenstreifen. Der unvermeidliche, gewissermaßen saubere Schmutz, der entsteht, wenn du nah an der Erde lebst, vermischt sich hier mit den Abfällen, dem Dreck der Zivilisation.

Die Wirtschaft wächst schwach, die Lebensmittelpreise sind im Steigen, eine Herausforderung für die Armen, der Schuldendienst des Landes ist enorm, die politische Abhängigkeit von Geberländern wie China oder Indien hoch, die Insel geopolitisch exponiert: Wie sollte da das Schicksal des Landes nicht ungewiss sein, weit ungewisser noch, als es etwa das Schicksal Österreichs ist?

Morgens schlafen herrenlose Hunde mitten auf der Straße, weil der Asphalt warm ist. Wilde Elefanten trampeln zwei Kinder in einem Dorf tot, irgendwo im Süden, ich lese es in der Zeitung. Am Berghang steigt Nebel auf, wo früher Palmen und Farne waren, ist jetzt leeres, körperloses Weiß.

Über das Internet dringen stetig Nachrichten aus Europa, aus den USA herein: bedenkliche Nachrichten. Man kann nicht mehr *wirklich* wegfahren. Das war allerdings schon zu Zeiten von Gauguin so, wie man seinen trübseligen Briefen an seine Freunde entnehmen kann. Wie hat es Robert Louis Stevenson, wahrlich ein Weitgereister, so trefflich formuliert: *Sightseeing is the Art of Disappointment* – die Kunst der Enttäuschung. So würde ich es nicht formulieren. Es bleiben Momente des Entzückens, der Einsicht auch, einer Umkehr zu sich selbst, der nichts Feierliches anhaftet. Sie hat wenig zu tun mit dem Weltkulturerbe, den Kunstschätzen und Heiligtümern, sehenswert allemal, die es zu besichtigen gibt. Es sind Momente der Wahrheit: So also ist es um unser Hier-Sein und So-Sein bestellt! Vor solcher Belehrung kannst du die Augen nicht verschließen. Das heißt, natürlich kannst du sie verschließen, ganz fest, und so lebst du fort.

The Americas

Guatemala (1992)

Im Patio selbst wuchsen die üblichen Pflanzen wie Zitronen- und Orangen-
bäume, große Bananenstauden, eine violette und eine rote Bougainvillea,
und Farne und andere Schmarotzerpflanzen hingen zur Verzierung in Kübeln von den Balken des Umganges.

»In der Nacht vom 10. September 1541, kurz nachdem die Nachricht vom
Tod Alvoradas, des Eroberers, aus Mexico eingetroffen war, wüteten Feuer
in einigen Teilen der Stadt. Die Witwe Alvoradas, La sin ventura Dona Beat-
riz, übernahm die Macht und ließ sich von den Granden huldigen. Zum
Zeichen der Trauer ließ sie die Paläste mit schwarzem Lehm beschmie-
ren. Nachdem Sturzregen drei Tage auf Santiago niedergegangen waren,
erschütterten schwere Erdbeben die Stadt, und der Vulkan, der Agua, an
dessen Flanken die Stadt lag, gab mit einem Mal die Wassermassen frei, die
sich in seinem Krater angesammelt hatten.«
Wie um ein Gegenmittel zu finden, trat ich in eine der Kirchen. Da
kniete eine kleine Indio-Frau vor dem Kerzenblech mit den brennenden
Kerzen, vor dem Kreuz mit dem Gekreuzigten. Und als ich sah, wie ihre
Schultern sich hoben, so tief atmete sie in inbrünstigem Bitten, da füllten
sich auch meine Augen mit Tränen.

Santiago de los Caballeros de Guatemala – so hat die Stadt Antigua einmal geheißen, aber von dem Pomp, der in dem Namen steckt, haben die
Erdbeben wenig übriggelassen. Man muss wissen, dass die Stadt von drei
großen Vulkanen umgeben ist: Fuego, Agua, Acatenango. In dem Kessel,
der dazwischen eingesenkt ist, entfaltet sie ihre grauen, rechtwinkeligen
Straßenraster. Öfter ging ich zu den Ruinen von La Recolección hinaus.
Die Straßen von Antigua, von alten Bürgerhäusern gesäumt, einstöckig,
gefärbelt, mit schmiedeeisernen Gitterkörben vor den Fenstern: So gut wie
jedes Gebäude der Stadt war ganz oder teilweise eingestürzt, und die Bewohner hausten in mit Wellblechbahnen notdürftig sanierten Zimmern.
Die Ruinen von La Recolección zogen mich aus einem besonderen Grund
an: Recolección, das heißt Ernte. Sie waren die chaotischsten; und doch
stellte ich mir jedes Mal vor, an der fernen, unscharfen Küstenlinie der
Imagination sah ich es vor mir, wie die Mauertrümmer und Steinquader
der Ruine, gewichtslos aufgehoben, von unsichtbaren, aber gewaltigen
Kräften bewegt, sich wieder zu Säulen, Gewölben und prächtigen Türmen
zusammenfügten.
Es gibt an die fünfzehn oder zwanzig Kirchen- und Klosterkomplexe
in Antigua, die meisten von ihnen zerstört. Das Erdbeben von 1773 hat

sie endgültig erledigt, nachdem sie von früheren Beben schwer angeschlagen waren.

Man darf sich nach alledem die Stadt aber nicht bedrückt oder bedrückend vorstellen. Der überlegene Plan der Rasterstadt im Verein mit der üppigen Vegetation der Umgebung verhindert das. Das Umland, die von Wald und Feldern bedeckten Hügel und Vorberge und die Vulkankegel selbst erzählen sich in die Stadt herein. Neben La Recolección liegt ein großer, leerer Platz, der für Jahrmärkte genutzt wird: Das Riesenrad lässt man meist stehen, auch wenn gerade kein Markt abgehalten wird. Es ist zu verrostet, als dass man es sich abzubauen getraute. Aber fahren lässt man es! – Unter dem großen Mond der äquatorialen Landstriche dreht sich das hell beleuchtete Rad vor den zauberisch beschienenen Abhängen der Berge, den von innen heraus dunkel und bedrängend wirkenden Vulkanen, die nach Art eines Patchworks bis weit hinauf zum Kraterrand von Ackerquadraten und Gartenzwickeln gemustert sind. Grüne Landschaftsfetzen, kleine Erdteile, hinuntergerissen vom Regen der Regenzeit oder von den schwarzen Lavaströmen der Vulkane.

Einer der großen Vulkankegel ist immer im Visier. Kleinblättrige Eichen, Zedern, Lorbeersträucher, Thujen – alles zusätzlich bewachsen von Gummibäumen, Epiphyten-Gewächsen, den lang herunterhängenden Flechten und Moosen. Die Indios bauen den Mais auch an den allersteilsten Hängen an, bis knapp an die Senkrechte und über dreitausend Meter hinauf. Die kleinen Maispflanzen, grün und gelbgrün im starken Licht, erinnern an den wippenden Kopfschmuck der Häuptlinge, wie er in historischen Darstellungen auf uns gekommen ist.

Ich will von diesem Leben berichten: Wir begegnen den Indios unterwegs, am Rand ihrer Felder, die an den Bergflanken aufsteigen. Die Vulkane sehen mit ihren erstarrten und wieder begrünten Lavaströmen aus wie mit Muskeln bepackt. Barfuß, mit schweren Ballen beladen gehen die Indios zum Markt. Kein Weg ist zu weit, oft fahren sie viele Stunden mit dem überfüllten Autobus dahin. Für sie ist der Markt der Höhepunkt des sozialen Lebens. Breit hingestrichen unter den niedrig ausgespannten Sonnenplanen sieht man das dichte Rot der Blusen, das fein gestrichelte Bunt der Männerhemden auf Weiß oder Orange. Die Indios kauern inmitten ihrer Waren auf dem Boden, von Kindern umgeben, das kleinste mit einem Tuch auf den Rücken gebunden. Die schwarzen Haare sind mit einem Band zurückgestrafft, manchmal hängen Kugeln aus Wolle von dem Band, knallig bunt wie die Federn eines Papageis.

Die Männer tragen bestickte Hemden, dazu europäische Hosen oder Wolldecken, die sie um die Hüften wickeln.

Die Hände und Gliedmaßen der Indios sind anmutig. Überhaupt bewegen sich die Leute leichtfüßig. Wollen einem auf den ersten Blick kaum physiognomische Unterschiede auffallen, so sieht man auf den zweiten Blick, dass auch hier alle menschlichen Möglichkeiten vorhanden sind: der Lustige, der Traurige, der Müde, der Eifrige usf.

In den braunen Gesichtern mit den dunklen Augen fallen die Zähne besonders auf. Die Zähne der Leute sind schlecht. Man sieht viele mit Metall oder auch Gold reparierte Zähne in den redenden, lachenden und essenden Mündern. Mittags essen die Indios Mitgebrachtes oder sie holen Essen aus einer der Garküchen auf dem Markt. Das Essen wird auf Blättern auf dem Boden ausgelegt, und nach dem Essen kann man den einen oder anderen, die eine oder andere inmitten der ausgebreiteten Waren schlafen sehen.

Wir standen auf einem der Berge und schauten über grünes Land hin, das so weit war, dass es den Anschein hatte, als würde es darin zugleich Morgen und wieder Abend. In den Maisäckern, unter Kiefern, weiter unten in Wäldern aus Bananenstauden versteckt lagen die Hütten der Indios. All diese Hütten und Weiler und Dörfer waren durch schmale, optimal das Gelände ausnutzende Fußwege verbunden. Ist das nicht wunderbar?

Sie kennen Maximón nicht? – Eine etwas überlebensgroße Puppe, mit europäischen Kleidern bekleidet, mit nagelneuen Schuhen, aus denen die aufgedunsenen Puppenfüße zwischen den Schnürsenkeln herausquellen. Im feisten Stoffgesicht, die Wangen sind mit Kapok ausgestopft, steckt die Zigarre zwischen den wulstigen Lippen, und die aus den Jackettärmeln herausschauenden Hände halten in den Wurstfingern eine Flasche Fusel. – Gott Maximón opfert man weiße Kerzen gegen Krankheit, rote für die Liebe, grüne fürs Geld; es gibt aber auch Leute, die auf andere Farben schwören oder die den Maximón überhaupt hassen.

Unter Flugdächern aus Stroh oder einer Art Schilf hocken die fantastisch bunt gekleideten Indios und zupfen frisch geerntete, kleine weiße Zwiebel ab; sie bündeln die Zwiebel und machen sie für den Markt fertig.

Die Boote, auf die die Säcke mit den Zwiebeln dann geladen werden, dümpeln im blauen Wasser des Sees. Zwei Pferde, unweit der Anlegestelle angepflockt, weiden da. Sie schlagen nach Pferdeart mit ihren Schweifen unruhig nach Fliegen.

Das Heck eines gestrandeten Bootes liegt schief im unebenen Gelände; weiter vorn, mehr zum Wasser hin, der abgebrochene Bug. Aus einem Stand, es ist das einzige Geschäft am Ufer und verkauft nichts außer Cola und gesalzenen Keksen, dudelt Musik.

In Guatemala gibt es Läden, in denen die Waren für die Kaufwilligen nur durch Gitter zu betrachten sind. Der Verkäufer ist mit seinen Waren zusammen wie in einem Käfig eingeschlossen und reicht, was bezahlt wird, durch die Spalten in dem Gitter durch. Meist führen diese Geschäfte nichts Kostbares, bloß Haushaltsartikel, Lebensmittel wie Grieß oder Reis, Seife und Zahnpasta.

Die Indios Guatemalas, aufs Erste machen sie den Eindruck von Sanftheit, von Zurückhaltung und Schwermut. Sie haben ein Naheverhältnis zum Boden, auf dem sie gern kauern oder hocken. Die kräftige Buntheit ihrer Kleider verhindert im Zusammenwirken mit ihren dunklen, bronzefarbenen Gesichtern, dass sie je staubig oder schmutzig aussehen. Ihr Wuchs ist klein und grazil.

Quer über den Atitlán-See, am Südrand des zentralen Hochlandes, verläuft die Grenze zwischen den Cakchiquel- und den Tsutujil-Indianern. Während in Santiago Atitlán Tsutujil gesprochen wird, spricht man in San Lucas, um den Berg herum, schon Cakchiquel. Es gibt zahlreiche Indianersprachen, viele Indios können kein Spanisch.

In der Morgendämmerung fuhr ich mit dem Boot durch die still ausgebreitete Lagune. Die Namen der Orte rund um den See entwickeln ein biblisches Programm: San Pedro, San Juan, San Marcos, San Andrés, San Lucas – dazu noch ein paar Sancti minores. Das Becken des Sees, dessen Wasser an sonnigen, windlosen Tagen azurblau aussieht, liegt zwischen den mächtig aufragenden Vulkankegeln Tolimán, Atitlán, San Pedro und Santa Clara. Der höchste, der Atitlán, ist an die viertausend Meter. In der Dämmerung, früh und abends, schwebt über zwischen den Berghängen versteckten Dörfern der silberne Polster des Rauchs der Tortilla-Feuer, der durch die Roste der Kochstellen quillt. Die Abhänge zum See sind meist sehr steil, und man spricht davon, dass die auf Erdbeben oder Vulkanausbrüche regelmäßig folgenden Erdrutsche das eine oder andere Dorf im Handumdrehen zum Verschwinden bringen werden.

Ich möchte von Los Encuentros erzählen: Zwei Straßen schmiegen sich da kurz aneinander. Es ist ähnlich wie in Cuatro Caminos, ein wenig weiter westlich. Die eine Straße verläuft weiter nach Norden, die andere nach Westen. Die weite Kurve, in die die Busse hereinfahren, ist von den Bretterhütten der Händler gesäumt. Eine Tankstelle und ein Armeeposten komplettieren das Ensemble. Wenn die Reisenden, staubig, müde und zerschlagen, aus den Bussen ins Freie drängen, sie wollen sich die Füße vertreten, Luft schnappen oder auf die Toiletten, stürmen die Händler mit Kübeln voller Essen, mit kalten Getränken und giftig gefärbten Eislutschern in den Wagen hinein. Große, vom Wind zerzauste Bäume stehen am Rand der von Abfällen gesäumten Schlucht.

Die Cantinas von Antigua liegen allesamt um den Autobusbahnhof herum. Dort, im Treiben der Ankommenden und Abfahrenden, inmitten der Schreie der Anreißer, die die Busse mit Fahrgästen vollpferchen, fällt ein Säufer weniger auf. Eine Cantina besteht nur aus einer rohen Brettertheke, die oft genug noch zusätzlich vergittert ist. Zumindest stehen die Flaschen so weit hinten, dass die Zecher sie nicht erreichen können. Eine halbhohe Wand, ein paar Schritte vom Eingang ab und aus Brettern, schafft Intimität.

Wanderst du im guatemaltekischen Hochland, so mach dich auf weite Entfernungen gefasst. Der Mais und der Hochwald werden dich begleiten: grüne Schöpfe aus Messerklingen oder Federschweife, die rauschen; lange Wimpern am dunklen Auge des Waldes, zitternd im Bergwind. Die Sonne, die Indio-Frauen tragen die Sonne vor der Brust, als rote Scheibe mit Strahlen, in die sich bauschenden Blusen eingewebt. Die Indio-Frauen gehen, in der Dämmerung, eine lange Dorfstraße hinunter. Jede Sonne muss einmal untergehen.

In den Kirchen, sei es in Sololá, in Chichicastenango, in Santa Cruz del Quiché oder in Santiago Atitlán, stehen bunt herausgeputzte Puppen, die meist Christus oder irgendeinen Heiligen darstellen. Die Muttergottes steht da im schneeweißen Organzakleid, sieben Schwerter aus silbern lackiertem Blech im kleinen Herzen. Die heilige Rosa von Lima hebt ihre schlanken, porzellanglatten Hände bittend empor; ihre schwarz umrandeten Augen schauen schmachtend zum Himmel. Hermano Pedro, der Franziskanermönch, kommt hurtig auf uns zu, mit Stock und Glocke, mit der er bimmelnd die zu Bekehrenden anlockt. – Jetzt kommen wir der Sache schon näher: Dieser abgezehrte Christus, in dunkellila Robe mit Goldborten, dem große Blutstropfen über die eingesunkenen Wangen rinnen, der mit vor Qual geweiteten Augen zum Kirchenboden schaut oder zur Helligkeit, zur Verheißung des Tores – hat er die Kreuzigung schon hinter sich oder hat er das Kreuz gerade, vorübergehend, an Simon von Cyrene abgegeben?

Ist man mit den Problemen der sogenannten Dritten Welt vertraut, etwa Übervölkerung, Umweltzerstörung, fehlende Hygiene und kaum organisierter Verkehr, so wird einem rasch klar, dass die Kraft der Steuerungszentralen der Ersten Welt niemals ausreichen wird, diese Probleme zu lösen.

Und dies war das andere, das Hauptergebnis meiner Märsche: Sah ich die verelendeten Dörfler zwischen winzigen Schweinen, von Rauch verpesteten Hütten und Bergen von Unrat, zwischen Kinderhorden und bunten Plakaten, die vor der Cholera warnten, dann wünschte ich mir, dass dieses dumpfe Entsetzen, das da ununterdrückbar in mir hochstieg, nur etwas Privates gewesen wäre.

Kanada bric-à-Brac (1986 und 1990)

Vor mir war groß der Kopf dieser ältlichen, sehnigen Blondine, ein richtiger Arbeitsknochen, wie man bei uns sagt, breit gebaut, dürr, flachbrüstig, mit großen, hellen Augen, einem kleinen, rosigen, etwas feuchten Mund, großen, verarbeiteten Händen – mir gefallen solche Hände –, allerdings waren die vorn spitz zugefeilten Nägel hellrosa lackiert. Die Frau war unterwegs nach Saskatoon, das war ihr Ziel, meine ich, weit im Westen Kanadas, und sie konnte sich nicht genug daran tun, ihrem Nachbarn, einem beleibten, kräuselhaarigen Vertreter- oder Managertyp im Non-Iron-Hemd immer wieder zu beteuern, wie sehr sie sich auf ihre Heimkehr freue.

Im Flugzeug selbst herrschte das übliche Durcheinander an Handkoffern, Tragetaschen, von zum Platzen vollen Nylontüten, verschnürten Pappkartons, wie sie für Transatlantikflüge von Billigfluglinien typisch sind. Vielleicht, dass hier etwas Bäurisches, Landfluchtmäßiges, will sagen, ein Ruch von Auswanderertum noch hinzukam: Jetzt geht's wirklich in eine *Neue Welt*, dachte ich, wie etwa ein Türke denken mag, wenn er die Vorstädte von München oder Düsseldorf erreicht.

In Toronto hatte ich nur Zwischenaufenthalt, flog dann gleich über Montreal nach Québec weiter. Im Flugzeug, das nächtlich abgedunkelt auf der Startbahn stand, wartete ich wie in einem großen, halb leeren Zugabteil.

Nachts saß ich mit einem Professor, einem vor vielen Jahren ausgewanderten Deutschen, beim Bier. Québec gleicht aufs Erste einer französischen Provinzstadt (bis man die vielen Unterschiede merkt), es ist wohl die europäischste Stadt Nordamerikas. Ich suchte aber nichts Europäisches, ich war ja in der *Neuen Welt*. Viele Auswanderer, die ich getroffen habe, vergleichen, auch wenn sie schon lange fort sind, noch immer alles mit *daheim* oder mit *drüben*. Ich würde das nicht so machen, überlegte ich, ich will dort sein, wo ich bin.

Abgeschälte Baumstämme, die im Boden eingegraben oder mit Holzkeilen im Pflaster fixiert sind, ragen zwischen den Steinhäusern hoch und tragen die Stromleitungen der Stadt. Die Häuser, mit schwarzem Schiefer gedeckt, verwinkelt und vertrackt, meist zweistöckig, sind in Stufen und Ringen am steil zu Fluss und Hafen abfallenden Gelände erbaut, an das gegen Norden ein ebener Streifen anschließt, in dem sich die Bebauung bereits wieder verliert. Dann kommen Bergzüge, lose bewaldet; von dort mögen die Strommasten herstammen. Der Sankt-Lorenz-Strom biegt sich als eisiger Sund, als graue, ausufernde Straße, um den Stadthügel herum, voll mit Eisschollen, die an Inseln stromab träge vorübertreiben.

Auf der jetzt im Winter verlassenen Promenade unterhalb des Forts blies ich mir in die klammen Hände. Vom starken Licht in der Landschaft waren meine Augen überreizt. Vielleicht war ich auch bloß übernächtig. Groß die Landschaft – mir war's sonderbar wohl.

In der offenbar ärmeren Unterstadt trabten die Leute in fadenscheinigen Wintersachen, dicke Mützen auf dem Kopf, zur Papierfabrik: Berge von zerfetztem Holz unter halb angefrorenem Schnee, gelber Rauch, der intensiv nach Sulfitlauge stank.

Mit dem Professor unternahm ich anderntags eine Ausfahrt in die gebirgige Umgebung. Er erzählte mir, dass er da und dort einmal gewohnt hatte, und im Scherz suchten wir eins der im Wald stehenden Holzhäuser aus, das er kaufen und im Alter bewohnen sollte. In einem Wintersporthotel, das, weil es unter der Woche war, kaum besucht war, tranken wir Kaffee. Draußen lief Schmelzwasser aus den Dachrinnen, die Sonne funkelte in grießigen Schneeklumpen, der Professor erklärte mir, dass viele Hochzeitsreisende aus den USA hierherkämen, die Holzbalken der Stube knurrten in der Wärme, und mit einem Mal beneidete ich diese Flitterwöchner, obwohl im Moment keine zu sehen waren.

Ich flog weiter nach Halifax, Nova Scotia, und langte dort gegen Abend an. Im Flugzeug war ich neben einem Schulmädel gesessen, das einen Jungmädchen-Roman las. Ich hatte etwas wie Fürsorge für sie empfunden, und zugleich war ich leise belustigt gewesen von meinen Vatergefühlen. – Die nächtliche Hafenbucht von Halifax, die ich von der großen Brücke aus betrachtete, sah aus wie fetter, schwarzer Filz, zitterte sanft wie ein Klumpen Öl – andeutungsweise Lichter an den Ufern. Kleine Splitter von Licht verdichteten sich gegen das Ende der Brücke zur Wolke, zum Lichternebel, aus dem dann allmählich die Stadt wurde. Vom Flugplatz waren wir etwa eine Stunde durch Wälder, da und dort von Industrieanlagen durchsetzt, hereingefahren.

Das Nova-Scotian-Hotel war das ehemalige Bahnhofshotel, und noch heute konnte man aus der Halle durch einen Korridor direkt in die Abfahrtshalle des Bahnhofs hinübergehen. Allerdings fuhren pro Tag nur mehr drei oder vier Züge, dementsprechend war die Stimmung des Ganzen. – Vor den großen Panoramascheiben in meinem Zimmer sitzend, schaute ich in die Finsternis hinaus: Ein paar Lichter da und dort erlaubten es mir nicht, mir einen Reim auf die Form der Landschaft zu machen, in die ich da hinausschaute.

Anderntags ging ich die Hollis Street hinauf zum alten Hafen, wo jetzt das Meeresmuseum untergebracht ist, schaute über den Sund zur Insel mit dem Leuchtturm hinüber, zwischen klassizistischen Häusern ging's zum Hauptplatz hinauf, wo die weiß gestrichene Hauptkirche steht, eine von vielen im Übrigen: Kleine Mädchen in marineblauen Röckchen und weißen Zwirnstrümpfen, Gebetbüchlein in Händen, dahinter die Eltern, wie große Elche oder Rentiere, dann Kriegerdenkmäler, in Kanada allgegenwärtig, wie ich später lernen sollte, komplett mit Schlachtennamen – da dachte ich tatsächlich an die Heimat! – Der Glockenturm der Zitadelle, die Zitadelle selbst, ein britisches Fort: über alledem englischer Kolonialgeruch, Kommissstimmung, Hinterwäldler, auf Krieger herausgeputzt: arme, betrogene Pfingstochsen. Hellblauer Himmel.

Die Sonne schien kränklich auf mich herunter, küsste mich undeutlich an Wangen und Stirn. Ich spazierte durch die Garden Street und die anderen paar Straßen der Downtown. Auf dem alten Friedhof gab es ein schwärzlich verwittertes Monument für zwei Helden, die auf der Krim im Krieg gegen Russland geblieben waren. Umgesunkene Grabmäler; breite Ulmen; Gitter.

Die Schatten, die die Häuser in den Straßenraum warfen, sahen fest, gleichsam wie schwarze Teppiche aus. Die Leute schritten mit offenen Hemdkrägen und Jacken wie selbstverständlich durch und über die Bühne dieses Wintertages: Sonne, Nebelpartikel in der Luft, ein Bohren von Herzweh in meiner Brust.

Der Bus, den ich nach Wolfeville genommen hatte, machte unterwegs auf dem Parkplatz eines Motels Station. In dem Motel, einem Flachbau, war auch ein Schwimmbad, und so kamen Kinder mit nassen Haaren und junge Männer in Trainingsanzügen heraus. Aus einem der vielen Fenster des Motels lehnte ein Ehepaar und schaute auf den fußballfeldgroßen Parkplatz. Ein flottes Cabrio fuhr vor: Ein junges Pärchen stieg aus und kam mit Familiencolaflaschen wieder zurück. Da gab's wohl eine Party. Autoradiomusik.

Die Straße lief geradeaus fort durch felsiges Waldland, in dem Gewässer sich wanden und flache Seen lagen. Über weite Strecken stand Föhrenwald tot und abgestorben in sumpfigem Gelände. Dann tat sich eine gewaltige, bis an den Horizont reichende blutrote Schlammfläche auf, von der ich später erfuhr, dass es eine Meeresbucht bei Ebbe gewesen war. Gerade dort geschah es, dass die französischen Siedler, nach Geschlechtern getrennt, von den Engländern auf Schiffe getrieben und deportiert wurden. Sie hatten ihrer Muttersprache nicht abschwören wollen.

Wolfeville selbst, Ziel meiner Reise, beherbergt eine Universität mit klassizistischen Ziegelbauten, die mit schönen, weißen Säulen bestückt sind; die Heiterkeit eines hochherzigen Aufbruchs liegt immer noch über dem Gelände, auf dem zwischen alten Bäumen, durch Wegnetze verbunden, die Studentenwohnhäuser stehen. Die Main Street ist lang und gerade und von niederen Holzhäusern eingefasst; Wäscherei, Kleiderladen, Buchhandel, Postamt, Blumenladen, Pizza- und Drugstore.

In abgelegenen Talschlüssen, am Ende ausgebauter oder bloß in die Wildnis vorgetriebener Straßen, wo der weg- und steglose Wald beginnt, stehen die behelfsmäßig zusammengepfuschten Siedlungen der Squatter: Der kanadische Squatter ist eine Mischung, ein Verschnitt aus Nonkonformismus, Sozialfall und altem Siedlergeist. Im leichten Schneetreiben schaue ich zu den Hütten und ins Gelände eingesunkenen Wohnwagen hinüber; jede Menge Hunde, die keifend an langen Ketten zerren. Ein Mann im Parka, ein Gewehr in der Hand, schaut kurz herüber. – Ja, die Squatter tragen den Kopf hoch, haben das Gebaren freier, unabhängiger Leute. Nicht im Traum würde es einem einfallen, sie etwa mit den gedemütigten Slumbewohnern amerikanischer Städte in einem Atemzug zu nennen: Doch auch ihr Leben ist von Analphabetismus, von Alkoholismus, von Kindesmissbrauch, Krankheit und Gewalt gekennzeichnet.

Von Halifax flog ich weiter nach Ottawa, der vorletzten Station meiner Reise. – Ich nehme einen Filzstift und zeichne das Knie des Ottawa River auf, dann, mit anderer Farbe, rasch die fahlen Straßenmuster, den Markt, die große Schleuse, das Parlament, die zwei, drei mächtigen Boulevards; und dort gehe ich dann, im Wintermantel, den ich mittags aufknöpfen muss, weil es warm wird.

Man empfiehlt mir das Museum of Man, aber ich ziehe die Gemäldegalerie vor. Die Bilder Emily Carrs: Im äußersten Westen draußen, wo die Kette der Rockies steil zum Meer abfällt, unter allerhand Hölzern und nüchternen Märchengewächsen, sitzen Indianer im Schatten eines Lagerhauses, im Vordergrund die aus Schwellen gefügten Treppen der Schiffsanlegestelle, und warten auf das Postschiff, auf das, was es bringen wird. Totempfähle und seitlich sich wegdrückende Indianer in Lumpenzivil, mit Flinten: Emily Carr ist für mich die subtilste Künstlerin Kanadas; sie zeigt mir etwas, wie das Leben selbst. Ich bin dankbar. Ich freue mich. Ich freue mich so, dass ich dann schmunzle, als ich auf einem Gemälde aus dem neunzehnten Jahrhundert, es stellt den Tod eines englischen Generals auf dem Schlachtfeld dar, einen Indianer in vollem Kriegsschmuck sehe, wie er, der *Edle Wilde*, den Tod dieses Mannes mitbetrauert, der doch einer von denen ist, die ihn späterhin, den Indianer, um alles bringen sollten.

Vor meinem Fenster ziehen Gespinste von raupenförmigen Wolken vorbei, grauviolett, grauorange, unsäglich zart, vollgesogen mit Honig oder einer anderen, einer Met-artigen Flüssigkeit, die gelblich in den blassblauen Vorfrühlingsabendhimmel ausfärbt.

Weiter nach Toronto. Eine Weile überfliegen wir den meergleichen Ontariosee, weit im Süden, der von staubig und leer wirkenden Ebenen gesäumt ist. Das Muster der unregulierten Flüsse und Bäche weiter im Norden, das der Landschaft einen Ausdruck von Bekümmerung und Dürftigkeit verleiht. Oder ist das bloß die mürrische, noch unentschlossene Stimmung der Jahreszeit, eines Frühlings, der sich zwar ankündigt, aber nicht kommen will? Die Farben des Landes sind fahles Braun und Grau, mit Säumen und Inseln von verwaschenem Grün darin. Und im Norden der Wald.

Als wir über den Atlantik nach Kanada hereinkamen, lag unten Labrador in eisiger Erstarrung: gefrorene Wasserläufe und zugefrorene Seen, schneebedeckter Urwald, schnurgerade Schneisen über Berg und Tal bis ans Ende des Gesichtskreises: Straßen? Stromleitungen?

Die Hochhäuser von Toronto stehen am sanft zum Seeufer abfallenden Gelände. Hier ist mehr Platz als in Manhattan, die Wolkenkratzer stehen weniger dicht. Vielleicht wirken sie deshalb noch abweisender und kälter. Besoffene Indianer und andere Penner torkeln, die Flasche in der Hand, durchs glatte, geschäftige, stromlinienförmige Treiben von Downtown.

Nachts sehe ich Tausende erleuchtete Fenster rundum und zwei Sterne.

Es ist Sonntag, und ich mische mich unter die Spaziergänger auf der Bloor Street und wandere und wandere an den Kirchen und Kapellen der verschiedensten Sekten und Kongregationen vorbei, an Fast-Food-Läden und Hotels, an Supermärkten, Bed and Breakfast und Wasweißichnochwas in den warmen, goldenen, beinah klebrigen Sonnenschein hinein, aus dem mir die Menschen als dunkle Kerne oder Mandeln – wie aus einer aufgeschnittenen Melone – entgegenfallen und -rollen.

Mein zweiter Aufenthalt in Kanada, weniger spektakulär: Ich sitze auf einer Farm in der Beauce, einer Landschaft im Süden der Stadt Québec. Es ist hügelig da, mit mäandrierenden Bächen und Flüssen, die dann gern in Wasserfällen zum Sankt-Lorenz-Strom hinunterfallen; Waldstücke eingesprengt in Weideland: Sooft ich aus dem Fenster schaue, sehe ich die Kuhherden verstreut, und immer anders verstreut in der grünen Weite stehen – schwarz-weiße Holsteins oder braunes Fleckvieh. Hohe, walzenförmige, oben überkuppelte, schlanke Silotürme der Farmen als Landschaftsmarken – und die silbernen Türme der Kirchen. Das Dorf hier heißt St. Isidore. Der Nachbarort St. Lambert. Ich schreibe die Namen der benachbarten Orte auf: St. Anselme, St. Henry, St. Marie, St. Jean-Chrysostome. Sonntags ist die Kirche voll von reichen Bauern.

Auf einer Fahrt nach New Brunswick im Osten sah ich meine Squatter wieder: noch ärmer und verlorener vielleicht als die von Nova Scotia vor Jahren. In Trailercamps auf sandigen Ödlandflecken, ringsherum Strandhafer und ein paar Brombeerstauden, in denen Autowracks verrosteten. Keine Hunde.

Das Land ähnelt entfernt dem Hinterland der Lagune von Venedig. Natürlich kein Weinbau. Der Wald, der weiter im Inneren zum Urwald wird, franst hier aus, unter dem kalt blasenden Wind werden die Bäume kleiner, sie vereinzeln sich, stehen als graugrüne Sägeblätter im flachen Gelände.

Als ich einer Dame auf ihre Frage hin, wie es mir denn in New Brunswick gefallen habe, antwortete:»Die Leute da sind arm.« – Erwiderte sie mir: »Das sind Fischer!« – Am Rand eines der Moore hier, an einem verlassenen Küstenstrich, traf ich eine Frau, die wilde Erdbeeren pflückte.

Indianer hatten sich in Oka, unweit von Montreal, an einer Flussbrücke verbarrikadiert: Ein Golfplatz sollte da angelegt werden. Die Krieger hatten einen Weißen erschossen.

In der Beauce stehen einzelne Ulmen so schön verteilt über die hügeligen Uferbögen der Flüsse, dass man glauben könnte, in einem Bild von Claude Lorrain zu sein. Aber die Welt ist kein Bild.

Ein paar Worte über New Mexico (1997)

Die Sangre de Cristo Range ist der südlichste Ausläufer der Rocky Mountains. Südlich davon kommen nur mehr die flachen Kuppen einzelner erloschener Vulkane, sie gehören, soviel ich weiß, aber geologisch gesehen nicht mehr zu den Rockies; und dann kommt das Flachland zur mexikanischen Grenze hinunter, ehemals Boden eines weitläufigen Meeresgolfes. In White Sands, wo die erste Atombombe gezündet wurde, kann man diesen weißen, schön gekämmten Meeressand noch sehen.

Der Rio Grande mit seinen Neben- und Zuflüssen entwässert dieses riesige Gebiet, er ist, könnte man sagen, der Nil von New Mexico und auch des südlichen Texas, denn alles Leben hier verdankt sich im Grunde seinem Wasser. The Valley – so heißt das Tal des Rio Grande ganz unten in Texas, schon nahe der Mündung, und ist, wie der Name eben sagt, für die Leute das Tal schlechthin. – Las Cruces, El Paso – und das geht dann weiter hinunter, zur Einmündung des Pecos River, und dann nach Laredo, Texas – und immer weiter.

Ich aber war ganz weit oben, am Oberlauf des Rio Grande, in der Gegend von Taos, wo die Berge noch sehr hoch sind und wo man von den Viertausendern da weit in die grünen Täler von Colorado hineinschauen kann, zu den Gipfelketten weiter nördlich, und dann kommen wieder andere Berge und Gipfel, und vielleicht sieht man an besonders klaren Tagen bis nach Wyoming, wer weiß.

Mein Ausgangspunkt war Albuquerque gewesen, die größte Stadt von New Mexico; schon jetzt, am Morgen, herrschte flirrende Hitze, und von der Terrasse meines Hotels schaute ich über die von Buildings und Autobahnen angefüllte weite Talsenke zu den braunen, wie abgehobelten Kuppen der ausgebrannten Vulkane hinüber, die sich wie seltsame, irgendwie unheimliche Muttermale aus der einförmig graugrünen Fläche erhoben. – Ich übergehe die weiteren Stationen der Anreise, über Santa Fe fuhr ich, im Prinzip immer dem Lauf des Rio Grande folgend, nach Norden, nach Taos hinauf. Taos ist heute eine Touristenstadt, aber das bisschen Rummel konzentriert sich auf die paar Kitsch- und Antiquitätengeschäfte rund um den Hauptplatz, auf den noch gut erhaltenen Pueblo der Indianer, einer der traurigsten Plätze, die ich je gesehen habe, und auf die uralte Missionskirche in Ranches of Taos, die einst von Franziskanern erbaut wurde und die älteste Kirche von ganz Nordamerika sein soll. – Die Spanier kamen damals von Mexico herauf, oder, genauer, eigentlich aus Guatemala, denn damals war Antigua die Hauptstadt des nördlichen Einflussgebietes, wie es Cuzco in Peru war. – An einem drückend heißen Sommertag stehe ich im kühlen, dunklen Inneren dieser Kirche und schaue zu den indianischen Heiligen auf dem Altar hinauf, und es will mich Rührung überkommen, weil alles, mit der dämmrigen Kühle des Raumes, dem stillen Brennen der tausend Kerzen und der behütenden Dicke der uralten Mauern – ich kann diese unbeholfene, etwas klobige Dicke spüren –, weil dies alles eine Situation der Mütterlichkeit schafft, ein embryonales Beschütztsein: Und trotzdem gehen mir die versoffenen und zugedröhnten Indianer nicht aus dem Kopf, die ich da und dort auf den Straßen sehe, an den Rändern der Landstraßen entlanggehend oder mit ihren verbeulten Chevys vorfahrend bei Walmart oder auf dem Parkplatz am Ace Shop.

Die Mesa liegt etwa zweitausend Meter hoch, und mit ihr die Stadt Taos. Da die Ebenen von New Mexico heißes Wüstenklima haben, ist es auch hier heroben untertags heiß, wenn auch erträglich. Das Blockhaus, in dem ich dann für eine Weile wohnen sollte, liegt auf etwa dreitausend Metern, durchaus in der Waldzone, der Wald reicht hier auf geschützten Hängen noch gut fünfhundert Meter weiter hinauf. Nachts wird es sehr kalt – gegen Mittag schon brauen sich fast täglich ziemlich schwere Gewitter zusammen, nach deren Abzug, im freundlichen Abendlicht, man nicht selten die Gipfel weiß, mit frischem Schnee bestäubt, leuchten sehen kann. Die höchsten Berge hier herum sind alle knapp über viertausend Meter, in ihren oberen Teilen kahle Pyramiden aus Stein, mit steil abfallenden Felswänden, die von schwer gangbaren Geröllfeldern umgeben sind. Bis etwa Mitte Juli liegt Schnee, die Bäche springen lustig bis in den August hinein; dann versiegen sie rasch. Gegen September beginnt der Schnee in den höher gelegenen Gebieten wieder liegen zu bleiben.

Ich beschreibe den Bergsee, zu dem ich so oft gewandert bin: Ein Oval, schräg in die Felsen hineingebogen oder gezeichnet, hellblau, mit dem Weiß der Eisschollen, die an den Bruchstellen und Kämmen zartrosa leuchten, aus der Tiefe des Wassers grün heraufscheinen. Felsen und Felsbrocken herum. Ich gehe, über Schneefelder und durch ein ausgedehntes Labyrinth von Murmeltierbauten um den See herum, an den kleinen Wasserfall, der ihn speist: Das Flamingorosa des Wüstenstaubs auf den Eisschollen im blauen Wasser – ich kann mich nicht genug darüber wundern.

Dazu das absolute und reine Blau des Himmels, ein Preußischblau, das sich, bei ganz hochstehender Sonne fast bis zum Schwarz verdunkeln kann. – Ich gehe immer ohne Weg und Steg, einfach durch den Wald, wie es mir einfällt. Den rosa Wüstenstaub bringen die Gewitterwinde aus den Ebenen herauf.

Der Boden der Mesa ist rötlich, meist von Salbei-Gestrüpp bewachsen. Dieser Salbei ist das Futter für die halbwilden Rinder, die in riesigen Corrals eingefangen sind. Von Taos aus kann man beinah in jede Windrichtung stundenlang durch fast leeres Land fahren. Der Stacheldraht der Corrals, hin und dann das Eingangstorschild einer Ranch, Agaven, mit weißen Blüten – und die unvermeidliche Tankstelle, an die meist ein Drugstore angeschlossen ist. Ein Ehepaar bedient: Er tankt auf; sie verkauft drinnen alles nur Erdenkliche, von eisgekühlten Getränken bis zu Insektenvertilgungsmitteln, Nähnadeln und Kaugummis. Ölfußboden. Diese Kühlschränke mit den großen Glastüren, durch die man die Waren sehen kann. Eine Verkaufstheke aus nacktem, abgearbeitetem Holz.

Über Tres Piedras nach Abiquiu hinüber, vier Stunden Fahrt durch Halbwüste, mit breiten ockerfarbenen Geröllzungen und Felsen, die von grellem Weiß zu Violett spielen. – Dann der Rio Chama, ein Zufluss des Rio Grande. – Am Fuß des San Pedro Peak, der wie ein großer, schwarzer Hut ausschaut, absolut unheimlich in der leeren Landschaft, die Siedlung namens Abiquiu, weiße, fast griechisch anmutende Häuser, am Einschnitt eines Baches hingestellt, der leere, grob geschotterte Platz um die Kirche, dann Fahrwege, die sich schon wieder in leeres Land hinaus verlieren, Kakteen, die tausendfältig in Rosa, Schwefelgelb und Violett blühen.

Das starre Bild der Kreuzigung ist der Seele dieser Landschaft verwandt. Dieser Terror frisst sich in dein Herz; und es ist nicht schwer, sich vorzustellen, wie einem zumute ist, der in diesem schrecklichen Nachmittagslicht über Hochflächen und Berge hinschaut und spürt, wie sich die Dornen ewiger Verlassenheit in sein Herz pressen. – Bis zum Anfang des vorigen Jahrhunderts gab es die Gesellschaften der Penitentes, Bruderschaften, deren religiöse

Übungen in Geißelungen und im Nachspielen der Kreuzigung gipfelten. Ihre Versammlungshäuser, ganz einfache Baracken, stehen noch da und dort auf der Mesa.

Totenschädel, skelettierte Tierschädel mit Hörnern, Rosen – rote Rosen: Sie finden sich auf den späten Bildern von Georgia O'Keefe, die lange in Abiquiu gelebt hat.

Grauenhafte Verlassenheit. Harter Himmel. Felsen, die in ihren Farben und aufstrebenden Formen an den Dom von Pavia, an tibetanische Architektur, an Architekturen, wie man sie aus den Zeichnungen und Fantasien von Opiumessern kennt, erinnern. Ja, die Droge! Es ist eine Berauschtheit in aller Stille, ein sagenhafter Wahn voll starrer Bilder, ein Reigen von bunten Farben, die doch zugleich wieder ganz fahl und abgestorben sind.

Eine Schlange, mit einem Sperling im Maul.

Weidegevierte. Kühe und Pferde. Große Platanen. Grasland an den Flüssen herunter, von Wolkenschatten gefleckt. – Sattheit. Feuchtigkeit.

Wieder Leere. Kugelförmige Wacholdersträucher über rostige Hänge verteilt. Gerölle. Ausgetrocknete Flussläufe. – Winzige Wassertröpfchen an den Unterseiten der Blätter: Wüstengewächse. Wenn du über die Blätter drüberfährst, werden deine Finger ganz wachsig.

Der Rio Grande hat sich durch die Mesa eine Schlucht geschürft, so tief, dass an vielen Stellen der Stephansdom zweimal übereinander hineinginge.

Gegen Norden zu das San Luis Valley, violette Bergzüge, Türschwellen zu neuen Ewigkeiten.

Das große sich Herabgießen des Landes von den Gipfeln der Sangre de Cristo Range, das sich Herabbiegen und sanfte Beugen der Berge zu den braunen und grünen Ebenen der Leere hin.

Ich besteige den Lake Fork Peak, einen selten begangenen Berg, der an der Grenze zum großen Indianerreservat liegt. Am Blue Lake, dort unten in den waldreichen Tälern vollziehen die Indianer ihre Zeremonien und Tanzrituale. – Ich muss über eine steile Geröllfläche klettern, dann durch ein Gewirr wackliger, völlig instabiler Felsblöcke. Auf einem Schneeband hinüber – in den steil nach unten führenden Rinnen liegt überall noch Schnee –, über einen Abgrund, der so tief ist, dass ich das Aufschlagen der hinunterfallenden Steine nicht hören kann. – Immer weiter, an einer steilen, von kleinen Gewächsen bestandenen, steingesprenkelten Lehne hinauf. Wieder Schneewechten. – Ich sehe über das Bergland hin, das in dem Licht, mit den granitgrauen Gipfeln, den grünen Tannenwäldern, etwas Statisch-Erhabenes hat.

Auf dem Gipfel ein kleines, oben offenes Steinoval aus Felsbrocken, ein Observatorium, wohl von den Indianern für magische Messungen errichtet. Weit drunten mein See, der kleine Bergsee.

Beim Abstieg fällt mir ein Felsbrocken auf die linke Hand und zerschmettert sie beinah. In der Höhe verheilen die Wunden sehr langsam, und mir bleibt eine große Narbe zurück.

Jeden Morgen gehe ich von meiner Blockhütte den steilen Weg in den Wald hinauf. Nach zwei Stunden bin ich im menschenleeren Hochtal, meine Glocke hinten am Rucksack bimmelt, der Bären wegen, um sie abzuschrecken, die Bäche springen, voll von glitzerndem Schmelzwasser, Sumpfdotterblumen überall, weiter oben noch Wechten und Buchten von tiefem Schnee unter Tannen und Föhren; es gibt hier auch eine zedernähnliche Art – vielleicht sind es kleine Mammutbäume (Sequoias). Oben, über der Baumgrenze, weht kräftig der Wind, und den ganzen Tag begleitet mich, immer in sicherer Entfernung, eine neugierige oder kranke Hirschkuh.

Kleine Kiefern, die dann mit dem Grünerwerden des Landes immer größer werden. An den steilen Geröllabhängen wächst eine Art wilder Stachelbeeren – sie sind, wenn sie reif werden, eine Delikatesse für die Bären.

Immer behalte ich den Himmel im Auge. Braut sich ein Gewitter zusammen, muss ich rasch unter die Baumgrenze absteigen.

Öfter schaue ich von meinem Lagerplatz aus über für mich namenlose Täler und Berge hin, bis in die weiteste Ferne, wo sich das Weiß der Wolken von dem der Schneegipfel nicht mehr unterscheiden lässt.

In manchen Talschaften reden die Bauern noch ihr altes Spanisch, aus dem siebzehnten Jahrhundert; kein TexMex. Diese Sprache ist schwer zu verstehen, ganz verschliffen die Worte, ich höre gerne zu, in der Wirtschaft, im Geschäft.

Es gibt hier übrigens Kolibris, die durch die Bergwälder sausen.

Jetzt hat es wieder aufgeklart. – Der Fluss, mit seinen Schilfstängeln dunkler zu uns her, erglänzt in der Mitte, das Ufer drüben wieder dunkler unter Bäumen; dahinter, hinter der Furt, aber um etliches entfernt, eine Bergkette in der Sonne: Verschleierung der Farben. – Ich gehe am Fluss entlang hinauf. Espen, Pappeln, Weiden. Der Anblick der Espen, mit ihrem ewig zitternden Laub, das gelb gegen den tintenblauen Himmel steht, erzeugt zusammen mit dem Geruch nach abgetautem Schnee und dem Glucksen der vielen Wasserrinnsale ständig das Erwartungsgefühl des herannahenden Osterfestes, wie ich es als Kind empfunden habe. Himmlische Freude. Kühle, ja Kälte an Stirn und Händen. Blauer Himmel.

Schnee auf den Bergen. Rosa Felsen. Grünes Tal.

New Mexico ist einer der ärmsten Staaten der USA. Viele der Ansiedlungen bestehen nur aus Trailerhomes.

Los Alamos liegt am Rand eines riesigen Einbruchskraters, der etwas Mondhaftes an sich hat. In Los Alamos wurde die Atombombe entwickelt, und man kann etwa eine Replik von *Fat Boy* in einer Schau besichtigen. Die Forschungskomplexe liegen weit über die Gegend verstreut, damit sie im Fall eines Atomschlages nicht alle auf einmal zu treffen sind. Bei einem Glas Bier plaudere ich mit einem Herrn, der sein ganzes Leben mit Tritium-Forschung zugebracht hat. Er fragt mich, ob ich denn wisse, was Tritium eigentlich ist. Der Mann stammt aus Österreich, aus Wien, und erinnert sich noch gut an den Kurpark in Baden und dass dort, als er ein Kind war, die Kapelle spielte. – Auf der Heimfahrt sehe ich, weit entfernt, einen großen Waldbrand in der unbesiedelten, reglos daliegenden, in ihrer Gleichförmigkeit dämmrigen Landschaft. – Eine Ebene, so weit, dass man die Stadt dann am Rand der Ebene, wo die dunklen Berge aufsteigen, kaum ausnehmen kann.

Vom Leben in Middle America (1996)

Morgens trete ich vor das Haus in den Garten heraus. Unser Haus liegt, zusammen mit drei anderen, an einem ruhigen Drive. Im Garten stehen ein paar Tannen, ein Apfelbaum und eine größere Ulme. Vor dem Haus, zur Zufahrt hin, Ahorne und zwei Pflaumenbäume.

Das Haus ist ebenerdig, aus Holz gebaut, lindgrün gestrichen. Wir haben es von der Witwe eines Professors für Romanistik gemietet. Er scheint ein Faible für französisches Rokoko gehabt zu haben, denn sowohl der Wohnsalon mit dem offenen Kamin als auch das Speisezimmer sind mit Möbeln in einer Art französischem Schlösser-Stil eingerichtet. Es gibt drei Schlafzimmer, eine geräumige Küche, alle Nebenräume und vor allem eine Porch, eine große Veranda, die mit feinem Gitter gegen Moskitos abgedichtet ist. Dort sitze ich dann abends in einem der weißen Korbsessel, horche dem Rauschen der schwarzen Ahornblätter zu, ab und an fährt ein Auto auf der etwa fünfhundert Meter entfernten Straße vorbei.

Meine Frau, mein kleiner Sohn und ich – gesellschaftlich sind wir ein bisschen isoliert. Nach den Begrüßungspartys – ich hatte eben meine Dozentenstelle an der Universität hier angetreten – war es still um uns geworden. Zwar kam dann und wann noch jemand zum Tee oder es gab sonntags eine Kaffeejause im Garten; abends waren wir meistens allein.

Mit einem der Professoren hatte ich mich angefreundet, er kam einmal die Woche zum Abendessen, und da wurde dann bei einigen Flaschen Bier oder etwas Wein lebhaft und manchmal auch fröhlich diskutiert.

Mit den Nachbarn, die still und zurückgezogen in ihren schönen Häusern lebten, hatten wir kaum Kontakt. Da war eine neunzigjährige Dame, deren Mann einmal Botschafter in irgendeiner europäischen Metropole gewesen war. Sie schaute unseren Sohn von hinter ihren großen, dunklen Sonnenbrillen freundlich an und hatte einmal im Monat einen Jour fixe mit Damen aus dem County, zu dem sie meine Frau einlud.

Auf der anderen Seite wohnte ein lesbisches Pärchen, eine Malerin, die sich auch mit Esoterik beschäftigte, und ihre kleine Freundin, eine Shiatsu-Masseuse. Sie buken dann und wann einen Kuchen und brachten ihn zu uns herüber.

Meine paar Unterrichtsstunden auf dem Campus waren schnell herum. Oft wanderte ich zwischen den verschiedenen Gebäuden der Universität durch die weitläufige Anlage zum zentralen Bibliotheksgebäude hinunter und setzte mich zum Lesen in eins der Studierabteile. Die deutschen Bücher standen im obersten Stock des Gebäudes, und wenn es für gewöhnlich auch englische Bücher waren, die ich las, so zog ich mich doch meist in die deutsche Abteilung zurück, weil ich dort fast immer allein war.

Im Garten zu lesen machte auch Spaß, bei einem Drink, die Beine ausgestreckt auf der Liege. Ein Robin, ein amerikanischer Gimpel, hüpfte öfter über den Rasen oder die Bluejays stritten sich in den Tannen hinten. Eichkätzchen turnten im Astwerk der großen Ulme, deren Fuß von Efeu umwachsen war.

Die meisten Nachmittage verbrachten wir allerdings mit Ausfahrten in unserem Auto. Gleich nach der Ankunft hatte ich einen gebrauchten Ami-Schlitten gekauft, einen kaffeebraunen Oldsmobile. Die Wahl war auf ihn gefallen, weil er so billig gewesen war. Wahrscheinlich war der Letztbesitzer eine alte Dame gewesen, die nun nicht mehr fahren konnte oder durfte; der Wagen war gut in Schuss. Trotzdem: Für gewöhnlich fahren hier nur Zuhälter und Schwarze solche Autos.

Im westlichen Ohio, gegen die Grenze zu Indiana und knapp unterhalb der Grenze zum nördlich gelegenen Michigan, ist die Landschaft ganz flach und leer. Abgesehen von den schmalen Galeriewäldern an den, eben der Flachheit wegen, stark mäandrierenden Flüsschen oder Bächen entlang, sind Bäume in der Landschaft rar. Beinah durchgängig in saubere Quadrate eingeteilt, die Landschaft, da und dort ein weißes Farmhaus oder eine dörflich anmutende Ansammlung von Häusern, meist um einen großen Getreidesilo herum, so sieht das aus. Man braucht wahrlich nicht gut Auto fahren zu können hier, denn die Straßen sind schnurgerade. Meist sieht man genau vor sich, wo man in einer viertel, in einer halben, in einer ganzen Stunde sein wird.

Der große Maumee-Fluss macht die einzige Ausnahme. Aus der Gegend von Fort Wayne in Indiana herkommend, strömt er, gegen die Mündung zu breit und fast schon imposant, dem Erie-See zu. Hier in der Gegend haben sich die großen Vernichtungsschlachten gegen die Indianer abgespielt, die bis heute allerdings positiv zum amerikanischen Landnahme-Mythos verklärt werden. – Unter Platanen, zwischen Eichen, Erlen und Weiden am Maumee-Fluss entlang. Hohe Ufer. Es gibt viele Inseln im Strom. Stellenweise weitet sich das Flussbett so sehr, dass das Wasser darin kaum bis an die Wade reicht und man ans gegenüberliegende Ufer hinüberwaten kann. Fischreiher. Leises Strömen des Wassers.

Defiance heißt die letzte Stadt in Ohio, ehe es nach Indiana hinübergeht. Der einzige Arbeitgeber da ist ein Montierwerk von Ford, und geht es der Autoindustrie gut, geht es auch den Leuten von Defiance gut. Als wir dort waren, waren die Fronten der Main Street zugenagelt, und die Parkplätze an der großen Fabrik standen halb leer. Von Defiance durch Henry County: Alle Straßen sind nummeriert. Kaum Verkehr. Ganz hinten, weit weg am Rand der Ebene, ein grauer Saum von Bäumen, oder vielleicht doch nur eine Täuschung; das Land ist ganz leer, und diese Leere kommt auch ins Auto herein, wenn du durchfährst, sodass du bald das Gefühl hast, nicht wirklich vorwärtszufahren. Es ist aber auch nicht das Gefühl, zu stehen. Es ist ein helles Gefühl, wenn man so sagen kann, ein erhebendes Gefühl, ein läuterndes Gefühl: Du stehst da vor dir selbst, und du kannst dir nicht ausweichen.

Die Main Street des Ortes, in dem wir lebten, ist schnurgerade, und wären da nicht die Luftspiegelungen über dem von der Sonne angewärmten und erhitzten Asphalt, man könnte, die Main Street entlang, durch das ganze Städtchen durchsehen.

An der Main Street gibt es Post und Bank, ein Kino, die Stadtbibliothek und das Sozialzentrum, ein paar Geschäfte, ein China-Lokal, einen Pizza-Take-out, einen Friseur, ein zugrundegegangenes Hotel.

Die eigentlichen Geschäfte, die Supermärkte und die Lokale der überregionalen Fast-Food-Ketten wie Burger King oder Kentucky Fried Chicken – sie liegen, zusammen mit den Stützpunkten der Autohändler, der meisten Versicherungsgesellschaften und einer kleinen Shopping Mall, außerhalb des eigentlichen Stadtgebietes, an den Verlängerungen der Main Street nach Norden und Süden aufgefädelt. Fährt man die Main Street immer geradeaus weiter, kommt man schließlich auf den Highway, der nach Kentucky hinunter und immer weiterführt, bis man zuletzt nach Alabama kommt. Kentucky, Tennessee, Alabama.

Die Stadt selbst zerfällt in ein paar Viertel: Das alte Viertel mit schönen Villen in prächtigen Gärten, die vom Anfang des Jahrhunderts und aus der Zeit herstammen, als das County einen kurzen Boom in Erdöl und Erdgas erlebte. Die Gegend um den Campus, wo die Häuser der meisten Professoren und die Dormitories für die Studenten stehen. Dann sind wir schon am Stadtrand, ein unentschiedenes Gemisch von noblen Drives mit nur einigen Protzvillen, eher bescheidene Häuschen dazwischen. Die Trailerhomes schließlich an der Ausfahrt zur Autobahn, auf baumlosem Gelände, mit großen Aggregaten obenaufgepackt: die Klimaanlagen.

In Richtung Norden kommt man bald nach Toledo, einer Industrie- und Hafenstadt am Lake Erie, und schließlich, nach weiteren zwei Stunden Fahrt, in die Metropole Detroit. Toledo und Detroit sind einander, abgesehen von der Größe natürlich, darin gleich, dass die Stadtzentren jeweils verwüstet und aufgegeben sind: Schwarze Penner wandern über mit Unkraut bewachsene Flächen, oder sie kochen sich in Blechgeschirren, auf offenen Feuerchen, ihr Essen. – Die eigentlichen urbanen Räume sind die großen Vorstädte, fächerförmig um die ehemaligen Zentren angeordnet und sozial stark differenziert. Jede Schicht oder Einkommensklasse hat ihre eigene Vorstadt, komplett mit Shopping Malls, Schulen, Kindergärten etc. Man kann stundenlang durch diese Stadträume fahren, die, verbunden nur durch die Interdependenz ihrer Bewohner im großen ökonomischen Prozess, lose und einander eigentlich fremd, die Gegend überziehen.

Bei Detroit liegt auch der Flughafen, durch den das ganze Gebiet mit der weiteren Welt vernetzt ist.

Auf dem Ohio Turnpike braucht man etwa fünf Stunden nach Chicago. Dann ist man in Illinois, am Ufer des Lake Michigan.

Nach Chicago kann man von Toledo oder Detroit aus auch mit dem Zug fahren. Aber wer, um Himmels willen, tut das?

Eine unserer Hauptbeschäftigungen war das Einkaufen. Mit dem Auto zur Shopping Mall, zum Supermarkt oder zu Walmart, wo man überhaupt alles und jedes kaufen kann. Im großen Einkaufswagen türmen sich bald die Waren. Dann Heimfahrt und Verstauen des Eingekauften in Kühlschrank und Kühltruhe. Man kauft immer auf Vorrat und so, als würde oder könnte man die nächsten Wochen nicht aus dem Haus.

Die Shopping Malls sind nach Preisniveau differenziert und bieten ganz verschiedene Waren an.

Abends sitze ich auf der Porch und trinke Whisky. Mein kleiner Sohn klimpert drinnen auf dem Klavier, das im Wohnzimmer steht. Meine Frau hört in einem der Nebenzimmer Radio.

Es gibt zwei riesige Fernsehapparate, die wir aber nicht angemeldet haben.

Meine Frau kommt heraus auf die Porch: »Morgen solltest du wieder einmal Rasen mähen«, sagt sie.

»Und was werdet ihr machen?«, frage ich.

»Vormittags gehen wir ins Day Care Center. – Und nachmittags soll ich ein paar Frauen in der Stadtbibliothek treffen. Sie sind alle vom Verein Stillende Mütter.«

»Habt ihr nicht Lust, einen Ausflug zum Lake Erie zu machen?«

Wir fahren an den Lake Erie und streunen unter Eichen, deren mächtige Äste von wilden Weinranken überwuchert und behängt sind, am sandigen Ufer herum. Weit und breit kein Mensch. Ein paar Möwen auf dem Wasser. Ich schwimme im See, aber mir ist ein bisschen unheimlich vor der weiten Leere. Die Sonne scheint hell und stark auf uns herunter, und wir müssen unseren Sohn mit Sonnenschutzmittel eincremen, damit er keinen Sonnenbrand bekommt.

Abends essen wir in einem Fast-Food-Lokal in Port Clinton. Während unser Sohn in seinem Sitz hinten längst eingeschlafen ist, sitzen wir Erwachsene vorn und fahren, von der Musik aus dem Autoradio und einer kleinen Flasche Brandy, die wir hin- und herreichen, aufgekratzt, durch das schwarze, lautlose Land. In ein paar Stunden werden wir daheim sein, und das Auto wird in die Garage rollen.

Indian Summer ist die schönste Zeit.

Briefe aus Amerika (2006)

Unlängst schrieb ich einem Freund: »Ja, es sieht sehr danach aus, als hätten die Amerikaner genug von George W. Bush. Die Kongresswahlen wird die Grand Old Party wohl verlieren. Es ist aber klar, dass das Land trotzdem versackt bleiben wird – zumindest zu einem großen Teil – in seine, durch unsere Augen gesehen, im Grunde weltfremde Vorstellung von seiner eigenen Größe, in sein manchmal geradezu kindliches Beharren darauf, hierzulande, in den USA, sei doch alles am größten und schönsten.

In einem so weitläufigen Gebilde, wie es die Gesellschaft hier darstellt, gibt es natürlich alles Mögliche, auch das Gegensätzlichste zur gleichen Zeit. Es kommt da auch zu den unwahrscheinlichsten Allianzen, das heißt, es passiert, dass Kräfte in einer Sache in dieselbe Richtung ziehen, die sonst überhaupt nichts gemeinsam haben.

Was aber (fast) alle Gruppen verbindet«, schrieb ich weiter, »ist das Hängen an einer Rhetorik, an der Phrase als solcher, was in Europa weitgehend erledigt wurde durch die Erfahrung von Faschismus und Stalinismus.

Bush ist ja auch der Typ des Sonntagsredners, der ehrliche Kerl, dem der Mund übergeht von dem, womit das Herz voll ist.«

Es ist schön, morgens im Skyrise aufzuwachen, sagen wir im 70. Stockwerk, und der große Raum da draußen ist von tintenschwarzen Wolken bevölkert, die an verpuppte Schmetterlinge erinnern; dann färbt sich die zusehends heller werdende Himmelsflüssigkeit an einer Stelle rötlich – als würde dort eine Wunde bluten; jetzt füllt sich der Raum mit großen Wärmestrahlen und die schwarzen Wolken sehen auf einmal wie mit Goldpapier hinterlegt aus.

Bei schlechtem Wetter stehen die Türme, aus denen Downtown besteht, tatsächlich schräg in die Wolken hinein, sie verschwinden mit ihren Häuptern darin, indes tiefer mit dem Wind fliegende oder jagende Wolkenfetzen spinnwebartige Schattengeflechte über die Fassaden der im Zwielicht aufragenden Häuser werfen.

Oder ein Gewitter bricht los, und du stehst am Fenster und schaust zu, die Hände vor der Brust verschränkt, wie der Blitz mit einem Streich eine lange, klaffende Linie in das dichte Schwarz zeichnet, quer über den Himmel.

Weniger schön ist, wenn man bei Walmart zwischen den armen Leuten seinen Einkaufswagen durchschiebt und beobachtet, wie sie den ihren, da und dort stehenbleibend und überlegend und rechnend, mit Waren anfüllen. – Das sind arbeitende Leute, gewöhnliche Bürger, Farmer oder Arbeiter, die nur stundenweise irgendwo untergekommen sind. – Leute, die so enterbt aussehen, trifft man in Europa nur in der Nähe von Heilsarmeestationen oder abends, in der Umgegend von Unterkünften für Obdachlose.

Es ist klar, dass hier, im Mittleren Westen – und man sagt mir, anderswo auf dem Land sei es ähnlich –, das alte, bäuerlich geprägte Amerika dabei ist, sich aufzulösen und vor die Hunde zu gehen.

In vielen Ortschaften sind die Häuser leer, stehen zum Verkauf, oder wir finden sie schon in dem Stadium an, in dem sich eine Renovierung nicht mehr lohnt.

Leeres, wieder leer gewordenes Land: Großagronomen kaufen die Farmen zusammen und betreiben die Landwirtschaft dann in ihrem Stil. Die Leute, die ehemaligen Farmer, ziehen fort, in die Stadt meist, in der Hoffnung auf ein besseres Leben.

Hier, in Michigan und im nordwestlichen Ohio, sind die Autohersteller Ford, General Motors und Daimler / Chrysler die großen Arbeitgeber.

Heuer im Frühjahr hat General Motors mit Werkschließungen und der Entlassung von Arbeitern begonnen. Jetzt, im Herbst, folgt Ford nach: Die Entlassungen zählen nach Zehntausenden.

Infolge einer falschen, zu sehr auf große Autos ausgelegten Produktionspolitik konnten, der hohe Ölpreis half da mit, die japanischen Autohersteller, insbesondere Toyota, breit und tief in den amerikanischen Markt vorstoßen. (Ich muss das Geschehen passenderweise mit einer Art Kriegsmetaphorik beschreiben.)

Motor Capital of the World, steht auf den Nummernschildern der in Michigan zugelassenen Autos. – Aber das stimmt doch längst nicht mehr, möchte man ausrufen. Tatsächlich können die Amerikaner ihre Autos lang schon kaum mehr exportieren, weil sie viel zu viel Benzin verbrauchen, und auch aus anderen Gründen. Haben wir aber den Massenmarkt innerhalb der USA für uns, so mögen Ford und GM spekuliert haben, kann uns nichts passieren. – Jetzt bricht dieser Markt weg, mit Folgen, die gravierend sein werden.

Schon hört man, dass infolge niedrigerer Einnahmen aus der Lohnsteuer – arbeitslose oder frühpensionierte Arbeiter zahlen keine Steuern – die ohnehin schon wackligen Budgets der Städte und Gemeinden ins Trudeln kommen werden. Es wird spekuliert, ob man nicht auch die Grundschulen privatisieren sollte, weil kein oder zu wenig Geld zum Betrieb von öffentlichen Schulen da ist.

Was das zur Folge hat, kann man in den Vororten von Detroit oder Chicago etwa bereits studieren: ein Verkommen in Suff und Drogen, kombiniert mit Prostitution und Bandenkriminalität.

Eine Dame sagt, ein wenig genervt, zu mir: »Wenn Sie durch diese Suburbs fahren, sehen Sie – das Problem ist riesig! Das Problem ist gewaltig! – Und ich sehe auch, ehrlich gestanden«, fährt sie mit leiser Ironie, aber doch kaum beunruhigt und eigentlich fröhlich fort, »ich sehe auch weit und breit keinen, der sich darum annehmen, der die Sache anpacken würde.«

Tatsächlich: Was am meisten auffällt – dem Europäer nämlich, ist, dass es den Bürgern hier nicht einfällt, und nicht einmal im Traum, Vorgänge wie etwa diese Massenentlassungen bei Ford mit politischen Vorstellungen oder gar Forderungen in Beziehung zu setzen.

Einerseits muss jeder amtierende Präsident – und also auch Bush – zusehen, dass die Ökonomie floriert, dass die Leute Arbeit haben und sich was kaufen können – so, in diesem vagen Sinn, sind Politik und Markt im Kopf des Amerikaners verknüpft. Doch andererseits …

Eine Welt ohne Politik. Eine Welt der reinen Phänomene und der *Schicksale*. – Hier, in diesem Umstand, hat auch die Ästhetik Hollywoods ihre eigentlichen Wurzeln.

Der Kleinbürger ist der verbreitetste Typ: Man wohnt in einem Haus mit einem kleinen Garten, samt Garage, geht gerne einkaufen, freut sich an seinen Kindern und Verwandten. Sonntags wird zum Gottesdienst gefahren, in die jeweilige Kirche. (Es gibt unendlich viele Kirchen in Amerika.) Nachmittags Rasen mähen – oder es kommen Bekannte vorbei, es wird gegrillt, oder man schaut sich gemeinsam ein Football-, ein Basketball- oder Eishockeymatch an.

Und dann wieder gehst du am Loop in Chicago die Wabash Avenue hinunter, und all die teuren Läden sind voll von Kunden, die Anwälte und Broker kreuzen in ihren typischen, dunkel gehaltenen Anzügen über die Fahrbahnen, von einem Bankinstitut ins andere, von einem Bürohausturm zum nächsten, und ringsum siehst du neue, und immer neue Wolkenkratzer und Skyrise-Buildings aufsprießen wie kolossale Spargel. Und alles prosperiert und boomt und wird prall und praller – wie ein Kürbis, wie eine Fruchtblase, die schwillt und schwillt.

Was sehr für die Amerikaner spricht, ist ihr ungebrochener und wohl auch kaum zu brechender Optimismus.

Der Kellner im Lokal sagt *guys* zu uns – was so viel wie *Jungs* bedeutet: »Alles okay, Jungs?!« – Er tut das mit der Selbstverständlichkeit eines, dem noch nie der Gedanken gekommen ist, die Menschen könnten NICHT gleich sein. Hier sind alle gleich, denkt er, und er macht sich dabei nicht klar, wie leergeblasen, ausgehöhlt und eitel diese sogenannte Gleichheit doch ist.

Erzählst du in Arizona oder, sagen wir, in Kalifornien jemand von den Schwierigkeiten der Autoindustrie rund um den Lake Erie, dann wird dich der Mann wahrscheinlich ganz entgeistert anschauen und sich, irgendwo drinnen, eher befremdet fragen: »Sorgen hat der Mensch?«

»That's not even on the map!« – »Das ist ja nicht einmal auf der Landkarte!«

Ja, es gibt eine hemdsärmelige Fröhlichkeit oder Freiheit hier, eine aufgekratzte Munterkeit, die sich etwa sagt: Das werden wir gleich haben! Na, ganz so schlimm wird's doch wohl nicht sein. Da waren wir schon in ganz anderen Lagen! Uns fällt schon gleich was ein! Just a moment, please.

Die Eckdaten sehen im Moment so aus: Die USA haben ein Außenhandelsdefizit, das nach unvorstellbaren Billionen zählt, Tendenz steigend; es gibt ein Budgetdefizit in Riesenhöhe, Tendenz steigend. Dazu kommt, dass die privaten Haushalte ebenfalls hoch verschuldet sind.

Die Amerikaner machen also Schulden, um ihre ausufernden Importe zu finanzieren. Sie machen Schulden, um ihre öffentlichen Haushalte zu finanzieren. Und sie machen auch jeder einzeln für sich Schulden, um sich selber zu finanzieren.

Das Budgetdefizit, insbesondere aber das Außenhandelsdefizit ist, mit europäischem Maßstab gemessen, tatsächlich bedrohlich. Es ist vorstellbar, dass eine Krise der US-Ökonomie auch die europäischen Wirtschaften leicht mit hinunterreißen könnte.

Der Handlungsspielraum der Amerikaner ist infolge der Verschuldung auf allen Ebenen eher gering – selbst wenn man wieder die schiere Größe und den Ressourcenreichtum des Landes in Betracht zieht. (*Human Resources* – so heißt hier das Betriebskapital Arbeit. – Wir wollen auch nicht übersehen, wie sehr die Naturwissenschaften von der amerikanischen Forschung dominiert werden, sei es jetzt in der Gentechnik, in Raumfahrt oder Nanotechnologie. Auch heuer wieder sind z.B. fast alle Nobelpreise an die USA gegangen.) Am Ende sind die Amerikaner noch lang nicht.

Sie beruhigen sich auch damit, dass die anderen Länder, die sich über die von ihnen gewährten Kredite in amerikanische Wertpapiere und Schatzscheine einkaufen – dass die doch nicht ihre Forderungen plötzlich fällig stellen werden: Da würden sie doch ihre Hoffnungen, mit den von ihnen gekauften US-Wertpapieren schnell reich werden zu können, auch gleich mit aufgeben!

Bislang funktioniert's.

Auf dem Highway bin ich wieder allein, und damit in der eigentlich amerikanischen Verfasstheit. In einer Stunde bin ich in Indiana, rechne ich mir vor, in vier Stunden in Illinois, in sieben in Iowa – dann werde ich wohl zu einem Motel zufahren müssen.

Von den gelegentlichen Dünen und Moränenhügeln abgesehen, wie sie die eiszeitlichen Gletscher hier da und dort zurückgelassen haben, ist das Land gleichmäßig flach. Zu Anfang schaue ich noch gelegentlich zu den Silos eines Farmhauses, zu den sich vorüberdrehenden Kronen von Bäumen, von Obstbäumen in den Plantagen der Bauern hin, zu einer Fabrik vielleicht, deren Schlot besonders auffällig raucht. Dann aber bin ich nur mehr fliegender Geist, eine dahineilende und vage gewordene Seele, die sich irgendetwas vorbuchstabiert, ihre Erinnerungen, Hoffnungen und Träume herausstammelt, und vielleicht auch zu kühnen Plänen und Aussichten organisiert – es wird alles ganz leicht und hell, Geschichte findet bald ein Ende, ja, vielleicht auch die Zeit.

In der trügerischen Helligkeit des geschichtslosen Innenraumes feiert das Selbst seine Feste – unterwegs von irgendwo nach irgendwo. You don't know what it's all about. Aber prächtig, ja prächtig fühlst du dich!

(Durchaus möglich, sich vorzustellen, es könnten jetzt Dinosaurier plötzlich über den großen Parkplatz herüberkommen – oder grünes Licht abstrahlende Untertassen könnten von den fernen Hochhäusern dort drüben einschweben! – Da kommt doch tatsächlich Donald Duck des Weges, untergehakt bei Marilyn Monroe – oder ist es Madonna selber? – Heere von Obdachlosen schütteln ihre dreckigen Mähnen, die erhobenen Fäuste, Leonardo DiCaprio klettert aus einer Mülltonne, er ist FBI-Spezialagent – er hat sich da was ganz Tolles ausgedacht: Ja. Er wird die Welt retten.)

»Die USA sind ein Land der Statistik und der Statistik-Gläubigkeit«, schrieb ich unlängst einem Freund: »Was wird da nicht alles ermittelt und erhoben! – Leviathan beobachtet sich selbst. Er versucht, aus den Untersuchungsergebnissen klug zu werden. Er versucht, sich aus der Geschwindigkeit, mit der das Blut in ihm zirkuliert, aus seinen Blähungen und gelegentlichen Herzkongestionen klar darüber zu werden, wie es mit ihm weitergehen wird, mit ihm, mit diesem klugen und smarten Tier.

Natürlich wird der Wirtschaftsprozess unentwegt untersucht und überprüft, von jedem denkbaren Gesichtspunkt aus und nach allen möglichen Parametern. (Gerade eben kommt die Meldung herein, dass auch der Nobelpreis für Wirtschaftswissenschaft heuer an einen Amerikaner geht.)

Es gibt aber auch Untersuchungen etwa zur Frage: An welchen Gott glauben die Leute hier? Ist er gütig und weise, dieser Gott? Oder, im Gegenteil, streng, ja rachsüchtig? Kümmert er sich überhaupt um uns? – Dabei kommt dann, so nebenher, heraus, dass es Atheisten nur in verschwindender Quantität gibt, und wenn schon, dann sind das gebildete Männer in höherem Alter, die städtisch leben. Atheistische Frauen gibt es gar keine.

Man analysiert die durchschnittliche Lebenserwartung: Es stellt sich heraus – wer hätte das gedacht? –, dass die niedrigste Erwartung, nämlich etwa nur 50 Prozent, aufs Ganze gesehen, ein Indianerstamm irgendwo in Florida hat.

Ich kann mir die Indianer dort gut vorstellen: Sie haben keine Arbeit, sind ohne jede Ausbildung, leben von ihrem Wohlfahrtsscheck, hoffnungslos – versoffen und verkokst. – Aber das sind europäische Kinkerlitzchen. You have to look at these things in a different way.

Weißt du: Es gibt Stimmungen – ich will sie für heute einmal nicht analysieren – da bist du einfach obenauf, sitzt fröhlich in deinem Auto und singst laut mit dem Radio mit – Eminem oder, was weiß ich, Fifty Cent: *Be easy – believe me – sure make you high, baby – gimme love – love – is that what you want? – come give me love ...*

Die 8-Mile-Road in Detroit etwa schaut wie eine Straße im zerbombten Beirut aus. (Hier herrscht ja auch Bürgerkrieg, allerdings ein unerklärter.) Es gibt nicht wenige Viertel in L.A., in Chicago, in Baltimore, in Philadelphia, in Cleveland – da nimmst du nur den Expressway, nicht die gewöhnliche Straße: Es ist einfach besser so.

Es ist eins der Paradoxe der amerikanischen Gesellschaft, dass – auch wenn ich kein Land kenne, in dem die Freud'sche Analyse, die Psychoanalyse so weite Verbreitung gefunden hat – dass gleichzeitig die Masse der Gesellschaft in einer gleichsam vorfreudianischen Welt lebt, insbesondere die Vorstellung von der Ambivalenz nicht kennt – ja geradezu aggressiv und angeekelt sich von einer solchen Vorstellung, mag sie auch nur andeutungs- und ahnungsweise auftauchen, abwendet.

Hier ist man ein ganzer Kerl. Ein ehrlicher Mann. Ein aufrechter Mensch. Oder man ist ein Schurke. Ein Schuft. Ein Höllenhund.

Es hat sich herausgestellt, dass einer der republikanischen Kongressabgeordneten schwul ist. – Seit Wochen überschattet die Causa nun alle anderen Fragen, die Frage etwa, ob und wie der Krieg im Irak weiterzuführen

oder zu beenden ist, die Frage nach der Inflation, nach der Umweltzerstörung – nach dem, was tatsächlich von Belang ist.

War on terror.

Mein Gott, denke ich manchmal, wenn ich irgendwo herumfahre, eine
der verschlafenen Straßen in irgendeiner Vorstadt hinuntergehe: Was geht
die Leute hier der Krieg gegen den Terror an?«

Langsam wird es Herbst, und aus dem tiefblauen Himmel regnen die bunt
verfärbten Blätter herunter. Absolute Windstille. Beinah dreißig Grad im
Schatten.

In der Ebene draußen farbstrahlende, kleine Wäldchen. Mähdrescher,
die jetzt die Sojabohnen ernten, ziehen lange Staubfahnen hinter sich her.
Es sieht aus wie im Krieg.

Man darf nie vergessen, dass Amerika ein Land im Krieg ist. Das stellt
alles auf den Kopf, denke ich, und macht die Leute hier noch anfälliger für
Rituale, in die sie ohnehin von Kindesbeinen an eingeübt sind.

Amerikanische Flaggen wehen überall.

Die Hymne wird täglich in der Schule gesungen. – Selbst auf dem Foot-
ballfeld, vor dem Match, stehen die Leute da, Hand auf dem Herzen, und
singen.

Sind die Felder einmal abgeerntet, sieht das Land unendlich leer und
kahl aus, die meist weiß gestrichenen Farmhäuser, die rot angestrichenen
Scheunen gleichen dann Archen, die lose und haltlos dahintreiben.

Auf dem Highway begegnest du tausend Meilen weiter doch immer
wieder nur dir selber: Du bist eine Schleife gefahren, Freund.

God bless America.

Die Amerikaner haben nicht bedacht, so weit ich sehe, ja, es ist für sie im
Grunde genommen unvorstellbar, dass die Globalisierung auch für sie ne-
gative Folgen zeitigen könnte.

Seit dem gewonnenen Krieg, dem Zweiten Weltkrieg, immer auf der
Siegerstraße – Korea, Vietnam hin oder her –, stets in Hochkonjunktur und
Vollbeschäftigung.

Aus Arbeitern und kleinen Farmern wurden Mittelständler, das Land
verwöhnt und eingelullt vom schier unausbleiblichen Erfolg.

Die Arbeiter in der Autoindustrie etwa waren darauf eingestellt, jahr-
aus, jahrein Sonderschichten zu fahren und dick dabei zu verdienen.

Jetzt stehen sie auf der Straße.

Mir fallen ad hoc viele Geschäftsfelder ein, auf denen die Amerikaner
verwundbar sind.

Nicht umsonst hat Bill Ford nun gerade den Manager von Boeing in
seine Firma herübergeholt, dem es gelungen ist, Airbus die Stirn zu bieten,

der, wie es in der Kriegssprache der Manager heißt, den Turnaround geschafft hat.

Ich war, ums kurz und bündig zu sagen, schon oft in Amerika. So mies fand ich die Lage noch nie.

Analytiker sind unbeliebt, schrieb Freud in einem Brief an Schnitzler.

»Freedom!«, singt Richie P. Havens auf dem kleinen Stadtfest in Downtown. Und plötzlich springen sie alle auf – es ist ein ganz und gar gemischtes Publikum, Studenten, Pensionisten, Mütter mit ihren Kinderwägen, ausgewachsene Männer in kurzen Hosen, die typischen Mützen auf dem Kopf –, sie reißen die Arme empor und klatschen – und klatschen; und du spürst genau, dass ist der utopische Wunsch nach Freiheit und dass es den Leuten ganz ernst damit ist.

Ich transferiere die Szene nach Wien, etwa zum Donauinselfest, und ich konstatiere: *There is some difference.*

Reich, cool und zynisch kommen mir die Europäer da vor.

Es geht ihnen, vergleichsweise, sehr gut. Aber, ich fürchte, sie wissen es nicht.

American beauty sells. Ein Lächeln, ein Winken. – Witz, Charme und Glamour stehen immer für den richtigen Moment bereit. Wie tiefgekühlte Getränke.

Wie schön, wenn man damit bedient wird: Man weiß dann gleich, woran man ist.

Was wolltest du noch sagen? – Dass die Amerikaner ein melodramatisches Verhältnis zu ihrem Land unterhalten? – Sie glauben in ihrer Mehrheit ja tatsächlich, dass Amerika das Land ist, in dem die Geschicke der Welt entschieden werden – die längste Zeit schon; und jetzt erst recht.

Rund um viele der Farmen stehen Trailerhomes, in denen, fast wie versteckt, die mexikanischen Erntearbeiter hausen: Man kriegt kaum einen von ihnen jemals leibhaftig zu sehen.

Das Leben zieht dich in seinen Bann.

»So ist das hier – hier in Amerika!«

Ich glaube nicht mehr, dass der Weg, den Rousseau uns gewiesen hat – zurück zur Natur! –, der richtige Weg für uns ist.

Was ich als vorläufiges Endergebnis vorfinde, ist ein zwischen den unsichtbaren Gitterstäben aus Marktmechanismen und Medienmacht eingesperrter Kleinbürger – seine fellow companions haben ihn dort hingesperrt –, rücksichtslos gegen alles, was nicht er selber ist, bestimmt von schrulligen Moralvorstellungen, auf deren morastigem Grund das Gebilde insgesamt zu ruhen scheint.

Und andererseits wieder: Ich schaue über das Utah-Basin zum Mount Nebo hinüber und fühle – unwiderstehlich – den Sog eines Versprechens, von dem ich doch weiß, dass es uns nicht weiterhelfen kann. Was haben wir aber sonst?

Wieder Amerika (2016)

Erster Brief

Unlängst schrieb ich einem Freund: »Vormittags gegen zehn sitze ich mit einem Freund an der Main Street, wir trinken Kaffee. Ein älterer, ein wenig heruntergekommen wirkender Mensch tritt an unseren Tisch und fragt: ›Was sitzt ihr hier herum und trinkt Kaffee, anstatt zu arbeiten?‹ Worauf ich zurückgebe: ›We just need a break!‹ Worauf er kurz angebunden anmerkt: ›There was a time I earned ten thousand bucks an hour, guys!‹ – was angesichts seiner Klamotten, seiner fettigen Haare etc. doch einigermaßen unwahrscheinlich klingt.

Abgehend flüstert er uns noch zu, dass Chrysler Corporation, die Autofirma, kurz vor einer feindlichen Übernahme steht – die Spatzen pfiffen es bereits von den Dächern.

Kaum ist der Mann fort, kommt mir vor, als hätte ich da den amerikanischen Traum gesehen, freilich als Gespenst.«

Beim Treffen der örtlichen Demokraten finde ich in einem dieser kahlen Meetingrooms aus Plastik und Spanplatten bis auf zwei oder drei junge Leute lauter Greise vor. Der Bezirksparteisekretär ist mittelalterlich. Zu Beginn erfolgt – stehend – eine Art Einschwörungsformel mit aufs Herz gelegter Hand: Ich kenne das vom Football her, vom Absingen der Hymne.

Die Diskussion verläuft dann ernsthaft, aber humorvoll. Die Leute sind engagiert, dabei aber, in gleichsam familiärer Runde, gut aufgelegt. Sie sind motiviert, einsatzbereit und opferwillig. Sie stellen ihre Zeit, ihre Häuser und auch etwas Geld zur Verfügung.

Hier werden nicht nur die Kampagnen für die Vorwahlen, für die Präsidentschaftswahl im Herbst vorbereitet, zugleich läuft etwa auch die Kampagne für den Sheriff, für den örtlichen Friedensrichter, aber auch für einen Platz im Senat oder Repräsentantenhaus.

Für gewöhnlich gibt nur etwa ein Drittel der Amerikaner bei Wahlen die Stimme ab. Man kann sagen: Die Mehrheit einer Minderheit bestimmt die Geschicke des Landes.

Bill Clinton, höre ich später, soll bei seiner Wahlkampfreise seinerzeit im Städtchen gewesen sein, Barack Obama gar zwei Mal in der nahe gelegenen größeren Stadt. Also, vielleicht, vielleicht wird Hillary es auch schaffen?

Wieder fahre ich durch die hier herum vollkommen flache und wie ausgeräumt wirkende Landschaft. Der Himmel ist sehr niedrig heute – graue Schneewolken. Es schneit ein wenig. Hinter den hereinwehenden Tüchern aus Schneeflocken sehen die Farmhäuser mit ihren Scheunen und Silos, die gelegentlichen Wäldchen in der Ferne noch entrückter aus.

Einmal hebt sich ein Schwarm von Staren aus einem der abgeernteten Felder. Nachdem die Vögel niedergegangen sind, liegt alles wieder ganz reglos.

Ziel meiner Fahrt ist ein Friedhof. Dort kann ich herumspazieren, eine der raren Gelegenheiten, sich im Freien ein wenig die Füße zu vertreten. In der offenen Landschaft draußen wäre das gefährlich: Man könnte sich leicht eine Kugel einfangen, ein Hund könnte auf einen gehetzt werden – *No trespassing*, eins der häufigsten Schilder hier.

Der Friedhof zieht sich einen Hügel hinauf, der abgetrennt und für sich in der Ebene steht. Auf vielen Grabmälern sind neben den Namen der Toten auch Sinnsprüche eingemeißelt, etwa *Death is Freedom* oder *The Lord is my Shepherd*, in jedem Fall eine lohnende Lektüre. Wie immer bin ich der einzige Besucher. Die nächste Siedlung, sie liegt ein Stück weit ab, hat wohl bessere Zeiten gesehen. Eine in Pseudo-Gotik aufgeführte Kirche steht jetzt überdimensioniert und vereinsamt zwischen Trailern, die an der Durchgangsstraße entlang aufgereiht sind.

Immerzu Richtung Westen fahrend kommen mir Jack Kerouac und sein Freund Dean in den Sinn. Schon früh wurde gespöttelt, die letzte Freiheit, die den Amerikanern geblieben sei, sei die, von Osten nach Westen zu fahren – und wenn man in Kalifornien angelangt ist, eben wieder zurück. Roadmovies haben den Topos dieser Autofahrerei bis zum Erbrechen wiederholt und ausgeschlachtet. Und doch: Wieder einmal fahre ich so dahin, ohne Ziel und einfach der Nase nach. Und wieder funktioniert es: Bald bin ich erfüllt von der Vorstellung, in meinem Auto unangreifbar und obenauf zu sein. Die ganze, große Welt da draußen, sie ist einfach nur dazu da, dass ich sie anschaue. Sie rollt sich vor mir aus. Immer gibt's da etwas zu sehen, immerfort etwas Neues. Wer wollte da, abgelenkt von aller peinlichen Eigentlichkeit, *nicht* guter Dinge sein?

Der Kaiser von China, einer von ihnen, lag der Sage nach in einem seiner Palastzimmer bäuchlings auf dem Boden und verfolgte den Kampf zweier

Grillen, seiner Lieblingsgrillen, die er für gewöhnlich in zwei goldenen Kapseln an einer goldenen Kette vor der Brust trug. Immer wieder kamen Bediente herein, Hofschranzen und auch Soldaten, um zu vermelden, dass die Mongolen, die anstürmenden Feinde, schon den innersten Hof des Palastes erobert hätten, dass es höchste Zeit sei, zu kämpfen oder zu fliehen: Doch der Kaiser ließ sich nicht dazu bewegen, vom Kampf seiner Grillen abzulassen.

Wenn die Denver Broncos gegen die Carolina Panthers auflaufen, es ist Superbowl Day, sitzt ganz Amerika vor dem Schirm – und wer weiß, wie viel vom Rest der Welt dazu. Das Spiel selbst nimmt dabei den geringsten Teil der Übertragungszeit ein. Der wird ausgefüllt von Kommentaren und Expertisen, jeder Schritt, Wurf oder Schuss, jeder Sprint der Helden auf dem Rasen dort unten wird nacherzählt und bewertet. Superbowl, das ist großes Welttheater, eine Art *Jedermann* für jedermann, nur dass hier, im Gegensatz zum Neo-Barock von *poor* Hofmannsthal, die Moral stimmt: *The winner takes it all.* – Eine tolle Sache!

Als Sarah Palin in Iowa, irgendwo in der Prärie, auf die Bühne kommt, um für Donald Trump zu werben – er selbst steht neben ihr und sieht, wie er so dasteht, ganz unwahrscheinlich aus, wie eine Replik seiner selbst, ein Dummy, eine dieser Figuren aus Madame Tussauds Kabinett –, als Palin die Verdienste Trumps vollmundig preist, ihn gar zum Märtyrer für die gute Sache erhebt – er opfert sein Geld und all sein Prestige! –, vergisst sie dabei das Wohl der Kinder, der Mütter und Väter, der *families*, wie sie immer wieder betont, keineswegs, im Gegenteil, gerade das hat sie vor allem im Auge (Trump wirkt jetzt bereits wie ein gütiger Übervater, eine Art Halbgott, der, aus überfließender Menschenliebe, tatsächlich *alles und jedes* richten wird: Weshalb denn gerade ein Milliardär der Richtige für die Probleme der *underdogs* sein soll, bleibt unklar …) – Trump jedenfalls nickt, etwas geniert und doch wieder dick geschmeichelt, zu den Ausführungen Palins: Für mich beginnen sich befremdliche Geräusche und Zwischentöne in diese Rede zu mischen – wo kommt der Lärm denn nur her? –, ich höre Blech zerreißen, da und dort auch schon Geschrei, wilde Schreie, irres Geheul – oder ist es das Sausen von Granaten, das Pfeifen von Raketen, sind es Bombeneinschläge – und noch mehr Bomben, das Aufrauschen und Krachen von Bränden, von Feuersbrünsten, ist es Fluchtgetrampel?

Mit Trump als Präsidenten würde es bald Krieg geben, und das wohl nicht ohne uns.

Make America safe and great again hämmert Palin vom Podium herunter ihren Zuhörern ein, die immer wieder in aufrauschender Zustimmung applaudieren oder ihre Werbetafeln schwenken, sodass es aussieht wie eine aufgewühlte See.

Mit *safe* meint sie ohne Mexikaner, Moslems, Juden etc. Unter *great* versteht sie, was Hitler unter *Weltherrschaft* verstand.

Heute ist Vorwahltag in New Hampshire. Eine Vorwahl nach der anderen. Man ist sich unter Fachleuten ganz einig: Wer hier in der Vergangenheit nicht Erster oder zumindest Zweiter wurde, schaffte es bestimmt nicht weiter voran. Ein Hoch der Statistik! Also, für Trump könnte das hier schon das Aus bedeuten. – Hier ist der Wunsch der Vater des Gedankens. Wie man sich doch *schrecklich* irren kann. – Weiter geht's dann nach South Carolina, nach Nevada etc., und dann kommt Super Tuesday, die ganze Ochsentour. Dann Florida, Ohio – und das ist längst nicht alles. Morgen ist auch noch ein Tag: Payday. Judgement Day. Day of Reckoning. – Was für ein Geschäft!

Wer verliert, den schalten die Networks einfach ab. Den Verlierer gibt's gar nicht mehr.

Bei gutem Wetter überquere ich die Main Street, die Sonne steht hoch, *temperature is up again*, die Schatten liegen fast schon zärtlich auf dem Asphalt, nun, was will ich erzählen? Ist es auch Alltag, krudester Alltag hier um mich herum, mit Geschäftsschildern, Passanten, vorüberrollenden Autos und Lastautos, die von Kentucky, Texas oder von noch weiter her anfahren: Zugleich kommt mir diese ganz alltägliche Szene *filmreif* vor, wie aus einem dieser Hollywood-Produkte herauskopiert, und weshalb ist das so?

Die Medien mit ihrer Bildmacht und globalen Präsenz prägen die Wirklichkeit zum Versatzstück um: Und überquerst du jetzt auch tatsächlich die Main Street, und alles ist echt und real, und du grüßt zu einem Bekannten hinüber, der in Begleitung einer jungen Frau eben den Gehsteig herunterkommt – *are they engaged or something*, denkst du flüchtig –, grün lackierte Lampenkandelaber, gusseiserne Sitzbänke, Blumenkisten am Gehsteigrand: Die Ampeln über der Kreuzung vorn schwanken leicht im Wind, blauer, leer geblasener Himmel – es ist alles nur Kino.

Indes rückt Trump mehr und mehr mit seinen *Überzeugungen* heraus: Folter, wie jetzt von den Geheimdiensten geübt, ist ihm zu lasch – härtere Bandagen gehören her. Den Einwand, das wäre gesetzeswidrig, wischt er vom Tisch: »Man wird sehen! Man wird schon sehen!«, sagt er drohend. Frauen und Kinder von Terroristen gehören ebenfalls getötet. Auf den Einwand: »Aber die sind doch unschuldig!«, reagiert Trump mit der Ansage: »Damit kann ich leben!« Ich frage mich, was er noch an Ungeheuerlichem verlautbaren muss, bis ihm die Leute nicht in Scharen zu-, sondern vor ihm davonlaufen. Was ist da los? Jetzt sind selbst gestandene Leute sich nicht mehr sicher: Ob dieser Trump es vielleicht tatsächlich schafft?

»Seit wie vielen Jahren bemühen wir uns nicht um die Arbeiterschaft«, gibt ein republikanischer Senator zu bedenken: »Jetzt bringt Trump sie uns daher – und das passt uns auch nicht.« Trump – *the unifier*? Mir kommt das alles bekannt vor. Das war doch, ein Weilchen ist es her, schon einmal zu hören.

Letztens, nachts, komme ich vom Weg ab, verfahre mich in der offenen Landschaft. Ein Netz von Lokalstraßen, die zwar Namen tragen, aber keinerlei Orientierungstafeln. Ich fahre lang, halte Ausschau. In der Finsternis treiben die einsam stehenden Farmhäuser wie losgerissene Schiffe. Ich kann nicht einfach zu einem von ihnen hinfahren und nach dem Weg fragen: Man würde mich für einen Räuber oder Schlimmeres halten. Nie kommt hier ein Fremder vorbei. Ich fahre – immer in der Hoffnung, auf eine der großen, überregionalen Straßen zu stoßen, damit ich mich orientieren kann. Und während ich so fahre, steigt allmählich eine Art Panik in mir auf.

Zweiter Brief

Unlängst schrieb ich einem Freund: »Abends sitze ich in meinem Zimmer im Motel, *in the middle of nowhere* – draußen, in dem offenen Feld zum Highway hinüber sind die Lichter an der Tankstelle, am Chili Bowl und dem kleinen Diner schon angesprungen, im Fernseher erklärt Trump gerade, er wünsche nichts sehnlicher, als jenen, die seine Veranstaltungen stören, eins in die Fresse zu geben –, das ist kein schöner Abend. Gut, Trump hat trotz all seiner Siege wohl nicht allzu viele Chancen in dem Rennen hier: Dass er aber überhaupt Chancen hat, ist schlimm genug.

Trump ist kein Irrer, wie öfter zu hören ist. Er erkennt die Lage im Großen und Ganzen sehr gut. Die Therapie freilich, die er dem Land verordnen will – da könnte man schon eher von Wahnsinn sprechen.

Es gibt allerdings keinen einzigen Kandidaten hier, der nicht unentwegt beteuern würde, dass die Amerikaner die am härtesten arbeitenden, die tüchtigsten und einfallsreichsten Menschen der Welt sind. So kann Trump ganz einfach behaupten: Alles okay mit euch, Leute. Bloß eine neue Führung, ein Führer muss her!

Wird die GOP über ihren bürgerlich-konservativen Schatten springen, ihren Widerwillen, ja Abscheu hinunterwürgen, in der Hoffnung auf Erfolg, auf ein gutes Geschäft? Dann wird sie nie mehr sein, was sie war. Aber, wer weiß, vielleicht zahlt sich's ja aus – in welcher Währung auch immer?«

Man sieht nicht überall in die Ferne hier, und doch fühlst du stets, dass es die Ferne gibt, die große Ferne, wo dich keiner kennt, keiner von dir weiß oder sich um dich kümmern wird. Da wirst du zusehen müssen, wie es mit dir weitergeht. Da wirst du sehen …

Eine Portion Narzissmus ist Grundvoraussetzung für ein gutes Geschäft, für eine tolle Karriere? So würde ich das nicht sagen. *Community* wird hier als Wert gepredigt. Sie funktioniert auch. Andererseits unübersehbar: Jeder eine Monade. Jeder für sich (und die meisten mit Gott dazu).

Die Leute auf der Straße sind freundlich und zuvorkommend, auf dem Land, in der City, die Begegnung steht ganz im Gegensatz zum bürokratischen Wahn, der den Eintritt ins Land so beschwerlich macht, zur Paranoia, die, von den Sicherheitsapparaten ausgehend, das Leben abschattet. – Sei niemals grantig oder depressiv, sei immer gut aufgelegt, *so* gut aufgelegt, wie man es eigentlich gar nicht sein kann, und wünsche jeder / jedem bei jeder Gelegenheit alles Beste.

Es gibt viel Kindliches in dieser Art von Begegnung. Man kann das belächeln oder wertschätzen. Und vielleicht beides zugleich.

Zu den hiesigen Trumpiaden kommen nun die Wahlergebnisse aus Deutschland, die Umfrageergebnisse etwa auch aus Österreich dazu. Auch wenn Derartiges zu erwarten war, frage ich mich: Kann es sein, dass die Defizite dieser Zivilisation mittlerweile so groß sind, dass Optimismus allein nicht ausreicht, um über diese Defizite hinwegzusehen und, jeder für sich allein, an ein gutes Ende glauben zu können? Ist es die Vereinzelung, die so viel Angst erzeugt? Ist es die Angst, die dann, fermentiert zu Wut und Hass, losbrüllt? Ist es ein Mangel an Bildung, ein Mangel an Moral, an einem Bild, an dem man sich aufrichten könnte? Oder ist es einfach Ranküne, die eingeborene Ranküne, mit der man eben bis zu einem gewissen Grad zu rechnen hat?

I've got one heart / and it hurts like hell, singt der Sänger tief ergreifend aus dem Radio. Das Lied bricht dann plötzlich ab, nur wirres Rauschen jetzt, auf der Autobahn, ich bin aus der Reichweite des Senders geraten, blühende Obstbäume an einer Hügellehne, Häuser, drüber aufsteigende Wolkentürme.

Bald tritt dir das Land ernst und gleichsam respektgebietend gegenüber, bald kleinteilig und vollgeräumt, dann wieder leer und wie aufgelassen, dann stumm und verbiestert, dann wieder verträumt und oft gar verspielt, mit sanfter Hand, wie man sagt … Ach, das gibt es bald wo, wird man dir bedeuten.

Manchmal ist es wie in *Alice in Wonderland*: Das Alltägliche wird dir mit einem Mal fremd, die Dinge zeigen sich in bald wundersamer, bald grotesker, bald angsterregender Größe. Da drehen sie sich!

Die alten Straßen, die Straßen von früher, erzählen die bescheidene, die vorsichtig sich vortastende Politik der Landnahme, der allmählichen Eroberung. Da sprechen die Interstates von heute eine ganz andere Sprache.

Die Geschichte mit den Indianern, sie wird hier immer noch nicht erzählt als eine Geschichte des Völkermordes.

Commuting to Chicago, das bedeutet zuerst einmal, kommst du vom Süden und Osten her, die längste Zeit durch Gegenden und Viertel zu fahren, die dir bloß einen einzigen Satz vorsprechen: Wer so tief gefallen ist, kommt nie mehr hoch.

»In letzter Zeit hatte ich nie einen vernünftigen Job, das heißt, einen, von dem ich leben konnte.«

»We are living on the dole.«

Es geht längst nicht mehr nur um die Armen. Der Masterplan der ganzen Gesellschaft ist Makulatur: Du findest dich, was du auch anfangen magst, bald in einer Lage, wo du eben *nicht* gewinnen kannst. Das war aber doch das – unausgesprochene – Versprechen!

Die Lage der Mittelklasse erinnert an den Herrn K. in Kafkas Romanen: Er weiß nicht, wie er so ganz allmählich in die schreckliche Lage kam, in der er sich nun befindet.

Industriestädte wie etwa Gary oder Lima sind von einer Hässlichkeit, die an Beschreibungen frühindustrieller Städte etwa im England des späten 19. Jahrhunderts denken lässt: Dickens! Engels!

Reden wir nicht von den Trailerhomes, umgeben von Müll und Gerümpel, von Autowracks und zerbrochenen Möbeln. Es gibt zu viele davon.

Reden wir nicht von den *neighbourhoods,* wo jedes Haus verwahrlost und verkommen ist, wo es keinen ordentlichen Supermarkt, dafür aber Schnapsläden gibt, die auf Kredit verkaufen. Viele der Kinder hier wissen nicht, wie frisches Gemüse aussieht, sie kennen es nur aus der Dose.

Reden wir davon, dass einer, nachdem er die Schulden abbezahlt hat, die er für sein Studium hat aufnehmen müssen, anschließend gleich damit beginnen kann, für die Pension zu sparen. Hat er Kinder, muss er sein Pensionskonto bald auflösen, will er das Studiengeld für die Kinder aufbringen. Dazu die *mortgage* für das Haus, die *lease* für das Auto, für die Möbel – alles dreht sich um Geld, um Geld, das man nicht hat, um Schulden, die man abbezahlen, um Schulden, die man aufnehmen muss. Allerorts Plakate und TV-Spots, die *bankruptcy attorneys* anpreisen: Erstgespräch gratis!

Jetzt noch zu erwähnen, dass viele hier keine Versicherung haben, sich nie im Leben eine leisten werden können, ist fast schon Sadismus. Und so ist die Lage.

Wieder bin ich angetörnt vom Loop, vom Betrieb da, von der Skyline, von den Geschäften, Lokalen und Clubs. Das Leben scheint voller Möglichkeiten zu stecken, die es bloß zu ergreifen gilt. Alles pulsiert. Fremde Gesichter in Schnellimbissen und auf der Straße. *Nice big city.* Die Hochbahn. Ich gehe die Straße hinunter. Lichter springen an. Schizophrenie: Ich kann mir beim besten Willen nicht vorstellen, in einem der Büros hier zu arbeiten, aus denen die Wolkenkratzer rundum doch bestehen – wie Regale im Supermarkt, Bienenstöcke oder Ameisenburgen. Meinen Lebensplan darauf abzustellen und einzig darauf zu richten, Erfolg zu haben, hier Karriere zu machen. *I don't give a damn for that!* Mein Herr, was haben wir denn sonst so vor? Kaltes Wetter heute. Blas dir in die Hände. Es raucht aus den Wolkenkratzern, über ihren Spitzen oder Kuppeln kräuseln sich weißlich Abluft und Dampf im Abendhimmel. Lange Schatten. Wie sagt man schon? *A winner never quits.* Weitergehen! Weitergehen. Da, da vorne – da kommt auch noch was.

Wer billige Konsumgüter haben will, muss die Produktion in Niedriglohnländer auslagern. Eine Weile freut das die Leute: Jetzt können sie kaufen, was das Herz begehrt. Dann schließen viele Betriebe, die Leute verlieren ihre Arbeit, bzw. die Betriebe bleiben offen: Die Arbeit machen jetzt aber andere. Sie kommen meist aus dem Süden und arbeiten fürs halbe Geld. – Das gefällt den Leuten dann weniger.

Wir brauchen ein starkes Heer! »*Terrorism is the big threat. Security in the first place.*« Wo das Geld herkommen soll? »*The country is in bad shape.*« Die Budgets für Gesundheit, Erziehung, Infrastruktur etc. kann man nicht weiter kürzen. »*They are cheating us, they are taking advantage of us!*« Wir werden hochgenommen! Das Ausland nimmt uns aus. Die Chinesen manipulieren ihre Währung! Die Japaner auch! Die Europäer lassen sich fett durchfüttern! Damit ist jetzt Schluss! Damit muss Schluss sein! – Und sie werden zahlen! Und wie! – Wir brauchen ein starkes Heer.

Den Medien, die über Trump berichten, bringt er größere Auflagen, höhere Einschaltquoten, in Folge höhere Werbeeinnahmen. Weil ihn die Medien, auch die, die ihm nicht freundlich gesonnen sind, ständig ausstellen, erhält er noch mehr Zulauf. Und weil er eben so großen Zulauf hat, reißen sich die Medien noch mehr um ihn: Wer wollte hier noch von Freiheit der Presse sprechen? Trump kann in aller Ruhe etwa zu Anderson Cooper auf CNN sagen: »Ich bringe dir Quote, Anderson. Don't forget!«

Alles Weitere über Trump finden Sie in Ihrer Zeitung, in *Zeit im Bild*, auf ARD, auf ZDF etc.

I've got one heart/and it hurts like hell – klingt jetzt *nicht* mehr so *ganz* kitschig, oder?

Dritter Brief

Unlängst schrieb ich einem Freund: »Für heute wollen wir die Politik und verwandte Felder der Beschäftigung einmal sein lassen und uns an die Eroberung des Glücks machen. Glück kann man zu erhaschen suchen – das scheidet für jetzt in der Fremde einmal aus – es kann einem zufallen oder, dies ist wohl die verbreitetste Art der Glücksgewinnung, man kann es dadurch einfangen, dass man einfach alles, was einem geschieht, für *ein Glück* erklärt.

Von den Appalachen im Osten, den Rockies im Westen abgesehen, ist Amerika eine einzige Ebene. Zwar gibt es Hügelland da und dort, *rolling hills*, wie man es hier nennt, doch das ist eher die Ausnahme. Die Weite der Landschaft ist so groß, dass dir bald vorkommt, der Hintergrund, der Rand des Sehfeldes würde sich an der Erdkugel hinabbiegen: So kommen die einzeln und ganz isoliert stehenden Bauernhäuser, die übrig gebliebenen Wäldchen, die Bäche und Flüsse begleitenden Schilfgürtel und Baumgalerien noch besser zur Geltung. In dieser großen Weite kommt dir vor, als würde da eine Tür aufgestoßen, mit einer gewissen Feierlichkeit ein Tor sich öffnen: Damit dein Herz durchspringen kann, dein dummes, frohgemutes Herz!

Viele Landstriche sind säuberlich gepflegt, jede Straße, jeder Highway hat seinen Reinigungsdienst, meist auf freiwilliger Basis. Diese Aufgeräumtheit und Sauberkeit passt wunderbar zu dem harten Licht, das, gleichsam alles durchdringend, über der Landschaft liegt. Es ist ein ganz anderes Licht als daheim. Selbst im Süden, in Texas etwa, in Arizona oder New Mexico, wo die Farben doch kräftiger leuchten, erstickt die Härte des Lichts jede Gefühlsduselei – zumindest die Sorte falscher und billiger Gefühle, die von Beleuchtungsverhältnissen ausgeht.

In Mississippi oder Alabama war ich nie. Dort dürfte es mit dem Licht ein wenig anders sein. Wie man den Büchern von Carson McCullers oder William Faulkner leicht entnehmen kann.

Du brauchst bloß deinen Arm auszustrecken, ihn etwa vor eine der grünen Weiden in Wisconsin oder Michigan zu halten, vor eins der satt-braunen Riesenfelder in Indiana oder Iowa, dann wirst du verstehen, was ich meine.

Es gibt auch verdreckte Gegenden, mit Abfall überstreut, löchrige Auto-reifen unter Bäumen, Karosserieteile, Getränkebecher und Nylontaschen im Sumpfwasser. Die Verkommenheit nimmt da einen Grad an, der sie als geradezu künstlich, als gestalterisches Mittel erscheinen lässt. Müllberge, hier als *landfill* bezeichnet, dienen als Sammel- und Futterplätze diverser Vogelarten. Diese Müllberge treten öfter im Verbund, in räumlicher Nähe zu Atomkraftwerken auf oder, neuerdings, auch zu tausendflügeligen Windparks.

Hans im Glück, Urahn einer gewissen Sorte von Dichterglück, die man gern auch als klassisch bezeichnet: Das Schiefe, Unfertige, Verworrene oder gar das Missratene – sie passen so gar nicht zum tief innerlich gefühlten Glück. Was tun? Ein Gutteil der Welt besteht eben daraus.

Abends, nach langer Autofahrt – *one of those nights* – du bist zu guter Letzt in ein Motel eingecheckt, in irgendeins, über leere oder nur spär-lich vollgestellte Parkplätze zu gehen, stark leuchtende Lampen auf hohen Masten, ringsum eine Art ahnungsvoller Finsternis – zum Schnellimbiss hinüberzugehen, der mit grellen Neonschriftbalken schon lockt: Und du weißt, du wirst gesättigt werden – ist das nicht Glück?

Es gibt ausgedehnte Landstriche, oft Stunden darin zu fahren, wo es kei-nen anständigen, das heißt, einen mit den üblichen Waren ausgestatteten Supermarkt gibt. *Family Dollar* oder ähnliche Kettenläden offerieren nichts Frisches, kein Gemüse oder Obst. Alles ist vom Billigsten. Die Leute sind einfach zu arm da.

Unterwegs halte ich in einem kleinen Städtchen. Die Main Street be-steht, wie üblich, aus ein paar alten Häusern mit glatten Ziegelfronten, wie man sie aus Wildwestfilmen kennt. Die Geschäftslokale sind fast alle leer. Ein Kriegerdenkmal. Eine Schule. Wenn es hoch kommt, eine öffentliche Bibliothek. Ein oder zwei *historical markers*, die meist etwas von früherer Bedeutung erzählen. Ich finde ein Café, das offen hat. Im Halbdunkel des Inneren drei, vier ältere Männer, die sich über ein Bier hinweg unterhalten. Aus dem Radio halblaut Countrymusic. Im Hintergrund läuft ein TV-Ge-rät: Basketball oder Eishockey.

Du kommst mit einem der Kunden ins Gespräch, er oder sie erzählt dir bald ihre Geschichte. Wo du denn herkommst? Europa? *Oh – it's awe-some!* Da fließt ein gutes und sehr einfaches Gefühl herüber, ohne Arg, ohne Hintersinn, mit ein wenig Neugier untermischt, vielleicht auch mit Kopfschütteln: Was macht der da? Weder dumm noch gescheit sind solche Begegnungen, menschlich, möchte ich sagen.

In den Städten wirst du auf viele *homeless* treffen, Obdachlose, in der Mehrzahl sind es schwarze Menschen: Sie sprechen dich an, viele halten dir einen Getränkebecher hin, manche erzählen auf einer handbemalten Tafel ihre Geschichte: *army veteran, no drugs, liver cancer, no job* oder etwas in der Art. Mit einer alten Frau komme ich ins Gespräch: Heute ist Ostersonntag, *resurrection day* – und sie hat Geburtstag! Christus ist auferstanden! – Ist das nicht eine Freude! *What a beautiful day!*

Geh nie in ein Lokal, das *all you can eat* offeriert: Du wirst es voll von schwer übergewichtigen Menschen finden, die sich, der bequemeren Selbstbedienung wegen, um das Buffet geschart haben. Solche Läden sind nicht von jener Freude erfüllt, wie sie gutes Essen und Trinken sonst gern erzeugen, nein, es sind Unterwelten voll eines düsteren Zwanges und krankhaften Wahns, Asyle. Da kauf dir besser ein Sandwich bei *Walgreens*, bei *Subway* oder, meinetwegen, bei *Wendy's* und tritt damit auf die Straße heraus.

Suchst du was echt Bukolisches, bietet sich die Welt der *Ratskeller, Hofbrauhäuser* – überhaupt der *breweries* an: Hier feiert das Germanische oder was hier dafür gehalten wird, fröhliche Urständ. In San Antonio/Texas stellt mir die Kellnerin ein Freibier her, weil ich deutsch spreche. Zum Bockbieranstich kommt man in Lederhose und mit grünem Hut, Frauen im Dirndl. Irgendwo auf dem Land, irgendwo in Texas, spielt Blasmusik auf: Ein Prosit, ein Prosit der Gemütlichkeit! Dazu gibt es *bretzels* und *the best bockwurst of the South!* Kleine Mädchen in weißen Kleidchen tanzen vorn am Podium, drehen sich zur Musik im Kreis.

Es gibt viele Kirchen in den USA, sie sind viel zahlreicher als in Europa. Wenn nichts mehr funktioniert, wie etwa in den desolaten Suburbs von Detroit – die Kirche ist stets letzter Halt, ein Hort des Gemeinsamen. Sonntags hörst du den Gesang der Gemeinde aus den offenen Türen dringen. Öfter kommt es auch vor, dass eine Zufallsbekanntschaft, die du im Diner gemacht hast, plötzlich den Kopf senkt, um still ein Gebet zu sprechen, bevor dann mit dem Essen begonnen wird. Das rührt mich jedes Mal: Denn statt der Fische und Brote vom See Genezareth gibt es hier *fastfood*.

No second thoughts! Bleib bei der Gegenwart, beim schlichten Vorhandensein der Dinge. Mal ein paar Wolken darüber, blaue Luftblasen, wenn es denn schon sein muss, Regenschleier oder -vorhänge oder die lärmerfüllten Schneespiralen eines Blizzards. – Große Künstler, wie an einem Museum hier in Goldlettern zu lesen steht: Sie verstehen es, uns das Dunkle und Schmerzliche des Lebens schön vorzustellen.

Im Museum für die Afroamerikaner wieder sagt eine schwarze Mutter zu ihren Kindern: »Da! Schaut her, was sie uns angetan haben!« Da duckst du dich und gehst weiter. Zwar kannst du *direkt* ja nichts dafür …

In Europa, lese ich, werden jetzt die Flüchtlinge eingeschifft.

Wo sind die Tage hingekommen, als ich in Manhattan Beach / L.A. vom Boardwalk aus zu den schmutziggrauen Wellen des Pazifiks hinschaute, über deren Gischtkämmen große, geheimnisvolle Vögel schwebten? In dem schütter von Wald bestandenen Tal bei Missoula / Montana konnte ich die Häuser der Siedlung zwischen den Bäumen zuerst gar nicht ausnehmen. Die Bergschultern gehen da hoch hinauf unter Wald und Wald. Die *spaghetti crossings* von Houston, verdammt. Lexington Ave. Wie hieß die Kirche da? Was war da noch? Ob ich je wieder herkomme? San Diego? Cincinnati? Phoenix? NYC?

Willst du glücklich sein oder es werden, musst du dich zu ein wenig Dummheit bequemen. Zu ein bisschen Weltvergessenheit und Selbstfeier. – Du kannst es aber auch ganz anders anfangen, dich geben und die anderen liebevoll festhalten. Was du aber auch anfängst, sei bereit für die Gnade.«

Die große Straße (2011)

»Diese Straßen fuhr ich hin, und jene her. / Eh' fort ich geh, kommt alles zu mir her«, schrieb ich einmal in einem kurzen Gedicht. Diese Verse – und ihre Farbe, wenn ich so sagen darf, sie passen mir recht, um diesen Text zu beginnen.

Der Weg, die Straße – das ist immer Metapher für das Leben und, wie billig, das Ende der Straße ist der Tod.

Vom Tod her fahren auf den Autobahnen und Straßen der Erinnerung die Erlebnisse, die wir gehabt haben, unübersehbar auf uns zu.

Das Land des Autos und also der Autofahrten ist für mich Amerika, wenngleich ich auch, wie man sehen wird, Autofahrten in Russland viel verdanke.

Wer sich mit dem Autofahren in den USA beschäftigt, er sollte zumindest drei Bücher unbedingt lesen: Da ist *Blue Highways* von William Least Heat-Moon. Er beschreibt darin die lokalen Straßen, die schmalen Straßen, die sogenannten back roads. Auf alten amerikanischen Autokarten waren diese Straßen blau eingezeichnet.

Bevor der Morgen dämmert, und knapp nach Einfall der Dämmerung, schreibt er in etwa, geben diese altertümlichen Straßen dem Himmel etwas von seiner Farbe zurück. Tatsächlich, um diese Stunde sind sie schattiert mit einem gewissen Blau, und da ist auch der Sog der blauen Straßen am stärksten.

Das zweite Buch, das man lesen sollte, ist *Roads* von Larry McMurtry.

»Ich wollte die großen amerikanischen Straßen fahren, am Ende des Jahrhunderts, das Land noch einmal anschauen, von Grenze zu Grenze, von Küste zu Küste.« McMurtry beschreibt seine Fahrten auf den Inter-states. Er selbst stammt aus Archer City in Texas, in der Nähe von Wichita Falls. Von frühester Kindheit an, schreibt er, sei die Straße Teil seines Le-bens gewesen, »sein Zentrum, möchte ich sogar sagen«.

Wir sehen also, dass etwas, das im Grunde weder Anfang noch Ende hat, ein Zentrum sein kann. Dass das Schmerzliche am Tod eben nicht darin besteht, dass die Straße ein Ende hat, sondern darin, dass wir nicht weiterfahren (können).

Das dritte Buch ist natürlich *On the Road*: »Nicht lange, nachdem meine Frau und ich uns getrennt hatten, traf ich Dean zum ersten Mal. Ich hatte gerade eine schwere Krankheit überstanden, die ich nicht weiter erwähnen will, höchstens dass sie etwas mit der scheußlich deprimierenden Trennung zu tun hatte und mit meinem Gefühl, alles sei tot. Mit dem Auftauchen von Dean Moriarty begann der Teil meines Lebens, den man mein Leben auf den Straßen nennen könnte.«

Vor ungefähr vierzig Jahren habe ich das Buch zum ersten Mal gelesen, meine Ehe war gerade in die Brüche gegangen, und mit der Logik jener Jahre kam ich bald zu dem Schluss, das Beste, was ich tun könnte, wäre nun, selbst aufzubrechen.

Ich trage ein russisches Erlebnis nach: Eines schönen Tages fuhr ich von St. Petersburg Richtung Südwesten, das Ziel der Reise war Nowgorod, die uralte Stadt am Ilmensee, der eher wie ein kleines Meer wirkt.

Die Chaussee führt durch weites, flaches oder sanft welliges Land, das in der Hauptsache mit dem schütteren Fichtenwald dieser Zonen bestan-den ist. Wenn die Sonne morgens tief steht, scheint ihr Licht sich an dem schäbigen Grün der Fichten zu verflüssigen, und es bildet goldene Pfützen auf dem Asphalt.

Auf der Rückfahrt von Nowgorod fiel mein Blick zufällig auf ein Hinweis-schild am Rand der Straße. Auf dem Schild stand in etwa, ich weiß es nicht mehr so genau: Nikolskoje – 10 km. Darunter dann: Murmansk – 1560 km.

Ich möchte diesem Text das Tempo der großen Straße geben, das Tempo einer Reise.

Stora landsvägen / Die große Landstraße heißt das letzte von Strindbergs Dramen, ehe er, keine drei Jahre später, selber auf der großen Landstraße zum Stockholmer Nordfriedhof hinausgebracht wurde:

Ich ging einmal morgens durch eine fremde Landschaft. Die Berge waren mir fremd, die Felsen und die Bäume darauf und der See, an dessen Ufern ich ging. Dieser See! Wie schweigsam der war! Gegen Osten zu war der See rötlich und gelblich und Striche von Violett waren darin. Zu mir her war er grün. Ich sah die unterirdischen Quellen in dem See an seiner Oberfläche als atmende Hügel; wie Muttermale. So zart war alles. Unten in dem See strömte das Wasser aus Löchern. Die Flanken des Sees tauchten hinein. Die Berge standen groß in dem Morgenlicht, still der See. Ich verstand das. Es war, als hätte man Brot in Milch getunkt. So weich war alles. Ich kann es nicht sagen. Ich ging an dem See hin und weiter. Dann kamen die Berge, die Bäume. In einer Wiese standen Stauden mit Rosen. Ein Bach floss dem See zu, wie die Rosen von den Ranken flossen. Jetzt war die Luft klar und gläsern, ich sah in die weiteste Ferne. Grade dass ein Strich von Blässe und Bläue über das Entfernte gelegt war. Aber ich sah es. Alles drückte sich mir ein, aber so leicht. Ich war schmerzlos. Vielleicht dass ein Schluchzen in mir war, aber ohne Klang. Es war wie ein Riss, aus dem ich da in den Morgen hinaustrat. Ich war jung. Das spürte ich. Die Straße ging zwischen Bergen fort. Gebüsche und Flüstern. Steine. Grau und sauber die Straße. Zäune an der Straße, ein Baum. Schon schatteten die Bäume, wie langsam die Sonne aufkam. Ich ging dann weiter.

Auf Kreta fuhr ich oft nachts, bei sternklarem Himmel über die hohen, völlig kahlen Bergketten. Wenn ich in die Abgründe neben der einspurigen Straße hinunterschaute, sah ich von tief unten am Meer die Lichter meines Städtchens heraufleuchten, der kleinen Stadt, in der ich wohnte, und mir kam vor, als habe sich alles gedreht und auf den Kopf gestellt, ich schaute also zu den Lichtern der Milchstraße hinunter, so war das.

Die Urwälder von New Brunswick im östlichen Kanada sind so groß, dass man oft stundenlang auf gerader Strecke durch den Wald fährt. Die Bäume hasten an dir vorbei.

An einem kleinen Fluss, der durch eine Lichtung lief, machte ich an der Brücke halt. Ein Mann war da und unter der Brücke zwei Halbwüchsige, die in dem eisig kalten Wasser schwammen.

Erst dachte ich, es sei ein Vater mit seinen Söhnen, was ich da vor mir hatte.

Dann merkte ich, dass die Knaben nackt waren. Dass der Mann, der oben am Brückengeländer lehnte, betrunken war.

Er war unrasiert und schaute mich aus seltsam klaren, wenn auch rot geränderten Augen an.

Ich bin Autostopper und stehe an einer Straße, irgendwo, an allerhand Zeichen kann man erkennen, dass eine große Stadt bald kommen wird. Es fängt schon an, dämmrig zu werden, ich bin ein bisschen nervös, weil ich noch keine Unterkunft habe, aber nicht zu nervös, weil es ein wunderschöner und warmer Abend ist, und die untergehende Sonne sich weich und irgendwie tröstlich mit der schon aufsteigenden Dämmerung vermischt.

Ein Wagen bleibt stehen und nimmt mich mit. Eine Fahrerin, eine Frau – später habe ich mir oft auszumalen versucht, wie sie wohl ausgesehen hat. Verdammt! Jedenfalls ließ sie mich auf einem Platz im Zentrum aussteigen, eine Brücke war da und ein Fluss. Über die breite, irgendwie festlich gebogene Brücke rollte unablässig und laut der Verkehr.

Morgens war ich auf der Interstate von Cleveland nach Chicago gefahren. Abends fuhr ich zurück. An einer der Raststätten machte ich halt, um Kaffee zu trinken. Von gegenüber, von der anderen Seite der Autobahn her, leuchteten die Lichter einer zweiten Raststätte herüber. Das war, wie mir bald klar wurde, eben jene, an der ich morgens bei der Hinfahrt stehen geblieben war, um Kaffee zu trinken.

Ich fahre über Anaconda nach Butte und weiter am gebogenen Flusslauf in Richtung Missoula. Die Straße fädelt sich zwischen riesig öden Bergen her, die umso größer noch wirken, als sie von Tagbauten angeknabbert sind. Im weiten Tal, von Wald durchstanden, sieht man aufs Erste Missoula, die Stadt, gar nicht. Unwahrscheinlich wirkt alles, vorläufig oder einfach wie nicht vorhanden.
Wald und Wald.
Über die Berge hinüber nach Coeur d'Alene und weiter durch die Prärie nach Spokane.

Folgst du dem Snake River, führt dich das auf die große Hochfläche Richtung Idaho und Utah.
Oder du fängst gleich ganz anders an, machst dich auf von Great Falls, über Helena, die Hauptstadt, schon mitten in den Bergen gelegen, und dann weiter durch den Wald.
In den Straßen von Tokyo bilden die Passanten den Wald. Dort, im dichtgewebten Raster dieser meist engen Straßen, kann man so gut allein sein wie anderswo.
Es ist eine solche Lust, mit der bloßen Hand eine ausgebreitete Karte zu glätten, sie glattzustreichen und dann mit dem Finger die eine oder andere Route entlangzufahren. Wie weit noch? Wie viele Meilen noch? Wie weit? Mein Gott, dieses letzte Stück, diese paar Kilometer – die wirst du doch auch noch abspulen können!

Europa

Paris (1999)

Soll ich von meiner Zeit im Hotel Victoria erzählen, als ich unweit des Boulevard Saint-Denis unter Pakistanis und Leuten aus dem Maghreb lebte und von meinem Fenster geradewegs in die riesigen Mülltonnen des nahe gelegenen Marktes hineinsehen konnte? Im Haus nebenan war eine Moschee, und die Leute knieten während des Freitagsgebetes in dem engen Hinterhof auf Kartonstücken, Resten von Kühlschrankverpackungen und dergleichen. – Soll ich mich auf die Periode konzentrieren, als meine Bücher anfingen, auf Französisch herauszukommen und ich, ein wenig schüchtern, an der Hand meines Verlegers, im Hotel Lambert auf der Ile St. Louis empfangen wurde? – Oder soll ich mit dem düster-schwülen Abend auf der Place Saint-Michel anfangen, als ich, mitten im Gewühl, das auf der Place Saint-Michel immer herrscht, einem Kolporteur die frische Zeitung aus den Händen riss und las, dass Baader und Ensslin in ihren Zellen in Stammheim Selbstmord begangen hatten? Ich war sehr bestürzt damals: 1968 – und was immer man von dieser Revolte halten mag, sie war ja auch von Paris ausgegangen, dieser Hauptstadt der Revolutionen.

(Würde mich jemand fragen, was denn das eigenartigste Bild im Louvre ist, ich würde sagen: *Die Freiheit führt das Volk* von Delacroix. Denn ein solches Bild, das ganz unverblümt auch zeigt, was die Freiheit kosten kann – nämlich Blut –, wird man in jeder anderen der großen Galerien des Kontinents schwerlich finden.)

Ich stehe wieder an einem Fenster, es ist ein sogenanntes französisches Fenster, das bis zum Boden hinunterreicht, vor mir ein schwarzes, schön geschwungenes Gitter, an das ich mich lehne und zu Baumkronen und Laternen auf dem Platz vor mir hinunterschaue. Es ist früh am Morgen, ich bin in meinem Lieblingshotel, jeden Augenblick muss die Aufwartefrau mit dem Frühstückstablett kommen. – Scheint ein schöner Tag zu werden!

Auf dem Platz unten drehen zwei Straßenkehrer gerade das Wasser auf: Und jetzt fließt es schon hell und fröhlich durch den Rinnstein.

Ich mache meinen üblichen Gang: An der St.-Sulpice-Kirche vorbei, die Rue de Tournon hinauf, die sich oben, gegen das Senatsgebäude zu, verbreitert. Die Sonne strömt vom Osten herein und lässt die weißen, wie ein wenig zurückgelehnt wirkenden Fassaden der Häuser aufleuchten. – Im Luxembourg-Garten ist alles wunderbar: Das weite Rondeau erglänzt, die Kastanien stehen wie vergoldet da, auf dem großen Bassin keine Welle, der Himmel spiegelt sich ein wenig darin: Kleine Wolken auf diesem blauen und, mit dem Lauf des Tages, immer tiefer erblauenden Himmel, Wolken und Wölkchen in Rosa und Weiß und dunklem Violett. – Die Sprengwagen fahren, jetzt, um die Morgenstunde, stehen all die vielen Sessel schön ausgerichtet da, und an den Stacheln der Palmen, den Blattspitzen der Oleander und der Zitronenbäumchen glitzern Wassertropfen.

An den steinernen Vasen hängen rosa Pelargonien hinunter, aus den waldartigen Teilen des Gartens kommen die ersten Spaziergänger – der Abend scheint unendlich fern.

Das Erste, was einem in Paris auffällt, ist die unheimliche Verdichtung des Lebens: Fußgänger, Autos, Geschäfte, die Cafés mit den herausgestellten Sesseln und Tischchen. Der Lärm ist beträchtlich, und sollten einem einmal tatsächlich die Ohren nicht dröhnen vom Gebraus und Gehupe der Autos, so hört man unter dieser ersten, beherrschenden Schallschicht das Rascheln des steifen Platanenlaubes und vielleicht eine Vogelstimme.

Es ist sehr die Frage, was man in Paris eigentlich sieht, wenn man mit offenen Augen durch die Straßen geht: Denn natürlich sieht man leibhaftig die Leute, und tatsächlich sitzt da ein älterer Herr auf seinem geflochtenen Stuhl und trinkt Rotwein, und dort vorn liegen tatsächlich Weintrauben und Äpfel auf einem hölzernen Bord zum Verkauf aus – und die graue Steinfassade da gegenüber, mit ihren Simsen und Obstgebinden und den zwei Rundgiebeln gehört tatsächlich zum Hotel de Sully; zwei hübsche, junge Frauen gehen im Vordergrund vorbei – aber zugleich ist man doch immer versponnen in die vielen Texte, die sich im Lauf der Zeit über die Stadt gelegt haben und die, man könnte es so sagen, die eigentliche Stadt sind.

Paris ist das genaue Gegenteil der Rosetten von Notre-Dame, in denen die Welt als zentral geordnet erscheint: Paris ist in jeder Hinsicht multizentral, ein Gebilde, ein Gespinst, das etwas Schwebendes und Leichtes hat.

Ich will ein Beispiel geben: Wenn ich grade vorhin den Himmel über Paris beschrieben habe, mit seinen Farben und Wolken und der Anmut, die er meist hat, so habe ich zugleich vom Himmel auf den Bildern Watteaus oder Fragonards gesprochen, die diesen wirklichen Himmel zuerst so empfunden und verewigt haben. – Natur und Kultur spiegeln einander bis zur Unentwirrbarkeit.

Die Lust am Text, wie Roland Barthes das genannt hat, in Paris kann man ihr frönen wie kaum anderswo.

Die Bilderwelten von Monet, Degas, Utrillo, van Gogh, Seurat, Manet oder Delaunay legen sich über die Stadt – um nur ein paar wenige zu nennen. Die Romane, Aufzeichnungen und Erzählungen von Proust, Céline, Hemingway, Jünger oder Kerouac kommen einem in den Sinn – um nur einige wenige zu nennen. Dazu die historischen, die politischen, ökonomischen und kulturellen Reminiszenzen, die einem unwillkürlich aufsteigen: Ohne Übertreibung kann ich sagen, dass die Freude, der Genuss an Paris zur Hälfte dieses halb bewusste, halb unbewusste Dahingleiten durch virtuelle Welten ist, die sich ständig, an jeder Ecke, neu auftun.

(Das andere sind die Freuden an gutem Essen, am Geschmack, der in vielen Restaurants waltet, an einer gewissen Verfeinerung überhaupt, im Großen wie im Kleinen: In den Straßencafés etwa kann man wählen: Entweder man sitzt vor dem Café auf der Straße oder in der Veranda bei geöffneten Türen; oder im Café drinnen, schon recht weit weg vom bunten Leben der Straße und von ihrem Lärm abgeschottet.)

Gleich morgens, in aller Früh, fühlt man, dass die Stadt mit ihren Landschaften und Straßen, ihren Plätzen und Gebäuden auf einen wartet: Damit das märchenhafte, das verwirrende und berauschende Spiel wieder beginnen kann.

(Vergessen habe ich die Filmwelten: Godard, Rohmer, Chabrol, Melville, Truffaut …)

Plötzlich erschien dann auf dem Kiesweg der Allee, zögernd, verhalten und üppig wie die schönste Blüte, die ihren Kelch erst zur Mittagsstunde auftut, Madame Swann, von einer Toilette umwogt, die jedesmal eine andere, doch, wie ich mich zu erinnern glaube, meist mauvefarben war; dann hisste und entfaltete sie im Augenblick ihres größten Glanzes auf einem langen Stiel den Seidenwimpel eines großen Sonnenschirms von dem gleichen Mauveton wie das blütenhafte Gewirr des Kleides, das sie trug. Die Blumen ihres steifen Hutes aus Stroh, die kleinen Bänder an ihrem Kleid schienen mir ein natürlicheres Erzeugnis des Monats zu sein als die Blumen in Garten und Wald, und um das neue Weben und Wesen der Jahreszeit zu erkennen, erhob ich die Blicke nicht höher als bis zu ihrem Sonnenschirm, der offen ausgespannt wie ein näher gerückter, kreisrunder, milder, beweglicher, stets heiterer Himmel war.

Ich werde zum Montparnasse-Friedhof hinaufspazieren und kurz das Grab von Sartre und Beauvoir besuchen. Dann mit der 4er-Metro hinunter in die Stadt: ein Codeswitch, den ich am heutigen Tag wohl noch öfter wiederholen werde. – Was verbindet eigentlich die grotesken Huren der Rue Saint Denis mit den Teichen im Parc Monceau? Was haben die Pawlownien auf der Place Furstemberg mit den teuren Geschäften im Faubourg St. Honoré zu tun, was die verschlafenen Gassen hinter dem Panthéon mit den Verkehrswirbeln auf der Avenue l'Opéra? – Die Dichte der Verbauung und Besiedelung des zentralen Stadtgebietes lässt ein Hin- und Herspringen zwischen den verschiedensten Lebensformen innerhalb kürzester Zeit zu; mit dem Effekt, dass alles, das Gesamte sich großartig gleich bleibt und das Einzelne sich aufhebt im Schwanken und Vibrieren, einer Gleichzeitigkeit, die eben *Paris* heißt.

(Ist man vom Betrieb der Stadt erst einmal erfasst, werden einem die Vorstädte mit ihrer Hässlichkeit und sozialen Tristesse ganz unwirklich, und man muss sich erst besinnen: Es gibt sie.)

Im Vergleich etwa zu NYC wirkt Paris mit seinem achsialen Wahn und Prunk nervös, pathetisch und anspruchsvoll. Hemingway nennt Paris ein Fest fürs Leben – und da hat er wohl recht; aber Lakonie und einfache Selbstgewissheit fehlen.

Die Inszenierung von La Défense mit seinen Hochhäusern und dem riesigen Arc, mit seiner Ausrichtung zum Arc de Triomphe und letztlich, über die Champs-Elysées, zum Louvre, wirkt heute ein wenig abgestanden und ranzig: Sie will eine Antwort auf die Moderne sein, aber es ist die falsche Antwort: Denn das Kapital, das diese Wolkenkratzer beherbergt, ist eben nicht national und also französisch, sondern international orientiert. So ist, was das Publikum anlangt, der größte Erfolg von La Défense auch die integrierte Shopping City.

Der Flaneur, eine Erfindung der Stadt, gedeiht hier immer noch. Wie geschaffen fürs Herumstreifen ohne bestimmte Richtung oder Ziel erscheinen die breiten, von Geschäften begleiteten Gehsteige der großen Boulevards, die zahlreichen überdachten Passagen aus dem vorigen Jahrhundert und nicht zuletzt die Innenräume der großen Museen. Passage Choiseul, Passage Vivienne, Passage des Panoramas – sie alle liegen keine Viertelstunde voneinander. Und der Louvre liegt gegenüber, hinter dem Palais Royal.

Ich gestatte mir ein kleines Gedankenspiel: Baudelaire, Urtyp des Flaneurs, er liegt in seinem unwürdigen Grab (zwischen Schwiegerpapa und Mama) am Montparnasse. Céline, der Vielbewunderte, wuchs im kleinbürgerlichen Mief der Passage Choiseul auf, geprügelt und getreten, und unweit der Passage Vivienne, im damaligen Kommissariat für Judenfragen, sagte er die furchtbaren Worte (von Ernst Jünger bezeugt): »Wenn ich die Gewehre hätte, ich wüsste, was ich zu tun habe!« In einem Haus der Passage Vivienne wiederum lebte Bougainville, der Weltumsegler und Forscher, nach dem heute die Bougainvillea mit ihren orientalischen Blüten benannt ist, und gleich dahinter, in der Rue Vivienne, lebte einer der Größten, Lautréamont, der Schöpfer der *Gesänge des Maldoror,* und starb hier während der Kommune – und in diesem Stil immer fort.

Wie angenehm sind doch die Bänke von Paris, die schattenden Bäume auf den Boulevards und Avenuen, die Parks und Gärten da und dort, die Brunnen und Fontänen mit ihren kühlenden Wasserstrahlen. (Zu jedem Glück gehört ein wenig Selbstbetrug.)

Die Oper. Das Odéon. Die Comédie Française. Das Musée de l'Homme. Das Beaubourg. Das Musée Cernuschi. Das Musée Picasso. Das Musée Guimet: eine Schatztruhe, wohin man schaut. Ich weiß nicht, wo ich anfangen, wo ich aufhören soll. Süße Träume des Geistes, die er, in sich selbst vernarrt, mit sich selber spielend, träumt. Macht des großen Textes, der den Lesenden animiert, sich einmal so, und dann wieder so, und dann wieder anders zu empfinden.

Ist vielleicht doch der Parc Monceau mit seinem kleinen Wasserfall, dem Teich mit der korinthischen Kolonnade, der von Platanen überwölbten Bambusinsel der schönste Aufenthaltsort? Oder doch der Trocadéro, das Palais de Chaillot mit seinen geschwungenen Wangen oder Flügeln und dem Blick auf die Seine, den Eiffelturm und die große Anlage den Hügel hinauf? Oder der Place des Vosges? Oder eins der im Stadtkörper verlorenen Gässchen, wo man am einzigen Tischchen, das ein winziges Café ausgestellt hat, seine Zeitung liest?

Oder eine der Boutiquen, eins der Modehäuser? Oder einer der bunten Fummelläden in der Rue d'Aboukir oder der Rue de Cléry? Oder doch das *Colbert*? – Gehen wir essen! Nachher vielleicht – ich weiß nicht.

Es ist Abend geworden: Im Luxembourg steht die Sonne schon bedenklich knapp über den Kastanien; und ich weiß, wenn sie sie erst einmal berührt hat, werden die Parkwächter ihre Trillerpfeifen hervorholen und pfeifen und mit auffordernden Armbewegungen die friedlich auf die vielen Sessel im Park verteilten Leute zu den Ausgängen treiben. Ganz Paris kann man nicht geben.

Nach Istanbul (1981)

Eigentlich wollte ich zum Haupteingang des Gülhane-Parks, aber die Straßen dorthin, den Stadthügel hinauf, waren so verstopft, dass mich der Taxifahrer an einem Nebeneingang an der Serailspitze absetzte. Damit hatte er den Weg verkürzt, Zeit und Benzin gespart und mit mir, den Fahrpreis hatten wir vorher ausgehandelt, ein besseres Geschäft gemacht.

Er wendete seinen alten Amerikaner auf der Uferstraße, der alten Einfallstraße zur Stadt und den Brücken.

Ich war ein wenig müde, denn am Abend zuvor war ich auf einer Gesellschaft gewesen. Nachts war ein Gewitter niedergegangen.

Jetzt trocknete die Feuchtigkeit, die sich bloß noch an den Häusern entlang, im Schattenstreifen, gehalten hatte, rasch auf, und der Staub bildete wieder seine Tücher und Lasten über den Rücken der Menschen. Über dem Meer draußen und oben, über den grünen und rostbraunen Hügeln von Üsküdar, über den vielen Buchten, die rund wie Goldmünzen waren, standen Wolken.

Durch eine verwahrloste Grünanlage, in der ein Bautrupp arbeitete, ein gelber Raupenschlepper ist mir noch in Erinnerung, ging ich ans Kap hinunter. Der Promenadenweg war jetzt leer, und kleine Brecher spritzten über die verwitterte Einfassung.

Ich hatte es gar nicht vor, aber es war zu verlockend: Ich nahm das Buch, das ich bei mir trug, aus der Brusttasche und warf es ins Wasser. In das Buch hatte ich allerhand Eintragungen gemacht, keine Bekenntnisse, sondern bloß die üblichen Notizen, die ein Schriftsteller macht.

Im Wasser faltete sich das Buch auf und zeigte sein weißes Fleisch. Die Strömung, die vom Meer her in das Horn hineinzieht, erfasste es, und ich sah es noch eine Weile auf den durchsichtigen Wellen tanzen.

Einmal fuhr in der Nähe ein Fischkutter vorbei, und ich hatte Angst, sie könnten das Buch entdecken.

Dann war nur mehr der Himmel; und der leuchtende Sund, über den ganz fern, auf der weißen Autobahnbrücke, die Fahrzeuge rollten; und im Horn drinnen die Stadtmasse die Hügel hinauf, unten von Schiffsleibern und Schornsteinen gesäumt.

Es ist schwer zu sagen, was ich da empfand. – Vielleicht war es nur dummer Stolz. Auch die Kräftigung, die ich spürte (als hätte ich eine Prüfung bestanden), spricht nicht dagegen.

Auf dem Sund fuhren jetzt mehrere Kutter, und die Männer darauf winkten einander zu.

Ich ging über die Straße, an einem Mann vorbei, der unter einem Strauch schlief, und löste am Schranken eine Eintrittskarte zum Park.

Der Gülhane-Park liegt am Abhang des Topkapihügels, oben von den Mauern des Serails überragt, unten von Eisenbahn und Straße, die der Uferlinie folgen, eingefasst. Es ist ein nachlässig gepflegter, von großen Bäumen bestandener, sich rund um den Hügelfuß hinziehender, ein dämmriger, träger, funkelnder, ein glücklicher Park.

Ich schreibe das alles vom Standpunkt des Touristen, eines Menschen, der, durch Neugier oder Zufall hergeweht, nach ein paar Tagen wieder fortgeht und verschwindet. – Ich selbst war eines Vortrags wegen nach Istanbul gekommen.

Aber ich trug mein altes Gewicht auf den Schultern, das sich an Häusern, Autobussen und Gesichtern, denen ich herzlich gleichgültig war, rieb.

Oberhalb einer Fahrstraße führt ein sich schlängelnder Weg in den Park hinein. Sein Grund ist aus Schotter und Scherben, die man während der Palastrenovierung über die Mauern heruntergeworfen hat. Jetzt will es mir vorkommen, als hätte ich von dem Weg behutsam in hell und dunkelgrün leuchtende Räume hineingeschaut, die, um dunkel gefiederte Baumsäulen zylinderförmig angeordnet, still dastanden.

Auf den Bänken rund um eine Erfrischungsbude saßen Soldaten, die plauderten und faul an ihren Waffen herumspielten.

Ich kam an einer Quelle vorbei, wo ein Trinkbecher aus Blech von einer Kette hing.

Der kalte Wasserstrahl funkelte.

Dann fand ich die Scherbe: Sie stammte wohl aus einem der Prunkzimmer oder Bäder des Palastes: orangegelbe Blätterzungen, die von einem Zweig aus türkisfarbener Glasur hingen! – So stellte sie den Rest des Strauches dar, der sich über eine der Palastmauern gerankt hatte.

Die Scherbe hatte die Form eines kleinen Spiegels; ich steckte sie ein. Dabei kam mir die Frau in den Sinn, der ich sie bei Gelegenheit schenken würde.

Durch Torbögen aus gesprenkelten Eibenästen, von denen rote Früchte hingen, liefen spielende Jungen. Ihre Mütter saßen rauchend auf Steinbänken. Drüben war ein sonniger Platz mit Lauben aus gusseisernen Ästen.

Eine Weile rastete ich am Rand eines ausgelassenen Teiches und rauchte, ehe ich den Park durch den Haupteingang verließ und die gepflasterte Straße zum Palasthügel hinaufstieg.

Auf dem Hügelplateau, wo in den Schattenzelten breitkroniger Bäume Touristenbusse parken, steht die Eirene-Kirche, die Kirche des Himmlischen Friedens. Ein Wächter mit einem Fez ging an mir vorüber.

Die Eirene-Kirche ist eine aus unverputzten Ziegeln aufgeführte, durch die Einfachheit ihrer Baukörper imposante, aber gleichzeitig bescheidene Basilika, die über dem Hauptschiff eine unrunde und eben deshalb lebensvolle, alles bekrönende Kuppel trägt, aus ihren Mauern wachsen Gebüsche und Gras. Die Kirche gefiel mir auf den ersten Blick, denn sie erinnerte mich an jene kleinere auf der Insel Torcello, wo ich mit der Frau, der ich die Scherbe zugedacht hatte, vor Jahren einmal gewesen war.

Die Kirche war leer: Die Eintrittskarte noch in der Hand, schaute ich den Tauben zu, die durch die feierlich stille, sonnige Kuppel flogen.

In der Kirche stehen keine Bänke oder Sessel, gibt es keinen Altar oder sonst ein liturgisches Gerät. Bis auf ein in der Apsis auf den Verputz gemaltes Kreuz und die Risse in Kuppel und Mauern ist sie tatsächlich leer. Der Sonneneinfall bildet in Höhe der Galerie eine kantig gebogene Lichtfläche, von deren Kanten gedämpft helle Prismen zum Boden hinunterreichen, von dem, als feiner, rötlicher Staub, Dämmerungskörner aufsteigen.

Einmal rief ich halblaut durch den großen Raum; aus Freude; oder nur, um meine Stimme zu hören.

Ich rief ein unfertiges Wort, einen fröhlichen Laut ohne Sinn.

Könnte ich sagen, warum ich da rief, wüsste ich wahrscheinlich über den Sinn meines Lebens und des Lebens überhaupt Bescheid.

Im Vorhof der Kirche lagen Steinsärge, die mit Regenwasser erfüllt waren.

An den Widerlagerkolossen und Minaretten der Aya Sofya vorbei, kam ich auf den weitläufigen Vorplatz, der sich eben und allmählich in eine Gartenanlage übergehend zur Blauen Moschee erstreckte.

Ein Schuhputzer wollte meine Schuhe putzen, und ich ließ es geschehen. Ich wusste nicht einmal, was ich um den Geldschein hätte kaufen können, den ich ihm schließlich gab.

Ein kleiner Springbrunnen spielte in der grellen Sonne.

Spitzige, grüne Palmblätter stehen jetzt, in der Erinnerung, frisch und überklar vor mir; als hätten sie mir damals, als ich sie anschaute, etwas bedeutet.

Ich hielt ein Taxi an. Wir fuhren einen mäßig steilen Hügel hinauf. Die Häuser rechts und links der Straße waren von Staub verkrustet. Die Autos hupten im Gedränge. Einmal sah ich entfernt, hinter den Buckeln der Autodächer, große Steinsarkophage auf einem steinigen Erdfleck stehen; wie kleine Häuser sahen sie aus.

Rund um die bronzene Schlangensäule, die aus einem rund ausgemauerten Schacht, einem trockenen Brunnen, aufsteigt, war der Boden von den Schuhen der Touristen zertreten.

Ein Mann saß am Bordstein und verkaufte Nylontaschen. Der Bazar ist ein ausgedehnter, überdachter Bezirk, ein unterirdischer Stadtteil, könnte man sagen, der dem Geschäftemachen gewidmet ist. Er gleicht einem Termitenbau, einem Ameisenhügel, einem Bienenkorb: Von unregelmäßiger Gestalt, schmiegt er sich bergan und bergab und in jeder Richtung an das feste Gelände als dunkler, von den Waben der Händler ausgefüllter, von bald breiten, bald schmalen Verkehrsgängen durchzogener Kuchen.

Nichts anderes hat den Bazar gestaltet als das wechselweise Interesse des Verkaufs und Kaufs.

An einem seiner Eingänge ließ ich mich vom Taxi absetzen. Zwar wollte ich nichts kaufen, aber man hatte mir gesagt, dass es in den Wandelgängen kühl sei.

Von einem Platz, über den der Verkehr in vielen Bahnen durcheinanderlief, stiegen Staub und Lärm als zuckende Krakenarme zur Sonne auf, die, weich und beinah flüssig geworden, über den Barrieren der Stadt wallte.

Im Innern des Bazars, tonnenförmig gewölbt und langhin tat es sich vor mir auf, war ein Flüstern und Klopfen. Ich empfand das nicht nur akustisch, Lachen und Händlerrufe, sondern, unmittelbarer, stärker noch, optisch: als schwebten kleine, silberne Tafeln, an Schnüren aufgehängt, aus der Kuppel eines in die Erde eingelassenen Raumes. Als tanzten Händchen oder Flossen vor mir her, mich weiter und weiter in die Tiefe zu rufen.

Ein Streicheln und Den-Arm-um-den-Kopf-Legen war die Luft: als ginge ich zwischen strahlenden, weiblichen Gottheiten, deren Hände nachlässig mit mir spielten.

Zugleich ging ich als der Fremde, der ich war, die Verkaufsstraßen hinunter; müde, neugierig, aufrecht, gleichgültig.

Aus den Ständen, neben- und übereinandergelegen, dicht an dicht, hingen und quollen Waren, die alle gekauft sein wollten. Meist erkannten mich die Händler gleich als Touristen und riefen mich in allerhand Fremdsprachen an. Mit einem unterhandelte ich, es ging um einen Teppich, der mir aufgefallen war, doch ohne jede Absicht, zu kaufen.

In einem der Restaurants aß ich zu Mittag. Es war ein geweißter, spärlich möblierter Saal. Während des Hauptgerichtes fiel das Licht aus. In dem grauen Schein, der durch eine in die Decke gefügte Glasplatte sickerte, zerschnitt ich das schnell gegarte und fast blutige Fleisch. Auf einem Wandbild vor mir waren Alpengipfel dargestellt, hinter denen die Sonne unterging.

Während ich den Kaffee trank, dachte ich an die Frau, der ich die Scherbe schenken wollte.

Ich kam dann, jetzt leuchteten bereits die tausend Lämpchen des Bazars, in einen breiten Tunnel, der zu einem Hauptausgang führte. Er war ein wenig abschüssig und stieg weiter vorn wieder an, sodass man nur den Widerschein des Tageslichts auf dem holprigen Boden sehen konnte, dort, wo sich der Gang im Ansteigen mit der dunklen Rundung der Decke schnitt. Waren tausend Lampen in den Läden an den Wänden des Tunnels, so gab es ebenso viele Spiegel dort, ihr Licht zu brechen und zu zerstreuen. Ein feenhafter Schimmer drang aus den Läden und vermischte sich langsam mit dem Rauch der Dunkelheit, der wie Pilze zwischen den Leibern der Kauflustigen aufstieg. Jetzt leuchteten die Lichttafeln warm und golden aus der Tiefe. Und ich weiß, was das heißt: feenhaft.

Den Feen der Kinderzeit begegnet man nur in Glücksmomenten wieder. Da ist die helle Empfindung eines Kristalls, der in der Brust drinnen wächst, weder fest noch flüssig, gerade in dem Augenblick des Werdens, der das noch traumweich Gestaltlose vom für immer Festgewordenen trennt.

Während ich durch den Bazar ging, hatte ich eine Ahnung vom Glück, die sich jetzt, wo ich nachdenke, wieder belebt.

Am Ausgang stand ich benommen von dem grellen Licht, das da plötzlich hereinströmte. Zu schwankenden, bunten Strichen verdünnt, sah ich Passanten, Zeug, Bäume, Wolken. Ich ging weiter.

Zum Dank schenkte ich einem der Bettler, die an einer Mauer an der Sonne lungerten, Geld.

Seitwärts, im Schatten eines grauen Gebäudes, stand ein kleiner Regenbogen; wie hingewischt. Wahrscheinlich war der Stromausfall durch einen Gewitterregen verursacht worden.

Vom Nachmittag ist weiter nicht viel zu berichten: Ich fuhr mit einem der Schiffe über den Bosporus und ließ mir vom Wind die Müdigkeit vertreiben. Auf dem Oberdeck waren nur wenige Fahrgäste. Ich trank Tee, den ein Kellner auf einem Tablett vorbeibrachte. Der Tee war heiß, wie der Wind kalt.

Wolken trieben aus der Schwarzmeergegend nach Süden.

Auf der braunen Holzbank sitzend, ans Deckengeländer gelehnt, konnte ich, ohne mich viel zu regen, das ganze Rund sehen: linker Hand die graue

Stadt mit den rötlichgrauen Dächern, ferner die Hügel, mit runden Stirnen ins Meer eintauchend, das blaue, lebendige Meer, das von Verheißungen pochte: wieder Hügel, ansteigend und zu den nieder schwebenden Wolken hinaufreichend, die, breit auseinandergefächert, eine Art von Schirm über dem Land bildeten, durch dessen Löcher da und dort Sonnenkugeln niedersanken.

Als wir uns der Anlegestelle näherten, stieß die Dampfpfeife einen Pfiff und eine schwarze Rauchfahne aus.

Ich ging kurz an Land und fuhr mit dem nächsten Schiff zurück. – Es war schon Abend, als ich an der Galata-Brücke ankam.

Die Galata-Brücke verbindet die beiden europäischen Stadtteile, ist aus schwimmenden Eisenpontons gebaut und schwankt leise unter der doppelten Wucht: der Wellen einerseits, der Fahrzeuge und Passanten andererseits.

Die Ränder der Eisenstufen, die zur Brücke hinaufführen, sind von den Fußgängern, die ohne Unterlass übersetzen, glatt und glänzend poliert, während in den Winkeln der Stufen dicker, mehliger Staub liegt.

Ein Mann trug einen warzigen, blassrosa Fisch vor mir her, den er in Zeitungspapier eingeschlagen hatte.

Am andern Ufer sah ich die Fischhändler, die sich eben anschickten, jene Fische, die nicht gekauft worden waren, in Holzfässer einzuschlichten. Aus einem Kübel, den sie zum Aufholen einfach ins Meer warfen, gossen sie Wasser darüber.

Lange ergötzte ich mich an dem Antlitz des Mannes, das sanft und klar wie ein Abendhimmel war, heißt es bei Turgenjew, in den *Aufzeichnungen eines Jägers*. – Ich weiß nicht, ob dieser Einfall, ob die Tatsache, dass ich mich jetzt an den Satz erinnere, eitel ist.

Damals, wo meine Geschichte spielt, war ich einer jener Touristen, die, nachdem sie den Tag müßig verbracht haben, mit den Arbeitern heimkehren. In einer breiten, schluchtenartigen Straße verband sich der Staub, den unsere Füße aufwirbelten, mit dem Dämmer, der von oben her einsank und hinter dem schon, in einem eisigen, unbetretbaren Raum, Sterne blitzten.

Ich war auf der Suche nach einem Restaurant, das von weißrussischen Gräfinnen, einem Schwesternpaar, geführt wird, wie man mir gesagt hatte.

Auf Kreta (2000)

Orange. Gelbbraun. Gelb. Braun. Rot. – Grün.

Die Küstenlandschaften von Kreta sind, wie die anderer Mittelmeerinseln, beinah vollständig vom Tourismus zerstört. – An der Bar eines Hotelstrandes sah ich einen Barkeeper, der ein T-Shirt mit der Aufschrift trug: SAME SHIT. – Gerade das Ungenaue und Ziellose dieser Aussage passte.

Es ist nicht leicht über Kreta zu schreiben, weil man, erzählt man das eine, immer das andere im Auge haben muss und umgekehrt.

Ernst Jünger sprach einmal vom *Sonnenbalkon des Arbeiters,* und er meinte damit den gesamten mediterranen Raum. In der Tat sind – für Arm und Reich – die Strände, Klippen, Buchten und Kaps dieses freundlichen Meeres für die Industriebevölkerung der nördlich gelegenen Länder zu einer Art Erholungspark, zu einer ewigen Ferienkirmes, zu einem Sommer-Sonne-Wasser-Prater – ja, was? – geworden.

Ich gehe die Straße im Dorf hinauf und halte meine Hände in den kalten Wasserstrahl des Brunnens. Die alte, schwarzgekleidete Frau, Chrysulla, hat mich heute schon einmal abgemahnt, nicht allzu viel Wasser zu verbrauchen. Es herrscht Wasserknappheit im Dorf, und zwar deshalb – aber das erfahre ich erst später –, weil im Rahmen einer Gemeindezusammenlegung der kleine Ort, in dem ich wohne, mit einem etwas größeren zusammengelegt wurde: Eine der ersten Taten danach: Das Wasser aus der Hauptquelle des kleinen Ortes wurde in das Bewässerungssystem des größeren umgeleitet.

Mein kleiner Ort, wie ich ihn nenne, etwa hundert Meter über dem Meer, hoch oben wie ein Schwalbennest angeklebt an eine Berglehne, die steil zum Meer hinunter abfällt. Einige schmale Terrassen sind nach Art von Balkonen an der Berglehne befestigt; und dort liegen die zum Dorf gehörigen Gärten, die kleinen Felder und Olivenhaine.

Morgens kommt die Sonne erst spät über den Berg herüber; vorher liegt alles in dämmrigem Zwielicht, das Meer oft von Dunst oder, dem Herbst zu, von wolligem Nebel bedeckt. Und dann springt die Sonne über den Grat, hell wie ein Funken: Und auf einmal sind jetzt die Farben da: Das Weinlaub grün, Türen und Fensterläden des Hauses blau, das Weiße der Stiegen und Mauern nimmt diesen grellen Ton an, der einen, schaut man hin, die Lider zusammenkneifen lässt.

Unübersichtliches Gassengewirr des Dorfes, zwischen zum Teil verfallenen, zum Teil wieder instand gesetzten Steinhäusern. Es gibt vielleicht noch zehn ständige Bewohner hier, alte Leute, die wohl bald auch ihren Platz am Friedhof oben zwischen den Felsen finden werden. Man liegt hier nur zehn, fünfzehn Jahre in seinem Grab. Dann werden die Knochen eingesammelt, mit Wein gewaschen und in den Karner verbracht. – Beim Abschied vom Dorf umarmen die Leute mich innig, denn, wer weiß, wird man sich wiedersehen.

Es gibt vier Straßenlampen im Dorf, die die ganze Nacht lang brennen und dem Mond, so er scheint, Konkurrenz machen. Neuerdings steht auch eine Mülltonne am Eingang des Dorfes, wenn auch nach wie vor der meiste

Abfall einfach an einer einsam gelegenen Stelle in einen der Abgründe gekippt wird. – An der Nordküste sind manche Gegenden bei Niederdruckwetter gelegentlich vom Gestank der Müllhalden überweht, eine Folge des Tourismus.

Vom Dorf braucht man eine halbe Stunde ans Meer. Völlig leere Landschaft, denn auch die Olivenwäldchen hören sich in dem steinigen Gelände bald auf, es folgen Schutthalden, Trümmerfelder, da und dort von Macchia überwachsen. – Mittags ist die Überblendung in der Landschaft so groß, dass du, vor deinen auf Schlitze verengten Augen, einzelne Felsblöcke – oder auch einen Baum samt seinen Wurzeln – deutlich vor dir schweben zu sehen vermeinst. Panische Entmaterialisierung! Eingießung eines Geistes, der Licht und Kraft ist und, wie man ahnungsvoll meint, ewiges Licht, ewige Kraft. – Eines Tages grabe ich, mitten in der Ödnis, die fest im knochenharten Lehm steckenden Zwiebeln einer Pflanze aus, um sie später im Garten oben einzusetzen: Sie treibt wirklich nach zwei Wochen aus: Dunkelgrüne, in etwa herzförmige Blätter, die ich anstaune.

Hoch hinauf, zu den leeren Halden der Berge, steigen für gewöhnlich nur die Hirten mit ihren Schaf- und Ziegenherden. Insgeheim habe ich mir eine Route, einen Weg zurechtgelegt, wie ich die Lehne hinaufkommen könnte. Tausend Meter. – Hinter den letzten aus Steinbrocken zusammengetragenen Mäuerchen, die einen Garten oder ein Feld hegen, kommt dicke Macchia; aber bald dann nur mehr Fels und Stein. Ganz steil hinauf. Ich bin noch bei Mondlicht los. Ich möchte von ganz oben auf das Meer hinunterschauen; vielleicht auch über den Grat ins andere Hochtal hinübersteigen. Aber gegen neun Uhr morgens habe ich erst zwei Drittel geschafft, das Gelände ist oben, zwischen den zahnartigen Felszinnen noch steiler, als ich es mir vorgestellt habe, und die Sonne kommt schon mächtig gegen mich auf. – Verwahrloste Almböden. Bei ein paar Löchern im Fels, wohl Eingängen zu einer der großen Höhlen, die es hier gibt, gebe ich auf.

Die Berge auf Kreta, durchwegs aus Kalkstein, sind voll von dem Wasser der winterlichen Regen. Eigentlich dürfte es auf der Insel keinen Wassermangel geben. Aber es gibt ihn. – Gesellschaftlich und damit auch rechtlich herrschen Übergang und Umbruch. Es gibt keine Wassergenossenschaften auf Kreta, der Besitz der Quellen und Wasservorräte in den Höhlen der Berge ist seit unvordenklichen Zeiten durch Gewohnheit geregelt. Aber diese Gewohnheiten hören sich auf, wenn die Menschen, an denen sie gehangen sind, nicht mehr so leben, wie sie gelebt haben. Viele sind überhaupt fortgezogen, aus der Armut und Verlassenheit ihrer Gebirgsdörfer in die Glück verheißende Stadt.

Ich muss mir immer wieder klarmachen, dass ich hier, auf Kreta, in Europa bin, in einem Land, in dem, dem Prinzip nach, das gleiche Recht gilt wie bei uns daheim. – Wie man mir erzählt, ist der meiste Grund und Boden hier nicht grundbücherlich erfasst: ein Eldorado für Spekulanten und Developer, eine satte Krippe für gewitzte Rechtsanwälte. – Andererseits höre ich wieder: Eine Familie im Dorf geht bankrott. Es kommt zur Zwangsversteigerung der Liegenschaften, der Gärten und Weiden. Keiner im Dorf steigert mit. Im Gegenteil, man leiht noch Geld, damit die Familie ihren Besitz möglichst billig wieder selber ersteigern kann: weil es sich so gehört.

Der Mann im Büro der Autoverleihfirma fragt: »Wo wohnen Sie denn?« – Ich sage es ihm. – Er darauf: »Dort ist es schön!« – Ich: »Woher wissen Sie das?« – Er darauf, verschmitzt: »Weil ich kein Tourist bin.«

Ans Meer hinunter, zu den azurblauen Wellen, den schneeweißen Gischtkämmen, den grünen Augen der Tiefe. – Alle die Wochen immer allein am Strand, zwischen Sand und Felsen. Weit draußen am Meer fahren zwei Mal am Tag Schiffe mit Ausflüglern vorüber. Einmal treibt der Sturm ein Handtuch an: von einem der Kreuzfahrtschiffe heruntergefallen, die ich aber nicht zu sehen bekomme.

Schattenstreifen unter den Felsen. Quellende Stille des Nachmittags, wo alles ringsum, das Land mit den Felsen und Pflanzen, in Hitze ertrinkt.

Wie ein Delfin zu springen in durchsichtigem Wasser!
Die Bahn aus Sand ist leer. Dort –
Die Felsen erzählen dir, was Deine Seele
Ihnen leise vorgesagt:

Meiner Seele hat keiner zugehört als ich selbst. Die roten und grünen Felsbrocken hinauf! Afrikanisch anmutende Bäume, mit kurzen, dicken Stämmen und dachförmig weit ausgreifenden Ästen geben ein wenig Schatten. Doch nicht viel: Ihre Blätter sind sehr klein, sitzen, gefiedert, ziemlich weit auseinander.

Zum Einkaufen geht es etwa eine Stunde mit dem Auto in ein anderes Hochtal hinüber. Am Supermarkt wird das Auto mit Waren vollgeladen. Vieles davon gibt es überall auf der Welt, zum Beispiel Lurpack-Butter, Heineken-Bier etc. Griechische Waren haben ein bisschen aufgeholt, aber noch immer kauft man mehr ausländische Erzeugnisse oder Lizenzprodukte. – Die Handymasten stehen mittlerweile auf allen Bergen. Da und dort muss man um einen Felsen herumwandern, um guten Empfang zu haben. Ich telefoniere nach Tokyo, in die USA.

Gedudel der Radios, jetzt mit vielen Kleinstsendern, die zwischen den Werbeeinschaltungen nur Musik bringen. Erinnerung an Amerika; nur ist es hier griechische Musik – oder etwas, das irgendwie so ähnlich klingt.

Tanzfest im Nachbardorf: Wie eh und je spielt der Lyraspieler mit seiner Zwei-Mann-Begleitung, und wie eh und je beginnt der allgemeine Tanz damit, dass erst die verschiedenen Familien, jede einzeln für sich, tanzen. Erst später mischen sich die Leute, der eine tanzt dort, die andere da mit. Man trinkt Bier – das gilt als nobler. Wein, ja, der wächst doch hier immer schon! Den hat es immer schon gegeben.

Im Morgengrauen heim. Jedes Fest dauert bis zum Morgengrauen. Die Tage sind heiß genug. Zeit zum Schlafen, wenn nachmittags wie verrückt die Zikaden in den Weinranken der Lauben, an den Ästen der Salzbäume singen.

Im Herbst fallen die reifen Trauben herunter und verschmieren das schöne Weiß der Terrassen und Stiegen. Der Wind weht heftig und wirbelt dicke Staubfahnen die Dorfstraße hinunter, die sonst ganz leer ist.

In den Alpen (1980)

Frühherbst. Den ersten Tag stiegen wir zu einer Gruppe von Seen hinauf, den Landschützseen. Wir begannen in einem der Täler, durch die ein kalter Fluss herrinnt. Ich erinnere mich einer flachen Wiese, auf der ein paar Kühe standen. Das Flusswasser war schiefergrau. Nasse Baumwolken.

Der Weg war vom Holzziehen zerstört. Stellenweise war der Lehm von den Stämmen, die geschleift worden waren, glatt abgezogen. Oder eine Steinrippe ragte heraus, an der Rindenfetzen hingen. Der Weg stieg steil an, so steil, dass wir mit unseren Nasen beinah den Boden berührten; wie im Märchen: wenn der König auftritt.

Die Könige, die Bergspitzen, standen oben, in einem Raum, der uns, die wir in der engen Talschlucht steckten, zu überwölben schien, in schweren, an den Rändern brausenden Nebel hinein. Manchmal streifte die Sonne über ferne Baumwipfel: Das war wie goldenes Grün an den grau und hart herunterfallenden Felsmauern.

Wir stiegen. In den großen, sich vor den Augen drehenden Schwarzbeerbüschen hingen Spinnennetze. Der schwarze, grüne, nasse Unterwuchs des Waldes strömte in Wirbeln, die sich langsam, mit stumpfer Beharrlichkeit drehten: Schwarzbeerkugeln, Erdbeerblätter, Farne, Pilze, gesägte Blättchen. – Daraus ragten dann die hellroten Föhrenstämme auf, glatt, hoch, die oben ihre breiten, verbogenen Schirme trugen, auf die der Nebel abregnete.

Der Wald triefte.

Einmal sprang ein Reh vorbei.

Dann war, zwischen zwei Felsen eingeklemmt, ein Wasserfall. Weiter oben eine gefasste Quelle. Rechts und links Gießbäche. – Wir hatten die erste Steilstufe, die Schulter erklommen. Eine Alm, nicht größer als ein paar Zimmer, aus dem Wald herausgehackt, erstreckte sich bergwärts.

Linker Hand, hinter der Alm drüben, zeigten Schotterhalden herab. Sie waren steil geneigt. Ein Anflug von Grün, von Gras, Moos, Knieholz, stand am Hang hinauf. In der Talung, hinten, sprang Bachwasser, das rauchte.

Wir hielten uns rechts, oberhalb der Alm entlang, durch den nassen Wald, dessen Bestand jetzt anders war: Jungholz, dünne Erlen und Ebereschen, verschlang sich zum Dickicht, worin dann Inseln von alten, hohen Fichten und Tannen standen. Der Tannenstamm ist schön gerundet, geheimnisvoll. Manchmal hingen Stämme über den Weg.

Die Tanne, breit, gradästig, vollstämmig, ist der Baum der Märchen. Zu allerlei Gestalten angeordnet, liegen Steine über die Alm verstreut.

Wir kreuzten den Bach, der ganz durchsichtig war, dann lang an der Schotterhalde hinauf. Im Talgrund lagen fassartige Felsen, groß abgerundete Häuser und Haustrümmer, die den Weg sperrten.

Auf der Schulter war die andere Alm, auch sie unbewirtschaftet: Junge Stiere liefen über die Wiesen. – Die Almhütte war eingerissen. Eine über der anderen stehen die Almen die Berghänge hinauf.

Der Nebel zog schnell höher, als wäre er gejagt worden. Und er wurde vom Talwind gejagt, der im Wald unten rauschte. Der Nebel ließ jetzt die Zähne frei, und die breiten Hälse der Felszähne, wo Moose in den Rinnen wachsen.

Dann öffneten sich Löcher: Dort fuhr helles Blau durch, der Himmel, als wilder, frischer, heiterer Sturm: Wir erkannten den Grat, seine Scharten, und die Gipfel, die blank waren.

Wir rasteten kurz.

Der erste See liegt auf der dritten Schulter, dehnt sich gleich vom schroffen Rand bergwärts, flach, dunkel, durchscheinend, ins blasse, verwaschene Almgrün. Die Ränder der Almsoden. Dann rinnt Wasser über rote Erdflecken heraus. Der See!

Der Himmel spiegelte sich in dem See.

Der Nebel jagte höher, zur Sonne hinauf, wo er aufging. Mit kleinen Flügeln flog er hinauf und flatterte in dem hellen, von Goldkörnern durchklungenen Himmelsraum. – Wir wärmten uns.

Die Berge um den See standen jetzt frei. Ihre Sockel fielen steil ab. Oben war eine grüne Dachung, waren jäh geneigte Wiesen, in denen die eigentlichen Gipfelwände und Wälle standen. Die stumme Masse der Felsen war doch von Licht und Schatten, von frischen, leuchtenden Farben belebt. – Man mochte, seltsam, an einen Obstkorb denken.

Rechter Hand, an einem steilen, von verkrüppelten Bäumen bestandenen, dunkel getupften Hang hinauf, führte unser Weg in die Felsen hinein.

Dann schauten wir zum Spiegel des Sees hinunter, der, breit, glänzend und durch allerhand Buchten gegliedert, schön ausgelegt war. Er hatte Flecken von klarer Helligkeit, dort, wo Steine oder Felstrümmer hineingestürzt waren, das Wasser seicht. Sonst ging er in dunklem, gläsernem Grün hin, das eisig war.

Auf den Rücken der Steininseln, die sich gegen den Schluss des Talgrundes staffelten, wuchs noch licht stehender Wald. Die Bäume, Fichten und Lärchen, standen jeder für sich. Zwar drehten sich ihre Wipfel und schwangen im Wind hin und her, aber Waldrauschen hörten wir keines.

Unten, tief unten, gingen Kühe über die Almwiesen, oder sie lagerten rastend in Gruppen beisammen.

Der Weg wand sich jetzt, in der Höhe, in Kehren und Bögen um Felsen und steil abfallende Stellen herum. Manchmal waren Gruben und Wannen, in denen, man sah es am braunen, schleimigen Gras, der Schnee erst unlängst geschmolzen war. Oder es waren Mauern aus aufgeschichteten Steinen am Rand von Abgründen entlang.

Oben die Felskante und darüber der blaue Himmel.

Von der Kante weg sank das Gelände ab, zu einem weiten, von Felsen durchworfenen Kessel, in dessen Grund der zweite See lag. Hier wehte starker Wind. Mit den Bergen, mit der rohen, gewalttätigen Leere, wurden wir jetzt bekannt. Jetzt war keine Verzierung mehr. Der Wald, die Almen, die Quellen, alles blieb aus.

Immerhin war die vom Wind bewegte, hart glänzende Seefläche. So hatten wir etwas, unsere Neugier, den Hunger nach Abwechslung zu stillen.

Wir stiegen zum See ab. In den Hängen herum öffneten sich Höhlen, und Kuppeln wölbten sich auf; sie waren ganz unregelmäßig, grob gefügt. Moosdächer. – Wir hatten etwas Proviant mit und aßen im Schutz von ein paar Steinen.

Über den See kam der eisige Wind her. Weder pfiff er, noch ging er wild; er wehte gleichmäßig. Uns war es, als gingen wir in ein großes Eishaus hinein. Die Bergwände wollten uns grau, dunkel, wie verregnet vorkommen. In den Mulden standen doch noch Bäume. Vorn, gegen das im Talschluss neuerlich ansteigende Gelände zu, wuchsen einzelne Bäume; sie standen in einer Art von Kette frei über das Gelände verteilt. Einer war der erste; oder der letzte; er stand mit den zwei aufragenden Ästen, die er hatte, wie eine Stimmgabel in dem gebuckelten, zu Hügeln aufsteigenden Schotter.

Ich denke gern an diesen Baum.

Unterhalb der den Blick einschließenden Felsgipfel waren Schneebretter und von Wasser überronnene Felsbänder. Dann Schottermäntel. Unterhalb war ein Kessel, den wir nicht einsehen konnten: Dort war der dritte See. – Wir beschlossen, nicht hinzugehen. Es wäre nicht mehr weit gewesen.

Den anderen Tag wollten wir zu einer zweiten Seengruppe aufsteigen. An der Talstraße entlang war ein Himbeerschlag. – Jetzt will es mir vorkommen, als wären wir, die herabhängenden Ranken teilend, gleich in den Kessel hinausgetreten, wo das Almdorf stand.

Die Blätter der Himbeeren sind an der Unterseite hellweißgrün; in der Früh hängen sie voller Tau; es sind feine Härchen daran. Die Beeren leuchten, sind weich; wie Brustwarzen. Die Büsche warfen das Wasser auf uns herunter, als wir unterhalb durchgingen. Es sind breite Schöpfe, in denen drinnen, als Stämme oder Adern, die rotgrünbraunen Ranken sich biegen.

Die Luft war dicht, vor den Augen schwer, ungestalt, aber doch hell um die Dinge herum.

Die Straße läuft nicht eben durchs Tal. Sie steigt und fällt an den Schotterkegeln entlang, die sich, jetzt von Wald bestanden, früher von den Bergflanken ergossen haben. In den Flanken sind tief eingegrabene Schrunden, teils von Moos und grünen Flechten bewachsen, teils nackt.

Die nackten Stellen, die Gießbachrinnen, waren fast weiß; hell, nass, kreidig, schroff.

In dem Almdorf, das aus etwa zwanzig Häusern besteht, trafen wir niemanden. Zwar rauchte der Schornstein an einer der Hütten, aber es war niemand da. Die Gerätschaften zum Buttern standen auf dem Herd, blank gescheuert, leise glänzend.

Das Almdorf steht in dem leeren Kessel, der sich bergwärts bald schließt. Dort stürzt der Bach herunter. Auf den Steintrümmern, die im Kessel liegen, wachsen niedrige Bäume. Am Morgen, in dem unentschiedenen Treiben der Nebel, sah es aus, als stützten die Bäumchen das Himmelsgewölbe.

An der Straße hinauf stehen noch ein paar Häuser, die meisten eingerissen. Dann längere Zeit kein Haus. Bis die Straße, wir kamen noch durch ein zu Trümmern zerfallenes Dorf, aufhört.

Wir trafen Almleute, die an einem Hang, außerhalb unserer Rufweite, aufstiegen.

Über dem oberen Tal hingen schwere Wolken. Eigentlich hingen sie nicht, sondern saßen fest auf den Bergmauern auf und verbanden sich bald durch schräg herabfließende Nebelbänke mit ihnen. Kaum ein Unterschied zwischen dem porösen Grau der Wolken und dem Grau der Felsen! Es gluckst in der Luft, und man greift sich vergeblich an die Ohren.

Die Luft schien von unterschiedlicher Dichte zu sein. Vielleicht hatte sie die Wucht eines Sturmes zusammengepresst, der oberhalb, über den Wolken oben, wehte.

Wir gingen neben dem Bach fort. Er lief in ebenen Schlingen. Graue Steine. Im Sand, auf höher gelegenen Bänken, wuchsen Hahnenfuß und andere Gewächse.

Wir stiegen schnell. Aus den Wolken wehte manchmal eine Fahne aus Wasserstaub. Die Wolken stauten sich, warfen Bäuche auf, die schnell schwollen. Das herrschende Halbdunkel trübte sich. Jede Trübung zog Dunkelheit; es wollte uns vorkommen, als sei in den Wolken selbst Finsternis.

Jetzt ging der Weg steil hinauf, in langer Kehre. Er wand sich rund um einen leeren Kessel herum. Der Bach unten war jetzt kaum mehr als einen Faden dick. Sein Pritscheln war so leise, als hätte man Wolldecken daraufgelegt.

Ein paar Bergfinken flogen nieder über die Geröllhalden. Jetzt hörten wir das Gebraus in den Wolken.

Unsere Kleider waren längst nass.

Wir kehrten dann um, ohne einen der Seen erblickt zu haben.

Am nächsten Tag schien die Sonne, was uns überraschte. Die Wiesengräser, steif von gefrorenem Tau, leuchteten. Überhaupt war ein Leuchten um die Konturen und Wangen des Geländes, ein Strahlen, als hätte ein starkes Licht aus der Erde geschienen.

Zwischen weißen, zerfetzten Wolken kam bald undeutlich, bald hell Sonnenschein durch. Dann waren Strecken von dünnen Fransen aus Dunst, von Wolken, die Entenfedern glichen. Dann leuchtete die Sonne wieder, wenn eine Bucht im Forttreiben war.

Still und mächtig, wie im Traum eines Sterbenden, standen Berge und Pyramiden aus der Tiefe einer grünen, grauen Landschaftswanne, bei deren Umfang und Weite kaum abzusehen war, wo die Himmelsränder anfingen.

An diesem Tag unternahmen wir nichts.

Wir gingen dann, anderntags, die Zufahrtsstraße zu einem Kraftwerk hinauf. Früher war dort ein See. Er hieß: Rotgüldensee. Auf der Straße überholten uns Lastautos, die Kabelrollen zu dem Kraftwerk hinaufführten.

An einer der Felswände, die das Tal umschlossen, fiel ein Gießbach frei und glitzernd herab. Unten, am Aufschlag, verschwand er in einem Loch; wahrscheinlich war er umgeleitet worden.

Oberhalb des Stausees, an dessen Damm noch gearbeitet wurde, schloss eine Steilstufe den Kessel ab. Dahinter war gleich, so erschien es von unten, steil abfallendes, wild sich türmendes Geschiebe zu Felsen hinauf, hinter denen, im Schatten hoher, ausgezackter Felsmauern, ein Gletscher lag.

Wir schauten zu dem Eis hinauf, das an den Rändern blau glänzte, im Übrigen schmutzigweiß, wie eine zertretene, zerrissene Mütze aussah.

Schön war das Blaugrau der Geschiebe dagegen, das dunklere Pflanzengrün der Schulter, über die Schmelzwasser im Fall hinunterstürzten, zum Stausee, der in milchiger Helle dalag.

Immer wieder, und noch einmal, schauten wir zu der unwahrscheinlichen Eismasse hinauf.

Am Ufer des Stausees, vor uns, war das Durcheinander einer Baustelle: Silos, Räder, Eisengerüste. Eine Feldbahn war erbaut worden. Unter Wetterbäumen standen Baracken. Die Arbeiter hielten hier wohl nur aus, weil sie besser bezahlt wurden.

Der Tag war klar, eiskalt, und keine Wolke am Himmel. Nur im nächsten Umkreis der Sonne hatte das Blau ein wenig Wärme und Farbe angenommen. Die Sonne leuchtete gut! Unser Atem dampfte.

Rings, der Kessel, das Eis, die Felsen, stand alles so klar, so deutlich, dass man dachte, ein Kind zu sein.

Rechter Hand stiegen wir den Hang hinauf. Der Weg war so steil, dass wir gleich, wie im Augenblick, auf die Dächer der Baracken, in die Schornsteine der Häuser hineinsehen konnten. Zwischen den Häusern liefen die Menschen herum.

Oben waren Felstreppen, von grünem Knieholz eingefasst. Runde Felstürme ragten auf. Jetzt war der Weg luftig, eine Leiter am Hang hinüber. Gießbäche sprangen herunter; es sah aus, als liefen sie über die Wände eines gewaltigen Zimmers.

Denn mit dem Aufstieg war auch die Talkluft gewachsen.

Oben lag der Rand des Abgrunds am Himmel an.

Dann waren Wiesen, in die Felsriffe und Rinnen herabzeigten. Der Weg war schlecht. Manchmal fehlte er. An der Talseite war freie, tiefe, durchsichtige Luft, in der weit drüben, über anderen Massiven, Wolken schwammen.

An einer Kanzel, die breit hinaustrat, schauten wir zum Gletscher zurück. Weiß und reglos, als gefrorener Wirbel, lag er im Schatten der Bergwände. Im Tal dämmerte es. Wir setzten uns hin und aßen von unseren Broten.

Couchette (1989)

Ich hatte mir mein kleines Eckchen fein hergerichtet: die Unterlage aus wolkiger, halb durchsichtiger Kunstfaser, den Polster mit ebensolchem Überzug, das fleckige Plaid, das beim Ausbreiten ordentlich gestaubt hatte. Hier war nun mein Bett, Füße zum Fenster, Kopf an der Tür, oberhalb die aufgeklappte Rückenlehne, von der die Ohrenstützen wie seltsam geformte Tropfsteine herunterragten.

Plötzlich stand ich in einer relativ breiten Straße mit hohen, bürgerlichen, strengen Häusern rechts und links, und sie öffneten sich zu einem Platz hinaus. Der Platz war hell, *noch* hell, wie ich im Traum langsam und schwerfällig dachte – und doch mit dem Entzücken, das die Erleuchtung der Idee in uns hervorruft, und Menschen gingen klein, in verschmierter Buntheit, über die Platzfläche. Am Eingang zum Platz, dort, wo die Straße in ihn einmündete, wurde sie von einem Haus, das nach Art eines Triumphbogens geformt war, überwölbt: Und in dem großen, dunklen Bogen nun hing eine Leuchtschrift, eine Leuchtreklame, die rosiges und grünes und hellblaues Licht verstreute. Der Bogen war sehr hoch, und oberhalb seiner Krümmung liefen breit die Fensterbänder weiterer Stockwerke, die Fensterflügel waren aufgestoßen, und Menschen, mit ihren Armen rudernde Menschen, beugten sich herunter. – Springt nicht! – Die Leuchtschrift, ich konnte sie nicht entziffern, weil ich auf der *Gegenseite* – ja, dieses Wort war im Traum – stand, verstrahlte ihr buntes Licht zaghaft in diese stille Abenddämmerung einer Stadt hinaus.

Ich lag eine Weile wie betäubt, ich spürte, wie mich der Staub in der Nase reizte, ich konnte keinen klaren Gedanken fassen, lag nur da als kompakte, von innen her aufquellende, an Stellen strähnig sprudelnde, im Übrigen sanft um sich selber herumfließende Masse. Wäre ich ein Dichter, ich würde sagen, ich lag da wie ein Stern.

Im Gang draußen riss jemand den Verschluss einer Bier- oder Limonadendose auf.

Ich ging jetzt, deutlich als schwarze Kontur sichtbar – aber wo war meine Seele? –, als hagerer Schatten eine steil ansteigende Allee hinauf. – Dort ist sie! *Dort!* Ein kleiner Fleck von Helligkeit zeigte sich zwischen schwankenden Baumwipfeln, und mir war klar, dass ich da meine Seele vor mir hatte, so deutlich und unverlierbar, dass der Gedanke, ich hätte sie etwa einfangen müssen – wie man einen Schmetterling einfängt –, mich nur belustigt hätte. Die Bäume da waren schlank und hoch, dunkle Flammen, so werden Zypressen manchmal genannt, und nur augenblicksweise zeigte aus der Geschlossenheit ihres Umrisses ein kleiner, heller, wegstehender Zweig hervor. Das ist meine Seele, dachte ich.

Und mit Entschiedenheit fuhr ich fort: Es muss wohl so sein, dass meine Füße in dem Boden hier tiefe, weitreichende Wurzeln haben – sodass nicht nur diese Bäume zu mir gehören, sondern auch der Weg, die Allee, die Berge dort drüben – die ganze Welt.

Jetzt kam ich mir in meiner Schlafnische wie in einem Kanu vor, mit dem ich, vorsichtig manövrierend, denn ich spürte, dass das Kanu alt und brüchig war, die Wirbel und Stromschnellen eines Bergflusses hinunterglitt.

Da erwachte ich, richtete mich auf, so gut es ging, suchte mit der Hand auf dem Boden, holte den Rekorder aus meinem Schuh, wo ich wusste, dass ich ihn verstaut hatte, und lauschte dann, ihn von unterhalb des Polsters gegen mein Ohr pressend, der zum Proviant mitgenommenen Musik.

Der Mann im oberen Bett hustete. Es klang aber gleichzeitig wie ein Kichern; wie das Kichern des Windes, das Kichern eines Weisen, eines Buddha.

Ich beugte mich aus dem Bett und schaute zur Höhe hinauf. Die Randleisten der beiden oberen Betten wölbten sich dunkel, wie finstere Wolkenbänder, in den dämmrigen Mittelraum vor.

Oben sah ich dann den jungen Mann liegen, der im Schlaf gehustet hatte. Ich sah eine schimmernde Unterhose, den nackten Rücken – denn er wandte mir den Rücken zu –, ein Stück seiner Fußsohlen. Oberhalb der Fußsohlen war, verkürzt, als ein heller Fleck der Knöchel sichtbar: In dem Dämmerlicht, wie es vorschriftsmäßig in allen Schlafwagen brennen muss, sah der Knöchel geflügelt aus.

Ich erinnerte mich, dass der junge Mann mit einem Mädchen zusammen hereingekommen war, einem aparten, rothaarigen Mädchen. Hatte sie Augenbrauen, Lippen, einen Mund gehabt? Ich erinnerte mich an einen Schal, der ihren Hals umschlungen hatte. Ich blickte zu dem Rücken des jungen Mannes hinauf, der sanft gekrümmt und da und dort mit Sommersprossen besprengt war, und ich ging wohl nicht fehl in der Annahme, wenn ich darunter, unter diesem gestreckten Bogen, zwei hellblaue Lungenlappen und keine Schwimmblasen oder Kiemen vermutete.

Vor vielen Jahren hatte ich ein Buch gelesen mit dem Titel: *Prodigal Son*. – Jetzt, wieder einschlummernd, sah ich Menschen durch eine von niederem Gebüsch durchstandene Ebene trotten, graue Schotterhügel liefen ohne erkennbare Ordnung dem Horizont zu, dazwischen war das Land von weitläufigen Sümpfen ausgefüllt. Die Menschen stöhnten laut, weil sie in dem Sumpf immer wieder einsanken und ihre Füße aus grundlosen Pfützen herausziehen mussten. Sie hielten ihre Verpflegung in Händen und bissen manchmal davon ab.

Der Rekorder rauschte, schnappte ab.

Ich wurde von der Vorstellung überwältigt, in einem tiefen, dunklen Schacht zu liegen. Ich fühlte mich aber froh dabei, denn ich wusste, in diesem Grab lag auch mein *König* samt seiner *Königin* – Gliederpuppen ohne Gesichter und mit ausgestopften Armen. Wir hatten uns auf eine weite Reise begeben, von der wir uns besonders viel erwarteten: nichts weniger als die ewige Seligkeit, die sich an den Dingen, denen wir begegneten, auch schon deutlich ankündigte: Alles, die kleinen Birken, die Legföhren, die Steine, die Wellen des Bachwassers – alles trug einen strahlenden Lichtsaum. – Der junge Mann war der König und seine Freundin die Königin: weil sie einander liebhatten.

Ich drehte mich auf meiner Unterlage um, stieß mich mit dem Kopf an und lächelte im Traum über meine Unbeholfenheit: Mach weiter, Freund! Alles Gute!

Auf einem langen Bord, das in seiner Länge den Betten im Abteil ähnelte, standen glasierte Torten, mit kandierten Kirschen und grünen Kürbisstücken darauf. Rundherum war ein Buffet aus Speisen angerichtet, die ich nicht weiter identifizieren konnte. An der Wand hinter dem Bord standen Flaschen auf einem Tisch, und ohne dass irgendetwas Besonderes darauf hingewiesen hätte, dachte ich: Hier kann man ausgezeichnet essen.

Ich sank, als hätte man eine Tür unter mir aufgeriegelt, in eine sonnige Tiefe hinunter. Verwundert merkte ich, dass ich in warmem, salzigem Wasser schwamm. Eigentlich schwamm ich gar nicht, sondern glitt nur so dahin. Rechts und links, hinten und vorn, in Ferne und überdeutlicher Nähe, sah ich von Meerestieren überwachsene Korallenstöcke vor mir, die leise, wie Lampen, strahlten. In ihrem ruhigen Dastehen erweckten die Korallenstöcke in mir den Eindruck, es könne gar nicht anders sein und müsse immer so bleiben – *immer!*

Der Schaffner öffnete die Tür, beugte sich herein und rüttelte den Gast wach, der in dem Bett über mir lag. Hallo, flüsterte der Schaffner, hallo. Bei der Abfahrt hatte ich von dem Fahrgast bloß lange braune Haare gesehen, die wie ein Schleier über den Polster heruntergehangen waren. Ein paar Mal hatte ich Atemzüge gehört.

Es stellte sich jetzt heraus, dass der Fahrgast eine Frau war. Sie stieg, den Kopf erhoben, die schimmernde Leiter herunter. Das Haar hatte sie zurückgestrichen. Der Zipfel eines gerippten Pullis hing ihr aus der Hose. Ihre Brust war bucklig und ganz weich – oder kam mir das nur so vor, weil meine Augen, schlaftrunken, bloß insektenhaft starren konnten. Ich spürte die Augen als Knöpfe im Kopf. Die Frau schlüpfte in Gummistiefel amerikanischer Machart, mit Schäften aus Leder und zum Schnüren.

Ich erinnerte mich an ein Watteau-Bild mit dem Titel: *Le Voyage à Cythère*, das ich einmal ausführlich betrachtet hatte.

Beim Schnüren der Schuhe, die Frau bückte sich im Mittelgang, war mein Kopf dem ihren ganz nah: zwei warme, runde Formen mit Haaren. Und hatte ich früher das Atemholen der Frau gehört, war nun etwas wie ein leuchtendes Rieseln, das aus ihrem Körper tropfte und die Luft auf dem Boden des Abteils ein wenig heller machte.

In einer Bahnhofshalle, deren Weitläufigkeit sich mir insbesondere dadurch darstellte, dass mehrflammige Beleuchtungskörper da und dort aus Dunstschwaden herunterhingen, in dieser Halle verabschiedeten sich Reisende voneinander: Einander umschlingend, standen sie eng aneinandergepresst da. Ihre Arme erinnerten an die Gliedmaßen von Krabben. Die Gesichter waren unscharf, nass überronnen, ihre Umrisse verschwammen – als blickte man auf abgeschliffene Steine in einem Fluss. Ein Verschieber, dem das Zeremoniell des Abschieds wohlvertraut war, ging durch den Vordergrund der Halle, einen großen Hammer in der Hand.

Die Abteiltür fiel zu, und von draußen drückte noch jemand gegen den Griff, eine Hand mit Fingern, wie Menschen sie für gewöhnlich haben.

Im Dunklen aß ich von einem mitgebrachten Brot.

Du kannst alles Mögliche glauben und alles Mögliche erlernen und alles Mögliche tun, dachte ich: Zuletzt kommt es nur darauf an, wie du alles miteinander in Einklang bringst, das Richtige mit dem Falschen, das Gute mit dem Schlechten, das Gelungene mit dem Missratenen.

Ich drehte mich zur Wand; die Rückenlehne pendelte.

Im Halbschlaf begegnete ich einer Gruppe fantastisch bekleideter Menschen: Die Männer trugen ausladende Hüte, von deren Krempen Federbüsche herabhingen. Die Frauen hatten ausgesteifte Röcke aus knisterndem Damast an. Sie schienen auf etwas zu warten, und mehrmals zeigte eine der Frauen mit rosigem Finger in die Ferne hinaus: Dort standen Berge, zwischen denen das Licht, von einem großen, verzweigten Gewässer zurückgespiegelt, grün und rauchgrau dampfte. Der Hintergrund wurde von fliegenden Heuschrecken verdunkelt. Ihre Flügel rauschten durch Baumkronen, deren Laubmassen Wolken bildeten.

Ich saß einmal in einer Trattoria, man war im Zusperren begriffen und hatte die Lampen zum Teil schon gelöscht. Ich hatte eine Schüssel köstlicher Muscheln verspeist und mir zum Nachtisch Zuppa inglese bestellt. Da saß ich nun bei meiner Flasche Wein und schaute in das geräumige, nun schon halb leere Lokal, wo die Stühle und weiß gedeckten Tische allmählich ihre Umrisse verloren.

Ich erwachte und fuhr mir mit der Hand übers heiße Gesicht. Es juckte. Nun zog ich mir das Hemd aus, wie ich es von anderen Fahrten gewöhnt war. Das kühlt ab. Ich zog es über den Kopf, der Stoff raschelte.

Jetzt war nichts zu hören als das Schlagen der Räder und das Zischen der Bremsklötze manchmal, gefolgt vom wieder schnelleren, eiligeren Schlagen der Räder. Ich stellte mir das Rollen der Räder vor. Im Bett schräg oberhalb von mir wälzte sich der Schläfer hin und her, ein hagerer, grauer Mann, der bei der Abfahrt sein abgetragenes Sakko über die Decke gebreitet hatte, aus Ordnungssinn vielleicht: Das Sakko war mittlerweile auf den Boden gefallen.

Ich überlegte, ob ich noch ein Stück Brot essen sollte; es steckte im Schuh.

In einer Landschaft, die aus Hügelbögen und runden Weidenköpfen bestand, lag ein Wanderer, der schlief. Zuerst konnte ich bloß eine zusammengerollte, zusammengedrehte Form erkennen, ein Bündel, aus dem ein Kopf, eine behaarte Faust hervorschaute. Der Wanderer musste einen langen Weg hinter sich haben, denn die Schuhsohlen, die er im Schlaf herzeigte, waren durchgelaufen. Die Löcher hatten die Umrissform von Muscheln, sahen wie Verletzungen aus, weil man die verschiedenen Lederschichten sehen konnte, aus denen sich die Sohle aufbaute. Ein Wanderstab lag hinter dem Wanderer im Gras. – Wo will der Kerl denn hin, fragte ich mich, denn, wohin ich in dem Land auch schaute, nirgends war ein Haus oder ein Dorf sichtbar; fatal. – Dann aber bemerkte ich, dass die Erde, die ganze Landschaft sich unter dem schlafenden Wanderer wegdrehte, und so war es beinah gewiss, dass er nicht verloren gehen konnte.

Der Mann schräg oberhalb von mir lag reglos in seiner Nische wie im Grab.

Ich sah zwei Jungen auf Skateboards eine Straße hinunterfahren. In der Tiefe der Straße, die sich gegen ein Verschubgelände hinaus verlor, zog eine Schar Rentiere vorbei. Eines der Rentiere bückte sich und trank aus einem Rinnsal, das funkelte. Rußwolken, aus denen Lichter in allerhand Farben leuchteten, deuteten darauf hin, dass in der dunklen Nacht dort draußen – dort ist wohl *immer* Nacht? – Züge rollten.

Ich weiß jetzt nicht, ob ich die Vorkommnisse, von denen ich nun berichte, erlebt oder bloß geträumt habe: Der hagere Mann rappelte sich von seinem Bett auf und stieg herunter. Er hob sein Sakko vom Boden auf und strich es glatt. Sein Hemd lag zusammengelegt auf dem Klapptisch am Fenster, und er nahm es her. Er hatte einen weißen, flachen, faltigen Rücken, an dem oben die Schulterblätter heraustraten. Er schlüpfte in sein Hemd. Den Inhalt seines kleinen Koffers, den er aufs Bett gelegt und geöffnet hatte, studierend, pfiff er leise durch die Zähne. Er hatte das Leselämpchen angedreht und überflog offenbar Aktenstücke, Briefe vielleicht. Als ihm der Schaffner durch den Türspalt Fahrkarte und Pass hereinreichte, bedankte er sich. Beim Reden wurden zwei Goldzähne im Unterkiefer sichtbar, nahe am Eckzahn.

Auf Wiedersehen, sagte er im Hinausgehen lächelnd zu mir.

In der realen Landschaft, durch die der Zug fuhr, schwankten Schlote oder doch zumindest deren hohe, schwarze Umrisse.

Während es allmählich heller wurde, auch im Abteil, lag ich still in mein Plaid gehüllt da, die Arme hinter dem Kopf verschränkt, und hörte Musik. Eigentlich hörte ich gar nicht hin, ließ die Musik nur brausend meinen Kopf erfüllen. Das Liebespaar aus den oberen Betten stieg an irgendeiner Station aus. Das Mädchen trat auf den Gang und überließ die Plackerei mit den Koffern, ganz wie eine bürgerliche Ehefrau, dem Mann. Der schnaufte unterdrückt, wohl, um mich nicht zu stören. Er war rücksichtsvoll. Das Mädchen war sehr hübsch.

Ich wusch mich dann in dem engen Waschraum, wobei ich überall anstieß, putzte mir die Zähne und, in eine ebene Gegend hinausschauend, die mit Kukuruz bebaut war, stand ich rauchend am Fenster. Nahe der dunklen Erde flimmerte da und dort noch ein Stern. Aus Schuppen und Häusern, die da und dort in der Ebene standen, traten da und dort schon Leute heraus.

Budapest (1981)

Nach Budapest muss man mit der Eisenbahn kommen. Im Keleti-Bahnhof fahren die Züge tatsächlich noch in eine mit Glas überdachte Halle ein, in der von oben mit Licht bestreute Rauchwolken grau und verschwebend aufsteigen, während die Menschen samt Gepäck als dunkle Umrisse an den hohen Mauern entlanggehen. Unwillkürlich hält man nach Leutnant Wronsky und nach Anna Karenina Ausschau (der Moskauer Bahnhof in St. Petersburg schaut genauso aus). *Munkas* heißt auf Ungarisch *Arbeiter*. Von allem Anfang an ist man von einer Sprache verwirrt, von Worten, deren Sinn man nicht über romanische, slawische oder germanische Verwandtschaft erschließen kann. Ich kam mir da immer ins ferne, versunkene Reich meiner Kinderzeit versetzt vor, in das die Worte der Großen, wohlklingend oder barsch, jedenfalls aber fremd und ganz unbegreifbar hereindrangen. Vor dem Bahnhof der Baross tér: Ich habe ihn immer nur in nassem Schneeregen erlebt, die in der Runde stehenden Gründerzeithäuser diesig verhangen. – Ich bin der Fremde, der an einem verschlafenen Sonntagnachmittag im Jänner ankommt.

Will ich Budapest, wie ich es kenne, richtig treffen, muss ich eine Farbe, einen Geruch, eine Atmosphäre schaffen, die freilich viele Abstufungen hat: Ich greife wohl nicht zu hoch, wenn ich damit beginne, diesen Stoff als schweren Brokat zu beschreiben, als mit Goldstickerei überwachsenen und inkrustierten Samt, der dann schlimmstenfalls von allerhand üblen Säften durchtränkt in einer der Pester Vorstadtgossen liegt. Ich muss ein paar violette Lungen von Zigarettenrauch hinzufügen, blanken Schweiß, den Geruch von Aufgestoßenem nach einem fabelhaften Essen. Ich setze einen kleinen, schnauzbärtigen Chauffeur vor das saure und doch wieder glanzvolle Ganze, der die Welt, die ihm an Randsteinen hertaumelnd begegnet, mit fröhlichen Flüchen begrüßt: die bucklig-gekrümmten Rücken der auseinanderstrebenden Menschenmassen in der Kossuth-Straße, die glatten, regenüberronnenen Obelisken der Befreiungsdenkmäler, die weißen, flaumigen Schneelappen, die von den knatternden Aufbauten eines Lasters herunterwehen. – Nicht schwer, jetzt die anderen Jahreszeiten hinzuzudenken: die klebrigen Staubfahnen des Sommers, das Klicken der Fensterscheiben an den mächtigen Häusern in der Hitze, Bademoden in den üblichen schreienden Farben auf der Margaretheninsel. Wetterfahnen und im Morgenlicht aufleuchtende Turmkreuze, feines, fiedriges Grün, wie es im Frühling die Abhänge des Gellért-hegy überspinnt: Akazien. Ich habe die Vorstellung einer fröhlich agitierten, gestikulierenden Menge, die sich tüchtig vorwärtswälzt und an Stangen gleicherweise die kostbaren Fahnen vergangener Triumphe und Siege wie auch Hasenbälge, Kränze paprizierter

Schweinswürste, Zwiebelzöpfe, Maiskolben und ganze Bündel von Weinflaschen gehisst hat. An meiner Vorstellung ist kein Deut von Folklore: Liebe zur Macht drückt sich darin aus, zum Prunk, wie auch die Liebe zum guten und satten Leben. Im Hintergrund tut sich dazu ein Raum auf, der in seiner Verlassenheit gleichermaßen an die Ödnis eines leeren Wartesaals wie auch an windlose, stille Herbstabende auf dem flachen Land draußen erinnert.

Zum Eindruck eines verlassenen, sonntäglich leeren Baross tér – wochentags geht es hier rund – gehört in jedem Fall die Aussicht auf die kaiserliche Burg, der Bogen des Belgrader Ufers, wenn dort die Kugellampen angegangen sind und die Donau schwarz und gleichsam ganz auf sich besonnen in ihrem Bett dahinfließt: Hoch oben, mit ihrer breiten, säulengeschmückten Front, mit glänzendem Helm und weit ausgreifenden Flügeln – das ist die Burg, ein weltlicher Karmel, Schau- und Imponierstück, das einem sofort in Herz und Brust einsinkt, fett und gleichsam zerfließend, helle Glockenspeise und Bratensauce in einem. Andererseits aber, weil sie so hoch und fern über dem Fluss steht oder schwebt, wirkt sie wie der Traum eines Riesen, für unsereinen unbetretbar, eines Riesen, der die Menschen nicht liebte, sich aber gern in ihren zitternden, gierenden Blicken badete.

Um den Weg ins landläufig Gegebene zurückzufinden, will ich die Stadt von oben, aus der Vogelschau beschreiben: Da ist der Fluss, die Donau, die die Stadt sauber in zwei Hälften teilt: hie das von bewaldeten Bergen und Hügeln eingefasste Buda, mit dem gekrönten, von Mauern umwallten Burgberg in der Mitte – gegenüber die ins Ebene ausrinnenden Straßengeflechte, das graue, großzügig verfasste Häusergewirk von Pest, gegen den Rand des Blickfeldes hinsinkend, fliehend.

Ich gehe jetzt rabiat vor und platziere den Quader des Rudas-Bades mit der buntäugigen Türkenkuppel daneben ruckzuck am Fuß des Gellerthügels, dort, wo die Treppengirlande sich herunterwindet, an den Eckstein der ins Herz von Pest zielenden Elisabethbrücke: Jetzt schwimmen wir durchs schwappende, kühle und doch gleichzeitig wärmende Mineralwasser im grauen Steinbassin der Halle, die uns mit steinernen Bögen und Säulen umgibt: Wir stecken unseren Kopf in den Quellenstrahl, der aus der Stirnwand des Bassins in ein Becken aus ochsenblutrotem Marmor fällt … An einem Sturmtag voll umgedrehter Schirme flüchten wir in ein Espresso im kopfsteingepflasterten Areal der Burg und dämmern an nierenförmigen Plastiktischen aus den 50er-Jahren in unseren Wintermänteln vor uns hin … Jetzt drängen wir, schieben wir uns durch die überfüllten Säle des Café Gerbeaud, vor uns auf dem Platz die schwarz patinierte, pompös inszenierte Statue Vörösmartys, um einen Tisch in einer der Fensternischen zu ergattern: Dort lesen wir stundenlang unbehelligt, trotz des Wirbels rundum, in unseren Büchern – wir verstehen ja kein Wort der Unterhaltungen um uns herum … Abends spazieren wir vom Heldenplatz stadteinwärts, zwischen

Villen in allerhand Fantasiestilen der Jahrhundertwende, die entweder Botschaften oder Ärzten, offensichtlichen Gewinnlern des Sozialismus, gehören. Die Straßenlampen hängen, so kommt's mir vor, ein wenig weiter auseinander als daheim – aber wo ist das: daheim? – so stellt sich das Gefühl ein, in einer Vergangenheit unterwegs zu sein, die einerseits von Angst grundiert, andererseits aber von den Versprechungen einer künftigen Freiheit durchstrahlt ist – für die es allerdings, außer dem Wunsch danach, keinerlei Anhaltspunkte in der Wirklichkeit gibt; oder doch?

Wollte ich so fortfahren, ich würde mich bald verlaufen, *vergaloppieren*, wie man auch sagt: Ich bin ja nicht auf der Suche nach mir selbst. Ich suche das Andere, das Fremde – weil ich dort *auch* bin. Ich möchte auf den Klepper, den Tiger, den Wurm oder Elefanten der Welt aufspringen, um mich tragen und forttragen zu lassen – womöglich, um ihn zu reiten.

Wieder auf der Andrássy-Straße: Die vorbeifahrenden Autos pflügen schwere Fontänen von Schmelzwasser auf, deren Säume und Kämme im Scheinwerferlicht funkeln. Nur wenige Passanten unterwegs auf dem großen Boulevard. Wir treten in ein Restaurant, das uns durch seine Festbeleuchtung anlockt: Gleich stürzt eine Garderobiere auf uns zu, wir entledigen uns unserer Mäntel. Wir steigen eine Treppe hinauf, hinter der wir nichts Bemerkenswertes vermuten, doch dann kommt ein Saal mit roten Läufern und prächtigen Kronlustern, ein Interieur, in dem der Bürger, das war wohl einmal die Absicht, zum Edelmann wird. Herrschaften, die einem Konversationsstück der Jahrhundertwende entsprungen scheinen, bevölkern da nun die Tische: Blaustichig ondulierte Damen mit dezenten Colliers, die hier ihren Tratsch abhalten, dieweil die wenigen Männer ihres Alters, die noch überlebt haben, mit halb geschlossenen Augen duldsam und, wenn es denn sein muss, mit Anfällen tanzschulhafter Höflichkeit ausharren. Dazwischen junge Pärchen, etwas eingeschüchtert von der Umgebung, lieb und stolz auf sich selbst. Dann Kleinfamilien mitsamt dem Herrn Sohn, einer Tochter auch: Der Herr Sohn darf schon rauchen. Wie der Herr Papa bekommt auch er seinen kleinen Cognac zum Kaffee. Wir sitzen an unserem Tisch, froh, der draußen herrschenden Finsternis und Kälte entkommen zu sein.

Ich möchte ja nicht behaupten, dass in gespenstischer Wiederholung, in der lautlosen Gleichförmigkeit jenes Wirbels, der uns zuletzt alle verschluckt, dass da nicht auch Glück sein kann – oder ein Funken von Glück. Aber es ist ein Glück, das man nur um den Preis der Bewusstlosigkeit haben kann. Bewusstlos sein und doch gut aufgelegt, fürwahr ein Husarenstück, ein Hochseilakt, der, so scheint es, da und dort doch das Gewöhnlichste ist.

Tritt man morgens auf den Korso hinaus, die Sonne bescheint die zusammengeschmorten Schneereste und lässt sie wie Glutnester, wie kleine Kronen erglühen, Hunde laufen frei oder angeleint mit glänzenden Fellen neben ihren Herrchen her, eine gewaltige, durchsichtige Last von frischer Luft fließt und schiebt sich zwischen den Hügeln von Buda, der Fassadenfront der Pester Mietshäuser talab, um die bizarren Türme des Parlaments kreisen Dohlen oder Krähen im Gegenlicht – als wär's Westminster –, erfasst einen unbedenkliche Lebenslust, die sich später dann, auf einem der von Menschen überdrängten Plätze, auf den breiten, stark belebten Gehsteigen des Rings, zu Atemlosigkeit und Manie steigert: Angetrieben von einem Motor, dessen hirnloses Stampfen man in den Mauern, dumpf aus dem Pflaster der Straßen und Trottoirs rumoren hört, laufen, schwanken und hüpfen die Passanten vorüber, als panisch gewordene Männchen, als weiblich dicker hingezeichnete Striche, mit Hüten und Schirmen, durchgelatschten Schuhsohlen und Stöckeln, mit Regenpelerinen und Kinderwagen. Wir tauchen in den dunklen, eiskalten Schatten eines Platzes, mächtige Lichtdreiecke drüben, die von zerriebenem Streumaterial, vom Strom der Busse und Autos aufgewirbelt, knirschen.

Dass Budapest eine sozialistische Metropole ist, man kann es als fremder Besucher schwerlich erkennen: In einigen Büros und Agenturen gibt es ganz offensichtlich zu viele Angestellte, die Tarife für den öffentlichen Verkehr sind niedrig, Volksbildungseinrichtungen beinah gratis. Den Arbeitern geht es materiell schlechter als im Westen (falls sie dort Arbeit haben), der *Munkas* ist arm. Bücher sind billig, so vorhanden. Wie überall im Osten blickt oder schielt die Jugend nach Westen. Andererseits ist man sehr und zu allererst nationalbewusst. Dies Land, denkt man bald, treibt am Rand einer Strömung, und die Leute da halten einfach Kurs, einen seit Jahrhunderten unveränderten Kurs. Alles andere ist Flitter.

Wir gehen durch die Säle des Kunstmuseums, in denen mangels einer Alarmanlage Soldaten mit Maschinenpistolen patrouillieren. Den tiefsten Eindruck machen uns die Murillos, die Spanier überhaupt. Insgesamt hat man das Gefühl, in den Überresten einer Kultur unterwegs zu sein, die einmal von weit her, aus dem Süden und Westen, kam, aus Zentren, die ihrerseits längst zerfallen sind. Immer wieder trete ich an eines der Fenster, schaue auf Platz und Straße hinunter, wo das Leben angestrengt, absichtsvoll oder bloß irrlichternd weitergeht.

Ich blickte einmal auf die Wasser eines Baches, die schnell gegen einen Sturz hintrieben: Der Schaum, der auf der Oberfläche schwamm, samt allerhand welken Buchenblättern, bildete forteilende Muster am graubeschlagenen, blitzenden Grund. Am liebsten hätte ich mit einem Hammer Nägel durchgeschlagen und solcherart die fortfliehenden Perlen des Schaums, die orangen Blätter mit ihren Schattenmalen am Grund festgehalten. – Vor den bizarren Baulichkeiten der Millenniumsburg Vajdahunyad im Stadtwäldchen biegt sich der große Weiher, über den winters die Eisläufer flitzen. Die Menschen bewegen sich flink, graziös, mit Aplomb, der Sport kommt ihrem

Temperament, ihrem Hang zum Repräsentativen gleicherweise entgegen. Im Licht der Lampen flimmert der Nebeldunst, der sich abends über das Gelände legt. Ich erinnere mich an ein Durcheinander von Leibern, Armen, Beinen, ich höre vom Wind oder anderen Einwirkungen deformierte Tanzmusik – oder sind das Schreie? Nichts an meinem Erinnerungsbild sagt mir, ob es sich dort um ein Vergnügen oder um eine Tortur, um eine Orgie, ein Gemetzel oder eine Maskerade gehandelt hat.

Budapest liegt etwa 300 Kilometer südöstlich von Wien, die beiden Städte haben vieles gemeinsam. Als Junge kam ich einmal nach Budapest, ich bewahre eine Fotografie davon auf: Ich stehe mit Freunden vor dem Denkmal des Dichters Petőfi, wir rauchen, tragen damals moderne Regenmäntel, kommen uns weltmännisch und weitgereist vor. Wer Petőfi war, wusste ich damals nicht. Ich ließ mir gerade einen Schnurrbart wachsen.

Prag (1984)

Als Erstes fällt mir der getigerte Schwemmenraum des *U Flecků* ein, mit seinen hügeligen Landschaften aus gelblichem, vom Lampenlicht besonntem Rauch, aus Zigarettenqualm, mit den langen Holztischen an den Wänden entlang und der Tafel in der Mitte, wie in einem klösterlichen Refektorium – eigenartiger Orden! –, und dieser vom Suff gehärtete und speckig gewordene Kellner mit den zwei schwarzen Haarfittichen auf der blanken, glänzenden Birne: Wie ein leibhaftiger Engel aus dem Paradies trägt er diese schwarzen, höllischen Bierkrüge auf seiner Serviertasse herein: Und schaust du auf die Uhr, ist schon wieder eine Stunde herum, und der Kellner kreist.

Im *U Flecků* ist der Erdboden schütter, porös, er hat, in strichlierter Linie, bereits diesen kreisrunden Aufbruch, der später das Tor zur Unterwelt sein wird: Und mit den schwarzen, schäumenden Wassern treiben betäubt die Glücklichen hinunter in eine fahle Gosse, in den für Sekunden stillstehenden, blanken Augenblick der Schmach: Die Beine sind schwer, die Straßen holprig, der Weg ist weit.

Der Aquarellmaler aus Deutschland erzählt mir, dass er das Alchemistengässchen malen will. Da braucht er nicht viel zu erfinden, weil alles schon wie ein fertiges Aquarell ausschaut, meint er. Später wird er politisch: Er liebt alle Menschen; aber die einen doch ein bisschen mehr als die anderen.

Auf dem jüdischen Friedhof, wo Rabbi Löw begraben liegt, pirschen sich Geldwechsler zwischen den umgesunkenen, schief stehenden Grabstelen gnadenlos an; und steigt dir auch gerade diese große, überlaufende, krug- oder ampelförmige Träne vom Zwerchfell her auf, sie leuchtet und strahlt, und du willst dir die Haare raufen und weinen darüber, was man den Juden angetan hat, es nützt dir alles nichts: »Wollen Sie wechseln?« Die unrealistischen Wechselparitäten sind staatlich verfügt.

(Zwischen den mit Kronen, Säulen und Gesetzestafeln verzierten Grabsteinen recken sich dünne Menschenarme aus dem kalkigen Untergrund, dem zerriebenen Laub.)

Wer wird für mich einmal ein *Deo gratias* sprechen?

Rabbi Löw, verzeih mir! Du ruhst da, wohlgebettet und gut behütet, unter den Schafen deiner Gemeinde. Dein Golem aber hat sich durchgesetzt in dieser Welt: der allmächtige, allgegenwärtige Bürokrat: dieser zusammengeschusterte, zusammengekleisterte Odradek! Dein Geschöpf hat wahrlich alle Grenzen überwunden. Er ist hier wie da zuhaus: im Osten, im Westen; ein unnachahmlicher Hautgout, eine Sprache, eine Physiognomie …

Vordergründig ist auch in Prag, wie in den meisten Metropolen des östlichen Mitteleuropa, wenig vom Kommunismus, vom herrschenden System, zu sehen. Freilich: Mit Kommunismus hat's auch wenig zu tun.

Ich komme auf das *U Fleků* zurück: Dort saßen an einem der abgewetzten Tische vier oder fünf Abiturienten, blutjunge Herren in Schwarz, oder gingen sie gar schon zur Universität: vife, gut erzogene, manierliche Studiosi, wie sie mir hierzulande lang schon nicht mehr untergekommen sind (ich kam mir vor wie in einem Roman von, von Stefan Zweig: *Die Welt von Gestern*). Einer der Burschen hatte ein blitzgescheites Gesicht, er rauchte, der Rauch stieg in Bahnen vor seinen Brillengläsern auf, das Gesicht strahlte vor Intelligenz, er sprach beredt, während seine Kommilitonen mit schläfrig-verträumten oder knabenhaft aufgedunsenen Gesichtern ihm zuhörten.

Paradox: *Das Bürgerliche* als Erscheinung – der Osten hat es besser bewahrt als der Westen.

Die Grundlage der barocken Kultur, wie sie im Weichbild Prags allgegenwärtig ist, ist der siegreich interpretierte Katholizismus nach den gegen die Türken gewonnenen Kriegen. Gelegentlich kommt einem dazu der Verdacht: Hier feiert eine aristokratisch-absolutistisch organisierte Gesellschaft sich selbst.

Wenn wir das Wirtschaftswunder in den westlichen Gesellschaften nach dem Zweiten Weltkrieg dem gegenüberstellen, müssen wir festhalten: Die Trägerideologie hierzulande ist das Konzept der sozialen Marktwirtschaft, also eine Art reformierter Kapitalismus. Es fällt dann gleich auf, dass wir angesichts der modernen Wohnbauten, der Autobahnen und Kraftwerke unseren Blick von einem allgegenwärtigen Funktionalismus nicht abwenden können. Man wird einwenden: Auch die Kirchen und Paläste des Barocks waren funktional. Aber eben in einem anderen Sinn: Gewiss dienten sie der Aufrechterhaltung der Macht (als Symbole auf jeden Fall). Der Funktionalismus der Moderne ist ein anderer: Die Macht ist nicht mehr als Antagonismus zwischen Herrschern und Beherrschten begreif- und darstellbar, sie ist vielmehr selbstverständliche *Qualität* jeder Beziehung, und alle Beziehungen insgesamt sind nicht so sehr beschreibbar in einem Wer gegen Wen, sondern besser nach Art einer Kosten-Nutzen-Analyse: Das heißt, die Interessen der landläufig immer noch so genannten Klassen sind derart innig verschmolzen, dass man sie schwer auseinanderdividieren kann, und miteinander verbunden und verschwägert im Gedanken einer universell gedachten Effizienz. – Das klingt ein wenig nach Faschismus, ich weiß.

Auch in der Prager U-Bahn, sie ist von Moskauer Bauart, stehen die Leute dick eingemummt in Mäntel und Jacken aus wattiertem Kunststoff, die Röcke der Mädchen sind trotz der Kälte kurz, Kinder werden in diesen zusammenklappbaren Wägelchen mit den Stockgriffen geschoben, wenn der Vater einen Vollbart hat und die Mutter offenes, unbehandeltes Haar, die alten Herren tragen Krawatten zum ärmellosen Pullover samt Sakko, die Jugend geht durchwegs auf Gummisohlen (Sneakers). Die erbsgrünen Soldaten einmal abgerechnet, ist es das gewohnte Bild, und vor dem inneren Auge zirkuliert der uferlose Menschenstrom längst über all diese künstlich aufgeführten Grenzen hinweg, auch wenn lang noch die Alarmglocken bimmeln und Wolfshunde mit Schaum vorm Maul an elektrisch bestrahlten Gittern entlanglaufen werden.

Unauffällig saß dieser Herr hinter seinem Schreibtisch am Poříč, in dem Gründerzeitgebäude mit der Kuppel, das die Arbeiter-Unfallversicherung beherbergte (das Gebäude steht ganz unverändert): Kafka. Seine Herrn K. bevölkern und durchwimmeln heute das Große Zwielicht: Sie treten aus den Häusern, besteigen Autos oder öffentliche Verkehrsmittel, benutzen Straßen oder Schnellstraßen, betreten größere Gebäude und verwalten dort etwas: sich selber? Sind sie jemandes Opfer? Oder sind sie doch, inwendig infernalisch und bestialisch, Kommandeure einer Maschinerie, die sie zwar zuletzt auch selber auffrisst, mit deren Hilfe sie aber zuvor die anderen drangsalieren und, wenn nötig, vernichten?

Kafka ist übrigens allgegenwärtig, und man kann, ist man in der Altstadt unterwegs, gar nicht umhin, mehrmals täglich seine Wege etwa zum oder vom Büro abzulaufen.

Die Kommilitonen im *U Fleků* trinken zivilisiert ihre Krügel leer (im Hintergrund der Beschreibungsanstrengung irrlichtert der Begriff *einen Salamander reiben*): Jetzt aber erhebt sich etwas anderes, etwas ganz anderes vor dem forschenden Blick: Da sind schinkenbreite Oberarme, gewohnt, die Spitzhacke zu schwingen, da ist das karierte Ausschlaghemd, vorn an

der Brust weit offen, obwohl's hier, in dem Lokal an der Kleinseite, unge-
heizt und fast kalt ist, da ist dieses gutartige, gutmütige Lächeln, ist das Kin-
derauge, sind die kehligen Lacher: Da ist der Zecher, der seine zehn Krügel
wie nichts trinkt, er isst noch nicht einmal einen Bissen dazu – er hat ja
auch kein Geld für derlei Luxussächelchen –, und wenn er aufsteht, um auf
dieses von trüben Kaskaden durchsudelte Klokabuff zu gehen, hängt ihm
hinten der Hemdzipfel wie eine kleine, übermütige Fahne heraus, und man
sieht diese feinen, irgendwie an die Knabenzeit erinnernden blonden Härchen auf seinen schwammigen, walrosshaften Lenden. Ich will versuchen,
den Mann noch deutlicher ins Visier zu bekommen: Da hat er mit seinem
rotgesichtigen Kumpel, der neben ihm sitzt und ihm zuprostet, irgendwo
ein kleines Extrageschäft gemacht. Wahrscheinlich haben sie irgendwo ge-
pfuscht, bei irgendjemand, der's hat oder haben muss. Und jetzt trinken sie
einen und lassen fünf gerade sein. In ihren Gesichtern ist keine Gier, steckt
nicht der angestrengt verhehlte Verdruss desjenigen, der glaubt, schlecht
weggekommen zu sein. Nein, im Gegenteil, die beiden strahlen die Über-
zeugung aus, *gut* weggekommen zu sein. Und ist dieses Gefühl auch für
den nüchternen Beobachter nicht nachvollziehbar und teilbar, bekommt es
eben deshalb etwas demütig Franziskanisches, genau das, was bürgerliche
Damen früher einmal mit wohlwollendem Einverständnis vom *Volk* sprechen ließ, wenn sie sich über ihre Dienstboten unterhielten.

   In Prag fasst die grabende Hand des Untersuchenden immer wieder
bald das Bürgerliche, das Langdahingegangene und Museale: Ein seltsamer
Befund für eine Gesellschaft, na ja … In der Hinsicht war der *absterbende*
Kapitalismus revolutionärer.

   Vom Burgberg aus gesehen, wir steigen unterhalb des ehemaligen Palais Schwarzenberg die steile Straße hinauf, liegt Prag, die alte Stadt, im
hellen, lockeren Knie der Moldau (es braucht nicht viel Fantasie, an das
Knie einer stämmigen, breithüftigen Frau mit goldblonder Haarkrone zu
denken): Da stehen jetzt die Gründerzeitpaläste mit ihren Pariser Balkons
an den Kais entlang, unterhalb der Karlsbrücke das ehemalige Judenviertel
ersetzend: Wo hat Kafka gewohnt? Dort. An der Ecke! An der knochen-
weißen Ecke mit den Jugendstilerkern aus Stein, mit den Fensterscharten,
hat er seine Hefte vollgeschrieben (*Urteil, Verwandlung*) – und hinten noch
mehr Dächer und Winkel und die spitzhütige Zikkurat der Teynkirche,
und noch ein paar andere Türme, der Pulverturm, breit und unerschütter-
lich, der Rathausturm, das goldene Bühnenhausdach des Nationaltheaters,
das Nationalmuseum am Wenzelsplatz oben, und die ferneren, häuser-
überwallten Hügelwülste und -leisten, Dachverstrebungen einer Stadions-
rotunde, Gaswerkkugeln aus Aluminium, Fernsehtürme an den Wolken:
Das ist Prag. Und man weiß im Hinsehen um die zerbeulten, roten Straßenbahnen, die mit wildem Zahn ihre Schienen entlangfegen, diese Schienen,

in den alten Pflasterstraßen, mit den Öllachen in abgesunkenen Rillen oder Rinnen, den Ständen mit graugrünen Orangen (Vitamine) und den grauen, dreckgesprenkelten Fassaden aus einer Zeit hinter Gold, Fahne und Adler, mit zerbrochenen Schwerterklingen und dem welken Lorbeer im zahnlosen Maul, Gesicht eines Blinden, lang schon Erblindeten, Passanten, die die Vorstadtstraßen entlanggehen und deren Silhouetten aufleuchtend eine dritte Dimension gewinnen, wenn sie aus der Schattenfront ins Licht treten.

Canetti erzählt in seinen Memoiren von den *Bildern*, die wir früh aufnehmen und von denen her (oder von ihrem denkerischen Muster) wir uns die Welt in ihrer Vielfalt ausdeuten: In der Nationalgalerie hängt nun das von ihm erwähnte Bild von Pieter Brueghel *Die zwei Blinden*, und ich stand plötzlich davor: Da humpeln sie, beinlos, auf diesen hölzernen Stelzen oder Krücken, wie man sie auf den Bildern von Brueghel des Öfteren sehen kann, einer hält sich am anderen fest, dass der ihn führe, ihre Köpfe sind im Vergleich zu den Körpern unverhältnismäßig groß: Aber da geht kein rechter Weg, und vorn, im Vordergrund des Bildes, glänzt Wasser in einem binsenbewachsenen Graben. – Das Bild ist nicht sehr groß, etwa wie ein Schachbrett.

Es gibt noch viele andere schöne Sachen in der Galerie, etwa ein Bild von Piero della Francesca mit diesen puppenhaften, wunderschön farbig gemalten Menschen, und viele frühe Picassos (vergleichbar denen der Sammlung Schtschukin im Moskauer Puschkin-Museum).

Dieses Hervorheben von Bildern (Gemälden) bei Canetti, jenes Herausarbeiten anderer *Bilder* (Erinnerungsrelais) in den Memoiren Sperbers, als Auskunftsmittel und Bedeutungsträger zugleich, deutet auf die Abkunft ihrer Theorien von christlich oder jüdisch überkommener Seelenlehre hin: Die Seele wird dort als ein Ganzes vorgestellt. – Jetzt hat der Besitzanspruch auf *eigene*, höchstpersönliche Bilder schon etwas Exklusives, und was man Seele nennt, erscheint doch eher als offene, durchlässige Struktur.

In den Wiesen des Laurenziberges duftet es bereits nach Frühling. Die Wege liegen als blasse, labyrinthisch verschlungene Bänder im Gelände. Das lederne Laub der Obstbäume dreht sich zwischen den fast noch durchsichtigen Grashalmen auf und glänzt fett. Unterhalb des Strahov-Klosters lehnen Spaziergänger an den Stützmauern und sonnen sich. Drüben, in den Kinsky-Gärten, ist noch Schatten, der Wind fährt einem kalt um die Ohren. In der Seminařská finden wir versteckte Bänke unter wilden Rosenstauden, wo sommers sich wohl Liebespaare treffen.

Die steinernen Heiligenfiguren der Karlsbrücke, die sich anbetend hinknien oder ins Knie sinken, oder zeigend, mit schiefgelegtem Kopf und offener Handfläche, mit abgespreiztem Daumen, zur Himmelskönigin hinaufweisen, oder Arm und Schwurfinger erhoben haben, indes der Kopf etwas nach vorn geneigt ist und zu Boden schaut, oder die, auf Wolken, einfach betend dastehen, inmitten von Engeln – über die Karlsbrücke zu gehen ist, als wäre die Jakobsleiter umgefallen und man strebte mitsamt der heiligen Brüderschaft schnurgerade in den Himmel hinein. Die Brücke ist leicht gebogen, der Weg von immer neuen Figurengruppen aus dunklem, porösem Sandstein begleitet. Man könnte sagen: Hier spielt sich, mitten im Alltag, ein immerwährendes Mysterienspiel ab. Man könnte sagen: Wir durchschreiten das figurativ ausgemünzte Programm einer Weltanschauung, die ein Übermaß an Kraft, ein Übermaß an Selbstdarstellungswillen hatte. Wir gehen zwischen großen Ausbrüchen von Gefühl dahin, grüne und rosa Stichflammen fahren aus den schwarzen, steinernen Herzen, schon spüren wir die Knorpel und Knöchelchen unserer Zehen nicht mehr, unsere Arme heben sich wie von selbst, wir strecken sie nach den Palmen eines himmlischen Jerusalem aus.

St. Niklas, St. Thomas, St. Clemens, St. Niklas auf dem Altstädter Ring; St. Georg, St. Veit, St. Gallus, St. Jakob: Allerheiligen – und all das Gold dieser Blütenzweige und Kreuze und Kelche und Gitter und runden Gloriolen, und all die Menschen, die an den Mauern entlanggehen.

Da geht ein Mann in dickem Wintermantel, mit Schal und einem Hut mit breiter Krempe. Da geht oder humpelt er vor mir her, bucklig und depressiv. Wer ist das? Dieser Mensch da, dieser Kerl? – Der Mann der Menge? Ein Schlemihl? Der ewige Jude? Don Quichote? Sindbad? Ein einsamer Passant? Robinson? Die enttäuschte Hoffnung in menschlicher Gestalt? Die immer und stets verhöhnte und betrogene Hoffnung auf das bessere, das schönere, das glückliche und, vielleicht auch, das ewige Leben?

Prag II (1995)

Die Eier der Lumme überraschten mich – sie hatten eine Vitrine für sich: sie waren weiß, gelb, blau, grün, purpur, rot oder braun; und sie waren von allen möglichen verschiedenen Farben durchzogen oder gefleckt oder gesprenkelt. Wenn das die Eier einer Spezies waren, wie konnte man sich dann jemals auskennen? Lauter Vielfalt und Staunen. Vielleicht, dachte ich jetzt im Regen auf der Cromwell Road, war es diese Empfindung, die ich im Urwald im Herzen Borneos wirklich gesucht – und auch gefunden hatte: der plötzliche Augenblick, wenn du dir noch nicht einmal sicher bist, ob das, was da eben über den Fluss flog, eine Fledermaus war, ein Vogel oder ein Schmetterling, lese ich im Zug in den Reiseaufzeichnungen von Redmond O'Hanlon.

Diesmal nähern wir uns von Praha-Holešovice. Holešovice ist ein Stadtteil von Prag und bildet zusammen mit Bubeneč und Troja den 7. Bezirk. Die Häuser da sind in der Hauptsache Gründerzeithäuser, die Straßen mit Granitwürfeln gepflastert. Die Hausfassaden sind ungepflegt, verstaubt, und selten ist eine neu angestrichene darunter.

Und dann, ich stand nach einem kleinen Fußmarsch auf der Anhöhe der Letenské-Gärten, lag Prag vor mir: Im ersten Augenblick des Wiedersehens kam es mir vor wie ein riesiges Graz, vermischt mit Krakau und Wien, grau in hellgelb, mit dem tollen Grün der vielen Kupferkuppeln und Türme darin. Links wird die Szenerie vom goldverzierten Helm des Nationalmuseums eingefasst; rechts von der langen, vergoldeten Kuchenform des Nationaltheaters. Und dazwischen liegt die vieltürmige Stadt, schön umschlossen von der sich um sie rundenden Landschaft. Und da war schon der erste kleine Flügelschlag eines Jubels, einer Freude und eines Lechzens, die noch nicht recht zu sich selbst gefunden hatten.

Man muss wissen: Der große Charme der Stadt liegt darin, dass sich unentwegt ihre zwei Hälften ineinander spiegeln – besser, einander anschauen. Steht man hoch oben auf dem Hradschin und schaut auf die zur Moldau sanft abfallenden Altstadtviertel hinunter, möchte man hinübereilen und dort sein: Es ist so schön! – Und schaut man wieder, etwa von einer der Brücken, zur Niklaskirche auf der Kleinseite, zum Hradschin hinauf, dann möchte man dort sein, die Farben kosten und die Steine berühren. Wenn Chateaubriand von Prag sagt: *Wenn Prag an der Meeresküste läge, wäre es überaus reizvoll …*, dann ist das etwa so trefflich, als würde einer bemerken, Paris wäre noch schöner, wenn es anstelle des Montmartre das Matterhorn hätte. An Prag kann man nichts verbessern; höchstens verschlechtern.

Das Thema der selbstverliebten Spiegelung der Ufer – hin und her: ist man da, will man dort sein und umgekehrt – ruft mir den Brunnen an der Hinterseite des Palais Clam-Gallas in Erinnerung: Dort sitzt eine Frau, sie stellt die Moldau dar, wie ich später hörte, und aus ihrer steinernen Vase ergießen sich steinerne Wasser, auf denen steinerne Sterne schwimmen. – Nach dem Gewitter kommen in der Nacht die Sterne heraus: Und jetzt spiegeln sich in der wirklichen Moldau die wirklichen Sterne. Oder war ich nur zu lang in der *Goldenen Birne?*

Gestern Abend zehn Uhr ging ich in meinem traurigen Schritt die Zeltnergasse hinab. – Ich muss zugeben, dass, lange ehe ich etwa unter den großen Ulmen in den Chotek'schen Anlagen spazieren ging, über den Wenzelsplatz querte oder durch die Torbauten der Karlsbrücke schritt, ich tausende Male in Prag gewesen war, obwohl ich, außer ein paar schlechten Fotografien, nichts davon kannte: weil ich ein Leser Kafkas war. Ich hatte mir eine Stadt zurechtgelegt, in der irgendwo der Schloss-Roman spielt und der Herr K. ständig von zwei dunkelgekleideten Herren zur Exekution abgeholt wird.

Kafka ist dabei, für Prag die Rolle zu übernehmen, die Mozart für die schöne Stadt Salzburg trägt: und das ist keine dankbare Rolle.

Ich überlege mir, auf welchen Gassen Kafka ins Büro gegangen ist. Ich gehe, vom Altstädter Ring aus, immer hart an der Grenze zwischen den gründerzeitlichen Häusern der Josefstadt und den mittelalterlichen und barocken Häusern um Teyn- und Jakobskirche durch die Dlouhá, die früher auch Lange Gasse hieß. Ich eile durch die überlaufene Celetná, vorbei an den Andenkenhändlern und Wechslerganeffs, und überlege mir, wie weit der Bau des Obecní dům wohl damals schon gediehen war.

(Man muss sich vorstellen, dass die Stadt Prag zu Kafkas Zeiten, also um die Jahrhundertwende und bis zum Ersten Weltkrieg, eine einzige Baustelle war.)

Im Morgenlicht und bei trockenem Wetter zeichnen sich die Türme, die Hausmassen und Kuppeln besonders gut ab. Da ist der mächtige Körper der Jakobskirche mit dem seitlich gestellten Turm, die spitzige und aberwitzige Turmkappe der Teynkirche mit den goldenen Kugeln, der brave Steinturm des Rathauses, die zwei Türme der Altstädter Niklaskirche mit dem viereckigen Polsterdach in der Mitte, die hohe Kuppel der Clemenskirche; dort ist links von der Mitte, eher schon im Mittelgrund, das hohe Schiff von Maria Schnee, mit dem kleinen Dachreiterturm; und der Pulverturm neben dem Obecní dům und dem alten Zollhaus an der Hybernská: und im Vordergrund die Bauklotzhäuser des Agnesklosters am Fluss – und ganz hinten die zwei Türme am Vyšehrad!

Da stand auf einem Felsen an der Moldau, ehe ihre Wasser nach Prag kommen, die Burg Vyšehrad. Als noch der anfängliche Wald alle diese Berge an der Moldau bedeckte, ist sie gebaut worden, lange, bevor der Held Zaboy lebte und der Sänger Lumír. Und dann ist Krok gekommen und hat auf der heiligen Burg seinen goldenen Sitz gehabt. Dann ist Libussa gewesen, die unter allen Schwestern sein liebstes Kind gewesen ist, und sie hat den Ackersmann Psemysl geheiratet, und sie hat den ersten Holzblock zur Burg Prag aushauen lassen. Und von ihr ist ein zahlreiches Geschlecht gekommen, und sie haben über die Völker gewaltet, schreibt Adalbert Stifter in seinem *Witiko*. Ich aber denke, ich sollte eine Faustskizze der Prager Stadtverhältnisse geben: In der Mitte rinnt die Vltava oder Moldau. Flussauf steht der Vyšehrad. Dann folgen die Häuser, Klöster und Kirchen der Neustadt, die von Karl IV. angelegt worden ist. Daran schließt sich die Altstadt. Und Nové Mesto und Staré Mesto zusammen füllen den sanft gegen die Moldau fallenden Gleithang.

Gegenüber liegt die Kleinseite mit der alles überragenden Niklaskirche, umgeben von Palästen und anderen Kirchen. Und dann, oben am Hügel, die Burg mit dem Veitsdom, der Georgskirche und dem Klosterbau von Strahov.

Die beiden Seiten, die eine steil und schroff, die andere rund und musikalisch, folgen dem gebogenen Lauf der Moldau und sind durch zahlreiche Brücken verbunden.

Was hat sich seit dem letzten Besuch verändert? – Erstens wimmelt es jetzt in Prag von Touristen. Zweitens: Oberflächlich betrachtet, bislang nicht viel.

Die tschechische Geschichte war immer, so weit ich das übersehe, ein Wechsel von Öffnung nach außen, insbesondere nach Westen, und von Abschließung, Konzentration auf sich selbst. Das ist nicht immer gewaltlos abgegangen, ich denke etwa an den Dreißigjährigen Krieg – im Moment schaut alles friedfertig aus. Amerikanische Touristen haben mit ihren Dollars Prag erobert, die amerikanische Flagge weht nicht nur über dem Gartenlusthaus der amerikanischen Botschaft hoch oben in den Schönborn-Gärten, sondern über ganz Prag.

Die großen Konzerne haben mittlerweile Büros oder Geschäfte aufgemacht: etwa Banken, Reisebüros, Nahrungsmittelfirmen, Mode- und Autoindustrie. Die Kaufhäuser, aber auch der kleine Laden in der Vorstadt bieten vielfach westliche Waren an. Viele neue Lokale haben eröffnet, vom Restaurant über die Tagesbar zum Massagesalon. Noch im letzten Espresso stehen amerikanische Kaugummis auf der Speisekarte.

Ich möchte den Pragern wünschen, dass sie ihren Verstand beisammenhalten.

Kastanie, Ahorn, Robinie, Eiche, Platane, Linde und Erle – das sind die meistverbreiteten Bäume in den Letenské Sady. Aber viele dieser Bäume sind tot; abgestorben.

Bei Regen sieht das Moldauwasser wie Silber aus: Die Regentropfen schlagen zurück und bilden einen zart irisierenden Schleier. – In der Früh ist das Wasser cremig, undurchsichtig, fast wie Milchkaffee. Mittags dann grün oder grünbraun im steil einfallenden Licht – wie das Glas der Bierflaschen. Abends dann schwermütig, dicht und dunkel. Da geht es dann an, Prag mit einer am Ufer ruhenden Nymphe zu vergleichen oder mit einem goldenen Schiffchen, das auf den Fluten der Moldau treibt.

Während es regnet, lese ich da in meinem Notizbuch, stehe ich beim Konservatorium am Malteserplatz und lausche der herausdringenden Musik.

Seltsam, dass ich früher nie auf dem Straschnitzer Friedhof war, auf dem Judenfriedhof. Dort liegt Kafka begraben. Gleich an der Friedhofsmauer. »Auf dem jüdischen Friedhof in Straschnitz«, steht auf dem Partezettel.

Der schwarze Granit der Grabsteine ist vom Regenwasser grau geworden. Efeu überwächst die Bäume, die Wege, die Gräber. So sieht das aus, ob in Wien, Budapest, Triest – Straschnitz selbst liegt weitab vom Zentrum. Wie viele der Vororte bietet es Moskauer Eindrücke: lange Achsen mit Wohnblocks, die allerdings feingliedriger als die russischen sind. Überall wehende Wäsche, Fernsehantennen. Und Gehsteige, die so breit sind, dass die Leute darauf verschwinden.

Mozarts wegen wäre ich nie nach Smíchov hinausgefahren – die Bertramka, jene Villa, in der er 1786/87 und 1791 logierte und komponierte, liegt heute oberhalb eines Industriedistrikts: Da lese ich lieber Mörikes *Mozart auf der Reise nach Prag.*

Auch von Mozart brummt's und fiedelt's nun mächtig durch die alte Stadt! Erlesene Abende sind gesichert!

Fliegen setzen sich auf den leeren Käseteller. Nur ein paar Stücke braungrauer Rinde liegen noch darauf. – Die richtige Prager Bierstube hat einen kleinen Speisezettel: Gulasch mit Knödel etwa, Debreziner, Schinkenplatte und eben diesen Bierkäse, der mit feingehackter Zwiebel, Petersilie und Senf serviert wird. – Ich komme darauf zu reden, weil in Smíchov, unterhalb der Mozartvilla, die Staropramen-Brauerei liegt.

In der Bierstube ist es halb dunkel. Einer sitzt auf dem anderen, und ich brauche wohl nicht hervorzuheben, dass da fast nur Männer sind. Man brüllt einander, so laut man kann, seine Meinung ins Gesicht. Die Zeit bricht *in kürzester Zeit* auseinander, nach ein paar Gläsern Starkbier stellt sich Schwerelosigkeit ein. – Stilles Glück breitet sich auf schweißüberströmten Gesichtern. Runde Augen schauen wunschlos in Zigarettenqualm und Geplärr hinaus.

Abendlicht an der Fassade von Sankt Niklas: Es legt sich wie eine Folie darauf, verbindet sich mit feinen Partikeln mit der alten, in Zersetzung befindlichen Fassade. Das ist so liebevoll.

Ich meine, viele Lokale haben sich recht gut gehalten, und es macht immer noch Spaß, etwa in dem Restaurant neben der Loreto-Kirche zu essen. Den mährischen Wein habe ich immer schon geschätzt. Die Prager selbst versuchen sich jetzt in Bardolino.

Abends, oberhalb des Wehrs, flussauf von der Karlsbrücke: spiegelnde Wasser, glatt und zart, Richtung Nationaltheater hin und zu der pariserisch anmutenden Häuserfront am Kai; unterhalb bewegt, vivace, plaudernd, flüsternd, heimkehrend.

Zuletzt wird Prag doch wieder klein, es bäckt sich zusammen. Die Gassen werden enger, und auf den Plätzen laufen die Leute schneller, wie in einem alten Film. Die Kugeln auf den Turmspitzen der Teynkirche steigen auf wie Luftblasen in einem Wasserfall, und fragt einen jemand nach der Uhrzeit, was hierzulande noch öfter passiert, hält man nur mehr mürrisch, innerlich abgespannt, den Arm mit der Uhr hin.

Auch diesmal bin ich wieder nicht in Troja draußen gewesen. Ich habe die Strahover Bibliothek wieder nicht besichtigt, und Karten für mein liebes Tyl-Theater habe ich auch nicht gekauft.

Ich habe jede Menge Anmerkungen gesammelt, etwa über den Festungsbaustil des Vyšehrad im Vergleich zur modernen Autobahnarchitektur, über Natur und Qualität des Prager Barock im Vergleich zum österreichischen, unter besonderer Berücksichtigung von Meinrad Guggenbichler und Fischer von Erlach, ich habe wieder festgestellt, dass die moderne Gemäldesammlung ausgezeichnet ist; ich habe bemerkt, dass der Farbton an den Prager Kirchen im Frühlicht genau dem Rosa entspricht, das Giotto und Fra Angelico so gern verwendet haben.

Im Museum sah ich dieses Gemälde von van Gogh: *Grüner Roggen,* ich glaube von 1889, ein spätes, ein schwermütiges Bild. Als ich nach Wien zurückfuhr, stand tatsächlich dieser grüne Roggen rechts und links des Bahndamms, voller Mohnblumen: Da kam mir wieder in den Sinn, dass ich auf der Hinfahrt befürchtet hatte, dieses die Felder mit Wolken oder Schlieren durchziehende Rot könnte mir, einmal angekommen, den Anblick der ausgebreiteten Stadt in der Tiefe verdunkeln.

Bratislava (1992)

Ich gehe durch die Stadt. Ich bin nicht auf der Suche nach irgendwelchen billigen Sachen und will keine Gelegenheitskäufe tätigen. Man muss wissen, Bratislava ist ein Einkaufsparadies für die Wiener.

Über den orangeroten Ziegeldächern kommt der zauberische Muschelton der Frühlingsluft besonders schön heraus. Vom Fluss her, der breiten, schnell fließenden Donau, steigen Wasserdünste auf und entrollen sich als Schleier über der Stadt. Da fliegen sie – in den Lüften!

Ich liebe besonders den Burgberg, der steil zur Stadt hinunter abfällt. Leider hat man die sich an den Berg schmiegenden Stadtviertel durch den Bau einer Schnellstraße zerstört. Ein paar Gassen zeigen noch zur Stadt hinunter. Auf der großen Betonbrücke rollt der Verkehr aus Wien mitten in die Stadt herein.

Die Burg von Bratislava ist ein eher düsterer, wuchtiger Bau, glatt und schmucklos, mit vier Türmen, einem an jeder Ecke, und sie gleicht ein bisschen einer, wie Kinder sie in ihrem Baukasten haben. – Irgendjemand *residiert* immer dort oben; zu Grillparzers Zeiten war's allerdings eine Ruine.

Griesgrämig und sauertöpfisch, ja im Grunde verzweifelt, wie er ist, lobt Grillparzer doch die Stadt und insbesondere die Aussicht: *Die Aussicht von der Ruine herab ist wunderschön. Es war übrigens unleidlich heiß, und so legte ich mich im Schatten der Mauern nieder und dachte – nicht viel.*

Die große Bastei springt breit aus dem Gelände vor, hat vorn eine gemauerte Wehr, in deren Ziegelkrone sich die Farbe der alten Dächer wiederholt.

Die Mauern sind gelb, grau oder dunkelorange, alles ist von Staub bedeckt. Und doch, die Sonne lässt die Mauern aufleuchten wie kostbaren, alten Stoff. Man könnte sagen: Die Mauern, mit ihren Flecken und Runzeln, erblühen unter den Sonnenstrahlen, und wie oft eine alte Frau schöner ist als eine junge, weil sie Geist, Kultur und Erfahrung hat, so verhält es sich hier.

Vielleicht bin ich auch nur auf der Suche nach einem blau-weiß gestreiften Rock; oder war es eine Schürze, die ich auf dieser Vedute von Alt einmal gesehen habe?

Meine Lieblingsstraße ist die Obchodná. Zwischen unregelmäßig hohen Häusern, das geht vom bloß ebenerdigen bis zum vier, fünf Stock hohen, zwischen unregelmäßigen Häusern führt die Straße breit und, wie mir vorkommen will, ausladend eine kaum merkliche Neigung hinunter, es ist der letzte Ausläufer des Burgberges, die Straße hat breite Trottoirs, Gleiskörper für Straßenbahnen in beide Richtungen; ihr scheinbares Ende bildet, in einiger Entfernung, ein buntes, barockes Haus mit Giebeln. – Ich könnte das Haus gar nicht beschreiben, merke ich. Mein ganzes Interesse, all meine Aufmerksamkeit nimmt die Obchodná selber in Anspruch, wie eine Meeresbucht, durch die Menschen, Passanten und Straßenbahnen langsam zu mir herübersegeln.

Eine graue Bucht aus Staub und Asphalt, aus zerriebenen Straßenbahnschienen, Schmierfett und bröseligem Teer, der in der Augusthitze weich geworden und in der Winterkälte aufgebrochen ist.

Die Stadt selber ist das übliche halb mittelalterliche, halb barocke Gemurkse aus engen Gassen und schönen Plätzen, rechteckig, streifenförmig, dreieckig – alles da, mit mächtigen, alten Bäumen und Tauben, die zu der Stille und Verwunschenheit der Verhältnisse ihre eigene noch hinzufügen. Auffliegende Tauben vor frisch gefärbelten Fassaden! – Schon wird renoviert. Westläden öffnen. Es wird luxuriös.

Aus den k.u.k. Hallen der Hlavna Stanica strömen die Wiener. Der Morgenzug ist eben eingelaufen. Nylontaschen verknüllt in Händen, die Blicke unternehmungslustig schweifen lassend, verläuft sich das Richtung Stadt hinunter. Abgetretene Grünflächen, auf denen da und dort ein paar Disteln wachsen. Offizielle Gebäude, die leere Paradeplätze überschauen, mit Brunnenanlagen und gigantischen Gedenkstätten.

Abends, gegen fünf, pickt ein Überglücklicher im Franziskaner-Keller dem Kellner seinen letzten Hundert-Kronen-Schein ans Hirn: Fideln und Harmonika! Ich weiß nicht, ob's alle glücklich macht. Aber ist das nicht auch ein bisschen viel verlangt?

Sankt-Martins-Dom; die Jesuiten-, die Kapuziner-, die Franziskaner-Kirche; eine Ursulinerinnen-, eine Klarissenkirche; dazu mehrere Marienkirchen und etliche Klöster. Auf dem Stadtplatz, neben der Jesuitenkirche, stehen die alten Frauen mit dem Pater beisammen und warten auf den Anfang der Maiandacht.

Neben der Trinitarierkirche, einer Marienkirche, wo früher russische Bücher zu kaufen waren, werden bald wieder Rosenkränze zu haben sein.

Von der Geschichte Bratislavas weiß ich wenig. Zur Zeit der Monarchie gehörte es zur ungarischen Reichshälfte, und man kann auch noch hie und da die alten Straßenschilder sehen: ungarisch und deutsch. Preßburg – der deutsche Name.

Die neuere slowakische Geschichte ist im Wesentlichen die Geschichte des Unabhängigkeitsstrebens: einmal von den Ungarn bis 1918, dann von den Tschechen. Während der Hitlerzeit war die Slowakei ein klerikal-faschistischer Vasallenstaat des Deutschen Reiches, im Verlauf des Krieges in steigendem Maß auch an den Judendeportationen beteiligt. Es wundert mich nicht, dass heute wieder Nationalismus und Unduldsamkeit gegen Minderheiten hochkommen.

Wie von selbst stellen sich Zigeunerinnen an die Straßenecken der vorgestellten Stadt und schauen gleichgültig unter ihren Kopftüchern hervor, Zigarette im Mundwinkel, und halten mir ihre Bettlerhände hin.

Die Lände begleitet mit ihrer Verschlafenheit den Kern der Stadt. Der Fluss strömt eilig vorbei. Der Industriehafen liegt heute etwas stromab, und man sieht die Schlote der Raffinerie rauchen. In der Biegung dort unten wird der Fluss breit – und breiter –, fast wie ein See, ehe er aus dem Blick entschwindet.

Ich gehe durch die Fučiková und höre eine Operndiva schmettern. Ums Eck am Konzerthaus kommt rot, klapprig und ein wenig verwegen die Straßenbahn. Ich quere zum Platz vor dem Nationaltheater hinüber, überlege, ob ich auf dem Hauptplatz Kaffeetrinken oder mich unter den schattenden Bäumen der Promenade ergehen soll.

Es ist diese Mischung aus Hauptstadtgepränge und Provinzialität, die ich an der Stadt gernhabe.

... über den berüchtigten Zuckmantel zur Schiffbrücke. An einladenden Gesten und Mienen fehlt es da nicht. Im Allgemeinen ist der Weiberschlag, das Blut in Wien vielleicht hübscher, auffallend schöne Züge, deucht mich, gibt es hier mehr. Über die Schiffbrücke in die sogenannte Aue. Ein entzückend schöner Spazierort. Ich erinnere mich kaum, in der Nähe irgendeiner Stadt dergleichen gesehen zu haben. – Wo zu Grillparzers Zeit ein belebter Hafen war, dümpeln heute einige Vergnügungsdampfer. In der sogenannten Aue, am gegenüberliegenden Ufer, stehen zwar noch immer ein paar Erlen und drehen ihre borkigen, grauen Stämme zum Himmel hinauf, der wieder, wenn er wirklich blau ist, sich im Fluss spiegelt und den schmutzigen, lehmigen Wellen etwas von seiner Heiterkeit mitteilt. – Insgesamt ist die Stimmung heute traurig; oder, besser, schwermütig. Liegt es an dem klapprigen Riesenrad, dessen unrunder Bogen hinter den Baumkronen hervorschaut und doch etwas Fröhlichkeit verheißt?

Es ist nicht die Schwermut, die einen für gewöhnlich am Ufer großer Flüsse oder Ströme befällt, insbesondere, wenn sie, aus Bergen kommend, in ein flaches Land ausgehen. Und dieses Land hier ist sehr flach.

Hinter der Aue ragen heute, so weit man sehen kann, die bunten Hochhäuser von Petrzalka auf, Wall hinter Wall. Es ist der übliche Anblick östlicher Vorstädte.

Vinohrady liegt auf der anderen Seite des Stadtzentrums: grüner Busch dieses Hügels, unter Weinlaub, erster Ansatz der Kleinen Karpaten. – Der Wein von dort wird ausgerechnet in der Obchodná verkauft, in einem kleinen Laden, wo es auch frisches Gemüse gibt.

Ich habe für den Text dieses stille Tempo gewählt, weil es so gut zu dieser Stadt passt. Sie selber ist gar nicht still. Weiß Gott, wie sie ist: Über die niedergebrochenen Einfassungen der Gehsteige kommen Leute her, sie waren einkaufen oder haben einander auf der Straße getroffen, oder sie laufen einer Straßenbahn nach, und die Mülltonnen aus Alublech, unten allesamt eingestaucht und deshalb irgendwie schief, warten auf Abtransport, die Tore der Häuser sind ganz runzlig – wie alte Elefanten –, weil so viele Farbschichten übereinanderliegen: Und das alles ist wenig romantisch, es ist desolat; und bei Regen rinnt dir gleich das Wasser in die Schuhe, weil die Lachen so groß sind.

Dem Stalinismus entkommen – oder entlaufen –, geht alles den vorgezeichneten Weg.

Bratislava alias Preßburg liegt am Ansatz der Kleinen Karpaten, am Rand der Ungarischen Tiefebene. Dort, über der Ebene, brütet im Sommer enorme Hitze. Im Winter kommt aus dem Osten der Frost; kaum ein paar

Finger Schnee auf den Stoppelfeldern. Und Robinien, die im Frühling duften, mit ihren traubenartigen Blüten in dunkle Kastanienschatten und über wilde Rosen hängen.

Warhol verwendet im Grunde den gleichen Trick wie Belloto: Auf seinen Porträts sieht jedermann wie in Filmstar aus; bei Belloto herrscht immer das klare Licht eines sonnigen Morgens in Italien.

Es gibt ein Bild von Belloto, das Schloss Hof zeigt. Über den französisch gehaltenen Park des Schlosses weg, auf gekiesten Rondeaus, begegnen einander Damen und Herren, über das Grün der Marchniederung sieht man den Thebner Kogel, an dessen Rückseite Bratislava liegt. Bratislava ist also nicht im Bild.

Der Thebner Kogel heißt heute Devínska Kobyla, aber abgesehen von ein paar Weekendhäuschen, die man an seinen Fuß geklebt hat, sieht er aus wie früher: Schütterer Eichenwald bedeckt die Kuppe, Heideland auf den Flanken, Steinbrüche, aus denen der Zement für die Bauten der Stadt kommt.

Triest (1985)

Triest, das liegt nahe am blinden Fleck, das ist fast daheim.

And trieste, ah trieste ate I my liverr! schrieb James Joyce in *Finnegans Wake*, und er meinte damit wohl, das alte Wortspiel aufgreifend, das Triest mit trist in Verbindung bringt, er habe sich dort die Leber herausgesoffen – wie man in Wien sagt. In der Tat muss ich jedes Mal, wenn ich im Hafen von Triest ein Schiff auftauchen sehe – allzu oft ist das beim Stand der Dinge ja nicht der Fall –, an den Signor Joyce denken, Sprachlehrer seines Zeichens, wie er, die englische Kriegsflotte weilte damals zu Gast im Triestiner Hafen, voll wie eine Feldhaubitze, solches Kaliber wird ja gewöhnlich auf Schiffen nicht geführt, ins Beiboot gehoben werden musste: Er, ein Mann aus dem irredentistischen Irland, hatte sich beim Flottenbesuch zu britisch gefühlt und wohl ein paar Unzen Navy-Rum zu viel erwischt.

Hinter San Giusto, nahe dem schwarzen, rußigen Tunnelloch, in dem die Autos im San-Vito-Hügel verschwinden, um ans Meer zu gelangen, an die Kais, steht, unweit der Piazza Vico, ein fast turmhohes, quaderförmiges Haus, ein gewöhnliches Triestiner Wohnhaus, mit weißen Balken, so viel ich mich erinnere, alles grau von Dreck, vorspringendes Dach, oben führt eine Straße vorbei, die alte Landstraße nach Istrien, heute eine Hauptverkehrsstraße, durch die die Busse und Laster brausen, unten, etwa drei Stock tiefer, kreuzt eine andere Straße, die zur Piazza Vico führt, zu den großen Platanen dort, zum Café Italia … Ja, die *morphologischen* Verhältnisse sind kompliziert in Triest, der Stadtkörper, die Hügel, die Vorsprünge, Nasen und Buchten, all das verleiht der Stadt ein unglaublich lebendiges Profil, das in seiner offen an den Tag tretenden Plastizität doch so verwirrend ist wie das Labyrinth des Minotaurus. Ich schreibe den Minotaurus her, weil dieses Einander-Übertürmen der Häuser an steil abfallenden Hügelflanken, Treppen führen hinauf, hinunter, oder schräg, weil der Anblick dieser drusen- oder kristallartig aus dem Gelände wachsenden Häuser, dieser vom Verkehrslärm zitternden Mauern, des Drecks, der eingedrehten Stricke der alten Wäschetrockner, der pendelnden Fensterbalken, weil das alles einem bald wie ein Labyrinth vorkommt: Und leicht ist es, sich den Minotaurus vorzustellen, auf Hinterläufen schreitend, den zottigen und doch wieder irgendwie lustigen Schädel erhoben, etwa in der Via Carducci, zur Stoßzeit, brüllend wie wahnsinnig: Die Triestiner wehren sich schon – die gehen einfach weiter, die hören nichts mehr.

Triest ist eine Stadt, die man am besten in einem grauen Frühling porträtiert, der noch fast Winter ist; in ewigem Sommer, der heiß, heiß und schwül ist, dass es jeden Tag wettert, schwarz zieht es dann vom Meer auf, und die Straßen liegen in der Mittagszeit tot, dass nur Verrückte und Touristen darin herumlaufen. Die beste Jahreszeit für eine Beschreibung von Triest ist eine Jahreszeit, die es nicht gibt; das ist ideal für den Schriftsteller.

In der Tat, obschon ich Triest nicht für eine geheime Literaturhauptstadt halte, was immer das sein soll, und wie es öfter zu hören ist, Schriftsteller gab es hier genug, und noch weit mehr waren hier auf der Durchreise.

Sollen wir zuerst die Generalkarte der Stadt geben? Obwohl es ohnehin verlorene Liebesmüh' ist, die *Form* der Stadt mit ihren zahlreichen Erhebungen und den Kurven der Küstenlinie kurz beschreiben zu wollen, es reizt uns doch, den Versuch zu machen: Hart am Meer erhebt sich, nicht allzu hoch, der San-Giusto-Hügel, der das Kastell und die Altstadt trägt: Nachts, die Häuser hier sind ruiniert und stehen großteils leer, verhandelt eine alte Hure, sie steht auf dem roten Läufer eines Saldi-Ladens im Halbfinstern, mit ihrem Kunden: »Du meinst es ja nicht ehrlich! Du willst doch gar nicht wirklich!« Weshalb erzähle ich das? Wegen des unendlich traurigen Kleidchens der Hure? Wegen ihrer verlatschten Stöckelschuhe? – Der San-Giusto-Hügel, oben die alte Kathedrale, verlängert sich, biegt sich, aus den Wolken im Luftraum brechen goldene Sonnenstrahlen, zum San-Vito-Hügel, windig und grell dort oben, und dann schwenkt der Rücken, ständig ansteigend und immer unter hohen Häuserlasten, gegen das Land hin, in Richtung Karst, der als hohe, massive und unerschütterliche Barriere, waldbestanden, von den Aufbrüchen alter und neuer Steinbrüche gemasert, die ganze Triestiner Szenerie mit einem Schwung grandios einfasst.

Es sind mehrere Schwünge, zwischen denen die Straßen aus dem Norden sich herunterfädeln. Rötliches Eichengestrüpp.

Rechts und links des San-Giusto-Hügels liegen zwei flache Schüsseln oder Senken, häuserbestanden – die Stadt! Platzieren wir in den Mittelgrund den grünen Buckel des schräg hereinschwimmenden Chiadino, er gleicht tatsächlich ein wenig einem gestrandeten Wal, mit Villen und Häuschen beklebt, dann haben wir das Wichtigste beisammen. Fügen wir im Vordergrund ein paar Piers, Molen und steinerne Kais an; Autos; Spaziergänger.

Der linker Hand gelegene Borgo verlängert sich über den Bahnhof mit seiner Speicherstadt zu den grünen, vom Meerwind durchblasenen Promenaden von Barcola und Miramare.

Rechter Hand kommen die Industrien, der Verschubbahnhof, die Raffinerie, die grauweiße Staubwolke von Ital-Cement: alles am Ufer entlang. Folgen noch zwei Hügel, Servola und San Sabba – dann verlieren sich die Neubauten, die Hallen, Schuppen und Fabriksgelände zur sumpfigen Niederung der Rossandra hin, die in die Bucht von Muggia mündet.

Das Meer kann niemand beschreiben: Die Tatsache ist simpel, die Tatsache ist groß; in ihrer Größe verknüpft und verwebt sie sich mit anderen Tatsachen und wird dadurch reich: unermesslich. Durch das Licht, die Tageszeiten, die Wolken, die Schiffe, den Dunst, die Ufer, ihre Bögen und Linien. Man kann bloß einzelne Launen des Meeres beschreiben, nie wird man das Ganze fassen.

Das Meer fasst alle Viertel und Stadtteile von Triest zusammen.

Triest liegt zwischen Karst und Meer.

Als Erstes sehe ich ein Raumgitter, ein Gerüst aus dünnen Linien oder Stangen, die aus den organischen Formen kahler Hügel herausstehen, im Gestein dieser Hügel entspringen, ihnen entsprießen – die triestinischen Häuser sind ja in ihrer Hauptmasse aus diesen hellgrauen Karst-Steinen aufgeführt. Massiv stehen sie da. Enge Gassen. Desolater Verputz. Taubendreck auf den Simsen.

Dann das Meer! – Von Grillparzer und Stifter haben wir Schilderungen von ihrem ersten Anhalten am Hügel oben, vom ersten Blick: Grillparzer, der wahrlich Sparsame, verwendet sogar Ausrufungszeichen: *Ein Hügel – hinauf! – Ah! Und da lag es vor uns weit und blau und hell, und es war das Meer.* Stifter? *Zwei Stunden des frühen Morgens am 20ten Juni blieb ich auf einem Hügel bei Opschina sitzen, und sah auf das tief unter meinen Füßen liegende Meer. Wie groß ist Gott, wie herrlich ist seine Welt,* schreibt er an seinen Verleger. – Der Hügel von Opicina, die Stelle, wo heute der Obelisk steht: Da liegt die Stadt, dort unten, weiß und hell, in den Falten der Hügel, breit im flachen Schwemmland. Fernsehantennen.

Fürs Erste haben wir Triest einmal zusammenmontiert, seine Teile miteinander verschraubt: ein Vorgang, der so recht zum Hauptcharakter der Stadt passt: Triest war und ist Kaufmannsstadt, in der Mitte steht die Börse.

Die Triestiner lieben es, sich auf ihrem Molo zu ergehen, abends, in der Mittagspause, am Sonntag. – Ich gehe gerne hierher, in aller Morgenfrüh, vor dem Frühstück: Die Linie der gegen Duino hin abfallenden Küstenberge, oberhalb das Blau, an der Bergkante mit winzigen Goldpunkten getupft, die sich gegen die Ferne hin, gegen Monfalcone und Grado zu, rot entzünden; vor einer weichen, den Raum verschließenden, wollüstigen Fülle aus violettem Dunst. Das Meer – weit draußen silbrig blass und gleichsam schwebend. Zu uns her grünblau, die Wellenkämme orange untermalt, lebhaft bewegt – frech und bunt wie ein Papagei: Wie passt das nur alles zusammen?

Die Wasserfront der Stadt, brav und unauffällig, mit der grauen, gedrungenen Kirche von San Nicolo, die so recht eine Matrosen- und Seefahrerkirche ist; der Palazzo Carciotti, heute Sitz der Hafenpolizei, das einzige imperial anmutende Gebäude. Dafür aber die Gründerzeitbauten des Lloyd, das Rathaus, die Paläste der allgegenwärtigen Assicurazione Generali! Das ist Pomp und Mache, das ist Repräsentation! Allerdings, von Wien und also der Hauptstadt her gesehen, doch maßgeschneidert für eine Metropole zweiten Grades. Der alte Witz mag die Verhältnisse von dazumal illustrieren: *Machen's es so wie in Wien,* sagt der Kaiser, der alte Herr, *nur ein bisserl kleiner.*

Am östlichen Ende der Wasserfront, schon gegen die Bucht von Muggia hin, die Sant'Andrea-Terrassen: Da sich schon Emilio Brentani mit seiner Angiolina in Italo Svevos *Senilità* dort trifft (im Übrigen finden sich im gesamten Werk von Svevo keine Beschreibungen irgendwelcher *Umgebungen,* sein Vorgehen ist das eines Psychologen), wenn also schon Brentani seinen blonden Engel dort getroffen hat, muss der Park von Sant'Andrea wohl von alters her als Rendezvousplatz gedient haben: Tatsächlich sitzen auch heute noch junge Schönlinge dort herum, während alte Herren leicht vornübergeneigt ihre Hunde zwischen den Buchsbäumen ausführen. Durch ihr Rufen und Lärmen verschleiern spielende Kinder die leichte Anrüchigkeit des Ortes.

Ich wechsle zur Piazza Goldoni, mitten im Zentrum, die zu beinah jeder Tageszeit von Menschen überfüllt ist. Verkehr und Geschäftigkeit. Der Borgo. Die Menschen verlieren sich in die ebenen, rasterförmig angeordneten, schluchtenartigen Straßen des Borgo hinein. Nach wie vor ist hier alles dem Geschäft und Handel gewidmet. Früher wurden da Segler und Dampfer aus Ägypten, aus Istanbul, aus Indien, aus China, aus Marokko, aus England oder Südamerika entladen: *Wie fremd kam mir alles vor,* schreibt Grillparzer, *die Menschen wimmelten lebhaft untereinander – es war Sonntag – alles schrie, statt zu reden, jubelte, statt zu lachen, sang und zankte, lief und rannte, wie es jedem eben beikam. Die sonderbaren Kleidungen der Bocheser, Albaneser usw., die recht den Eindruck machen, den die Griechen mit dem Ausdruck barbarisch bezeichnen, stachen sonderbar ab gegen den französischen und englischen Zuschnitt der Triester Petits maitres und maitresses.* In den Boutiquen und Geschäften, die gegen den Bahnhof zu immer billiger werden, in den engen, dunklen Straßen – vielstöckige Verbauung – drängen sich nun in der Hauptsache Jugoslawen, die über die nahe Grenze zum Einkaufen herüberkommen. Naturgemäß trifft man sie eher in diesen Billigparadiesen, und ebenso naturgemäß findet man dort alles mit nationalistischen und faschistischen Parolen vollgeschmiert.

In früheren Zeiten überglänzte Venedig alle anderen Städte der Adria. Als sein Stern sank, sanken auch die der Trabanten. Triest erlebte unter österreichischer Herrschaft seine Blütezeit eigentlich antizyklisch: Denn im Grunde war das Schicksal dieser multikulturellen, multinationalen, *levantinischen* Zentren schon entschieden: Die Monarchie war der letzte wacklige Hort dieser Lebensform, die wir erst heute wieder als Zukunft erkennen und annehmen wollen. Der nationalistische Größenwahn Hitlers und Mussolinis ging gewissermaßen nach hinten los und bereinigte die Frage des Besitzstandes auf unvorhergesehene Weise: Die Slawen setzten sich in Besitz der bis dahin von den Italienern dominierten Küstenregion, mit Ausnahme eben von Triest. Rechnet man noch die Blockbildung nach dem Zweiten Weltkrieg dazu, kann man sich die wirtschaftliche Situation der exponiert situierten Stadt leicht ausmalen. Auf Slowenisch heißt Triest Trst, die Anschläge der Stadtverwaltung in den Vororten auf dem Karst oben sind doppelsprachig.

Ich hatte nicht geahnt, dass das Meer so lieblich sein könne, so Stifter, *jeden Tag, jede Stunde war es anders und immer herrlich. In Farben wie lichter Smaragd wie leuchtender Azur wie tiefes Ultramarin ja wie ein Panzer mit lauter Silberschuppen spielte es vor mir, je nachdem ob die Sonne es streifte, eine mit Wolken gestickte oder ganz reine Kuppel über ihm stand, je nachdem der Himmel am Morgen in tiefer Bläue ruhte oder am Nachmittag in fast weißer Hitze glühte. Am 21ten nachmittags sah ich ein Gewitter im Westen aus dem Meere emporsteigen. Die Wolken standen senkrecht auf ihm, es erschien wie ein Riesensee, und die Wolken wie schwindelnd hohe Berge, die an seinem fernen Rand emporragten.*

Und Joyce? – *Triest wacht derb auf: derbes Sonnenlicht auf seinen enggedrängten braungeziegelten Dächern, schildkrötenförmig; ein Haufen darniederliegender Wanzen erwartet eine nationale Befreiung.* – Jede Menge Schriftsteller in Triest! Als der Nachtportier meines Hotels am Rand der Altstadt im Pass meine Berufsbezeichnung las, gab er sich als Dichter zu erkennen und lud mich auf einen Drink ein: »Sono scrittore!« In eben diesen Altstadtgassen von Triest lernte mein Großvater als junger Hilfsarbeiter rasch das Trinken, das war vor 1914, er kam aus Kärnten, vom flachen Land her. Wahrscheinlich erschienen ihm die Kaschemmen, die eher trüben Figuren der Hafengosse als Ort und Darsteller eines schillernden Eldorados.

Wir sitzen in einem Gasthaus in San Lorenzo, oben im Karst: Kleine Leute hier herum, dunkle Köpfe in der dunklen Stube, leises Reden, Wimmern und unterdrücktes Weinen kleiner Kinder in ihren Kinderwägen, die größeren sitzen schon auf Sesseln und löffeln ihre Pasta, schaufeln, die Großen essen Schweinskeulen in Sauce, trinken Wein dazu, es ist die Stimmung einer Partie aufs Land, die Stimmung eines kleinen Familienfestes, Mutter und Vater, die Großeltern, die dicke Schwiegermutter mit einem Spitzentuch über den Schultern. Im Tal unten, hinter dem Gezweig von Edelkastanien, blasse Felsen, und tief unten dann Dächer und die jetzt aufkommenden Lichter von San Dorligo, die Lichter des Kalkbruchs, der riesigen Schottermühle, die ferneren Lichterketten und -girlanden der Raffinerie an der Küste draußen, am Vallone di Muggia. – Und ganz dort in der Nähe liegt auch das ehemalige KZ von San Sabba, in der alten Reisfabrik da, das einzige Italiens, etwas ganz Unitalienisches, von hier gingen die Juden nach Deutschland, nach Polen – wie Schlachtvieh; der städtische Schlachthof liegt ja auch gleich daneben, Macello Communale; dann die Friedhöfe – wir gehen durch den großen Judenfriedhof, heute eine Art Urwald, mit gebahnten Wegen darin, und die alten Monumente schimmern aus dem dunklen, traurigen Grün.

Vor dem Eingang des Christenfriedhofs sammelt man sich gerade: Die Verwandten und Bekannten, die *Hinterbliebenen,* treffen zusammen: Bahnhofsstimmung, man hat einander lange nicht gesehen, kennt einander kaum. Vorsicht und Diskretion. Dazu Buntes an Kränzen und Blumengebinden, Musik auch – ein bisschen Prater, ein bisschen Fasching, ein bisschen Katzenjammer: das Törichte, das Traurige und Schmerzliche des Lebens; das Schöne.

Die Straße nach Lendava (1987)

Wir sind in Murska Sobota, in dem Teil von Slowenien, der nördlich der Mur liegt. Die Straße führt erst über ein Bahngleis, dann über einen Kanal und dann in die tiefergelegenen Maisfelder hinunter, die nun, für eine Weile jedenfalls, hin und wieder verstellen Fabrikgebäude oder Ziegeleischuppen den Blick, bis an den Horizont reichen. Die Straße führt nach Hodoš, nach Norden. Aber wir biegen in Martjanci nach Osten ab, zwei Pappeln stehen am Ortseingang, und die Ortschaft ist eins dieser wurmförmig um eine willkürlich und sanft ihre Kurven schlagende Straße angelagerten Gebilde, die Häuser sind ebenerdig und haben selten einen ersten Stock, die Farbe ist sonnenblumengelb oder weiß, oder die Häuser sind überhaupt unverputzt. Von der Hauptstraßenzeile weg führen ein paar Nebengassen, die sich, mit Querwegen, zu einem wirren, immer wieder von Wiesen, Sumpfäckern oder Gärten unterbrochenen Siedlungsgeflecht entwickeln.

Nördlich der Straße tauchen nun flache Hügel auf, die sich gegen Osten mit Wein bedecken. Hier sind die Kuppen bewaldet, Buchen, halb vertrocknete Fichten und herausragende Föhren mit Nadelgamsbärten. – Wir wissen, dass hinter diesen Hügeln, nahe von Pártosfalva an der ungarischen Grenze, der schöne Platz von Selo liegt, wo am Sonntag von weit und breit her die schwarzgekleideten Mütterchen mit ihren Henkelhandtaschen zur Kirche gegangen kommen, hinter der, an der Hügelseite, der Festplatz mit zerbrochenen Hütten und vermorschtem Tanzboden und der Friedhof mit seinen Gräbern friedlich vereint liegen.

Eine lange Strecke führt die Straße gerade, und jetzt, im Sommer, liegt der dicke, fette Gestank aus den Schweineställen darüber. Der Mais auf den Feldern dient hauptsächlich zur Aufzucht von Schweinen. Aber natürlich laufen einem in den Dörfern auch Truthähne über den Weg oder Hühner stieben unter dem Unkraut oder den herunterhängenden Zweigen von Kopfweiden auf.

Ein Storch fliegt von seinem Nest auf, das er auf dem Feuerwehrhaus, auf dem Gemeindeamt oder einfach auf einem dieser krummen Telegrafenmasten errichtet hat, die die Straße begleiten. Der Storch kreist hoch oben in einem Himmel, der grau von Hitze ist und nur ganz oben, in seiner höchsten Kuppel, flirrt: Der Himmel ist sehr groß hier, aber eigentlich bildet er keinen Raum, und das Bild von der Kuppel ist falsch: Man sieht die kleinen Bäume und die Kruste von zufälligen Häusern gegen eine Wand von Grau, die oben und an den Rändern zu glosen scheint, oder zu sieden: Jedenfalls sondert sie dort fahle und doch in den Augen schmerzende Helligkeit ab.

Wir fahren diese fantastische Straße gegen Osten, durch Tešanovci, durch Dobronak und Radamos. Manchmal liegt ein Friedhof mitten in den Kukuruzfeldern.

Und dann sehen wir, ganz fern, die Silotürme am Bahnhofsgelände von Lendava, dann oben, in den Hügeln, die von Akazien und Wein überwachsen sind, die grauen Schlossmauern, und dann die Dächer der Stadt.

Wir schlagen aber an den Eisenbahnschranken, wo manchmal Zigeuner mit ihren Bündeln zum Bahnhof hinuntergehen, den Weg nach Dolga Vas, Richtung Ungarn ein: Noch in Sichtweite der Zollgebäude liegt da am sanft gegen die von Schilf durchwachsene Ebene auslaufenden Hügelfuß der alte Judenfriedhof von Lendava. Im Torgebäude steht noch der Karren, auf dem die Särge zu den Gräbern auf dem ansteigenden Terrain geführt wurden. Zwei Lebensbäume flankieren das Tor.

Albanien / Fragment (1988)

Nein, die Albaner lieben den Tod nicht. Es mag ja weit verbreitet sein, sich die Skipetaren an ihren Hügeln und Bergen herabsteigend vorzustellen, in Waffen, bereit, den Tod auszustreuen, sei es in Blutrache, sei es im Krieg. Aber es ist Zeit, zu leben. Ich arbeite da an einem Gedicht über Albanien.

Über Albanien ist wenig bekannt. So kommen einem die Hügel, die Berge, die Häuser zu Anfang noch *fremder* vor; wie mit einer hellen Schicht von Fremdheit überzogen – und es juckt ein bisschen in den Fingerspitzen: Man möchte das Fremde berühren und doch wieder nicht.

Das mittelalbanische Hügelland, zwischen den schroffen Bergen und dem brettebenen, in riesige Quadrate unterteilten Küstenlandstrichen gelegen, ist durchwegs terrassiert, von Ölbäumen oder Pfirsichbäumen bewachsen, Korn- oder Maisfelder in den Niederungen. Auf den abgeernteten Feldern grasen Schafe. Oder Esel stehen mit zuckenden Ohren im grauen Terrain.

Abends, wenn das Licht der tieferstehenden Sonne die Wolle der Schafe golden färbt, glaubt man, ein präraffelitisches Gemälde vor sich zu haben.

Ist es heiß, wälzen sich die Esel im kühlen Staub. Schon rein physiognomisch hat sich der Esel seine Unabhängigkeit bewahrt.

Die albanischen Straßen entlang trotten Kuhherden, von Hirten oder Hirtinnen getrieben. Oder eine vielköpfige Schafherde sperrt die Straße. Schnellwüchsige Bäume, eine Art Pappeln, begleiten die Straßen. Die Straßen sind lang und kurvig; aus den Kurven heraus tauchen Fußgänger auf, Fahrradfahrer, Fahrradfahrer mit einem aufrecht sitzenden Mitfahrer auf dem Gepäckträger, Autobusse, chinesische oder russische Lastwagen und uralte Lastautos und selten ein Personenwagen.

Abseits der Hauptroute Durres – Tirana sieht man fast nie ein Personenauto.

Auf den Feldern die Traktoren vom Typ *Enver Hoxha.* Vorn leuchtet eine goldene Plakette. Die Traktoren pflügen, sie eggen, sie graben. Oder sie stehen an einem der tausend Bewässerungsgräben und pumpen, jetzt in eine Pumpstation verwandelt, Wasser auf die Felder. Die Brigadearbeiter rasten im Schatten neben dem Traktor, Kühe waten durch die frischen Wasserfluten.

Auf den Feldern Albaniens sieht man, anders als hierzulande, immer Menschen arbeiten, da einer und dort ein paar. Die Frauen tragen weiße Kopftücher, gegen die Sonnenhitze.

Die landwirtschaftlichen Produktionsgenossenschaften oder Staatsfarmen umfassen oft viele Hektar. Verstreut, zu einer Art von Dörfern zusammengefasst, liegen die Häuser der Landarbeiter, die Viehställe, die Traktorstationen, die Glashauskolonien. Das Land macht den Eindruck der ununterbrochenen Betriebsamkeit, der Emsigkeit, des Immer-und-überall-noch-etwas-verbessern-Wollens.

Das Ausströmen der Hitze des Mittags ist gewaltig. Die Flanken der Berge sind grau und gekörnt wie alte Schlangenhaut. Unter den Torwegen der Häuser sitzen Menschen. An den staubigen Scheiben der Ushqimore-Läden, das sind Lebensmittel, warnen Plakate vor der Fliegenplage. Und abends dann, im seidig vom Wasserdunst durchwirkten Licht der Scheinwerfer, die Kolonnen von Spaziergängern an den Landstraßen entlang, sie ergehen sich in der dunklen Nacht unter den Sternen.

Von Rinas, dem einzigen Flughafen, hereinfahrend, sah ich die hell erleuchteten, jedoch versperrten Läden in der Nacht, die Cafés auf dem Land mit ihren großen, in Vierecke unterteilten Scheiben und die flüchtigen Liebespaare, die sich seitlich ins rauschende Schilfrohr der Gräben davonmachten: Dieses Schilf ähnelt dem Bambus.

Beim Abflug stehen die Frauen, die Großmütter, die Zurückbleibenden, am Rand der Piste, vor der niederen Empfangshalle, und winken. Manche können sich das Weinen nicht verbeißen. Der Kapitän der Maschine hat noch etwas vergessen; er lässt es sich durch die Einstiegsluke schnell heraufreichen. Winzig klein sind jetzt die Menschen vor dem Empfang, in dem noch Licht brennt.

Die Albaner sind ein kleines Volk, das sich im Lauf der Geschichte ständig in seinem Bestand bedroht sah. Fünfhundert Jahre Türkenherrschaft, die Nachbarschaft der Slawen, der Griechen haben selbst in Bau und Gewebe ihrer Sprache große Veränderungen hervorgebracht. Die Albaner gleichen einem Menschen, der, beleidigt, erniedrigt und verfolgt, nun einen harten, grausam glänzenden Stolz angenommen hat, bereit, jeden mit frauenhafter Hingabe zu lieben, der wiederliebt, und jedem auch noch die geringste Kränkung haarklein zu vergelten.

Ich erinnere mich an die Fotos der Guerilleros aus den achtziger Jahren des neunzehnten Jahrhunderts: schön wie Erzengel, in schwarzes Leder gekleidet, Gürtel und Waffen metallbeschlagen, schwarze Lippenbärte, Patronengurten über den Schultern.

In den Maschinenhallen der albanischen Fabriken hängen gläserne Alarmkästen mit den Aufschriften: Atom; Bakterienangriff; chemischer Angriff und so weiter. An den Straßen, an den Flanken der Hügel, in den Sanddünen der Küste, in den Felsen der Berge – überall Bunker, groß und klein, seriell hergestellt, aus Stahlbeton, für eine schwere

Batterie oder bloß für einen Einzelkämpfer mit seinem automatischen Gewehr.

Ich las davon, wie die Italiener nach ihrer Landung im Zweiten Weltkrieg in den Straßen von Durres das Blut ihrer Gegner mit Feuerwehrschläuchen wegspritzten. Durch diese Durreser Straßen gehen, die nur selten einen Ausländer sehen, dreißig Grad im Schatten, den Stalin-Boulevard hinauf, dann zum Hafen, zur Enver-Hoxha-Werft, am Corso mit seinen Palmen entlang.

In den Neubauvierteln der Städte, zwischen Wohnblocks mit bunt angemalten Loggien, bestückt mit Wäscheleinen und Pelargonien, die schief in den Boden eingelassenen Eingangstüren zu den Luftschutzkellern für die Zivilbevölkerung. Nur die Schweizer haben ein ähnliches Wehrbewusstsein, einen solchen, man könnte es so nennen, Verteidigungskomplex. *Das Stachelschwein* nannte Hitler die Schweiz. Man muss sich die Teufelei eines Bakterienangriffs einmal vorstellen: Mikroben stauben aus zerborstenen Kanistern – auf die Menschen!

Albanien ist ein kommunistisches Land, es ist das kommunistischste Land, das ich kenne. Die Albaner sind stolz darauf, die *reine Lehre* des Marxismus-Leninismus verwirklicht zu haben. Die *Republika Popullore* nennt sich den einzigen atheistischen Staat der Welt. Allgegenwärtig im Land ist die rote Parolenschrift: *Lavdi* heißt es da, Ruhm der Partei! Jedes Bahnwärterhaus noch ist mit dieser Schrift bemalt. Im Autobus hängt das Spruchband über dem Fahrer: Hoch lebe das Zentralkomitee der Partei der Arbeit Albaniens unter ihrem Führer, Genossen Ramiz Alia. Es ist die totale Mobilmachung. Schwenkt man etwa zum Badestrand ein, steht dort eine riesige Fahne aus rotem Sperrholz, mitten im Flattern erstarrt in der Pose des siegreich sich ausbreitenden Klassenkampfes: Ein Hoch der internationalen Solidarität des Proletariats.

Man könnte sagen, dass die Propagandatrupps der Partei diese Parolenschrift, das revolutionäre Dekor, das Klassenkampfdisplay zur neuen Volkskunst entwickelt haben. Der Schrankenwärter tritt aus seiner Bude wie aus einem mit Ideogrammen verzierten Zelt. Statt eines Torbogens mit Kreuz, Halbmond oder Turban grüßt jetzt von jeder Wirtschaft der fünfzackige Stern. Radio Tirana sendet in einundzwanzig Sprachen, um der Arbeiterklasse in aller Welt die Fackel der Revolution voranzutragen. Schildkröten und Schlangen kreuzen immer wieder über die Landstraßen, und man fragt sich, ob nicht auch sie Symbole der Partei, ob sie nicht auch – als Zeichen – im Dienst der herrschenden Ideologie stehen.

Im Übrigen ist es sehr leicht, die Farben und Formen der alten albanischen Volkskunst, etwa die der Trachten, die im Norden noch ganz alltäglich getragen werden, von den Farben und Formen der Tiere und Pflanzen abzuleiten. Die Frauen mit ihrem schwarzen Haar: Unter einer Haube aus einem gefalteten, rostroten oder mit Goldfäden durchwirkten Tuch steckend, durch ein um die Stirn gewundenes zweites Tuch zurückgebändigt, steht das Haar der Frauen schwarz und in indianerhaften Büscheln rechts und links vom Gesicht ab, wahrscheinlich ist es mit Zuckerwasser behandelt, um es so hart und starr zu machen. Diese Frauen, arm und primitiv in materiellem Sinn, meist Landarbeiterinnen, Bäuerinnen, haben etwas von Prinzessinnen an sich, und dies nicht in einem vagen, märchenhaften Sinn, sondern ganz konkret: als Statthalterinnen erotischer Macht. Ihr Aufzug ist fantastische Demonstration einer Geschlechtlichkeit, die über das Auge, über einen visuellen Tastsinn, könnte man sagen, unterwirft. In den mit Erde beschmutzten Säumen ihrer weißen Röcke steckt das Wissen um einen Eros, den unsere nach Seife und Chanel 5 duftenden Frauen längst verloren haben: Freilich, sie haben einen anderen gewonnen.

Man kann aber nicht gewinnen, ohne zu verlieren. Mir ist jetzt klar, weshalb sich Michel Leiris in den dreißiger Jahren in eine abessinische Zauberin verlieben musste: Eine Frau, die einem Hammel die Gurgel durchschneidet, nachts, an einer leeren Wegkreuzung, ist eben ganz anders als eine, die ein U-Bahn-Ticket in den klickenden Entwerter steckt; sie dreht dabei den Fuß nervös auf ihrem flachen Absatz.

Noch einmal die nächtlichen Spaziergänger: Die Straße glänzt im Mondlicht, der Scheinwerfer holt grün-goldene Halme und Wedel aus der Finsternis, Tiere in ihrem aus Ziegeln aufgeführten Kral, Häuser und Hausecken: Da schweben helle Lampions durch die Nacht, die braun und warm bei der offenen Tür des Autobusses hereinströmt wie Flusswasser: Es sind die Hemden der jungen Männer, die, nach orientalischer Art, den Arm um ihren Freund gelegt haben. Oder sie halten die Hand ihres Mädchens. Oder sie sitzen vor einem Strauch auf dem Boden, und Bursch und Mädchen schauen einander in die Augen.

In der Musik des Klarinettenspielers, einer der Hauptfiguren jeder albanischen *Banda*, liegt eine Verbohrtheit in Lust und Wohlklang, die durch Mark und Bein dringt, die dem Wohlklang nachgeht bis in die schrille Buntheit der Wunde hinein, der Verletzung, der tödlichen Verletzung, in die Schönheit eines großartigen Todes. Und es liegt eine wilde, irre Grausamkeit in alldem, sie ist das Beet, auf dem diese so süß duftenden Blumen wachsen: Man sitzt in der Nacht und sieht die Köpfe der Zuhörenden in tiefem, zitterndem Einverständnis nicken – so viel Schönheit! O, die Schönheit! –, indes die Schlange der Tänzer sich über den buckligen Boden zwischen den Tischen durchwindet, der Tänzer mit dem weißen Taschentuch voran, er hält es hoch hinauf.

In den Straßen von Durres ging ich wie in Trance einer Stimme nach, einer Stimme, die rief:»Das warst du! Das warst du einmal!« – Dabei ich hatte es längst vergessen geglaubt: Die leeren Straßen zu einem Hügel unter Wein und Tabakpflanzen hinauf, die Kinder mit den Hühnern im Staub, die klapprigen Autobusse, aus deren Fenstern die Fahrgäste ihre Arme hängen lassen, die vielen Fußgänger in einer Welt ohne Verkehr, die ihre Einkäufe heimschleppen, zufrieden, glücklich, wenn man so will – sie sind einem Elend entronnen, das entsetzlich war.

Albanien lebt immer noch in einer Art *Nachkriegszeit*.

Man muss wissen, dass Albanien eines der rückständigsten Länder Europas war, voll von Hunger, Unwissenheit und Krankheit: Malaria, neunzig Prozent Analphabeten, keinerlei medizinische Versorgung, Staubstraßen, Karrenwege und Hütten ohne Fußboden: Von dort kommen die Albaner her.

Heute wird achtundvierzig Stunden die Woche gearbeitet. Den dauernden Mahnrufen der Partei nach mehr Disziplin kann man entnehmen, dass sie nicht allzu groß sein dürfte. Die Arbeitsproduktivität ist gering; das liegt an den Arbeitern selber, an den Maschinen, an der Organisation der Arbeit. – In der Traktorenfabrik schlafen Arbeiter, die frei haben, unter den Oleanderbäumen zwischen den Werkhallen. Aus einem in die Mauer der Halle geschlagenen Loch wallt glühende Asche in roten Wolken heraus. Der kleine Schlot im Hintergrund verströmt einen Rauch, der so schwarz wie die Hölle ist.

Überhaupt: Die bis an die Fabrikmauern heranreichende Natur, mit Kühen und Ziegenherden, der Bock mit wunderbar gedrehten Hörnern, die Abraumkippe voller Ruß und Eisenfeilspänen, hinten ein Sportplatz ohne Rasen, ein Kulturhaus: Hoch die Partei!, einzelne Bauernhäuser unter grünen Weinranken und hohen Stangen für die Fisolen, im Hintergrund Bunker an der Schotterstraße entlang, ein Kiosk für Erfrischungsgetränke: Alles erinnert verschwommen an den Plan von der Polyvalenz des Menschen, von der Verschränkung zwischen Industrie und Landwirtschaft, von der auch Mao träumte, eine Kuh zwischen Wohnhäusern und Wohnblocks ist nichts Seltenes, dahinter dann das Industriekombinat mit wüstem Rauch und Dampfwolken in allen Farben, ein Laster fährt die Straße herunter, er hat grellgelben Schwefel geladen, als wär's Sand, offen auf der Ladefläche.

Dem Optimismus des Aufbaus entspricht eine Unbekümmertheit in Fragen, bei denen wir schon ganz leise auftreten, die wir bang und ein wenig ratlos hin und her drehen. Freilich: Die Industrie Albaniens bedeckt noch nicht ganze Landstriche, und es gibt ausgedehnte Bezirke, in denen kein Schlot raucht.

Das Hingezauberte, das eben erst Angefangene, das großartig und kühn Improvisierte, das Gelungene, das Verpfuschte, Vermurkste, Unausgegorene, Halbfertige, das aus Unwissenheit oder Zynismus Verschlampte und Heruntergetretene, das: Na, es funktioniert doch?! Siehst du nicht? muss auf einer solchen Stufe der Entwicklung zwangsläufig nebeneinander vorkommen: Die Rohre des Kunststoffkombinats in Laç sind mit einer Dämmmasse ummantelt, die ich so eingesetzt noch nie gesehen habe. Im großen Kupferdrahtwerk in Shkodra arbeitet ein zum Teil vorsintflutlicher, zum Teil hochmoderner Maschinenpark. Morgens treibt von den Werken in der Ebene um Durres eine Wolke aufs Meer hinaus, die im Niedersinken die Oberfläche fahl und stumpf werden lässt: Der Dreck absorbiert das Licht.

Der Genosse vom Exekutivkomitee erläutert den Fünfjahresplan. Er spricht schnell und monoton. Die ersten Fragen beantwortet er gern, mit dem nachsichtigen Lächeln des Überlegenen. Als die Fragen bohrender und unnachgiebiger werden, verschwindet das Lächeln, er spricht jetzt mit vorgerecktem Kopf, und er erhebt die Stimme, er ist nahe daran, mit der Faust auf den Tisch zu schlagen. Immer öfter übersetzt der Dolmetsch die Fragen gar nicht mehr, er antwortet anstelle des Genossen und berührt dabei, in einer Mischung aus Besänftigung, männerbündischer Bekräftigung und gleichzeitiger Unsicherheit den Arm des Genossen: »Wer die historische Größe von Stalin zu leugnen versucht, kann kein Marxist-Leninist sein.« – »Unsere Freunde und Feinde sollen es wissen: Wir werden uns bis zum letzten Blutstropfen wehren. Jeder Pflasterstein wird mitkämpfen.«

Unser Leben ist Aktion, definiert Enver Hoxha. Stoßbrigaden haben viele der Häuser von Tirana um ein Stockwerk aufgestockt, der Bedarf nach Wohnungen ist groß, der hohen Geburtenrate wegen.

Die Kolchosearbeiter sitzen auf einem kleinen Hügelchen oberhalb der Straße, im Schatten einer Maschinenhalle, hinten der Hof vor den Ställen, den Scheunen, wo gerade die Abwaage der Tiere im Gang ist; links schwingen schwarzgekleidete Frauen sich auf einen Wagen hinauf, der sie in ihre Ortschaft hoch oben im Gebirge bringen wird. Das Gebirge ragt schon drüben auf, mit seinen von spärlichem Wachstum grüngrau und rotbraun getupften Seiten. Der Fluss vorn ist ausgetrocknet, sein grünes Wasser saust durch die Bewässerungskanäle in die Fruchtebene hinaus, kleine Knaben versuchen sich da als Schwimmer. Die Kolchosearbeiter schauen mit zusammengekniffenen Augen zu den Bergen hin, hinter denen wahrscheinlich ihr Dorf liegt, der Staudamm dort oben, in der gewaltigen Schlucht, heißt *Drita e Partise*, Licht der Partei, das Dorf ist elektrisiert, einer der Arbeiter schneidet sich eine Lederfranse von der Sohle seines Stiefels, sie werden heute noch ins Dorf hinaufkommen, sie werden mit dem Lastauto hinfahren.

Ich kenne die Einsamkeit dieser Berge aus Montenegro, aus dem Kosovo, dem südlichen Bosnien; dort kann man ungehindert darin wandern, zwischen Alpmatten und Felsen, Eidechsen, Latschen und winzigen Bergseen.

Abgeschiedene Turmhäuser, wo die Helden die Tage und Nächte der Waffenruhe verbringen, die Beziehungen von Brüdern, Jungvermählten, Schwägerinnen, Blutsbrüdern, drei Feen, die in der Dämmerstunde zum Turm der Recken kommen, um Klage zu führen über die Kränkung, die man ihnen zugefügt hat, die Alarmfeuer, die vor der herannahenden Gefahr warnen, der Aufbruch zum Kampf gegen den Feind, die Märsche, die Gefechte auf Bergwiesen, die einsamen Zweikämpfe, nach denen die Erde unfruchtbar bleibt vom Stampfen der Stiefel, der Raub von Mädchen, von Frauen, von Schwestern, die Rache, die erbarmungslose Bestrafung des Treuebruchs, die Verfolgung über Bergweiden, inmitten des großartigen Panoramas der winterlichen Natur, Hochzeitskarawanen hin zu gefährlichen Hochzeiten, Brautführer, erstarrt oder in Stein verwandelt von Feenhand, weil sie auf dem Weg gefrevelt haben, Pferde, trunken von Wein, treulos geblendete Recken auf gleichfalls blinden Pferden, die wie im Albtraum über die Bergmatten irren, Kuckucke, die vom Unheil künden, die Schwester, die nach der Blutspur sucht, um den Rückweg zum verwundeten Bruder zu finden: Der Regen hat die Blutspur weggewaschen, die Schwester verirrt sich …

Ich sitze im Bus, lese Statistiken und schaue zu den wolkenhaften, grünen Pinienwäldern hin, die im Wind erzittern, ein Lastwagen liegt vorn auf der flimmernden Straße in einer Öllache, Achsbruch, in Hütten aus Maisblättern rasten Bauarbeiter in der Hitze, sie rauchen, auf der Bergflanke oben, unter den Felsen, wird eine neue Straßentrasse ausgeschlagen, Pioniere auf dem Abendausgang schlendern über den Platz, durch den Park mit den heruntergesunkenen Mäuerchen, sitzen am trockenen Springbrunnen, lachen, erzählen sich was, sie arbeiten an der Bahnstrecke nach Norden, sie soll zu den Kupferbergwerken führen.

Es gibt eine *traurige Fröhlichkeit*, kommt mir vor, eine Fröhlichkeit, die weder weise noch dumm, noch lustig, noch schmerzlich ist. Man muss Realist sein, man darf nicht träumen. Jetzt gehen an der Straße die Lichter an.

Transsylvanien (1995)

Die Genauigkeit, mit der dieses Bild vor mir ersteht: Die leeren, im Streiflicht grau erscheinenden Hügel – Weiden, abgeweidete Flächen, auf denen nur die grünen Stängel des höher aufragenden Unkrauts stehen geblieben sind; ruhiges und doch zugleich vollkommen präsentes und klares Fortgehen der Hügel – in einen Talschluss hinein etwa, in die Ferne; flacher

Horizont, sodass der Himmel sehr groß erscheint; Wäldchen von Obstbäumen da und dort, deren Laub sich jetzt, es ist Herbst, schon zu färben beginnt; schütterer Wald; Gesträuche, jedes für sich in der Leere stehend, vom Einbiss der Tiere zu Kegeln und Walzen überarbeitet, die über dem Boden schweben; die vielen großen Raubvögel, die immer wieder aus dem Gezweig der Bäume sich heben und abstreichen; Elstern, schwarzweiß, oft in Gruppen, die ihre wenig geübten Flugkünste vorführen; Herden schließlich, Rinder oder, meistens, Schafe, Schafherden, die von fern wie graues Gekröse aussehen, das da auf den nackten Hügel hingeworfen liegt. Ahnung von Wärme. – Der Hirt mit seinen Hunden – wo ist er? – Dort; er liegt tatsächlich auf dem Rücken, schläft er oder schaut er zu den Wolken hinauf?

Die höheren Teile der Hügel sind von Laubwald bedeckt, in der Hauptsache Buchen und Eichen; vereinzelt rote Föhren dazwischen.

Ich versuche, den Charakter der Landschaft herauszubringen: kaum Straßen. Weit und breit kein Dorf. Einzelne Höfe oder, besser, Hütten, an dem meist versumpften Grund der Niederungen entlang; Schilf, das sich da wiegt; Seggen, die rascheln. Enten und Gänse, flügelschlagend, die durch den Staub watscheln und die Schnäbel aufreißen, wenn sie einen Fremden sehen. Hirtenhunde – als Hunde, die hier tatsächlich etwas zu hüten haben: die Herden! Das leere Land. Bauernkarren. Pferde, die angepflockt weiden. Hütten, die unter dem Geschling der Gartenpflanzen und der Weinranken schier versinken. – Der Fluss, auf den du da immer wieder triffst, er geht in Schlingen und ohne Einfassung fort; braunes, schmutziges Wasser; Sandbänke. – Wieder fliegt ein Bussard über ein leeres Feld. Kukuruzernte. Kleefeldchen, grasgrün.

Ich schreibe hier ganz verzückt und verzaubert meinen Bericht über Rumänien: Wenn ich auch weiß, dass vieles, was ich gesehen habe, Zeichen und Formen der Zurückgebliebenheit und Unterentwicklung sind (so sagt man), so schenkt doch die unmittelbare Anschauung etwa eines Hirten, der mit seiner Schafherde im klaren und doch nicht zu hellen Mittagslicht des Herbstes über einen grauen, leeren Hügel zieht, ein Glück, das so unabweisbar da ist, so deutlich und einprägsam – wie eben das Bild des Hirten mit seinen grauen Schafen.

Mag sein, dass mein Herz dürstet und hungrig ist nach solchen Momenten einer Verzweiflung, die noch nicht eingetreten ist, aber sich schon nahend und herbeugend ankündigt, nach äußerster Einsamkeit, die nicht im Traum mehr daran denkt, den Mund zu öffnen – hier, in Transsylvanien, kam ich auf meine Rechnung.

Betrinken möchte ich mich, und immer wieder mich berauschen an diesem starken Stoff, der, ich weiß nicht, wahrscheinlich die Ahnung, die Grundgewissheit eines strahlenden Todes ist.

Dort – dort ist es! Und ich starre vor mich hin, starre – weiß, dass ich da – in diesen Bildern und Erinnerungen etwas besitze, das ich zwar nicht benennen kann, das es aber nichtsdestoweniger gibt.

Weniger bombastisch gesagt: In den Landschaften Transsylvaniens drückt sich mit aller Deutlichkeit der Realien etwas ganz und gar Unwirkliches und Traumhaftes aus.

Weshalb nur soll immer nur jenes Bild richtig sein und gelten – und du beherrschst diese Bilderkunst ganz gut! –, das ein Land nur auffasst als geografische, ökonomische, soziale und gesellschaftliche Einheit? Ich meine: Es gibt auch das Recht, sich andere Bilder zu machen und sie festzuhalten.

Grausamkeit des Lebens in der Stadt, in den rumänischen Städten: Ich spreche dabei nicht von den Vorstädten, in denen die Masse der Rumänen wohnt: Betonplattenbauten, windschief, abgeblättert und ruinös, die Balkons vielfach zu Veranden umgebaut, Wäsche trocknet da, Gerümpel und Brennholz wird gelagert, öfter zeigt ein zwischen Brettern herausragendes Abzugsrohr an, dass der oder die Wohnungsbesitzer(in) sich von der zentralen Heizung abgekoppelt hat, weil sie ihm (ihr) zu teuer geworden ist: Er (sie) heizt die Wohnung jetzt mit einem kleinen Ofen; versucht es zumindest.

Der Winter kommt immer zu schnell in Rumänien, sagt jemand.

Ich spreche nicht von den Hütten und Barackenvorstädten Bukarests, wo über Straßen aus Lehm abends die Ziegen heimgetrieben werden, in schmalen Höfen zwischen den Häuschen auf kaputten Möbeln rauchende Männer sitzen usf. Ich spreche nicht von Zigeunerlagern entlang von Müllhalden oder von Schuttplätzen am Rand von Sümpfen. Ich spreche nicht von der sogenannten Innenstadt, mit ihren zerbrochenen Gehsteigen, den desolaten Hausfassaden, den geflickten Straßen, auf denen nach dem Regen große Lachen stehen. Ich rede von den berühmten Kindern – deren realer Anblick jedes Fernsehbild tausendmal übertrifft: In dreckigen, verstunkenen Lumpen hocken sie bettelnd am Randstein, in der einen Hand die Plastiktüte, aus der sie die betäubenden Dämpfe eines Bastlerleims schnüffeln – billigste und mit Gewissheit zerstörerische Droge –, die andere Hand halten sie hoch, bettelnd. Organisation in Banden. Geschlafen wird im Kanal. Verreckt auch. Und niemanden kümmert's.

Die jungen Mädchen, die sich als Huren anbieten; auf der Straße, im Hotel; die in den Cafés und Hotelrestaurants mit älteren Herren zu sehen sind, im kurzen Kleidchen und abwesenden Blicks. Nichts als Haare und Haut, Titten, kleine Ärsche, Stöckelschuhe. – Früher haben die Türken Rumänien erobert, sagt man: Jetzt erobern unsere Mädels Istanbul! – Weshalb sind die Mädchen in Transsylvanien so schön? Weil sie für den Export sind.

Ankunft in Temesvar: Das Flugzeug war bis auf den letzten Platz voll – Geschäftsleute. Ich wohne in einem Hotelbau aus der Ceaușescu-Zeit mit Blick auf die Stadt: Das ist ja k.u.k. österreichisch! – Friede über großflächigen, roten Ziegeldächern, die Stadt in rechteckigem Raster sich über die Ebene ausbreitend und entwickelnd. Türme. Kirchtürme, Kuppeln an höheren Gründerzeithäusern. Der Dom! Wipfel von Bäumen, Grün überall dazwischen – Alleen und Gärten, Parks (früher einmal soll die schöne Stadt Bukarest vom süßen Duft von Linden erfüllt gewesen sein, fällt mir da ein).

Temesvar, Timișoara, Temesburg: Babylonische Sprachenverwirrung, mit der für unsereinen höchst angenehmen Nebenerscheinung, dass man sich beinah überall mit deutschem Radebrechen verständlich machen kann. Was das Rumänische selber anlangt, so ist man, beherrscht man eine andere romanische Sprache oder Latein und hat dazu womöglich noch da und dort zusammengelesene Kenntnisse im Slawischen, vom Verständnis des Rumänischen nur wie von einem leichten, halb durchsichtigen Vorhang getrennt.

Der weitläufige Hauptplatz von Temesvar mit dem barocken Dom und der barocken Bildsäule mit dem heiligen Nepomuk obendrauf. Spital, Gericht, Schulbauten im ärarischen Stil. Zweistöckige Häuserzeilen, Gründerzeit in der Hauptsache: All dies abgeblättert und in jener grauen Buntheit, wie ich sie, aus meiner Kinderzeit her, von Wien kenne: Nachkriegsstimmung.

Josefstadt, Elisabethvorstadt, Fabrikvorstadt: ebenerdige oder einstöckige Häuser an breiten Alleestraßen entlang: Robinien, Akazien.

Der Corso: das Nationaltheater gegenüber vom orthodoxen Dom, dieser in rumänischem Stil aufgeführt, protzige Häuser in ungarischem Jugendstil, Prunk und Machtgebaren, wohin das Auge schaut; Cafés, Parkanlagen mit Springbrunnen, kleine Huren und bettelnde Kinder.

Die Juden hat Hitler – im Zusammenwirken mit Antonescu – ausgerottet (die Synagogen stehen noch, freilich leer); die Zigeuner haben überlebt, bilden eine wenig geliebte Minderheit.

Mit der Straßenbahn durch Temesvar. Sie heißt hier, wie nicht anders zu erwarten, Tramway.

Hermannstadt, Sibiu: Ich gehe unter dem Bogen des Stadtturmes durch und trete auf den Großen Ring hinaus. Mittelalterlicher Gesamteindruck des Ganzen – so mögen die deutschen Städte einmal ausgesehen haben, denke ich, ehe sie in den Bombennächten des Zweiten Weltkriegs in Schutt und Asche sanken. Die ganze Szenerie noch dazu belebt von wimmelndem Leben – also kein Museumsgeruch, sondern die Vorführung, dass es einer der Hauptwesenszüge des Lebendigen ist, sich unentwegt alles für die jeweils eigenen und unmittelbaren Zwecke zu adaptieren.

Abends stehe ich am Fenster und schaue zu den Gipfeln der Karpaten hinüber, die gleichsam unmittelbar hinter den Türmen der Stadt aufragen.

Über Plätze und durch vielerlei Gässchen gehe ich zum Saal der Philharmonie: Dort gibt man heute ein Konzert: Ein Streichquartett spielt Mozart, Schubert und rumänische Lieder.

Klausenburg, Cluj, Kolosvar: Vielleicht die vitalste der drei Städte, ein wenig chaotisch, ein wenig schmutzig – aber alles nach dem bewährten k.u.k. Muster mit Hauptplatz und Dom und sich schneidenden Hauptachsen. Kasernen, Universitäten, Spitäler – man ist hier sofort zuhause, weil man es – als Österreicher – doch von klein auf gelernt hat.

Meine Prognose: Sollte alles glattgehen, könnte es in den Städten Rumäniens in etwa zwanzig Jahren so aussehen wie bei uns. Westeuropäischer Standard – was auch immer dies, im Guten wie im Schlechten, bedeutet.

Bukarest: Vor der McDonald's-Filiale sitzt ein Mann auf dem Pflaster, der den nackten Stumpf seines amputierten Beines herzeigt und eine schwarze, fettige Fellmütze neben sich liegen hat. Die Fremden schauen vornehmlich durch die Glasscheiben der Luxushotels. – Der megalomane Wahn der Ceaușescu-Bauten und Boulevards, die liebenswürdigen Gassen von Alt-Bukarest, völlig verlottert, orthodoxe Kirchlein zwischen Bankgebäuden aus Stahl und Glas in postmodernem Stil – all das.

Dem völlig überheizten Hotelzimmer entflohen, gehe ich, ein wenig auf der Hut vor dauernden Nachstellungen, an neu eröffneten Westgeschäften und zugenagelten Fensterfronten den windigen, grauen Boulevard hinunter.

Tief eingesunken in die Natur ist das Leben des dörflichen Rumänien. Traktoren und andere Maschinen eine Seltenheit. Meist nur Leiterwagen mit Gummirädern, ein Pferd vorgespannt. Männer, die mit hölzernen Pflügen die Felder umbrechen, kann man noch sehen. Die Erntetätigkeiten – bunte Gruppen von Frauen und Männern mit Rechen, Sensen, Gabeln. Ziehbrunnen. Mieten aus zusammengebundenen, dürren Maisstauden. Federvieh. Schweine, die frei herumlaufen. Hunde. Vor jedem Haus und über jedem Hof eine Weinlaube, aus deren Trauben dann der eigene Wein gekeltert wird. Doppeltgebrannter – eine hiesige Spezialität. Armut.

Der Zug biegt um die Kurve. Das Bahnwärterhaus ist leer. Fenster und Türen hat man herausgerissen, wohl damit sich da keine Zigeuner einnisten können. Auf dem Bauch robbt ein Bettler den Gang im Zug hinunter, wir sitzen auf zerbrochenen Sitzen, reichen ihm Lei-Scheine hin. Eine Wolke von Gestank strömt von dem Bettler auf.

Die Landschaft draußen vor dem Fenster weiß von alldem nichts: Feines Klingeln goldener Glöckchen scheint den grauen Hügelflanken zu entströmen. Grüne Zweige, hingezeichnet in einen Einschnitt. Weite Wanderung über Stein und Feld. Der Blick steigt an einer Linie jäh in den Himmel hin-

auf. – Da! Hirten gehen über ein Feld. Wo ist die Herde? – Dort, dort drüben, ein weißliches, sich regendes Geschling. Klingeln von kleinen Glocken
in dir selber drinnen. Umschlag der Stimmung, als gingst du aus dem Licht
in den Schatten. Kühle. Feuchtigkeit. Tief Geträumtes in einer Sprache, die
mit Worten, wie wir sie für gewöhnlich verwenden, nichts zu tun hat. Blaue
Kristalle! Ängstigungen! Rosige Finger von Glück. Helligkeit. – Neuer Um-
schwung mit einem breiten Herfließen diesigen, flimmernden Sonnenlichts
über die Lehne. Höhere Felder zum Himmel hinauf. Kleine Wäldchen. Rot.
Ackerfurchen mit ihren Mustern. – Jetzt kommen schon Buchen, in ihre
Herbstgewänder gehüllt. Ernst und Rauheit der Eichen. Ein Motiv aus Temesvar fällt mir ein: Pappelzeilen, die bald quer gegen den Blick stehen,
bald, immer kleiner werdend, sich im speichelfarbenen Stoff der Ferne auflösen. – Jetzt kommen die Fichten und Tannen, die Schluchten, die Gipfel,
die großen Felsblöcke, über die durchsichtig und breit das helle, nüchterne
Wasser der Waldberge herunterpritschelt.

In Helsinki (1983)

Als Gast der Universität musste ich früh aufstehen, denn das Zimmer hatte
so gut wie keine Vorhänge. Manches im Leben der Finnen ist puritanisch.
Das Zimmer war in jenen blassen Pastelltönen gehalten, die die finnischen
Modeschöpfer im Rest der Welt populär gemacht haben. Frisch rasiert trat
ich in den Frühstücksraum und belauschte beim Bestreichen eines runden
Roggenbrötchens mit Butter zwei Physiker, die sich über mathematische
Probleme unterhielten.

Der Tag war schön. Man versicherte mir im Verlauf meines Aufenthalts
immer wieder, welches Glück ich mit dem Wetter hätte. Der Himmel war
blassblau, die Schatten dem Auge angenehm, ein Autobus bog um die Ecke
einer Straße mit gründerzeitlich hohen Häusern: einige Fußgänger auf den
Trottoirs.

Später, vom Vorplatz der einen Hügel krönenden Kathedrale gegen den
Hafen blickend, fühlte ich ein wenig von dem Glück, von dem mir die Leute
noch so viel erzählen sollten: Klassizistische Paläste mit Säulen, doch nicht
allzu groß, um einen Platz aus rosa Granit mit einem Denkmal in der Mitte
gruppiert, dahinter orangene Marktplanen, ein Brunnen, mit einer aller-
liebsten Meeresgöttin, von bronzenen, wasserspeienden Seehunden umla-
gert, der Kai, der Pier, die Schiffe, von Möwen umkreist, rote, klingelnde
Straßenbahnen, die durch eine Schneise herunterkommen, Bäume dort,
mit blassgrünen Blättern, eben entsprungen.

Die Treppenanlage an der Kathedrale war voller Studenten, die sich sonnten.

Die Universitätsbibliothek wurde nach Plänen von Schinkel erbaut.

Der wuchtige, rechteckige Unterbau der Kathedrale wird von einer Kuppel überkrönt, kreuzübergipfelt.

Die Zeichnung der Gebäude ist zart. Über Hügel und Hügel breitet sich die Stadt aus, wie aquarelliert die Häuser unter Flecken von Fichtengrün, von Granitrot; Wasserläufe.

Am Schwedischen Theater beginnt der breite Boulevard der Mannerheimintie mit den Geschäften und Kaufhäusern.

Ich hielt meinen Vortrag an der Uni und schlenderte dann zum Bahnhof, um mir meine Fahrkarte nach Nordfinnland zu kaufen. Die Züge fahren von Perrons im Freien ab. Der Bahnhof ist aus Granit. Rechts und links vom Eingang halten steinerne Riesen geheimnisvolle Kristalle, die nachts zu leuchten beginnen.

Ich spazierte die Esplanade hinunter. Der Biergarten um den schlanken, verglasten Pavillon herum war voll. Die blonde Kellnerin mit dem vorspringenden Kinn erinnerte mich an das Gemälde *Le Bock* von Manet.

Ich kreiste zu einem Hügel hinauf, der meine Aufmerksamkeit erregt hatte. Ein niedriger, gelber Bau dort oben, eine Villa, entpuppte sich als das astronomische Institut der Universität. Drosseln mit Bärten aus trockenem Gras, das sie in den Schnäbeln hielten, hüpften zwischen den Bäumen des Parks. Vorn, an der kleinen Aussichtswarte, stieß ich auf einen Angeheiterten, der zwischen leeren Wodkaflaschen auf einer Bank saß – auch diese Erscheinung für Finnland typisch. Er fragte mich erst um Geld, dann: »Was treibst du denn da?« Die zweite Frage fand ich sehr philosophisch, insbesondere in Anbetracht und beim Anblick der beiden großen Fährschiffe, die, tausendfenstrig und weiß, eben langsam zwischen dunklen Schären auf das schon dämmrige Meer hinausglitten.

Westberlin-Arbeit (1986)

Vielleicht beginne ich mit meiner Unterkunft. Ich wohne im vierten Stockwerk. Von dort sehe ich auf die Häupter der Bäume, auf die Allee, die Straßenfronten. Und das dunkelrotbraun heraufleuchtende Granitpflaster nach dem Regen. Oder es ist stumpf und breit, wenn es trocken ist, die Baumkronen sinken hilflos darin ein, und sie recken die Äste mit den Blättern. Christopher Isherwood hatte recht, wenn er die Häuser hier mit großen, etwas schäbigen Geldschränken verglich. Es sind die Wertheimkassen des

Gründerzeitkapitalismus. Ich möchte bei solchen Bemerkungen nicht stehen bleiben, diese Häuser haben stets zwei protzige, vorspringende Reihen von Erkern an der Fassade, rote Klinkerbänder sollen sie insgesamt wohl noch wuchtiger wirken lassen, ich will das eigentliche Arom von Berlin, seinen typischen Geschmack: Geld, rollendes Geld spielt da eine wichtige Rolle.

Ich habe selten Orte gefunden, wo Lebenslust und Schwung so innig und auch schamlos mit dem Geld verbunden waren wie auf dem Kurfürstendamm. Die Menge zittert in froher Erregtheit und treibt an den Schaufenstern herunter, die Frauengesichter schwimmen momentweise, im Licht der Straßenlampen, tatsächlich wie prächtige Blüten darauf – weiße, fleischige Seerosen mit feinen, uringelben Staubfäden. Und der Staub wallt über der Menge als irisierender, prickelnder, zu kleinen, grellen Kristallen gefrorener Nebel.

Wer nichts hat, zählt nicht, das heißt, er ist von jenem Lebensgefühl ausgeschlossen. Wie oft bin ich am Nollendorfplatz an den Fixern vorbeigegangen, die aus Kreuzberg und von der Potsdamer Straße heraufkommen! Die ganze Strecke zum Tiergarten, die Kurfürstenstraße dazu – voll von jungen Mädchen, die sich als Huren verkaufen. Rote und von Pusteln durchseuchte Gesichter, mit fettigen Haaren, hocken sie da auf Autokühlern, am Bordstein, und schaffen an.

Der Hauswart hier lebt im Parterre, in einer Wohnung, in die nie ein Lichtstrahl fällt, zusammen mit seinen offenbar arbeitslosen Söhnen. Öffnet er die Tür, flimmert aus der dunklen Tiefe der Wohnung der Zauberschein des elektronischen Reichs, ein Geruch nach dreckigen Socken und kalt gewordenem Essen strömt heraus.

Die Treppen des Hauses sind aus Holz, im Anstieg extrem steil – so braucht das Treppenhaus nur wenig Platz, die vermietbare Fläche vergrößert sich. Ich habe Kohleöfen in der Wohnung, wie es für diese älteren Berliner Häuser noch typisch ist. Blockverbauung. Im Hof hinter dem Hinterhaus stehen die Mülltonnen. Was die vielgerühmte Berliner Luft angeht, an Niederdrucktagen ist sie kaum zu atmen.

Ich schaue über die Dächer der gegenüberliegenden Häuserzeile hin – zum Teil, gleichsam behelfsmäßig, mit schwarzer Pappe gedeckt –, ich schaue zu dem weiten, von flachen Wolkenbändern träge durchzogenen Himmel hinauf, nirgends blau: graue und hellgraue Partikel, die zu vibrieren scheinen – und doch überkommt mich bei dem Blick jedes Mal ein mächtiges Glücksgefühl: Dies Berlin hat so viel Mumm in den Knochen, hat so viel Elan, dass er auch hier heraufdringt, zu mir in den vierten Stock, in die Wohnung eines Dahergelaufenen –, als gäbe es so viel von diesem Mumm, dass man jedem etwas davon abgeben kann.

Die Bautätigkeit in Berlin ist gewaltig, der Anblick von Baukränen und Gerüsten der gewöhnlichste. Und wenn auch klar ist, dass große Mengen von Kapital aus dem Westen zufließen, so ist es doch eindrucksvoll, zu sehen, wie aus all den öden, von Unkraut überwachsenen Schuttflächen Wohnhäuser, Bibliotheken, Theater, Museen in die Höhe wachsen und mit einem Mal fertig dastehen. Berlin ist eine Boomstadt. Berlin is a tough town, im Guten wie im Schlechten.

Dass in all dem überhitzten Treiben eine Vorahnung von Katzenjammer steckt, ich will es nicht verhehlen, doch wer hätte sich die Freude am Feiern je damit vergällt, dass er ans Morgen dachte? Zugreifen, Anpacken heißt die Devise.

Gehe ich nach Kreuzberg, muss ich erst über den Winterfeldtplatz mit seiner Backsteinkirche und am Bunker in der Pallasstraße vorbei; dann die Langenscheidtstraße hinauf zur alten S-Bahn-Brücke, wo es im Frühling so wunderbar nach Flieder duftet: Ich schaue die Schienen entlang, hinten der alte Gasometer, bald am Rand des Tempelhofer Flugfeldes draußen, vergammelte Fabriken mit abbröckelnden Ziegelmauern, gegen die blühende Baumzweige schlagen – weiter, an der Mauer des Matthäi-Friedhofs entlang, an Eckwirtschaften, wo jeden Sonntag Biertrinkwettbewerbe abgehalten werden, die dreckigen Fenster zugewachsen mit verstaubtem Philodendron, über die neue, weit sich spannende Bahnbrücke, Züge rollen Richtung Gleisdreieck und weiter, zum Gewirr der Lagerhallen dort: Jetzt steigt die Straße leicht an, ich bin schon im Bezirk Kreuzberg – und da ist der Kreuzberg höchstpersönlich, mit seinem steinernen Turm, wird eben renoviert: Ich schaue zur Yorck-Straße hinunter und weiter, über die großen Friedhöfe dort, über den Landwehrkanal und die Schlange der auf Stelzen geführten S-Bahn-Trasse, über leeres, zerbombtes Gelände, nach Osten: Ganz im Hintergrund, schon bei den Wolken, blitzt die Kugel des Fernsehturms am Alex, und alles, was ich da sehe, ist durchwirkt von den Streben der Kräne und Kranarme, die schwenken, sich bald hierhin, bald dorthin drehen – auf denen Lasten aufgezogen werden, Betonplatten für Neubauten und Ziegellasten, die Platten leuchten jetzt wie kleine, von Kinderhand ausgeschnittene Elefanten.

Gehe ich nach Charlottenburg, muss ich erst an den Trödlern und Antiquitätenhändlern und Antiquariaten vorbei, wo bei Sonnenschein die Händler mit ihren Freunden draußen sitzen – und was für Freunde die haben! – beim Bierchen, dann die Eisenacher hinunter, wo eine weiße, hell erleuchtete Gans nachts die Passanten vom Balkon eines Witzbolds grüßt, eines Alternativen wahrscheinlich, die breite Kleiststraße hinunter weiter, im Zickzack zwischen mächtigen Haufen von Hundedreck bis an die Martin Luther / Lietzenburger, eine brausende Stadtautobahn, der Platz dort von nagelneuen Hochhäusern eingerahmt, am Getränke-Hoffmann vorüber (gut, bequem, billig): Da flimmern mir vom Wittenbergplatz schon die Köpfe, Leiber und Arme einer nimmermüden Menschenmenge entgegen, Leute in Bewegung, im Stress, im Tritt, im Gestrudel – teils quillt es aus den S-Bahn-Stationen, teils röchelt und gurgelt es in die dunklen Eingänge hinunter – der weite Platz hell, voller Sonne, voll von leuchtenden, farbigen Menschenköpfen und Kleidern – wie hingezeichnet um den modernen Brunnen, hingekrakelt an die Schaufensterfront des KaDeWe, an den grauen Tempel des Stationsüberbaus, hineingepatzt und hingefletzt mitten in die großen, teppichartigen Grünflächen: Aus der Tauentzienstraße herauf grüßt mich das Gescharr und dumpfe Gemurmel einer Brandung, die mich bald verschlingen wird.

Eines Abends gegen fünf, nach dem Regen, flatterten mir die Kaufhausfahnen in der Tauentzienstraße so fröhlich, und die Menschen regten ihre Glieder so einträchtig im Glanz der von den Kaufhauspalästen abgesonderten Lichtwolken, und in der Tiefe der Luft gegen den Ku'damm hin schienen im dunklen Blau allerhand Sterne und kleine Sonnen zu schweben, dass ich schon meinte, geradewegs in den Himmel hineinzugehen. Und da mochte ich mir tausendmal sagen, dass dies alles bloß von Menschenhand hergeholter und hergezauberter Mummenschanz war, Überredung zum Kauf, zu borniert er Gier, zu einem Orgasmus in den Dingen: Das Herz ist dumm, es will glücklich sein und schnappt naseweis nach dem, was ihm die Sinne herbeischaffen. Da verschlang mich, der da zu fressen glaubte, der Krake. Willig ließ ich mich einsaugen in das runde, glitzernde Rohr, trieb hinunter, ging schneller und schneller mit meinen Mitgefangenen, lächelte töricht, die Spucke lief mir im Mund zusammen, mein Kopf war leer, nichts regte sich inwendig in der gläsernen Kammer, still da, bloß die Fingerspitzen krabbelten um die Münzen in den Taschen, und die Zehen rollten und taumelten im Schuh übers Pflaster.

Als ich, Tag für Tag, in meiner verrückten Einsamkeit in den leeren und fast ausgeräumten Zimmern in der Nollendorfstraße oben lebte und stundenlang schrieb, hinter dem Fensterchen des Ofens zerfielen die quaderförmigen Briketts zu glutdurchronnener, knochenfahler Asche, und allein daran merkte ich, dass und wie die Zeit verging, war ich glücklich, wenn es auch bloß das halbe Glück vom ganzen war, weil der andere, der es teilen und dadurch hätte beglaubigen können, fehlte. Wie dem auch sein mag: Berlin, die Stadt der Arbeit, wurde mir doch zur Glücksstadt.

Stell dir vor, du sähest einen Regenbogen und gingst hin, und tatsächlich, dieser Regenbogen hätte wirklich einen Ort, wo er sich im Bogen von der Erde fortbiegt, wo er aufsitzt – und du vermutetest jetzt, zu Recht oder zu Unrecht, dass da wahrhaftig der goldene Topf nicht weit sein müsse. – Weshalb nur immer so übertreiben? Lass doch die Welt dort draußen, wo sie ein für alle Mal ist, fremd, unberührbar, starr und schön.

Ich ging durch den Grunewald, unter der S-Bahn-Station Grunewald durch in die Schonungen hinein. Die Sandwege waren vom Regen ein wenig ausgewaschen, sodass an manchen Stellen der hartgepresste Untergrund durchkam. Die Farben: hellgelb, schottergrau, das rissige Grau der Eichenstämme und das Grün des Eichenlaubs. Die Eichblätter regten sich kaum, weil es fast windstill war. Dann Föhren: ihre schief stehenden Stämme erinnern an große, erstarrte Schlangen. Ich stieg auf den Trümmerberg und schaute über den tiefen Taleinschnitt, wo die Heerstraße verläuft, zum Olympiastadion hinüber, zum Corbusierhaus, das aus der Ferne wie ein bunt beklebter Bauklotz aus einem Spielkasten wirkt. Im Westen der Funkturm des Flughafens Gatow und, im blauen Schimmern der Luft über der beinah schwarzen Waldweite dort, die Ahnung von ausgedehnten, sich verzweigenden Gewässern. Die Föhren ragten starr und doch wieder wie hochgereckt mit ihrem Astwerk auf, der Himmel war von riesigen, an der Unterseite weich ausfransenden Wolken bedeckt.

Vom Westkreuz führt die S-Bahn mehr oder weniger gerade durch den Grunewald. Ich erinnere mich an das sommerlich helle Wegfliehen der Bäume – lichtgrün, von Flusssandfarbe gerahmt, darin Vorwegnahme des Späteren, dessen, was mich erwartete –, das brave und stetig ansteigende Schnarren der Garnitur, die fast leer war, nur ein paar Jugendliche in T-Shirts, mit den uniformen Sport- oder Laufschuhen, ein paar Inschriften, in die Wagenwände eingeritzt: Des kleinen Mannes Sonnenschein ist Kiffen und Besoffensein – und dann der wirkliche, wahrhaftige Sonnenschein vor der Station Nikolassee draußen, der sommerfrischenhaft stille und erwartungsvoll durchatmete Wald hinter der Avus, die Föhren und Eichen wiederum, diesmal den steilen Abhang zum Wannsee hinunter, schattend: Strandbad Wannsee, Architektur der zwanziger Jahre, Körperkultur, Reinlichkeit, Volksgesundheit, und endlich der Blick über die breite, hellgraue Bucht, gegen Süden von Seglermasten gesäumt, dann Inseln, Inseln, baumbestanden, rund, ohne Bebauung, das jenseitige Ufer mit Villen, Veranden und dem großen Himmel drüber, der mit einzelnen Wolken tief ins Land und in die flache Weite dort hinzeigte.

Gleichgültig, ob etwa Rosen, die in einem dämmrigen Zimmer stehen, jetzt dunkelrot, gelb oder rosa sind – Rosen sind es allemal. Letztlich ist es doch gleichgültig, ob wir von einem Ding, einer Sache jedes Detail berichten können, wenn wir nur wissen, es ist da.

Zürich (1997)

Zürich – ein verwinkelter Bau. Und ich bin das Tier in dem Bau. Piranesi. Bühnenhaus der Erinnerung. In den mit Büchern vollgestopften Gelassen der Wohnung eines Freundes sitzend, schaue ich, durch den dämmrigen Raum, zum Fenster hin, zur Limmat hinaus, wo das Leben am Flusskai als vollkommen geistlose Inszenierung erscheint: kommen und gehen. Straßenbahnen. Der depressive Flussgott: so nennt Warburg den Neptun. Der Limmat könnte man demnach eine Göttin zuordnen, nicht allzu strahlend schön, aber doch höchst anmutig in ihrem sanft glänzenden, sauberen Kleid, unter dessen Wellensaum ein paar allerliebste Zehen hervorgucken. Erinnerung an holländische Fliesen – oder, richtiger, an bemalte holländische Fliesen, etwa auf einem Gemälde von Pieter de Hooch, über die die Füße einer Magd schreiten.

Es ist Nacht in Zürich, und ich gehe durch die leere, vom Klappern der Müllwagen widerhallende Bahnhofstrasse, an den versperrten Geschäften vorbei: Ich verlasse die Stadt.

In meiner ureigensten Geschichte mit der Stadt steht hinter allem bald der Tod. Da steht er: groß, vornübergebeugt, dunkel. Das Wesentliche an seiner Gestalt ist ihre Massigkeit, die graue, gallertige Unidentifizierbarkeit. Er hält den gelben Vollmond im Arm, der kreisrund hinter Sankt Peter, über dem Lindenhofhügel mit den Bäumen erscheint.

Weich rippt sich das Limmatwasser. Es ist eine Sommernacht. Wir – wer ist dieses Wir? – haben die Arme leicht ineinandergelegt und bummeln plaudernd an der Lände entlang.

»Pass, crow«, heißt es in den *Gesängen der Krähe* von Ted Hughes. Hört man diese Aufforderung an die Krähe, sieht man einen kalten, klaren Winterhimmel, von Krähen bestückt. Von Zürich zu reden, wandelt sich das Bild rasch zu dem von den Wasservögeln, die reglos auf der muschelhaft in Farben spielenden Flussoberfläche treiben.

In der Mitte liegt allemal die Limmat, brückenüberspannt. Rechts das Niederdorf, am langgestreckten Hügel aufsteigend, links das Viertel um den Lindenhof, dahinter die Geschäftszone an der Bahnhofstrasse. Ich möchte eine Vedute von Zürich malen, mit seinen Türmen und Hausgiebeln im Morgenlicht: Von der Hohen Promenade oberhalb des Bahnhofs Stadelhofen hat man eine gute Aussicht. Die Uferlinie des Zürichsees wird von Bäumen, meist Pappeln, markiert, die wie grüne Springbrunnen in die sanft leuchtende Luft steigen. Über dem See ist es dunstig, und das Glitzern der Sonnenstrahlen im Dunst wiederholt sich in einem fast schmerzhaften Klingeln in der Brust des Beschauers.

Sommer. – Die Stadt selbst führt an der Limmat entlang. Vorn, wo die Limmat in den See mündet, die Bellevue-Brücke mit dem nimmermüden Verkehr, blaue Trams, zur Bahnhofstrasse hinüber, an der Schiffländte entlang. Gründerzeitbauten im Vordergrund, hinten Biedermeierliches, Barockes, Mittelalterliches mit spitzem Gegiebel. Die festen, steinkuppelgekrönten Türme des Münsters da, die Türme des Fraumünsters dort, der stämmige Turm von St. Peter mit dem großen, vergoldeten Zifferblatt; Wolken darüber, über den Stadthügeln Richtung Höngg, hinter Bahnhof und Helvetischem Museum.

Die Farbe ist ein vielfach abgestuftes Grau, mit dunklen Schattenzwickeln in Graphit oder Samtschwarz, oder ockertonigen, verschwimmenden Flecken, wo die Partikel, gröber gekörnt, von einem Rosa erzählen, einem sanften Orange, die jedoch, in dem Ernst, der über Häusern und Dächern da waltet, sich nicht entfalten und aufblühen können. – Schweizerfahnen, viereckig. Fahnen überhaupt.

Die Landschaft, über die die Stadt Zürich sich ausbreitet, gleicht im Typus den Landschaften, wie sie die Niederländer so gern in ihren Bildern verwendet haben: Hügelformen, die nach einem musikalisch abgestimmten Schlüssel von klein zu groß wachsen, um zuletzt zu richtigen Bergen mit Felsen und Bergwäldern zu werden. Natürlich tragen die Zürcher Stadtberge keine Felsen; aber man spürt, hinter den panoramatisch den Ausblick abschließenden Höhen, die Alpen mit ihren Gipfeln.

Bei Föhn stoßen die Stirnen der Leute an die Mauern der Stadthäuser, die Gassen im Niederdorf werden noch enger, überall beginnt ein wirres, eintagsfliegenhaftes Treiben, und der See wird zu einer erschreckenden Last aus geschmolzenem, schillerndem Glas.

Wie oft bin ich auf der Promenade oben gesessen, starr und wie tot im Geläut der Kirchenglocken, die Augen offen, und ich sah und hörte deutlich die Stadt, vor mir und um mich herum, aber mich selbst gab es nicht mehr.

Ich schaue, ich schreibe, ich stelle mir etwas vor, ich zeichne nach und auf, murmle mit den Lippen, was da gesagt wird; ich ordne und forme, ich komponiere; ich erzähle, will Nachricht geben, einen Eindruck erwecken, bei mir und den anderen, auf andere. Kaum höre ich mit dem Nachdenken auf, erzählt sich die Geschichte von selbst.

Winters ist es in Zürich oft neblig. Der vom See aufsteigende Nebel hält sich oft den ganzen Tag. Manchmal reißt es gegen Mittag auf, und ein eisiger, von der Sonne rein ausgeleuchteter Winterhimmel erscheint. Darin tauchen dann die Krähen auf.

Ich liege im Bett und höre die Krähen. Ich trete an den Tisch, um zu schreiben. Ich schreibe. Jetzt verstummen die Krähen. – Vom Haus an der Schiffländte schaue ich zur Wühre hinüber, ans gegenüberliegende Ufer, wo ich vor vielen Jahren einmal gewohnt habe. Jetzt gibt es keine Wohnungen mehr in dem Haus. Rechtsanwälte sind da, und unten eine Boutique, von Calvin Klein, glaube ich.

Ich wandere durch das abgewichste, speckige, abgetappte, schmierige, von den Touristen völlig zerlatschte Niederdorf: Die Beizen sind zu Szenetreffs geworden, in den Kellern Discos, zu ebener Erde Geschäfte, oberhalb Büros, und unter dem Dach Penthäuser für irgendwelche Geschäftsleute, die zwei Mal im Jahr nach Zürich einfliegen: Ich übertreibe vielleicht; aber nicht sehr. Aussersihl / Industriequartier: Wenn man erst einmal in Bars mit Namen wie *Sans Soucis* gelandet ist, fangen die Sorgen bald an. Die Stripperin macht sich gar nicht mehr die Mühe, irgendjemandem etwas vorzugaukeln; sie kommt schon fast nackt auf die Bühne und lässt schnell das Letzte fallen. Jetzt ist sie fertig und dreht sich hin und her. – Unter Bosniern, Tamilen und Italienern gehe ich Richtung Bahnhof, wo sich die Fixer in dem Park zur Sihl hinunter versammeln.

Wenn man eine Maske aufhat, erscheinen einem alle Bewegungen, die man ausführt, gewaltiger und größer. – Man darf nur nicht die Maske mit den Händen angreifen.

Auf dem Heimweg steige ich zum früheren Botanischen Garten am Schanzengraben hinauf, ehemals einer meiner Lieblingspunkte in der Stadtgeografie. Unter alten Bäumen küssen einander dort Liebespaare und potenzielle Selbstmörder starren zur in der Nacht natürlich leeren Badeanstalt hinunter.

Banken und Treuhandgesellschaften. Neubauten, die gar nicht mehr versuchen, urban aufzutreten.

Nachmittags sind die Stimmen der feinen Damen aus der Conditorei Schober im Niederdorf so laut, dass man im Vorübergehen an einen Kobel von Hornissen denkt.

Von der Napfgasse zur Spiegelgasse hinüber: Cabaret Voltaire, Lavater, Büchner, Lenin. – Lenin hatte hier manchen Vorfahren, Zwingli zum Beispiel. In der Kirchgasse steht das graue Haus, von dem aus Zwingli in die Schlacht von Kappel ritt. – Zwar stand Zwingli auf der richtigen Seite, aber, wenn wir Revolution sagen, meinen wir doch eher das Leben selber und wie wir es da leben.

»Ganz recht«, erläuterte mir der Kunstfreund in Dolder oben, »dieser hingelagerten Ariadnegestalt mit den erhobenen Armen, wie wir sie hier, auf ihrem Bett ruhend, die Arme hinter dem Kopf verschränkt, vor uns sehen, begegnen wir wieder auf den leeren Plätzen von de Chirico, wo sie die Einsamkeit, die Verachtung alles Lebenden und die Impotenz einer grandiosen Onanie verkörpert.«

Raving London (1994)

In meinem Alter zum ersten Mal in London! Seltsam, in welche Weltwinkel ich schon gekommen, gereist oder geraten bin, in London war ich noch nie.

Gleich zu Anfang, um die reiche Ausbeute an Erlebnissen richtig zu gruppieren, was soll ich da herstellen? Die hellgrünen, flusswangenartigen

Rundformen des Hydeparks, mit den Kastanien, den Platanen, den Eichen? Oder die Blondinen im Pub, die, mächtig im Fett, von Barhockern herunter mit möglichen Freiern verhandeln, das volle Bierglas in der Hand? Die Streifungen durch die wilden Wiesen von Hampstead Heath, wo die Wolken im freien Himmel tatsächlich noch so aussehen wie jene, die Constable gemalt hat? Den imperialen Blick durch St. James' Park, über den Weiher hin, der abends wie hellflüssiges Gold aussieht, zu den Kuppeln von Whitehall?

Ich gehe einmal ganz einfach und absichtslos durch die Straßen der Stadt und stelle ganz zuerst und erleichtert fest, dass diese Stadt nichts von mir will, dass sie mich lässt, wie ich bin, ich darf kommen, gehen oder bleiben, wie es mir gefällt. Die Stadt hat zu viel gesehen, im Lauf ihres langen Lebens – so kommt es ihr auf den einen, den anderen Pflastertreter, Besucher, Einwohner nicht an; ein Kennzeichen, das bald auf eine der großen Städte zutrifft. Aber London, da ist es etwas Spezielles: Die Stadt kennt keine Achsen, keine Etoiles, keine Ringstraßen. Es gibt einfach keine Stelle, keinen Ort, keine Ecke, wo sie einen mit Absicht beeindrucken will. Ich möchte sagen, diese Stadt kennt kein Kalkül; und wo sie eines kennt, ist es gut versteckt; und noch eins: Jedes Kalkül von einzelnen oder dominanten Gruppen geht im gesamten Treiben, geht im Betrieb oder Körper der Stadt einfach unter. Jede Willensaufbietung oder auch gewaltige Anstrengung bleibt insulär, anekdotisch und zuletzt nur wie miterzählt in der großen, ausladenden und vielfältig verästelten Geschichte der Stadt.

Was ich sagen möchte: London ist die Stadt der Bürger schlechthin. Und wenn auch der revolutionäre Ruhm an Paris fällt, und wir mit dieser Stadt die prunkenden, feurigen Überschriften einer allgemeinen Demokratisierung verbinden – Programm unserer Jahrhunderte: In London sehe ich dieses Programm beiläufig verwirklicht, in seinen Gässchen und Ausfallstraßen, dem Gedächer seiner Einfamilienhäuser, dem Bunt der Gärtchen und Gardens dazwischen; natürlich auch in allem, was nicht geklappt hat, was danebenging, was man so nicht wollte …

Meine Neigung führt mich immer an die Ränder hinaus, und ich fliege mit den S-Bahnen pfeilschnell den Herzen der Städte zu: Was ich hier sehe, sind rußüberronnene Ziegelbauten, sind putzige Wintergärtenveranden, in denen gerade eine Hollywoodschaukel Platz hat, ist ein weißes Schloss, vor dem Kühe grasen: Ja, ich sehe dieses Schloss, einen klassizistischen Bau, hoch oben auf dem grünen Hügel; dann schließen saubere Häuschen an; dann kommen Hochhausblocks in Beton, in Stahl; und dann kommt eine riesige, fette Gosse voller Teer, Öl und dreckigem Flusswasser. Schwarze demolieren einen Rolls-Royce, sie dreschen mit Gewehrkolben darauf ein, ich sehe ihre erhobenen Arme, die Fäuste daran – aber das war wohl in einem Film, von Godard vielleicht; und gewiss ist es lange her.

Neunzig Prozent von London kommen dem durchschnittlichen Besucher nie vor Augen. Es sind genau jene Bezirke, aus denen er, der Besucher, zu neunzig Prozent selbst herkommen würde, wäre er ein Londoner. So ist das mit dem Tourismus.

Andererseits, ich frage mich, wird all dieses Besichtigen von Kirchen, Museen, von illuminierten Handschriften, Kronjuwelen und botanischen Gärten nicht doch einmal Wirkung zeigen? Die Methode der Evolution ist die Verschwendung. Und die Evolution ist erfolgreich.

Kehren wir zu den Realien zurück: Wenn die Jugend in den Vorstadtlokalen zum Techno-Rave die Arme in die Höhe reißt, so steht diese ganze Vorwärtsmanie doch vor einem trüben Hintergrund von Arbeitslosigkeit, Wohnungsmisere und schlechter Konjunktur. Natürlich: Einmal muss es wieder aufwärtsgehen! Ob aber diese jungen Leute mit ihrer so liebenswerten Lebensgier, den heißen, roten Gesichtern, diesen wallenden Unterseepflanzungen von Haar, den Fingern, Lippen, Zungen, das noch erleben werden? – Pfeif drauf! Wir stürzen uns ins Getümmel! Ich tanze, was Arme und Beine hergeben. Wir heben voll ab – es ist nicht nur der viele Alkohol. Ich bin vielleicht nicht wirklich glücklich, aber dafür high.

Alle wollen jetzt nur mehr glücklich sein.

Die Entdeckung auf künstlerischem Gebiet: der Maler Carlo Crivelli. Seine Bilder hängen zusammen mit denen von Cosimo Tura in einem Saal der National Gallery. Tura habe ich seines kantigen, deutschen Zeichenstils wegen, für die surrealistische Fantasie seiner Dekors immer schon geschätzt: Da gibt es sich aufbäumende Seepferdchen in Saphirblau, Früchtegirlanden in prallem Rubin, mit goldenen Dornen! Aber Crivelli: Er ist der Maniac schlechthin! Ein düsterer Alleskönner, der einem die schönste Mariae Verkündigung durch ungute Hintergrundtöne, die tief aus seiner Seele aufsteigen, verpatzt. Er hat in Venedig, so um 1460, eine verheiratete Frau entführt und saß dafür ein halbes Jahr im Gefängnis. Dann ging er nach Ascoli Piceno, und das liegt mitten in den schönsten, blauen Bergen …

In diesen Straßen spielt sich der Hauptverkehr der City ab, und den ganzen Tag schon war sie überaus belebt gewesen. Doch als die Dunkelheit hereinbrach, nahm das Gedränge jeden Augenblick zu; und um diese Zeit, da die Laternen in vollem Licht aufflammten, rauschte die Bevölkerung in pausenloser dichter Doppelflut an der Türe vorbei. – Der Erzähler in Poes *Man of the Crowd* sitzt in einem Café und schaut müßig in den Abend hinaus. Bald entdeckt er einen Mann und sieht sich gezwungen, ihm zu folgen. – Was zieht aber mich in die Straßen hinaus, in die dunkle Brandung buntscheckiger Passanten, die, mit weißen Gesichtern, im Autoabgasdreck gegen das Ersticken und Untergehen ankämpfen? Was zwingt mich, die goldenen Stiegen im Kaufhauspalast hinaufzusteigen, wo mir, von oben, ein Haufen von Megären, beladen mit riesigen Paketen, entgegenströmt?

Es ist Sale, Ausverkauf, und ganz London scheint auf den Beinen zu sein. Am schlimmsten ist es in Oxford Street und Regent Street, aber auch in Knightsbridge, in der Gegend um Harrods kommt man auf dem Gehsteig kaum voran, man sieht kein Pflaster mehr, und die Straße selber, die breite und hohe Straße, scheint zum Korridor eines Kaufhauses geworden, zu einer tollen Festhalle, in die von oben kleine giftige Federn aus Licht und Benzintröpfchen einschweben …

Ich sehe einen Koloss vor mir, er wendet mir den grauen Rücken zu, groß und breit, hat die Arme erhoben, aber da muss ich den Kopf in den Nacken legen: Ist es der Tod? Bin ich das selber? – Denn eines ist jetzt klar: Wenn der Erzähler in Poes Geschichte dem Massenmenschen durch alle Gossen und Abgründe der Stadt folgen muss, so ist das schlimm genug. Wenn aber ich den anderen folge, dann folge ich mir selbst: Ich bin es …

Vielleicht hat Oscar Wilde doch recht, wenn er meint, die Kunst könne unmöglich darstellen, was man selbst erlebt hat. Vielleicht sollte man sich besser aufs Erfinden konzentrieren – und warten, bis man sich von dort her begegnet.

Sonntags sind die Gegenden um Fleet Street und Strand vollkommen ausgestorben. Die Leere in den Straßen der City ist radikal. Denn mit Geschäftsschluss sind die Menschen verschwunden, und mit ihnen die Begründung, so scheint's, für das Bestehen der City überhaupt. Aber Montag geht's wieder los.

Ich erzähle jetzt, ehe ich auf Dr. Johnson oder die Elgin Marbles im British Museum zu sprechen komme (wer weiß, ob's dazu kommen wird, denn die Blaupause der Möglichkeiten ist zu groß), vielleicht ein bisschen von meinen Lieblingsgegenden: Da haben wir einmal Maida Hill, eine nicht gerade besonders glorreiche oder gut beleumundete Gegend, einmal von St. John's Wood her zu betreten, zwischen den noblen Straßen dort, vom grünen Rasenland des Regent's Park her, zum anderen über die äußere Edgware Road; und das ist die amerikanischste Straße, die man sich denken kann. Fantastisch, mitten in London, Europa, durch die Main Street einer mittelwestlichen Kleinstadt zu stiefeln, mit den rot entzündeten Sternen im weiten Himmelsraum, den flankierenden Fronten von aus Brettern zusammengetischlerten Drugstores und Geschäften und den höheren Ziegelbauten hinten, zwischen denen von Katzen belebte Alleys in die Tiefe führen. Und Maida Hill selber? Das ist eine Art Niemandsland, ein fahler, windiger Fleck mit schief in den Himmel stehenden Häusern. Verzauberte Hunde ohne Herrchen laufen und schwer mit Einkaufstaschen beladene Frauen schwanken da, und der Schein aus den Lampen liegt wie frisch aufgeschlagene Eier auf den Gehsteigen und den dürftigen, grindigen Rasenflächen. O ihr einsamen, beredten Häuser!

Kühner geworden und besser gelaunt, haben wir doch besser geschlafen, gespeist und getrunken, streifen wir durch die Hauptstraße von

Hampstead dorfab, auf die Stadt zu, die unten molluskenhaft sich reckt und breitet. Aber noch sind wir nicht dort! Erst kommen die stillen Gassen, die Terraces und Groves, wo unter Efeu und altem Laub, umgeben von Moosgärten und den Wachtposten uralter Platanen, diese Biedermeiervillen stehen und sich auswürfeln, wenn der Ausdruck gestattet ist, in eine Landschaft hinein, deren Schwung und Anmut italienisch, deren dunkel getönte, wohlklingende Gestimmtheit ganz und gar britisch ist: Hier bleiben dürfen!

And so live ever – or else swoon to death, sprach John Keats, der unbedingte Freund. Entweder träumen – oder ewig träumen.

Ja, wir haben unser Gefieder jetzt mächtig aufgespannt, weit gebreitet: Und da purzeln die Häuser der Stadt unter uns, selbst dem Telecom-Turm wird schwindlig, er lehnt sich an zwei postmoderne Kitschburgen in Holborn und schaut der guten alten Powerstation in den Docklands ins Gesicht: Kein Rauch entwindet sich ihren vier Schloten, kein höllisches Gebräu! Ja, wir breiten unsere schneeweißen, präraffaelitisch überhauchten Adlerschwingen und kreisen über der Stadt: Von den schrecklichen Rauchschwaden und Nebelfladen, von denen Dickens berichtet, ist nichts zu sehen. Doch gibt es, vor allem bei sonnigem Wetter, immer wieder Umweltalarm. Wir kümmern uns nicht um die mächtigen Bank-Towers, noch um das neue Lloyd-Building mit seinem modernistischen Gegitter und Röhrenkram, wir kreisen, schweben ein über Gray's Inn, über die gotisch umfassten Rasengevierte von Lincoln's Inn, flattern über Tavistock und Russell Square mit ihren Baumgewölben – und schlüpfen zuletzt im British Museum unter: Aber wir schauen uns nicht die Elgin Marbles an. Da ist uns alles zu griechisch, zu human und beglückend: Freude, schöner Götterfunken. Wir stellen uns vor einen der assyrischen Stiere, mit den steinernen Flügeln, den schrecklichen Hufen. Und das Schrecklichste ist dieser fünfte Huf, den man nur von der Seite sehen kann und der das Tier auch im Stehen noch vorwärtsschreiten lässt.

Soviel Schmutz in den Straßen, als hätten sich die Wasser eben erst vom Antlitz der Erde verlaufen … Rauch in Gestalt eines leisen schwarzen Sprühregens, von Rußflocken größer fast wie voll entwickelte Schneeflocken durchsetzt, senkt sich aus Kaminklappen nieder – wie wenn er sich, könnte man sich einbilden, über den Tod der Sonne in Trauer gesteckt hätte. Hunde, vor Schmutz nicht zu erkennen. Pferde in einer kaum besseren Verfassung, bespritzt bis hinauf zu ihren Scheuklappen … Das ist von Dickens.

Dort vorne geht Doktor Johnson, die kleine Gestalt, mit dem über dem Bauch sich spannenden Gehrock, dem elfenbeinbeknauften Stock, der weißen, aufgeplusterten Perücke, er schwankt Rotten Row hinunter, unter tief hängenden Ästen, im nassen Sägemehl, von Hufen aufgewühlt, und hört – zum letzten Mal! – die Glocken von Mary-le-Bow.

London ist eine große Metropole. Ein Wunderwerk, vor dem ich den Hut ziehe. Kristallene Tränen rinnen über mein Gesicht. Ich habe kein Opium geraucht. Europa! Ein Frösteln ist dort draußen in den Dunstflecken, ein feines Nervenzittern tief im Asphalt, alle Gegenstände haben mit einem Mal doppelte Kanten. Azrael erscheint. Und alles wird immer finsterer.

Dabei allenthalben Fröhlichkeit! Notwendiger Optimismus.

Ich bin ja auch verflucht glücklich.

Vielleicht noch Leonardo erwähnen, den genialen Uccello, den großartigen Piero della Francesca? In Kenwood spielt diese Lautenspielerin von Vermeer so innig, dass man ihr immerfort zuhören muss. *A damsel with a dulcimer / in a vision I once saw*, heißt es bei Coleridge; aber das ist wieder eine andere Geschichte. Ich habe jetzt, fällt mir ein, sämtliche Gemälde von Vermeer gesehen, die auf uns gekommen sind. Nur eins nicht: Die Ansicht von Delft. Hängt im Haag. So oft war ich dort, am Lange Vijverberg, unter den Kastanien, und bin doch nie ins Museum gegangen. – Von meiner Dachkammer aus schaue ich auf Norfolk Square hinunter: In dem sanften Regenlicht stehen die Platanen wie riesige Kerzenständer, wie verhexte Geschäftsleute, wie große Raben, die das Fliegen verlernt haben.

In Orwells *1984*, das Buch spielt ja auch in der Stadt London, geht es doch um das Wiederfinden eines alten Kinderreimes, der für den Helden *die gute alte Zeit* versinnbildlicht:

Orangen und Limonen, läutet's von St. Clement, die
kosten drei Farthing, läutet's von St. Martin …

Heute müssen wir unser Glück festhalten. Das System ist, bei aller Ausdehnung, geschlossen, der Prozess irreversibel – mal sehen, wie's ausgeht.

London / Diary (1998)

Erster Tag: Der übliche Spaziergang durch Hyde Park und Kensington Gardens; grüne Flanke des Hyde Parks, auf einen Blick zu fassen; Kensington Gardens vertrackter, waldähnliche Baumansammlungen in der freien, windanfälligen Fläche, hinten das Schloss. – Das kleine Extragärtchen daneben, eine abgesenkte Schüssel mit Teich, von Rabatten umrahmt, von Hecken eingefasst: Träumerische Stimmung des Ganzen, die noch dadurch unterstrichen wird, dass die Fontänen im Teich aus kastenförmigen Behältnissen sprudeln, die an offene Sarkophage erinnern. Die Mädchenfotos des Lewis Carroll kommen mir da in den Sinn, kleine Schönheiten mit gelöstem Haar, das über schmale Schultern fällt, geraffte Röcke, ländliche Strohhüte.

Das Mädchen nahm seinen Hut ab, ließ das blonde, schimmernde Haar über die Schultern fallen. Lange blickte es ins Wasser, so als suchte es etwas. Nachmittags dann in der Tate Gallery die Bilder von Lucian Freud, den ich, als Person, aus den Fotosammlungen seines Freundes Francis Bacon kenne: *Man muss den Kopf wie einen Körperteil malen – dass er wie Arm oder Bein erscheint.* (Lucian Freud) – Diese antimetaphysische Stoßrichtung ermöglicht ihm Bilder von großem Ernst, von großer, eigentlich entsetzlicher, aber nüchtern aufgefasster Verlassenheit.

Ich gehe zur U-Bahn und schaue, weil ich keinen Sitzplatz finde, während der Heimfahrt auf die ermüdet hängenden Köpfe der Fahrgäste.

Zweiter Tag: Meine vielleicht ein wenig übertriebene Wiedersehensfreude mit der Stadt wirkt sich heute als Katzenjammer aus.

Die Bilder von Boucher in der Kenwood-Sammlung: Tändelt in der Bildmitte ein bukolisch kostümiertes Liebespaar, so liegt im Vordergrund bestimmt ein derber Knüppel oder ein knotiger Wanderstock, über den, aus einer umgeworfenen Kanne, helle Milch rinnt. Ergötzen sich die Amanten am Wasser, der Galan hält die Angelrute zu blau und grün verschwimmenden Laubwolken empor, greift sich die Dame den Fisch, der sich lebhaft aus ihrem Fäustchen krümmt usf. – Puffatmosphäre, heiterer Wahn, raffinierte Beschwörung, um die hässliche, aber echte und wahre Maske des Lebens nicht sehen zu müssen. Weshalb sage ich: Maske? Weil es eine Maske ist.

Am abendlichen Leicester Square die hoch fliegenden Sitze des Karussells. Licht strömt in verschwenderischer Menge von den Buden und den hohen Gerüsten herunter – greift auf die Menschen über, erhellt sie ein wenig.

Das englische Pub ist eine so vollkommene Einrichtung, dass, sieht man von den elektronischen Registrierkassen und den neu gestalteten Zapfhähnen ab, alles seit Hunderten von Jahren gleichgeblieben ist. Die letzte Revolution dürfte die Einleitung der Gasbeleuchtung gewesen sein – und dann sind wir schon fast im Mittelalter.

Ich stehe am offenen Feuer, ein Gasfeuer, das aber zwischen der Natur nachempfundenen Fichtenzapfen und Holzscheiten aus Gusseisen hervorlodert, und wärme meine Hände. Das Bierglas habe ich inzwischen auf dem Sims abgestellt: dunkles, kräftiges Bitter.

An der Theke lehnend, fällt mir eins dieser Abtropfsiebe aus Messing auf: Das Deckblech hat rund herausgestanzte Löcher, durch die der Bierschaum, der von den frisch gezapften Gläsern herunterrinnt, abfließen kann.

… dass die Bilder, die wir ersinnen, in keiner Weise vergleichbar sind mit der Unermesslichkeit, Unergründlichkeit und Unerforschlichkeit dessen, was uns als Natur umgibt. (Aus meinem Notizbuch)

Dritter Tag: Auf der Suche nach einem bestimmten Hutmacherladen in der Burlington Street komme ich Ecke Bond Street und Conduit Street dazu, wie ein Bankräuber von Polizisten gestellt wird: Ein Streifenwagen hat das Auto des Bankräubers gegen den Bordstein gedrückt, Blech knirscht, der Mann gibt auf, steigt mit erhobenen Händen aus … und dann sehe ich ihn schon, die Hände mit Handschellen aneinandergefesselt, zwischen den Polizisten quer über die Kreuzung zum Arrestantenwagen gehen: ein Mann in meinem Alter, mit scharf, aber gut geschnittenem Gesicht, unauffälligen Kleidern … Während die inzwischen zusammengelaufene Menge im Gefühl der eigenen Rechtschaffenheit grinst und halblaut lacht, dreht sich mir alles vor den Augen, ich muss an mich halten.

Form, die vor dem, *von dem man nichts weiß*, erscheint.

Vierter Tag: In der U-Bahn wird ein junges Mädchen gesucht, das verschwunden ist. In jeder Station hat man Tafeln mit ihrer Beschreibung aufgestellt.

Wir fangen mit dem Erkennen an und hören mit dem, nennen wir es: Staunen auf.

Vom Regent's Park gerate ich zufällig nach Camden Town. Ich bin, mit einem Mal, in der Anfangsszene von Leones *Once upon a Time in America*: Der junge Noodles, noch nicht bei der Mafia, tut sich auf den Straßen der Bronx um … Es ist Markt in Camden Town, bodenständig, vorstädtisch, fast noch ländlich; ein Londoner Ottakring – mit Schwarzen, Bangladeshis und Punks. Aber auch dicke Londoner Mamis kaufen da ihre Tomaten ein, und ein älteres jüdisches Ehepaar berät sich über die Qualität von Mazzes.

Abends in Chelsea laufe ich zwischen den dunklen Wischern der Passanten die Sloane Street hinunter; Taxis, Busse, Scheinwerferlicht, das die Platanenäste am Platz deutlich aus der Dunkelheit herausarbeitet, wie Schlangen oder Gliedmaßen oder Muskelverschlingungen großer Urwaldtiere.

Fünfter Tag: In der Oxford Street, zwischen den Kaufhauskäfigen, durch deren Käfigfensterlöcher das Licht bricht, im reißenden Strudel der Passanten. Von *Selfridges* her fällt irreales, blaues Licht einer Weihnachtsinstallation über die Menge: Eingeborene, die ihre ursprüngliche Religion fast vergessen haben, einer neuen Missionswelle zum Opfer gefallen sind.

Sechster Tag: Die Lochung meiner Security-Card im Hotel sieht wie ein Sternbild aus.

Gerade jetzt, am Ausgang der Moderne, müssen wir alles auf die Einbildungskraft setzen, auf die Kühnheit, Kraft und Größe unserer Vorstellungen. Und wenn wir zu Ergebnissen kommen sollten, die wir selbst nicht verstehen, die wir uns nicht erklären können? – Recht so! Wir müssen,

Vorkämpfer und vielleicht Märtyrer einer neuen Sichtweise, einer vielleicht totalen Romantik, vorstoßen in alle Gegensätze, ins Ungereimte, Zufällige, Paradoxe – und das wird unser Verdienst sein.

Die Postmoderne ist nur Teil der Moderne.

Tizians Alterswerk *Diana und Aktaeon* in der National Gallery – leicht zu deuten: Diana, von Aktaeon beim Baden überrascht, verwandelt den Jäger in einen Hirsch, der daraufhin von seinen eigenen Jagdhunden zerfleischt wird. Der Blick der Begierde ruft also jenes Klima in uns hervor, das uns, wird die Begierde nicht gestillt, zum Verhängnis wird. Aber wo bleiben bei einer solchen Erklärung die anderen Wertigkeiten des Bildes, die davon aufgerufenen Vorstellungen usf.

Siebenter Tag: Erinnerung an die Sonne, die morgens auf den Häusern lag, mit zartblauen Schatten und cremig hingestrichenen, ein wenig körnigen Farben: Braun und Hellgelb.

Bei Leonardo da Vinci entsteht die Neigung zum Unfertigen, Fragmenthaften aus dem Konflikt zwischen der Genauigkeit, anatomischen Richtigkeit in der Darstellung der Figuren / Menschen und dem genauso starken Wunsch nach der *Einheitlichkeit des Gefühls* im fertigen Bild: Das Bild soll nur einen Ton oder Klang geben, nur auf eine Stimme hören – und andererseits will er die blanke Gegenwart der Dinge vor uns hinstellen.

Der Widerspruch der Wünsche ist notwendig, man muss ihn einfach aushalten.

Auf den schön gesandeten Wegen von Kew, zwischen den klassizistischen Glashäusern von Decimus Burton, zwischen Fichten und Tannen, unter Kronen von Eichen und Ulmen, auf chinesische Türme, auf holländische Cottages zu. Kew Gardens bildet das *Empire der Pflanzen* nach.

Achter Tag: Nichts.

Neunter Tag: Im East End finde ich diese Straße, die ich weiter und weiter gehen kann, immer weiter – und ich gehe.

Wolken über den Flachbauten von Bethnal Green, aus denen ein kleiner Uhrturm aufragt.

Von fern – wie aus einem Raum noch hinter den Himmelserscheinungen und Wolken – das Surren und Klappern der Nähmaschinen in den Hinterhofkleiderfabriken: Sweatshops. Engels würde sich hier auskennen, seit zweihundert Jahren hat sich nichts geändert.

Und dann diese Szene in *Bloom's*, dem jüdischen Speisehaus. Ich habe meine müden Beine unter dem Tisch ausgestreckt, das Essen steht vor mir: Der glatzköpfige Kellner bittet die Servierin um einen Kuss. Und sie gibt

ihm den. Und er geht weg, tätschelt seine Backe und singt: »Wunderbar! –
Wunderbar!« – Operette mit Metaphysik.

Zehnter Tag: Die Broker der City beherrschen die Welt in einem unglaub-
lichen Grad von Abstraktheit. Von denen, die tatsächlich arbeiten, vom Ge-
ruch der Erde und des Regens, vom Wind in den Urwaldbaumkronen, der
Sonne auf den Meereswellen ist hier nicht die Rede. Natürlich arbeiten die
Broker – und wie sie arbeiten!
  Morgens ist das Grün des Parks hell und von kleinen, goldenen Punkten
gesättigt; abends mischt sich ein Ton von Brombeersaft darunter.
  Der Green Park ist wohl der Park schlechthin: Wege, Gras und Bäume,
von einem Gitter eingefriedet; sonst nichts.
  Form, das ist Geist. Und Geist ist größer als Verstand.

Reise nach Italien (1992)

Da fahre ich nach Italien! Und weiß nicht, was ich dort soll. Erbärmlich
hustend liege ich in meinem Schlafwagenbett, der Staub aus den Decken,
die mir ein undurchsichtiger, mürrischer Schaffner gereicht hat, reizt meine
Bronchien, pulvert den Husten so richtig auf.
  Der balsamische Duft, der aus den Wipfeln der Koniferen, Pinien und
Thujen steigt, aus den Boboli-Gärten herauf zu den Mauerbastionen der
Festung von San Giorgio, dieser Duft, der real ist oder den ich mir, auf Hei-
lung bedacht, einrede, wird mich später befreien – ich werde aufatmen. Ich
werde über die Dächer von Florenz hinschauen. Ich werde die Kuppel des
Domes sehen, wie sie da märchenhaft auf dem Geschiller aus Smog, Hitze
und Ziegelrot schwimmt oder aufruht.
  Noch ist es nicht so weit: Ein Mann mit Sportkappe führt seinen Hund
spazieren, der Frühverkehr gurgelt durch die Bahnunterführungen, hinter
zylindrischen Öltanks und grauen Fabrikklötzen sausen andere Autos, die
Morgennebel lösen sich vom traurigen Grün der Olivenbäume, die zu den
breiten Bergkuppen hinauf stehen, der Mann wirft dem Hund ein Hölz-
chen, aber es fällt in einen Abwasserkanal. Edle Villen mit geschwungenen
Giebeln auf den Berghängen.
  In den Straßen von Florenz ist mir zum Ersticken. Statt mich zu unterhalten, fuchtle ich nur mit den Händen, weil der Verkehr so laut ist. Das
Gediegene, Kultivierte und Anmutige der Stadt leidet besonders unter der
Indifferenz des Tourismus, unter Abgasqualm und leergegessenen Eisbe-
chern. Es gibt Städte, die sind robuster.

Ich gehe nach Santa Croce hinaus, dort ist mir etwas leichter. Ich weiß: Hinter Santa Croce gibt es keine Sehenswürdigkeiten mehr, die von Touristenbussen angefahren werden. Ich will ja einfach nur gehen, durch Straßen und Gassen.

Der Besitzer einer kleinen Bar schaut mich misstrauisch an: Kommen die hierher also auch schon! – Aber wir gewöhnen uns aneinander. Die Semmel zum Wein belegt er mir beinahe schon liebevoll mit Wurst.

Abends dann, vor der Stadt draußen, schlagen Nachtigallen in den Gärten, die sich über sanft gerundete Hügelflanken ausbreiten, Sterne erscheinen ganz oben, Mauerwerk, wildes Gras, blühende Kirschbäume – Toskana!

Auf Perugia gehe ich nur kurz ein. Dieses umbrische Städtchen liegt, gleich vielen anderen der Region, hoch oben auf einem steilen Bergrücken, vom Wind umblasen. Die Piazza Grande hat diesen etwas spröden Charme, der an barock gekleidete Notabeln denken lässt, an Damen im Reifrock, Ratsherren in schwarzen Kleidern und mit gepuderten Perücken. Straßen und Sträßchen winden sich um etruskische Mauern, Studenten und Studentinnen treten auf den Stufen der zahllosen Treppen dieser Universitätsstadt nimmermüde als Romeo und Julia, als süß duftende junge Kuh und Schäfer, als störrischer Esel und engelsgleiche Schäferin auf – amüsant!

Die Blicke ins Land hinaus, besänftigt von den meergleich orchestrierten Hügeln, Pässen und Taleinschnitten, lesen aus den Farben der Dinge, der Bäume, der Häuser, der Erde, die Tageszeit; die Himmelskuppel, meist verschleiert von silbrigen Wolkenvliesen, ist so zart durchblaut und sanft gerundet, dass der Flug der Vögel darin eine Erzählung ist, und das Herz unwillkürlich und anfangs auch unmerklich tiefer sackt, wie ein Boot, das, leckgeschlagen, sich rauschend und dumpf mit Wasser und schwarzen Gedanken füllt.

Aber der Tod, der dir so auftaucht, ist hier immerhin noch Persönlichkeit, ein Geschöpf mit einer Physiognomie, er tritt auf dich zu, er lächelt und begrüßt dich.

Wenn Glas zerbricht, etwa bei einem Autounfall – oder du mit nackten Händen in Glasscherben hineingreifst, ist in dem Schmerz und der Ahnung vom Sterben auch ein strahlendes Glück, Fröhlichkeit, Überschwang.

Jetzt sind wir in Neapel.

Über einer ultramarinblauen See bauen wir ein Kastell in afrikanischen Farben auf, braun und gelb, aus kahlen Quadern und Würfeln – und wir lassen es, zinnenbewehrt, in unserem Imaginationsraum schweben.

Über die Rive schlendern, landseitig von einer brüllenden Avenue begleitet, die Ragazzi, die Verliebten, die Bummler, die Taugenichtse, sie werden die Zeitung, die sie zusammengefaltet in der Hand tragen, heute noch zehn Mal lesen. – Der Park am Meer entlang. Die Bucht.

Vor allem die Buchten: Neapel liegt amphitheatralisch um zwei Meeres-
buchten angeordnet. Die breiten, hohen und bunten Häuser leuchten als
Täfelchen von den Steilhängen herunter. Palmwedel dazwischen. Und die
vielzitierte Wäsche, die die Neapolitanerinnen jeden Tag waschen und auf
Stricken vor den Fenstern aufhängen, damit das bunte Bild von Neapel sich
jeden Tag gleichbleibt.

Ein Bettlerkind mit einer Schuhschachtel, die es den Passanten hinhält.
Die Schuhschachtel ist am Boden und an den Kanten fettig – vorher wurden wohl Krapfen darin aufbewahrt. Ich habe dem Bettlerkind zugesehen,
wie es gebettelt hat: Den Blick angstvoll und voll Wissbegierde zugleich auf
den Vater gerichtet, der ausgestreckt, faul und angetrunken auf dem Gehsteig liegt, hat es automatisch und starr die Schachtel hingehalten.

Ich habe noch nie ein schöneres Fort gesehen als das Castel Nuovo mit
seinen Zylindertürmen und dem marmornen Portal und den Basen der
Türme, die nach Art eines Echsenpanzers geschuppt sind.

Vittorio Emanuele reitet auf seinem Ross in vollem Galopp den Platz
herunter, der wiederum, ein einziges Verkehrsgetümmel, zum Meer abfällt.

Real Teatro San Carlo.

In der Galerie, der großen Passage, beobachte ich die Strizzis, die einander hier mit Küssen rechts und links auf die Backen begrüßen, eingehängt
promenieren, in der Diskussion mitten im Redefluss zurücktreten, großartig einstudierte Gesten ausführen, den anderen am Unterarm fassen, ihn
herziehen und eindrucksvoll anstarren – o ja, sie verstehen es! Sie verstehen es. Abgestoßene Hosensäume über abgetretenen Schuhen, die noch nie
eine Bürste gesehen haben.

Ich sitze im Taxi, und rechts und links, hinten und vorn werden wir von
anderen Autos blockiert. Graubrauner Staub steigt auf, hängt in Schwaden
über den Autokolonnen, die, so weit das Auge reicht, nicht bloß die Straße,
sondern *den Raum zwischen den Häusern* ausfüllen. – In dieser Situation
fällt dem Taxifahrer ein, dass er mir doch eigentlich auch Zigaretten verkaufen könnte, Marlboro, Camel, HB – sehr billig!

Der Vesuv mit seiner unsauber verschmierten Oberkante, die irgendwie
an einen Marmeladetopf erinnert, der vergessen auf dem Frühstückstisch
zurückgeblieben ist.

Fliegen und de Chirico. Nachts fahre ich von einer Party heim, und auf
den leeren, engen, schwarzgepflasterten Straßen tritt nur der Müll in Erscheinung, er tritt im Licht der Autoscheinwerfer als Proteus auf: die leeren
Kartons, die Aludosen, die Nylontaschen voll stinkenden Mülls.

Die Palazzi schlafen. Nicht einmal Fernsehlichter. Ich krieche in mein
Bett, um für den nächsten Tag fit zu sein, gewappnet, auf der Höhe: um dem
Leben hier so begegnen zu können, wie es das verlangt, verdient und mög-
lich macht – mit allem und bis zum Äußersten.

Neapelgelb und Rostbraun.

Als die ersten Aquädukte auftauchen, wache ich auf: Rom. Der Zug ist klimatisiert, bewegt sich fast lautlos über die Schienen und Weichen. Termini. – Ein Mann ohrfeigt eine Zigeunerin, die ihr Kind im Umhängetuch trägt. Sein Geldbörsel flattert als aufgefaltetes Büchlein durch die Luft: Kreditkarten, Geldscheine. Hinten Gaffer. – Dann Somalier, Schwarze mit Tulpen oder Sonnenbrillen oder Zigaretten zum Verkauf, die große Ankunftshalle in Metallfarben, der Vorplatz mit den Autobusschlangen in Orange, Piniendunkelgrün, Gründerzeitpaläste, herabgekommen. – Rom. Ich werde nicht viel erzählen. Vielleicht von Vico beeinflusst und seinem Konzept des Ricorso, sehe ich Rom von Anfang an – ich stehe am Pincio oben, auf der Piazzale Napoleone – in stockender, stehen gebliebener Zeit eingesunken: Es ist mir bei dem Ausblick auf Kirchen, Kirchtürme, Häuser und Paläste tatsächlich, als triebe alles in trägen, unentschlossenen Wirbeln – schmutziges Abwasser, das da und dort aufschäumt –, als könnte ich, zwischen den Rädern und Zahnrädern dieses Getriebes, die Zeit tatsächlich als gestocktes, graues Schmierfett erkennen, als eine Art magischen, grässlichen Pudding, in dessen Masse alles untergeht.

Nur die Kuppeln halten sich da. Und Rom hat viele Kuppeln. – Die Kuppel – für mich Symbol der Macht. Sie, die Kuppel, gleicht nicht umsonst der Knochenschale unseres Schädels. Die Kuppel, das ist der Kopf des größenwahnsinnigen Träumers, der glaubt, die Welt in ihrer Gesamtheit fassen und beherrschen zu können.

Dann gehe ich durch die Straßen.

Reise nach Holland (1996)

Die Weitläufigkeit der holländischen Ebene wird einerseits unterstrichen durch das System der Wassergräben, die, parallel zueinander, zum Horizont hin zu fliehen scheinen; durch die, infolge der Nähe des Meeres, hohe Luftfeuchtigkeit, die bald die Umrisse von Buschgruppen und Häusern duftig verwischt; durch das nahe und ferne Aufragen hoher Gebäude, seien es nun moderne Geschäftsbauten oder die alten Türme von Kirchen, die einen anschaulichen Maßstab bilden für die Ausdehnung der Landschaft. Es ist auch heute noch eindrucksvoll, durch die Ebene zu fahren: am frühen Abend, wenn heller Wasserdampf aus den Gräben zu steigen scheint und die Kuhherden schon am Gatter ihrer Weidegeviere sich versammeln, weil es bald heimgehen soll; am hohen Mittag, wenn in dem leeren Land die Laubmassen an fernen Baumgruppen lebendig sich zeichnen und die Kühe, feist und träge, über die Wiesenflächen als bunte Flecken verteilt liegen.

Die holländischen Eisenbahnen bilden ein dichtes, effektives Netz über dem Land, und man verkehrt zwischen den einzelnen Städten, Amsterdam, Den Haag und Rotterdam, um nur die wichtigsten zu nennen, als wär's eine einzige Stadt. Sitze ich im Zug und betrachte die holländischen Mädchen, fällt mir insbesondere ein bäurischer Typ auf, rotblond oder blond, mit schildförmigem, ein wenig pausbäckigem Gesicht, helle Augen, grau oder blau, mit einer kräftigen Figur, drall und kernig, mit starken Knien und Waden, und insbesondere auch kräftigen, ausdrucksstarken Händen. Ein wenig angeheitert, unterhalte ich mich mit der Barfrau im Hotel, die mir erklärt, sie stamme aus dem Rotterdamer Oude Westen, eine Stadtgegend, die jetzt vollständig in die Hände der Surinamer übergegangen ist. Ich erkläre ihr, ich sei dort gewesen, alles halb so wild. Wir streiten uns darüber, ob westlich oder östlich vom s'Grafendijkwal die schlimmere Gegend ist. – Tagsüber lungern schwarze Jugendliche, arbeitslos, an den Straßenecken, stromern an desolaten, aufgegebenen Geschäftsfronten entlang, hie und da ein Café, ein Pornoladen, ein Geschäft für handgemachten Silberschmuck und Billigtextilien. Es fallen einem, überall in der Stadt, die blaugrün glitzernden Flecken aus Glasscherben auf, die von eingeschlagenen Autofenstern stammen. Dafür sollen Drogensüchtige verantwortlich sein.

Es ist Sonntag und ich gehe durch den großzügig angelegten Nieuwe Werk Park und sehe Schwarz und Weiß da einträchtig unter den Bäumen rasten, es sind ärmere Leute, auch viele Alte darunter, man liegt auf Decken oder in Campingbetten, man kocht und grillt auf kleinen Feuerchen, der Rauch hängt in den zu Teichflächen heruntergeneigten Baumkronen, Kinder spielen Ball oder holen sich ein Eis bei einem der motorisierten Eisverkäufer, Männer unterhalten sich, in Gruppen beisammenhockend: Da denke ich, so mag wohl auch das Volk bei Bethsaida ausgesehen haben, wie es auf den Wiesen gelagert hat, und nachdem Brote und Fisch vermehrt waren.

Am 18. Oktober 1902 stand Proust vor der *Ansicht von Delft* in Den Haag: *Ich wusste, dass ich das schönste Bild der Welt gesehen hatte!* – Ein breiter Fluss von Zeit trennt dieses Damals von heute. Noch immer ist es Sommer auf dem Bild, noch immer wird es Abend, und jene kleine Mauerecke, rechts im Bild, trinkt noch immer die Strahlen jener ewigen Sonne ein. – Das Bild zeigt, halb von darüberziehenden Wolken verschattet, die beinah dörflich anmutende Stadt Delft, über einen Wasserarm weg, in dem sie sich, dunkel im Dunklen, auch spiegelt. Der Geniestreich von Vermeer besteht darin, uns eine Welt stiller Objekte zu zeigen, Dächer, Mauern, Türme, die doch, durch das Lichtspiel von Wolken und Sonne, in ein Drama verwickelt sind.

Auf der Willemsbrug, wieder in Rotterdam, sehe ich mich sofort in die kompositorischen Probleme der alten holländischen Landschaftsmaler verwickelt: Denn die Spitzen der braunen Wellen auf dem Fluss darunter werden so hell und kostbar im durchscheinenden Licht, als hätte Jan van Goyen sie gemalt. Die Farben der Ufersäume erinnern an van Ruisdael, vor allem ist da dieses Orangerot in den Zweigen und Köpfen der kleinen Weiden zu sehen.

Aus der Nähe betrachtet gleichen die Schiffe, liegen sie am Pier vertäut, großen Maschinen. Im Teergeruch, im Anblick der zusammengespleißten Taue, die sich, aufgerollt, als große Schlangen an Deck ringeln, steckt immer noch ein bisschen von dem Glanz, der für die Bubenaugen einst über alles gebreitet war, was mit Seefahrt zu tun hatte.

Ich gehe über die hoch und weit gespannte Willemsbrug nach Waterstad hinüber, die aus Inseln besteht; weiter, in Staub und Autoabgasen, über die Hebebrücke, Koninginnebrug, nach Feyenoord; das erste Hafenbecken. Die Lagerhallen im Redbrick-Stil, der Sand unter den Schuhen, die von Abfällen gesättigten Wasser, die faul an den Steinquadern der Uferwerke hochschwappen. Ich gehe weiter, immer weiter: leere Eisenbahnschienen, abgestellte Lastwagen, die Sonne.

Zwischen drogensüchtigen oder schwer unter Alkohol gesetzten Rastas, sie sitzen auf halb zerbrochenen Möbeln vor einem Café, taucht ein baumlanger, blonder Holländermichl hinten auf, mit einer riesigen Nase, zwei fette, weißhäutige Huren, rechts und links, im Hintergrund Wohnblocks, vielfenstrig, kilometerlang.

Vor vielen Jahren, als ich ausgiebig in Amsterdam lebte, sagte ein Freund zu mir: »In Bijlmer möchte ich nicht leben.« »So«, sagte ich. – Bijlmer ist ein Vorort von Amsterdam, mitten in die Marsch gestellt: Wohnblocks, die, von oben betrachtet, fast wie die Chinesische Mauer aussehen, sich winden, Haken schlagen, fort und fort. – Heute wachsen wenigstens Bäume davor. Aber sie sehen immer noch sehr klein aus.

In Den Haag, im Café Posthoorn an der Langen Voorhout, betrachte ich mit Interesse die älteren Herrschaften, Damen und Herren, die da zum Fünf-Uhr-Drink kommen. Es ist ein heißer Sommertag, im Schatten unter den Kastanien sehen die Damen in ihren geblümten Seidenkleidern reizend aus – fast wie die holländische Königin. Sie nehmen eine Bloody Mary, ein Gin Tonic; die Herren mit nach vorn gesunkenen Schultern und vorgeschobenen Bäuchen bevorzugen ein kleines Pils, einen Whisky oder gar Genever on the Rocks. Im Inneren des Lokals studieren einsame Herren das Handelsblad.

Zufälligerweise hat Jörg Immendorff gerade Vernissage im Rotterdamer Boymans van Beunigen-Museum. Samt seiner Begleitung ist er im Park Hotel abgestiegen, und diese Herrschaften nun wieder umgibt das Flair erfolgreicher, internationaler Geschäftsleute, die zur rechten Hand mit dem Marlboro-Cowboy, zur linken mit irgendeinem Surrealisten der klassischen Serie verlobt und verheiratet sind. Ich bin entzückt von den Damen, auch von den Herren, wir begrüßen einander, sagen: »Ah! Du bist auch da?!«, und gehen dann wieder unserer seltsamen Wege.

Hinterhoffenster heißt einer der Texte, die ich seinerzeit, als ich in Amsterdam wohnte, schrieb: *Unser Klosett ist so eng, dass man kaum darin stehen kann. Es ist schmutzig, weil es nie geputzt wird. Aber es hat ein Fenster zum Hinterhof; und hinter der Mauer unseres Hinterhofes sieht man die Blumenbeete im Hinterhof des Nachbarhauses. – An einem Regentag im Frühling sah ich zwei Frauen durch den Hinterhof gehen. Nie in der Welt wären sie auf die Idee gekommen, dass einer sie dabei betrachtete. Vielleicht habe ich durch meinen Blick die beiden Frauen gerettet. Mag sein, dass man ihren Seelen diesen Blick anmerken wird. Vielleicht verhält es sich umgekehrt; oder anders. War der Blick umsonst, sind wir verloren.*

Ich gehe weiter, über die Lijnbaan, am Rotterdamer Rathaus entlang, wo gerade ein Klan von Zuidmolukkern eins seiner jüngsten Mitglieder zur Taufe trägt: die Männer mit rassigen Schnurrbärten und Goldzähnen, die Frauen voluminös und bunt wie Urwaldblumen – vorbei an der Laurenskerk, einem der wenigen Gebäude der Altstadt, die nicht von den Bombern der Alliierten ganz zerstört worden sind: Auf dem Vorplatz schaut Erasmus in sein Buch, schreitet mit wehendem Gewand voran. Den Kindern erzählt man, sie müssten nur warten und genau hinsehen: Einmal muss Erasmus ja sein Buch umblättern.

In den alten Tagen, in Amsterdam, lebte ich einsam. Ich redete oft wochenlang kein Wort und war so versoffen, dass mir die Kellner in meinen Kneipen schon von selbst den Klaren hinstellten. Je hoffnungsloser die Lage ist, desto mehr Hoffnungen hegt man.

Breite Käseräder, frisch gefangener Fisch und Gemüseblotschen auf den Holzplanken am Albert Cuyp-Markt: Ich schaue mich um. Die lange Straße hinunter hängen die Straßenlampen wie an einem Bindfaden schier ins Unendliche hinein. Rot und prunkendes Karmesin, die Ziegel der holländischen Häuser im Sonnenlicht: Im Kontrast zu den weißen Putzrahmen der Fenster, dem Stein der Giebel und der Giebelaufbauten, kann das Rot geradezu prasseln.

Manchmal frage ich mich: Ist das aus Gold – oder ist es bloß vergoldet? Der Turmknauf, die Lettern an der Schrift da, die Fabeltiere an den königlichen Wappen.

Wie das leuchtet!

Abends, aus dem fahrenden Zug, sehe ich einen Fischreiher gemächlich aus einem der Abzugskanäle an Land steigen; der Wasserspiegel glänzt sanft. Der Reiher hat seinen privaten Einstiegsplatz, wie man an den säuberlich niedergetretenen Binsen sehen kann, der Reiher hält den Kopf hoch, und von dem wippenden Kamm rinnen ein paar blitzende, leuchtende Wassertropfen ab.

Jetzt, ein wenig später, sehen die Wassergräben in dem dunklen Land wie mit frischem Silber ausgegossen aus. Man muss wissen, diese Gräben ziehen sich nicht gerade hin, sondern, durch kleine Biegungen unterbrochen, setzen sich die einzelnen Stücke als unregelmäßiges Muster in die Tiefe fort. Im Sommer scheinen die Sterne, mit großen, weichen, brustwarzenartigen Höfen, durch die laue Nacht.

Russlandzettel (1987)

Während der Bahnfahrt nach Moskau fiel mir wieder auf, wie ähnlich Russland und Amerika einander eigentlich sind (Erinnerung an Tocqueville): der schier grenzenlose Raum, der im Überfluss vorhandene Boden, die Rohstoffe. – Zwischen Föhrenstämmen stehen grüne und blaue Häuser; glanzlos grün; glanzlos blau. Holzhäuser. Heller Sand. Orangene Föhrenrinde. Raureif, grau wie Schmirgel. Morgensonne.

Arbeiter gehen über unbefestigte Wege zu den aufgeständerten Plattformen der Bahnstationen.

Wüstes Rauchen einsam stehender Fabriken.

Ein Friedhof im Wald mit Gitterumfriedungen um die Hügel.

Vom Hotelzimmerfenster aus skizziert (das Hotel hat die Form eines halben Zylinders; später einmal rufen zwei Jugendliche einander von ihren Fenstern aus, und es hallt wie in einer Felswand): Die herrschenden Farben in Moskau sind ein gelbes Grün, das an gekochten Kohl erinnert, das bald blassrosa, bald elfenbeinerne Glänzen der Klinkerziegel, aus denen viele Bauten ohne deckenden Putz aufgeführt sind, das Grau der Steinbauten aus porösem Kalk (Hochhäuser), die braunrot gestrichenen Blechdächer, zum Teil abgeblättert, und schließlich das fette Schwarz der Straßen, breit und dick aufgetragen, an den Rändern ausfransend, voller Löcher, Wannen und Schmutzlachen, manchmal von purpurnen Bruchsteinen gemustert wie ein Schnitt durch Schweinewurst oder Schwartenmagen.

Turmartige Wohnhäuser mit ihren Balkonreihen oder -fächern stehen in dem weiten, verregneten Panorama, hügelan, hügelab, mit Schneisen für Hochspannungsleitungen dazwischen, mit Parkanlagen, denen man ihre

Abkunft von der Natur noch ansieht; Flusstälchen mit rosigen Weidenru-
ten, da und dort Bruchbuden im Gestrüpp – Kirchlein und ausgewachsene
Kirchen auf niedrigen Anhöhen, anmutig hingestellt; und hinten Blocks,
Block um Block, aus der Stalin-Ära oder von später, Hof an Hof; und noch
mehr Wohnbauten mit ihren Fensterzeilen und Fensterlinien und den kleineren Zubauten herum: Kindergarten, Produkteladen, Kulturheim, Wäscherei. Und die Wolken. Große Wolken mit hellen Bäuchen.
    Richtige Wolken. Grau-ocker Rauchwolken. Helle Staubwolken.
Schneewolken.
    Es schneit schon wieder. April. Früh am Morgen.
    Arbeiter und Kolchosebäuerin von der Muchina: eine Monumental-
plastik aus rostfreiem Stahl. Die beiden stürmen auf den Betrachter zu.
Was man nach der Beschreibung gesonnen war lächerlich zu finden, ist gar
nicht lächerlich: Es hat Qualität.
    Beim Anblick der riesengroßen Schuhsohlen (die Figuren von hinten
gesehen) kommen Zweifel, ob man Menschen so groß – wohl fünfzehn
Meter hoch – überhaupt ohne Peinlichkeit darstellen kann.
    Die Gesichter, die Muskeln, die Haare, die Kleider, das wehende Tuch –
alles ist aus Segmenten von mattglänzendem, hellgrauem Stahl zusammen-
gesetzt.

Turgenjew ist wohl der russische Dichter, der uns die schönsten Land-
schaftsbeschreibungen hinterlassen hat. Tolstoi kann da nicht mit. Manchmal allerdings fällt einem der empfindsame Herr auf die Nerven. Seine
Frauencharaktere etwa sind durch und durch unecht (sagt auch Tschechow). Ich sah Turgenjews Haus in Baden-Baden, unweit des Kurparks. In
Moskau hatten wir eine Weile zu laufen, ehe wir Tolstois Haus fanden: in
einer kleinen Seitenstraße, außerhalb des Sadowaja-Ringes, und viel mick-
riger, als ich es mir vorgestellt hatte. Gewisse Schilderungen Tolstois über
die mondäne Welt kommen mir nun ein wenig hochstaplerisch und vielleicht auch mit einem Tupfen Neid infiziert vor.
    Eitelkeit, wütender Geltungstrieb Tolstois. Das weltmännisch Glatte an
Turgenjew. Genie Puschkin: Man kann ihm nicht böse sein, auch wenn er
intrigiert, das genaue Gegenteil von dem redet, was er vor fünf Minuten gesagt hat: Aus jedem Wort funkelt sein Dämon.
    Mit Puschkin hätte ich mich gern unterhalten, ich meine, bei einer Fla-
sche Schampus.

In dem Landstädtchen der Frühlingstag: Die dampfende Straßenkurve, den
Hügel herauf, rattern Lastwagen und Busse auf der breiten Straße, groß
kommen ihre Schnauzen den Hügel herauf. Zimtroter Holzrauch über der
Niederung hinten mit den Teichen und allerhand Moosen, Fischmäulern

und Birkenstämmen: auf dem Hügel gegenüber die goldenen und blauen Kuppeln verschiedener Kirchen.

Nach der langen Busfahrt wünsche ich mir, ich hätte feste Bergschuhe an und könnte die aufgeweichte Straße hinunterwandern, an den zerlemperten Häuschen und Obstbäumen vorbei; vorn draußen in der Lücke das dampfende, brodelnde, sich eben vom Winter befreiende Land.

Der Rauch aus den Hütten scheint sich im Gelände verheddert zu haben; jetzt macht er sich los, eine Art von Auge entsteht über der Landschaft, und in dem Auge sind Grün und Gold; eine Last von frischem, dem blauesten aller Himmelsblaus.

Eine Schar Hooligans stürmte die Vorhalle der Metrostation, sie übersprangen einfach die Absperrungen, die die rotbemützte Wärterin aus den Kontrollposten hatte vorschnellen lassen, und drängten die steile, rasch laufende Rolltreppe hinunter. Gleich löste sich der Polizist, der mir im Halbdunkel der Halle, hinter den von den Füßen der Tausenden Passanten aufgewirbelten Staubwolken gar nicht aufgefallen war, von seinem Platz und lief hinterdrein.

Zwischen den Bändern der Rolltreppen brennen runde Lampen. Oft mögen es vom Perron bis hinauf an die Erdoberfläche vierzig Lampen sein.

Ab zwei die Vodka-Schlange vor den Spirituosenläden. Leute jeder Art, jeden Schlages, mit Aktentaschen. Man gafft, weil man bei uns daheim die Leute, die trinken, nie so ausgestellt sieht. Ich selber trinke in der Devisenbar des Hotels, aber eher zurückhaltend, weil's mir hier nicht gefällt: alles voll von besoffenen Ausländern.

Ein Gassenjunge in der Metro, klar und deutlich wie eine Figur aus einem Kalvarienberg; oder von Duane Hanson: Skimütze mit rotem Ringelmuster fast über die Augen gezogen, zerrissene Sportschuhe, Anorak. Sein Gesicht heiß von einem Lächeln, fast gedunsen. Er hat alles um sich herum vergessen, freut sich über etwas und sieht wie mit Fett übergossen aus. Im Nebenwaggon seine Kumpels, die Zeichen machen.

Ich schau die längste Zeit den zwei Krähen zu, die miteinander turteln (überall Krähennester auf den kahlen Bäumen). Der Fremdenführer entlässt uns endlich. Ich betrete die kleine, weiße Kathedrale von Sagorsk; und freu mich schon im Voraus über den Kunstgenuss, der mich erwartet; dass ich Malereien von Rubljow sehen werde.

In der Vorhalle schlägt mir ein Geruch entgegen, den ich in meiner Kinderzeit gekannt, seither aber vergessen habe: der Geruch nach alten Frauen. Da sitzen sie, auf der Bank an der Wand entlang, und warten: Sie wollen dem Priester die Namen ihrer lebenden und toten Verwandten ansagen, für die sie etwas wünschen; er schreibt's dann auf; sie zahlen und nehmen das

Zettelchen mit und legen es aufs Grab (bei Vera Figner las ich, dass der Pope früher mit dem Sterbenden um das Totengeld handelte; oder schacherte). Linker Hand ist der Eintritt in die Kathedrale, ein Gesumm und Gebrumm dringt heraus; feierlich und warm – wie das Gesumm aus einem Bienenstock. Im Halbdunkel des beinah würfelförmigen Raumes, der vorn durch die dämmrige goldene Ikonenwand abgeschlossen ist, sehe ich zuerst die Menschen als schwarze Puppen, ohne jede Individualität, als Singende, als Betende, als Hoffende: als inbrünstig Hoffende vor allem. So stark hoffen diese Menschen, dass ich später, ich stehe jetzt schon eine Weile in der Kirche, denken muss: Hoffentlich hilft's!

An der Wand entlang sind schwarzgekleidete Weiblein, in den Kirchenstühlen zusammengesunken; viele ganz offensichtlich krank. Ein paar Krüppel darunter. Dann Männer mit Bärten und glatten, ungeschnittenen Haaren, die wie der alte Tolstoi ausschauen. Vorn, am über und über mit Silber und Gold verkrusteten und verzierten Grab des heiligen Kirchengründers, singt der Pope mit angenehmer Stimme, und das Volk antwortet ihm, und so geht das fort, durch Stunden; Einzelne treten vor, sinken vor dem Grab ins Knie, küssen die Ikonenwand, das Grab, verneigen sich tief; andere werfen sich zu Boden; ein ununterbrochener Zug führt an dem Grab vorbei, an dem großen Kerzenleuchter, wo die Pilger dünne rosa Kerzen entzünden; die Kerzen knistern und sprühen; eine Frau schert das Wachs zusammen, das in Strömen herunterrinnt; abgesehen von dem bisschen Licht, das durch die kleine Kuppel hoch oben fällt, sind die beiden Leuchter rechts und links von der Ikonenwand die einzigen Lichtquellen im Raum. Das Gold der Ikonen wirft sanft das Licht zurück. Heute ist Karfreitag, fällt mir da ein; wahrscheinlich sind deshalb so viele Pilger da.

Fünf Uhr am Newski-Prospekt: Am Ende der kilometerlangen, leicht abfallenden Straßenschlucht zittert die goldene Turmspitze der Admiralität wie die Nadel eines Druckmessgeräts. Die an die zehn Meter breiten Gehsteige, schwarz vom Abrieb der Schuhsohlen, quellen von Menschen über, die Fahrbahn ist von rumpelnden, keuchenden Fahrzeugen ausgefüllt. Mir kommt vor, ich sei eine dunkle Lache, ein Tümpel, in dem die Gesichter der mir entgegentreibenden Menschen zischend, wie Schneeflocken, versinken. Der schwarze Körper dieser Masse hat hundert Greifarme und Glieder, die schlenkern und traben, krabbeln und deuten, sich durch den Haarurwald fahren oder Kopekenstücke, die leuchten, auf die Verkaufstische von Straßenhändlern werfen. Hier gibt es alles Mögliche zu kaufen: Eis und Obst, Brot, Theaterkarten oder Stoffreste. Um die kreisrunden Tempel der Metrostationen wird das Gedränge besonders dicht.

Ich schaue in eine der breiten Hauseinfahrten hinein. Die Neugier schärft meinen Blick, macht ihn durchdringend. Umso betroffener bin ich, als sich aus der Schwärze des gewölbten Ganges, gewissermaßen unter meinen Blicken durch und an ihnen vorbei, ein kleiner Mensch materialisiert, ein Mann – mit Bart, statt der Beine hat er ein Brett mit Kugellagern untergeschoben und rollt so, ein Sack mit einem Kopf darauf, dem Ausgang zu, mir und der Helligkeit der Straße entgegen.

Aus den Kellerfenstern der Hinterhöfe strömen Dampfwolken, hinter verschimmelten Mauern hört man einen Schuster hämmern oder einen Tischler hobeln, Tauben fliegen zwischen umgestürzten Mülltonnen auf, leere Flaschen, und dort, dort im Finstern, wo die Ratten sich durch den jahrhundertealten Dreck wühlen, fallen einem wie von selbst solche Sätze ein: *Als er über die Brücke schritt, betrachtete er still und ruhig die Newa und den Untergang der blendend roten Sonne. Trotz seiner Schwäche fühlte er sich nicht mehr müde. Es war ihm, als wäre ein Geschwür in seinem Herzen, ein Geschwür, das ihn den ganzen Monat über gequält hatte, plötzlich aufgebrochen. Es war die Freiheit, die Freiheit!* – Das ist Dostojewski. Und, bei Gott, in den Hinterhöfen um den Newski wohnt nach wie vor der große, schwarze Engel, der sich überall dort sehen lässt, wo Elend und Schmutz sind.

Die Abendsonne rollt über die meerartig breite Fläche der Newa hin, Kais und Brücken brüllen von Verkehr, die Schnabelsäulen am Börsenufer stehen gutgegründet, und ihre Bronze glänzt: Die Wellen der Newa sind hellblau auf der uns zugewandten Seite, ihr Kamm orange – noch ist die Sonne nicht richtig rot, nicht tief genug hinunter, um blutrot zu werden, sondern hell und blond wie irgendein Russe. Eisschollen treiben an der Kaimauer vorbei und erinnern daran, dass der Winter noch lange nicht vorüber ist.

Die großen, blauen Eisflächen am Meeresufer draußen, über die wir abends dann spazieren. Neubauviertel auf der Wassiljewski-Insel. Die Geldwechsler. Kunststadt St. Petersburg.

Ein schmächtiger Mann mit dicker Sportmütze geht lächelnd im Sonnenschein vorüber. Er lächelt sich selber zu. Seine Äuglein zwinkern, er zwinkert dem Boden zu, auf den seine Blicke gerichtet sind. Helle, große Augen, fast durchsichtig und farblos, leicht vorquellend. Das Haar dünn, fettig, glatt um den Kopf gelegt. Die Nase vorn schlank, aber weit aus dem Gesicht vorspringend; ein richtiger Riechkolben, breitflügelig, die Wangen von roten Punkten und Tüpfeln durchseucht, mir scheint, der Mensch ist ein Liebhaber von Schnäpsen. Die Arme am Rücken verschränkt, schreitet er gravitätisch die Straße hinunter, an deren Seiten zwei Reihen von Bäumchen mit kugelig zugeschnittenen Köpfen seine Figur wieder und wieder abspiegeln und wiederholen. Die Hände stecken in Wollfäustlingen, von deren schütterem Garn dürftige grüne Wollfusseln wegstehen.

Im Halblicht der Cafeteria erkenne ich die aufgedrehten Brusthaare des Mannes oben im Hemdausschnitt, er trägt einen Pullover und ist ein wenig fettleibig. Er hilft mir mit einem Rubel aus, bezahlt meine Zeche. Als ich protestiere, sagt er:»Wir Deutschen müssen zusammenhalten!« Ich gebe ihm vage recht, wie man einem Wohltäter meist irgendwie recht gibt, auch wenn einem nicht ganz wohl dabei ist. Er deutet auf die Uhr des Barmädchens, die mir an ihrem Handgelenk gar nicht aufgefallen wäre (ich achte auf so etwas nicht):»Rolex! Wenn die echt wäre, würde die wohl hier nicht mehr arbeiten.« – Ein Landsmann. Gehen wir!

Aus dem Flugzeug wieder der Blick auf die großen unregulierten Ströme und Flüsse, auf weites, oft dünn besiedeltes Land.

Eine Zeit in St. Petersburg / Fragment (1996)

Am Abend unseres Eintreffens in der Mochowaja-Straße, ich will noch Bier kaufen, trete ich in eins der nahe gelegenen Cafés, es geht über ein paar Stufen hinunter ins Souterrain, alles leer, auf einer Stellage ein paar Dosen mit Sardinen und leere Display-Packungen von Marlboro-Zigaretten. Unter einer Neonreklame an einer Theke aus rohen Holzlatten lehnt eine Blondine mit breitem, rot aufgemaltem Mund und tief ausgeschnittenem Kleid. Durch eine Art Oberlichte fällt Licht auf Bänke und Tische.

Wir – meine Frau, ich selber und unser dreijähriger Sohn – haben in der Mochowaja Quartier bezogen, das heißt, die eigentliche Wohnungsinhaberin ist zu ihrer Tochter gezogen und hat uns ihre Wohnung gegen eine Miete auf Dollarbasis überlassen: Zwei Zimmer zum Hof hinaus, an einem schmalen Gang aneinandergereiht; offensichtlich hat man die Zimmer von einer größeren Wohnung abgetrennt. Die Eingangstür ist mit Stahlblech beschlagen und hat drei Schlösser zum Absperren. Das verstaubte Stiegenhaus ist hellblau gestrichen, die Fenster sind zerbrochen, und man trifft auf herrenlose Katzen an den zum Großteil aufgebrochenen Postfächern.

Unsere Vermieterin hat beinah alle Küchengeräte in einen Schrank weggesperrt. Der Herd ist voll abgebrannter Zündhölzchen, weil die Flammen immer wieder ausgehen. In der Hauptsache kochen wir hier unser Trinkwasser ab, und Grießbrei für das Kind.

Aus den Zimmern sieht man in den geräumigen, von abgeblätterten, ursprünglich schönbrunnergelb gestrichenen Häusern umschlossenen Hof hinunter. Ein Baum steht da, dessen wirre, schwarze Äste sich jetzt, es ist Mitte Juni, mit kleinen, weißen Blüten besternt haben. – Da wir keine Jalousien oder Rollläden haben, scheint uns bis vier Uhr früh die fahle, auftrumpfende Sonne ins Bett. Ich liege auf der Matratze und schaue in der halben Dämmerung zu den Gardinen hin, die von einer Stange oben in dem sehr hohen Raum hängen. – Besser früher Aristokratie, als gar keine Aristokratie, sagt später ein russischer Bekannter zu uns: Er meint damit unsere Wohnung, die besser ist als eine in der Vorstadt.

Bald wird ein georgisches Café vorn an der St.-Simeon-Kirche zu unserem Wohnzimmer. Die Mochowaja ist eine breite und doch schluchtenartig wirkende Straße zwischen ehrwürdigen und schwerfälligen Häusern aus dem neunzehnten Jahrhundert. Nie werde ich das vielversprechende Spiegeln der Fensterscheiben im frühen Abend vergessen, das grüne Gesprenkel der kleinen Bäumchen vor dem Schwarz der verschatteten Häuser. Ein paar Schritte an der Fontanka hinauf steht das Fontannyj Dom der Fürsten Scheremetjew, auf der anderen Seite das blockartige Michaelsschloss vor dem Sommergarten. – *Und es gleitet durch die Zeiten der Schwan, / dieses mein Ebenbild hat es mir angetan.* – Im Café der Familie Lagidse gibt es meist scharfe Suppe zu essen, Huhn mit Erdnüssen oder eine Art Kesselgulasch, dazu Bratkartoffeln. Über eine kleine Treppe an die schmierigen Tische, Halblicht. In Glaskrügen Baltyka-Starkbier oder, je nach Lieferung, auch finnisches Bier. Unser Sohn darf bald hinter den Vorhang und in die Küche laufen und dort mit den Kindern spielen. Die Männer sitzen hinten an einem langen Tisch, spielen Karten oder halten murmelnd Besprechungen ab, während die Frauen arbeiten. Kinder im Überfluss. Manchmal wird auch auf der Straße draußen in einem Auto verhandelt, oder ein breitgebauter Galan kommt mit ein paar rassigen Damen herein. Vodka gibt es nach Gramm, die kleinste Menge ist ein Achtelliter.

Soziologisch und architektonisch gesehen, zerfällt die Stadt in fünf Charaktere: Das aristokratisch geprägte Zentrum innerhalb der Kanäle, barock und klassizistisch; diesseits und jenseits der Neva großbürgerliche Viertel; dann die Kleinbürgergegend, etwa um den Kuznetschny-Markt – wo Dostojewskij gewohnt hat – oder auf der Wassiljewski-Insel; Armeleuteviertel, mit ihren riesigen Zinskasernen aus der Zeit der Jahrhundertwende. Solche Hasenställe habe ich noch nie gesehen. – Die Neubaustadt im neoklassizistischen Stil der Stalin-Ära, Beton- und Plattenbauten.

Im Juni, wenn die Sonne nie untergeht, bemalt sie die granitenen Einfassungen der breiten Kanäle, die goldenen Gitter der Brücken, die Fassaden der massigen, der bunten Häuser, die Leibungen tiefziehender Wolken oder Wölkchen mit zaubrischer Rosenfarbe. Das Licht, das still und ganz gleichmäßig von der fernen Sonne ausgeht, ist das Licht des Traums.

Untertags sind die Straßen schwarz von Verkehr; jetzt sind sie verlassen. Ich streune. Die Stadt ist sehr weitläufig, und immer fühlt man die Weite der flachen Landschaft, in die hinein sie gestellt ist.

St. Petersburg liegt an der Neva wie Paris an der Seine. Aber die Neva ist ein Strom, so breit wie die Donau, und zu Fuß braucht man eine ganze Weile über die Brücken.

Die drei Ringe der steingefassten Kanäle: Moika, Griboedov-Kanal, Fontanka umschließen aufeinanderfolgend das alte Stadtzentrum, das sich andererseits über die großartig angelegten Perspektivstraßen und die zahlreichen Brücken mit den anderen Stadtteilen verbindet.

Der Matrose mit seiner Mütze mit den zwei Bändern, die rot-schwarz gekleideten Kadetten der Suvorov-Militärakademie, das Mütterchen mit dem gehäkelten Kopftuch und der Einkaufstasche, der Angeheiterte mit seiner Vodkaflasche, Passanten; die schöne Blondine im hellen, leichten Kleid, mit Stöckelschuhen und duftig sich bauschendem, damenhaftem Sommermantel: Ich gehe ihr nach, weil mir nichts Besseres einfällt. Sie verschwindet im Europa-Hotel.

Wenn ich abends am Fenster sitze, der Moskitos wegen ist alles bummfest zu, und zu dem sommerhellen Himmel hinaufschaue, wo schon der Abendstern erscheint, schnürt sich in der vollkommenen Stille, dieser Grabesstille des Sommerabends, mein Herz fest und hart zusammen. Und zugleich durchzieht süße Musik meine Brust, verzehrend und wild. Mein Sohn spielt auf dem Linoleumfußboden, meine Frau ist ins Konzert gegangen.

Die Konzerte in der Philharmonie sind eine unserer großen Freuden: Im hellgrau und rosa ausgemalten Saal mit seinen weißen Säulen und den funkelnden Kronlusterkörben drängt sich ein bunt zusammengewürfeltes Publikum. Die Karten sind sehr billig, viel billiger als in Österreich. Zwischen Damen und Herren der sprichwörtliche russische Arbeiter im karierten Hemd. Gergiev dirigiert. Mozart, Beethoven, Schostakowitsch. Zwei Stunden sind bald herum. Nachher ins *Tschaika* an der Moika, ein Bierlokal, in dem jede Menge Deutsche verkehren und sich bei laut und lärmig geführten Reden betrinken.

Oder ins *Ambassador* an der Konyushennaya, wo die Neureichen in Nadelstreifanzügen ihre dick geschminkten und gepuderten Freundinnen ausführen. Champagner fährt in silbernen Kübeln auf.

Schwül; plötzlich ein Lüftchen aus einer der Querstraßen … Katharinendenkmal beim Theater, am Gostinny Dvor vorbei, die Arkade herunter, hinter der Sadovaja über die Bankbrücke und dann den Griboedov-Kanal hinauf; an der Moika zurück, die Durchhäuser neben dem Stroganow-Palais, an den zwei Feldherren bei der Kasaner Kathedrale vorbei, der Springbrunnen mit seiner Abkühlung, die große Konyushennaya hinunter – auf einer Bank vor der finnischen Kirche im Abend sitzen.

Es ist immer noch hell. Feierlicher Anblick des leeren Kanals mit seinen Bronzewellen und dem rosenroten Granitgewände der Ufereinfassung, der Brücken allerzierlichste Gitter.

Wenn es regnet – und es regnet hier fast täglich, zumindest ein kurzes Gewitter –, ist unser kleiner Sohn immer ganz aus dem Häuschen: Er kann dann das aus den dicken russischen Regenrinnen springende Wasser nicht genug bewundern.

Oder, abends, am Zirkusgebäude: Ein Angestellter führt einen Bären, der auf seinen Hinterbeinen steht, die Lände hinunter spazieren.

Der bunte Ball meines Sohnes rollt durch das Gitter am Sommergarten und treibt auf dem von kleinen Wellen gekräuselten Wasser der Fontanka davon.

Zum Newski Prospekt ist es von uns nicht weit. Dort liegt auch eine unserer Haupteinkaufsquellen, ein nagelneues Geschäft, das fast nur ausländische Ware führt und wo wir alles bekommen. Manches gibt es aber auch dort nicht, zum Beispiel frische Milch, und es wird uns zur Gewohnheit, wenn wir irgendwo Milchflaschen sehen, sie zu kaufen und auf den Kinderwagen zu laden.

Die dunkle Rotte der Säufer, die nachts vor dem Laden am Litejnyj steht, der durchgehend offen hat: Durch ein Fensterchen reicht man das Geld hinunter, das Fenster wird geschlossen, und dann bekommt man von unten herauf das Gewünschte, meist eine Flasche Vodka oder Bier.

St. Petersburg ist die klassizistisch konzipierte Stadt schlechthin, wo alles, jedes Gebäude, jedes Detail, berechnet ist auf Einheitlichkeit der Form, die von einem Kanon feststehender, sich stets wiederholender Elemente bestimmt, durch Symmetrie und Perspektive gegliedert ist. Selbst noch der gekrümmte oder geschwungene Verlauf der Kanäle, doch eine Vorgabe der Natur, erscheint absichtsvoll geplant, um aristokratische Paläste und bürgerliche Palais majestätischer präsentieren zu können.

Eine Lache nach dem Regen.

Stalin ließ Kirov umbringen. Es gab dann ein Staatsbegräbnis – ganz in Rot. Und dann fingen die Schauprozesse an.

Russland (2007)

Mit den Schuhen versinke ich halbwegs im gelben Sand. Der Sand rinnt mir oben beinah in die Bucht meiner Schuhe herein. Der Weg ist eine sich schlängelnde Mulde oder Kuhle aus fließendem Sand, von Gras und grünen Kräutern eingerahmt und begleitet.

In der Ferne, oben auf den Schultern des weiten Tales, stehen Bäume, Wald vielleicht, im Tal, so weit ich sehe, nur einzelne Birken und kleine Erlen. Das Tal verliert sich gegen die Ferne zwischen flachen Hügeln, seinen eigentlichen Verlauf kann man nicht wirklich ausmachen – aber es ist ja auch gleichgültig angesichts der Himmelsmacht: Eigentlich ist alles nur Himmel, was da ist, mit ein paar fahlgrünen Faltungen und Wangen – am Himmelsgrund.

Die Sonne scheint sehr heiß, und ich bin froh, wenn sich dann und wann eine der großen Wolken vor die Sonne schiebt, die weiß und gewaltig in ihren Ausmaßen durch den jedenfalls noch viel geräumigeren Himmel schweben.

Widerspiegelung der Sonne in einer Gruppe von Föhren im Talgrund drüben, deren schuppige Stämme zu brennen scheinen; die ein, vom dunkleren Grün dort drüben sich abhebendes und herausgestrichenes rosiges oder himbeerfarbiges Licht in die Landschaft abstrahlen.

Ich bin aus einem Birkenwäldchen hergekommen, blau und silbrig gestrichene Gitter und Kreuze zwischen den Stämmen: der Dorffriedhof. Das Dorf selbst zieht sich an einer Sandbahn am Hang hin, aber von hier aus sieht man nur die Giebel der unter Gebüschwerk und grünem Rankenzeug beinah versinkenden Häuschen.

Im Talgrund stoße ich auf einzelne Mäander des kleinen Flüsschens, die, mittlerweile vom Hauptlauf abgeschnitten, allmählich versanden und verlanden, bewachsen von Schilf und Lolch. – Außer einer kleinen Kuhherde, weit drüben an der Flanke, keine lebende Kreatur zu sehen.

Ich komme an einen Teich voll braunen Moorwassers und beschließe, ein Bad zu nehmen. Ganz allein zwischen Wasser und Himmel. Beim Rückweg über eine weiche, schwankende Torfwiese, zwischen Krüppelbirken, fällt mir wieder ein, dass man mich vor Kreuzottern gewarnt hat.

Nischni Nowgorod: Über die Chaussee aus dem Süden in die Stadt hineinfahrend, denke ich ans Dorf zurück, an die bunt angestrichenen Häuser aus Holz, mit ihren umfriedeten Hausgärten, den zwei Gassen, die in einer Art Ypsilon auseinanderlaufen – zwei Schwarzpappeln an der Gabelung, mit schwarzweiß getigerten Stämmen.

Idiotie des Dorfes, wie Lenin das formuliert hat: Ein Dreivierteljahrhundert Sozialismus hat daran nichts geändert – im Gegenteil: Es gibt hier weder ein Gasthaus, keinen Versammlungssaal oder sonst irgendetwas Kommunales; und natürlich keine Kirche. Ein Kaufladen, zwei Mal die Woche geöffnet, kaum Waren.

Zurückgelehnt in einem nagelneuen Plastiksessel, schaue ich von der Terrasse des Aussichtscafés den steilen Abhang des Stadtberges zur breit und großartig hinfließenden Wolga und auf die Ebene hinunter, die sich dämmrig und grün, da und dort von Siedlungen durchstanden, bis in die äußerste Ferne erstreckt. Vom Hotel *Oktober* – im Namen einen der vielen Erinnerungshinweise an glorreiche Sowjetzeiten – kommen quer über die Straße ein paar bunt und schrill aufgemachte Frauen herüber: Huren, konstatiere ich. – Meistens stehen ein paar toll aufgemachte Huren in der Hotelbar, und die Fantasie der Männer entzündet sich.

Einmal hat mich eine bürgerliche Dame auf einer Party in Moskau streng abgemahnt, als ich ihr gestand, dass ich diesen ganzen Hurenzirkus erniedrigend und entsetzlich finde: »Ihr Geld – das ist auch eine Art von Entwicklungshilfe – wissen Sie.«

Über diese Erinnerung lächelnd, rühre ich meinen Kaffee um. Die Frauen haben sich an die Theke verzogen. An den Tischen rings um mich bürgerliche Paare, Geschäftsleute, auch Ausländer, junge Leute – da drüben raucht ein Bürschchen, pafft den Qualm in Wölkchen aus.

Erinnerung an eine Studentin, die mir vor Jahren einmal hier erzählt hat, dass sie die Sommer ihrer Kindheit immer unten am Fluss verbracht hat: in einer Sommervilla, die zu Sommeranfang bezogen wurde. Schwimmen im Fluss. Der weite, muschelhaft schimmernde Fluss. Schiffe und weiße Ausflugsdampfer. – Später höre ich, dass sie, das Mädchen, jetzt in Paris lebt.

Die Hauptachse von Nischni Nowgorod verläuft an der jähen Geländestufe, die die alten Stadtteile von den viel ausgedehnteren neuen trennt. In der Ebene, an Oka und Wolga entlang, stehen die Industrien und zugehörigen Wohnviertel, in der Oberstadt der Kreml und eine rasterförmig angelegte alte Stadt aus zum Teil noch erhaltenen Holzhäusern, Blockhäuser, die, von ihrer russischen Buntheit abgesehen, an amerikanische oder kanadische Holzfällersiedlungen erinnern.

Der Ausblick von der Geländekante ist so weit, dass man im Sommer den riesigen Wolken dabei zusehen kann, wie sie sich zu Gewittern zusammenbrauen. – Wie erst noch ein stiller, ein vielleicht allzu stiller Sommertag ist, in dem Pflanzen und Dinge wie in Glas eingeschmolzen erscheinen; wie dann, durch ein Ineinander- und Übereinanderschieben der Wolken der Raum darunter sich verdüstert und verengt; wie die Wolken mit ihren Massen immer höher sich aufbauen, indes ihr unterer Saum, die Schleppe sich allmählich mit Dämmerung und Finsternis in der Tiefe vermischt.

Wie dann mit einem Mal das blaue Licht des Regens da ist – es geht auf wie ein Auge, blinzelt dich an: Der Regen ist zuallererst der Blick aus einem Auge, das dich bestimmt und ein wenig belustigt mustert.

Nach dem Regen spazieren die Leute wieder auf der Promenade, die hart am Rand des Abbruchs entlangführt. An Sonntagen ist alles gut gelaunt und wohl auch beschwipst. Männer und Frauen untergehakt. Kichern, Gelächter und Gesang.

Die Zugfahrt von Nischni nach St. Petersburg dauert beinah zwanzig Stunden. – Immer, wenn ich aus meinem Dahindösen auffahre und aus dem

Fenster schaue, sehe ich nichts als Wald: Birken, Föhren, Weiden und Fichten. – Aber nein, das stimmt nicht! Aber insgesamt stimmt es doch. – Dann und wann breiten sich große, hellgrüne Flächen rechts und links des Bahndammes, und weil man so lang durch geschlossene Waldgebiete gefahren ist, wirken diese Flächen jetzt wie Rodungen. Meist ist da auch ein Fluss, der sich in Mäandern durch die ebene Fläche her windet.

Der Fluss, zuletzt aufgestaut vom Bahndamm, bildet solcherart einen buchtenreichen See oder Teich. Auf dem See dann Fischer in ihren ruhig stehenden Booten, mit eingezogenen Rudern, die ihre Angeln ausgeworfen haben; oder Leute, die auf schmalen Fußwegen über die Wiesen an die Ufer des Flusses herauskommen. Andere Leute, die über schlammige Wege, Aktentaschen in Händen, zu in der Ferne stehenden, ruinenhaft oder völlig heruntergekommen wirkenden Fabriken gehen.

Im Vorfeld jeder russischen Wohnsiedlung findet sich eine zweite Siedlung von Autogaragen mit verrosteten Blechtoren, in denen die selten benutzten Autos auf eine Ausfahrt warten.

Diesmal war ich nur zehn Tage in Petersburg. – Der Geist der Stadt hatte mich bald wieder. Nachts, zwischen Verkäuferinnen, Büroangestellten und Herumtreibern in einem Café sitzend, starre ich durch die Glasscheibe auf den Litejny hinaus, wo ab und zu eine Straßenbahngarnitur vorbeiholpert. Es gibt auch schon neue Garnituren, über und über mit Plakaten bedeckt.

Mürrisch stellt mir die Bedienung noch einen großen Vodka her. Ich muss gleich bezahlen. Jede Bedienung in Russland ist mürrisch.

Am Tor zum Sommergarten bezahle ich meinen Obolus, man gibt mir eine Karte aus grauem Papier, die ein zweiter Mann, der neben dem Kartenhäuschen steht, kontrollierend abreißt – jetzt darf ich die Lindenalleen hinuntergehen und an die vergangenen Zeiten denken, als ich hier fast täglich war und meinen kleinen Sohn spazieren führte.

Meine Zimmerfrau bekocht mich mit erlesenen Speisen. Sie hat ihr Wohnzimmer für mich geräumt, ich schlafe auf einem Sofa und habe beim Erwachen ihren Glasschrank vor mir, in dem sie ihr Porzellan und ein paar Bücher aufbewahrt. Wir verständigen uns mit einer Art Kauderwelsch, und wenn ich nachts heimkomme, höre ich sie schon aus der Küche rufen: »Monsieur Pjotr!«

Die Stadt ist jetzt viel besser in Schuss, und auf den großen Prospekten tobt tagsüber der Verkehr. Viele neue Lokale, etliche neue Läden, Renovierungstätigkeiten allenthalben. Touristen.

Am Ufer des Meeres sitzend, unweit von Repino, das dunkle, feste Blau der Bergkuppen und Kaps gegen die wässrig blaue, schwärzliche Farbe des Meeres, samtig die Ufer, gläsern und hart das Wasser im Sonnenlicht, mit niederen Wellen am Sand auflaufend, einen weißen Saum bildend, der zergeht: wie Samen, der nicht in die Spalte traf. Die große Föhre da mit ihrem rötlichen, aufragenden Stamm und den grünen Nadelwipfeln: Weiter fort werden die Föhren zu eben jenem Blau, das, in Form von Hügeln und Bergen, diese Hügel und Berge auch ist.

Das Meer dort, im Finnischen Meerbusen: Tief unten, unterhalb eines Geländeabfalls, der sich das Ufer entlangzieht. Wie ein großer See, das Meer, dessen Wasser zu einem beträchtlichen Teil ausgelaufen ist.

Lehm von Kieseln durchsetzt, kleine Erdaufwölbungen, wie Kappen oder Käppchen sagenhafter, huschender Tiere oder Märchenwesen im schräg durch die Föhrenäste einfallenden Licht. Steine im Weg. Manchmal ist der Lehm rostrot verfärbt, und ich gehe auf unsicheren Bahnen zwischen den Stämmen durch den Wald.

Die fünf- oder sechsstündige Autofahrt nach Weliki Nowgorod beschert mir ein Schlüsselerlebnis. Nowgorod, das ist die uralte, von den Warägern gegründete Stadt im Süden von St. Petersburg, am Ilmen-See. Der Ilmen-See seinerseits ist eine Art kleines Meer, umgeben von Erlenbruch und grünen Hügeln. Nowgorod – mit weißen Kirchen und Kuppeln und Türmen! Aber davon will ich eigentlich nicht erzählen.

Wir fahren die breite Chaussee hinunter. Sanft welliges Land, meist von zerzaustem, borealem Nadelwald bestanden. Der Fahrer fährt vorsichtig, er hat wohl Angst, dass das ohnehin schon klapprige Auto an den Unebenheiten der Bahn Schaden nehmen könnte. Den lang gezogenen Abhang in eine Senke hinunter. Dunkle Wolken und die schon hereinbrechende Dämmerung haben sich vermischt, die Scheinwerfer der Fahrzeuge sind schon an oder werden eben angeschaltet. – Eine Hinweistafel am Weg, blau, mit weißem Rand – durchaus nach europäischem Standard – gibt in weißen Buchstaben in Zyrillka die Entfernung zu einem Dorf namens Nikolskoje an: zehn Kilometer. Und darunter steht dann Murmansk, in Zyrillka und dann auch lateinisch: tausendfünfhundertfünfundzwanzig Kilometer. In dem Moment beschließe ich, ich muss diese Straße einmal fahren.

Moskau: Die Erlen hatten geblüht, und ihr weißer, wolliger Samen war in Massen, wie Schnee, durch die heiße Luft geflogen. Die Sonne in Moskau ist sehr grell, und weiße Wolken schwimmen klein im hellblauen Himmel über der riesigen, braungrauen Stadtmasse.

Wieder einmal war ich durch die Vorstädte an der Moskwa aufwärtsgewandert, erst durch das Viertel mit den alten, breit gebauten Adelspalästen, dann durch eine ärmliche Gegend zwischen Zinskasernen an den Fluss hinunter, über eine der Brücken, von deren Höhe ich in die flach gegen die Ebene sich dehnende Vorstadt mit ihren bunten Kirchtürmen da und dort hatte hineinschauen können.

Gorki-Park: Vor der im Halbkreis geschwungenen Säulenarkade aus der Stalinzeit, die den Eingang bildet, liegt ein weitläufiger Platz. Auf dem

Platz verteilt stehen Erfrischungsbuden, die auf der weiten Fläche winzig wirken. – Im Kommen und Gehen der Leute stand ich an einer der Buden, lehnte da und dachte an die Wirtin meines Lieblingslokals in St. Petersburg: Sie ist unlängst gestorben. Statt ihrer amtiert jetzt die Tochter, mit ihrem dunklen, georgischen Gesicht und den schwarzen Haaren, mit dem gleichen dunklen Muttermal über der Oberlippe, und zapft das Bier.

Die Straßen von Kitai-Gorod, östlich des Kremls, sind jetzt prächtig renoviert, und allerlei feine Läden haben aufgesperrt. Die Bettler wissen das auch.

Lenins Mausoleum hat heute geöffnet, und so steige ich denn wieder die grauen Stufen aus karelischem Granit hinunter und defiliere an dem gläsernen Kasten vorbei, in dem, jahrmarktsbudenmäßig blutrot beleuchtet, die Mumie liegt und neben den gesenkten Fahnen und Feldzeichen aus schwarz patinierter Bronze ihre grässlichen, an die Grabklauen eines heimlich lebenden Tieres erinnernden Hände herstreckt.

Woroschilow und Stalin auf dem Kremlwall – ein Meisterwerk des Realismus in der neuen Sammlung der Tretjakow-Galerie: Stalin und Woroschilow stehen da in langen, grauen Armeemänteln, in Stiefeln, sie sind offensichtlich gut aufgelegt, ein Gewitter scheint eben abgezogen zu sein – und über den Häusern der Stadt drüben, jenseits der Kremlmauern, spielt schon die Sonne über noch geballten Wolken.

Abends in einer Disco, versteckt im Hinterhof einer weitläufigen Anlage, die wohl zu einem der alten Adelspalais gehört: Dort vergnügt sich die Jeunesse dorée. Die Mädchen sehr züchtig, die jungen Männer meist im Anzug. Getanzt wird kaum. Man steht im Kreis und schaut der in grelles Scheinwerferlicht getauchten Band beim Spielen zu und applaudiert nach jeder Nummer. Die Musik ist nicht schlecht, ich bleibe wieder einmal viel zu lang und werde morgen wohl verkatert sein.

Noch einmal Russland (2015)

Mit 17 Millionen Quadratkilometern ist Russland etwa 200 Mal so groß wie Österreich. Das Land hat mehr Ähnlichkeit mit Kanada oder den USA als mit Europa. Erstaunlich, wie gleich es sich im Gang der Zeiten im Wesentlichen geblieben ist. Der despotische Triumphalismus der Zaren, fortgeführt durch Lenin und Stalin. Das Sendungsbewusstsein des dritten Rom, verlängert im Kommunismus. Und heute? Wohin geht Russland?

Eine Frage bildet den Abschluss von Nikolai Gogols Roman *Die toten Seelen: Russland, wohin stürmst du? Gib Antwort!* Und die Antwort dort bei Gogol heißt: *Es gibt keine Antwort!*

Das Hotel *Astoria* ist bestimmt das erste Haus in St. Petersburg. Hitler hatte schon die Einladungskarten drucken lassen für die Siegesfeier im seinerzeitigen Leningrad – sie sollte naturgemäß im *Astoria* stattfinden: Wie wir wissen, wurde nichts daraus.

In den Straßen Moskaus wieder, durch das ich heute streife, ist alles vollgestellt mit Plakaten zur Erinnerung an den Sieg vor 70 Jahren: 1945. *Pobeda*, das heißt Sieg. Und es war ja auch ein Sieg, schwer errungen und erkauft mit Millionen gefallener Soldaten. Recht eigentlich verdanken wir den Russen und anderen unsere heutige Freiheit. Wir sollten das nicht vergessen.

Was mich an den Plakaten, Bannern und Schriftbändern stört, ist, dass unter dem groß und wuchtig geschriebenen Wort *Sieg*, gleichsam erläuternd zu den ebenfalls angesprochenen siebzig Jahren, die dieser Sieg jetzt her ist, sich angemerkt findet: 1945/2015.

Wer aber dächte beim Anblick der Jahreszahl 2015 nicht an den neuen Sieg, den »Sieg« auf der Krim, den »Sieg« in der Ukraine?

Bei seinem ersten Auftritt, der Krönungsszene, singt der Zar, Boris Godunow, in der gleichnamigen Oper: *Meine Seele ist traurig! Furcht und unheilvolle Ahnung haben mein Herz erfasst.* Wie aktuell kommen mir diese Worte vor, wenn ich an das jetzige Zerwürfnis Russlands mit Europa denke!

Mit welchem Beiklang spricht uns nun die Antwort auf die Frage an, die Gogol seinem Russland gestellt hat: *Russland, wohin stürmst du? Gib Antwort!* Die Antwort heißt: *Es gibt keine Antwort!* Und wir fühlen genau: So ist es. Es ist wahr.

Ich erzähle jetzt ein wenig vom Gorki-Park, von den Liebespaaren und Flaneuren, den Kindern und Müttern, also den Leuten da, dem Park mit seinen Wandelbahnen und Bassins und Fontänen, den Alleen, den Rabatten und Blumenparketts: Im Grunde ist der Gorki-Park ein Schlosspark ohne Schloss. Wie etwa auch der Frühstückssaal meines in der Stalin-Ära errichteten Hotels an einen fürstlichen Salon, an vergleichbare Räume in Schloss Schönbrunn oder Versailles erinnert. Die überall in der Stadt aufgestellten und mächtig hereinragenden Lenin-Statuen wieder lassen an die ebenbürtigen Standbilder von Katharina der Großen, von Peter dem Großen denken. Der fünfzackige, rote Stern passt großartig ins morgenländisch anmutende Ensemble des Kremls mit seinen Türmen, Mauerzinnen und Kirchenkuppeln.

Sieht man Putin im Fernsehen – und man sieht ihn oft und ausführlich: Das ist ein Mann, der von seinen Vorstellungen bestimmt nicht abgehen wird, und zwar aus Mangel an Fantasie. Oder, sagen wir, wegen einer gewissen Enge der zugelebten und also gegebenen Perspektiven. Ein Mann auch, der sich gerade das als Vorzug, nämlich als Stärke und Treue zu sich selbst, zugutehält und immer zugutehalten wird.

Im Grunde ein seltsam altertümlicher Politiker, der etwa noch an die Macht des Territoriums glaubt. Nun, Russland ist groß. Ein kleiner Konflikt irgendwo am Rand – kann das nicht helfen, das Große, Ganze zusammen-zuhalten?

Zur Zarenzeit waren es die Orthodoxie und der freilich auch schon auf-keimende Nationalismus, unter den Kommunisten das Mantra der Welt-revolution – beide Male freilich kombiniert mit einem effektiven Gewalt-apparat für das Innere.

Die Vorstellung, das große Reich könnte zerfallen: Nährboden genug für die Albträume, ja die Paranoia der Herrschenden.

Gleich hinter dem *Astoria*, über die Blaue Brücke und an der etwas läppi-schen Reiterstatue von Zar Nikolaus vorbei: Du gehst um ein paar Ecken, aller Glanz ist schlagartig dahin, eine ärmliche, eine Kleine-Leute-Gegend, wie man sagt. Hier hat Dostojewski gewohnt, hier hat er *Raskolnikow – Schuld und Sühne* geschrieben. Erstaunlich, diese Gegend in der Nähe des ehemaligen Heumarktes, der flache Grund vollgestellt mit jetzt leeren Vorratsspeichern und verstaubten Lagerhallen, mit zerbröckelnden Kauf-hauskomplexen aus dem 18. Jahrhundert, wie etwa auch der Gostiny Dvor einer ist.

Am Haus an der Ecke der Przewalski-Gasse sehen wir, im Halbrelief, Dostojewski selbst die steile Treppe heruntersteigen, ein Gang, den er in seinem Roman dem Raskolnikow zugedacht hat.

Raskolnikow, Student, stellt der sich bei der alten Pfandleiherin vor, ehe er ihr, bei einem zweiten Besuch, in der Absicht, sie zu berauben, zugleich aber überzeugt davon, die Tat würde ihm in seiner moralisch-philosophi-schen Überlegenheit nicht aufs Gewissen fallen, mit wuchtigen Axthieben den Schädel einschlägt.

Stundenlang geht es auf der schnurgeraden, sechsspurigen Magistrale dahin. Rechts und links Wald, der aus Birken, Erlen, Föhren und Fichten bestehende Wald dieser Zone. Die längste Zeit können wir nicht dahinbrau-sen, wie wir es gern möchten – allerhand Siedlungen säumen die Straße, noch aus der Zeit des Pferdegespanns stammend, jetzt zu Ansammlungen von Motels, Truckertreffs, schäbigen Speisehäusern und jener eher schon eindeutigen Etablissements verkommen, die an solchen Orten einfach nie fehlen.

Endlich das Städtchen Gorochowez, das Ziel der Reise: Vom Hügel aus über den Fluss geht der Blick über Wald und Wald fort. Dämmerungslicht. Schummer. Wie im Schlaf liegt die Landschaft. Wie ein vom Schlaf verhangenes Auge schaut die Landschaft dich an. Das ist Russland. »Das ist Russland«, sagt mein Begleiter.

Gorochowez ist berühmt für seine vielen Klöster mit ihren Kuppeln, Rundtürmen und Kreuzen. Für die uralten, burgenartigen Kaufmannshäuser, die hier, weiß Gott warum, inmitten der im Übrigen zerkrümelnden Stadt stehen geblieben sind.

Wie immer, wenn ich nach Moskau komme, besuche ich auch diesmal die Kirche des heiligen Nikolaus im Stadtviertel Khamovniki, unweit des Krymsky Most. Die Gottesleute verbeugen sich und bekreuzigen sich vielmals vor den goldgefassten Ikonen. Eine Muttergottes schaut jeden mit ihren gütigen Augen an, ob der nun glaubt oder nicht. Auf ihre Art ist die Kirche vielleicht schöner noch als die Basilius-Kathedrale auf dem Roten Platz.

Bei Regen hängen die Wolken so tief, dass die Spitzen der mächtigen Stalin-Türme darin verschwinden. Es ist dunkel geworden, zerfetzte Wolken treiben im Helligkeitssaum zwischen Himmel und Erde. Die Skyline von Moskau: So recht kenne ich mich nicht mehr aus damit, da zu den Bauten aus der Stalin-Zeit zahlreiche neue Hochhäuser dazugekommen sind.

»Das Volk will kein Blut«, sagen mir die Leute, und sie meinen damit, dass die russischen Menschen, Leute wie du und ich, bestimmt keinen Krieg wollen.

Zu sehen ist, dass die Sanktionen der Europäer hier bestimmt die Falschen treffen. Trotz der Sanktionen kommen all die begehrten Waren über Weißrussland nach Russland herein, freilich jetzt zu für die meisten unerschwinglich hohen Preisen. Im Verein mit der patriotischen Propaganda, die in den großen Medien gemacht wird, entsteht eine ungute Mischung, ich meine, die Unerschwinglichkeit des Begehrten amalgamiert sich, unterfüttert und stetig verrührt mit patriotischen Parolen, zur Ranküne, ja, dorthin treibt es, zum Hass.

Ich höre von hoher Arbeitslosigkeit »auf dem Land draußen«, was meint: außerhalb von Moskau. Und in der Tat, wenn an der Zugstrecke eine Ansiedlung ins Blickfeld kommt, und ich fahre Stunde um Stunde, sehe ich sie umgeben von aufgegebener, zerfallender Industrie.

Zwischen verwitterten Wohnblocks, allesamt Plattenbauten, die Balkone nach Ostmanier zu Loggien umgebaut, stolpere ich über unbefestigte Wege, durch Grünanlagen, in denen weder Gras noch sonst etwas wächst, zum Magazin, zum Produkte-Laden und gehe dort lang und lang zwischen Regalen und Kühlpulten auf und ab. Dabei wird mir, eins fügt sich mit dem anderen zusammen, immer klarer, dass ich hier nicht leben könnte, aber, wer weiß?

Es entbehrt nicht einer gewissen Ironie, dass Stalin die europäischen Kommunisten, die, ihrer Gesinnung wegen, etwa auch vor den Dollfuß-Leuten aus Österreich flüchteten, dass Stalin diese Genossen im unweit des Kreml gelegenen Luxushotel *Metropol* unterbringen ließ. Von dort war es nicht weit zum Zentrum der Macht, allerdings auch nicht weit zur *Lubjanka*, wo der Staatssicherheitsdienst saß, bloß ein paar Blocks. Erschossen wurde man draußen in Butovo, das, seltsamerweise heute, obzwar außerhalb des 30-Kilometer-Ringes liegend, ins Stadtgebiet eingemeindet ist.

Übrigens ist die Lage der Peter-Pauls-Festung, dort waren zur Zarenzeit die *Unliebsamen* weggesperrt, ganz ähnlich: Vom Winterpalais aus konnte der Zar bequem zum Vorwerk hinüberschauen, in dessen Kasematten die Häftlinge schmachteten: ein Zug orientalischer Grausamkeit?

Im Puschkin-Museum hängen Manets, Monets, Van Goghs, Gauguins, Cézannes, Picassos – alles, was du dir nur wünschen kannst, zahlreich und von bester Qualität: All diese Bilder wurden von zwei Sammlern zusammengetragen, es ist doch erstaunlich, was Einsicht, Entschlusskraft und Unternehmungsgeist von wenigen bewirken können.

Die Menschen auf den großen Plätzen: Rodtschenko und die Avantgardisten der zwanziger Jahre haben das heroisch aufgefasst – der Einzelne in seiner Einsamkeit als Teil und Mitspieler im Großen, Ganzen, ob er es wahrhaben will oder nicht. Jetzt ist nur die Einsamkeit übrig geblieben. Da geht einer mit großen Schritten über den mit viereckigen Steinplatten ausgelegten Platz, und ich denke mir: Hoffentlich kommt er drüben gut an.

Die großen Ausfallstraßen, wie etwa der Novy Arbat, beginnen fast schon im Zentrum. Geradewegs führt sie, gelegentlich den Namen ändernd, aus der Stadt hinaus. Bald einmal bist du allein auf breiten Gehsteigen, Vorstadt, die Straße, lose begleitet von allerhand Fabrikshallen und postmodernen Verwaltungszentren, von Bauland, Datschen und duftigen Wäldchen, wird zuletzt zur Chaussee, zum Prospekt, in dessen Tiefe oder Ferne, ganz wie du willst, Verheißung und Verzweiflung sich untrennbar mischen.

Die Europäer ihrerseits wollen bestimmt kein Blut. Ihre Rhetorik schwankt zwischen moralischer Beschwörung und böser Scharfmacherei. Dabei weiß jeder, dass hinter Letzterer nichts steht. Was ist das nur für eine Mischung? Die Völker Europas haben genug vom Krieg. Zwei Kriege in einem Jahrhundert – das ist genug. Die Zeiger der Uhr haben sich aber weitergedreht. *Wohin gehst du, Europa?* Die Frage – wir erinnern uns der Frage, die Gogol an Russland gestellt hat – wir müssen die uns betreffende Frage nun an uns selbst stellen. Und wie lautet die Antwort?

Venedig (2012)

Manchmal versuche ich wie aus einem Traum herauf die Wirklichkeit zu erkennen.

Hier ist ein abgesunkener Bezirk, ein von kaum durchsichtigen Wellen vergangener Zeit bedeckter und dadurch fast schon entwirklichter Erdteil. Mag sein, dass die Schönheit und immer noch wachsende Schönheit dieses Erdteils herrührt von eben dieser Ferne zum Leben, wie es anderswo und sonstwo gelebt wird.

Natürlich wird auch in Venedig Geld gewechselt oder aus Bankomaten gezogen, es gibt hier vielerlei zu kaufen, was Auge und Sinn erfreut; und die Venezianer sind, getreu dem alten Klischeebild, noch immer verdammt schlaue und gerissene Händler.

Man möchte gar nicht glauben, wie viel die simple Tatsache ausmacht, dass man Straßen durch Flüsse ersetzt hat. Motorenlärm hört man hier nur entlang und auf den größeren Kanälen, insbesondere auf dem Canal Grande. Weite Teile der Stadt sind still, und da erscheint gleich ein anderes Leben.

Die Beruhigung der Nerven, die ein Besuch Venedigs angeblich bewirkt, wird vielfach dem Wasser und seinem Anblick zugeschrieben. Gerade durch das Nimmermüde und Ruhelose seiner Bewegung rufen Wasser und Meer in uns das Gegenteil auf. Aber die Stille der Gassen und Plätze als sozial und geschichtlich vermittelte Qualität, ich weiß nicht, ob man sie nicht höher veranschlagen soll, eröffnet sie uns doch die Aussicht auf ein anderes Leben, in dem Sinn, dass wir alle einmal so vergangen und tot sein werden wie die alte venezianische Gesellschaft.

Ein Bekannter schwärmte mir unlängst von einem Treck durch Burma vor: Das Leben in den Dörfern sei wunderbar friedlich und still. Freilich, das Leben der Burmesen ist ganz und gar ländlich, es gibt kaum Maschinen, und mehr als die Hälfte der Bevölkerung hat an der Arbeitswelt kaum Anteil: Kinder und Männer.

Bei uns verkörpern nur noch die Kinder und ihre Verfasstheit zueinander, manchmal, in Momenten auf dem Spielplatz oder irgendwo auf einer Wiese am Stadtrand, die Möglichkeit oder Utopie einer anders geordneten und aufgefassten Welt. Ich möchte nicht zurück. Aber ich weiß, wo ich bin.

Das Versunkene, es ist bloß untergegangen und untergetaucht und an der Oberfläche nicht sichtbar. Es ist aber keineswegs ungeschehen.

Koper, Izola, Pula, Rijeka, Zadar, Dubrovnik, Kotor und so weiter – ja, Durres in Albanien und Iraklion auf Kreta, waren einmal venezianische Städte. Über Venedig öffnete sich unsere mitteleuropäische Welt ins Weitere. Venedig, obschon es uns durchaus vertraut anmutet, geht doch großartig über unsere engere Welt hinaus und bezieht etwa Byzantinisches und Orientalisches mit ein.

Deutlich ist, dass die alten Kraftlinien nicht mehr bestehen. Was etwa Venedig einmal mit der Levante, dem gesamten östlichen Mittelmeerraum bis hin nach Syrien und Ägypten verbunden hat, ökonomisch und auch geistig, ist blass geworden wie die Linien auf einer vergilbten Landkarte, die Adern auf einer alten Hand. Der früher so lebendige Bezug ist vergangen und versunken. Neue Bezüge, neue Strukturen überdecken vielfältig die alten.

Während ich an dem kleinen Kanal hinter dem Teatro Fenice hinunterwandere, in dem sich der schiefe Kirchturm von San Stefano spiegelt, und in das ölig sich schaukelnde Wasser hineinschaue, zu dem Spiegelbild hin: Taucht es auf oder versinkt es? All das erinnert mich an das Wesen des Erinnerns selbst, wo Situationen und Bilder sich plötzlich in deinem Sinn rekonstruieren oder, vielmehr, schaffst du sie nicht eben erst im Moment des Erinnerns, holst sie aus der wirren, gestaltlosen Flut vergangenen Lebens herauf?

Im Häusergewirr der Stadt, irgendwo am Geländer einer namenlosen, kleinen Treppe lehnend, schaue ich, vom Herumstreunen ein wenig erschöpft, zur Fassade eines Hauses hinauf, wo ein aus Stein gehauener Kranz aus Blüten, Blättern und Früchten über dem Sturz des Portals in die Mauer eingelassen ist und von dort früher wohl die Eintretenden gegrüßt hat: Äpfel und Birnen sehe ich da, pralle Trauben und Weinlaub, aber auch Rosen und die Kelche irgendwelcher Lilien. Was ruft der Anblick dieser Früchte nicht alles in mir auf? Ich denke an rotwangige Kinder, die geblähten Backen des Windgottes, an weibliche Brüste, die gespaltenen Bocksfüße des Teufels, den Fuchs, dem die Trauben zu hoch hingen, an die Muttergottes mit ihren Lilien, an die Metaphorik der Lilie überhaupt, an Weingärten und Marktplätze und die heiße Mittagsstunde, in der flötenspielend und herrlich besoffen Pan erscheint.

Im Weitergehen komme ich um ein paar Ecken herum auf einen Platz, der jetzt ganz leer und öde in der Sonne liegt – nein, ein paar Tauben tummeln sich und spielen in einem stillen Winkel herum, die Fensterbalken an den Gebäuden sind geschlossen, kleine Sonnenmarkisen flattern, grau und verschossen. Ich gehe weiter, an einem schmalen Kanal entlang, der Kai wird zu einem überbauten Durchgang, ich folge ihm, ein Platz tut sich auf und wieder eine Gasse und da, eine Brücke, die wieder über einen anderen Kanal führt, in den, von irgendwoher, hoch über die Dachfirste und Aufbauten, ganz unwahrscheinlich ein wenig Sonnenlicht fällt, sich hell und molkig ergießt.

Das alte oder, wie ich hoffe, das junge Europa ist ganz anders verfasst als etwa Amerika – im Guten wie im Schlechten: Man kann es nicht oft genug sich klarmachen, um zu verstehen, was jetzt vorgeht.

Das Ende des Kalten Krieges, der Zusammenbruch der kommunistischen Systeme, mir kommt vor, die Europäer haben noch nicht realisiert, wie grundlegend das ihr Verhältnis zu Amerika und, umgekehrt, das Verhältnis der Amerikaner zu uns verändert hat. Europa muss in diesem Moment der Instabilität, einer Neuordnung der Kraftfelder versuchen, seiner Geschichte gerecht zu werden, das heißt, die innereuropäische Friedensordnung, unter Einschluss Russlands, erhalten und weiter ausbauen und seinen eigenen Weg gehen. Europa, gib acht!

Das Vaporetto bringt mich vom Rialto an die Riva degli Schiavoni hinaus. Die Fahrt wird immer wieder von Haltestellen unterbrochen, immer wieder das An- und Ablegen, das Aus- und Einsteigen. Die Fahrt dauert viel länger als eine Straßenbahn- oder gar U-Bahn-Fahrt von vergleichbarer Strecke.

Wenn ich mir vorstelle, dass die Alten an vielen der Bauten, die wir heute bestaunen oder zumindest besichtigen, fünfzig, sechzig oder hundert Jahre gebaut haben: Sofort kippt das Zeitgefühl, ich gerate in ein vergleichsweise märchenhaftes und jedenfalls mir vor Augen strahlendes Gefilde, auf dem mein eigenes Leben, mit seinem Anfang und Ende, wie ein Schiffchen lustig dahinschaukelt: Indem ich an Macht verliere, jedenfalls das Bewusstsein von meiner vorgeblichen Macht relativiert sehe, gewinne ich an Freiheit. Ich verliere in Hinsicht auf den Horizont des Wirklichen, gewinne aber in der Vertikalen, die ich als Höhe und Tiefe meiner Möglichkeiten begreife.

Bei Föhn die Fondamente Nuove hinunter: Drüben, jenseits der blau und grün schimmernden Fläche der Lagune, ich darf die Rosenfarbe nicht vergessen, von der sich, die schon tief stehende Sonne bricht sich an einzelnen Wolken, ein Abglanz über die Wasser breitet, hinter den immergrünen und schwarzen Lebensbäumen auf der Toteninsel und dem niedrigen Saum der Terra ferma, baut sich unwahrscheinlich, kantig und strahlend weiß die Kette der Alpen auf. Bin ich da nicht in einem Bild von Bellini, von Cima de Conegliano? – Wo sind denn die Könige, die dem Kind ihre Geschenke darbringen, die Engel, die ernst und wachsam die thronende Mutter umstehen? Ein Flugzeug setzt eben zum Landeanflug auf den Aeroporto Marco Polo an – gerade mir gegenüber.

In der Weltliteratur gibt es etliche berühmte Stellen, die von Wasserspiegelungen handeln: Etwa in der Erzählung Gogols vom Jahrmarkt von Sorotschinsk, wo Pferde, Fuhrwerke, Menschen, alles, im Flusswasser gespiegelt, plötzlich auf dem Kopf steht, oder die Geschichte von Li-Tai-Po, der sich, betrunken von Wein und Seligkeit, in Betrachtung des Mondes, der sich in einem See spiegelt, zu weit vorneigt und ins Wasser fällt.

Wie Rosen von Morandi, fliegende Esel von Chagall, ein Apfel von Cézanne, ein Stierkopf von Picasso, wie ein Stern von Balla: In allen Farben und Formen rinnt da etwas zusammen in der Tiefe, komplizierter bei Weitem als die steinernen Fliesenmuster in der Ca' Pesaro – ich kann's nicht recht erkennen, gelb, grün und braun – aber doch, ich erkenn' es: Es sind Augen, und wahrscheinlich meine eigenen! Sie schauen mich an, aus der Tiefe herauf, fragend – aus einem Kanal irgendwo, aus dem Spiegel der kaum bewegten Lagune schauen sie zu mir her und sehen nichts anderes als ein Gewirr von Linien und Geschichten, von angedeuteten Bewegungen, das Durcheinander der Geleise etwa, auf denen Züge in alle Richtungen brausen, Straßen und Autobahnen, die voller Autos sind, Flugzeuge, die die Startpiste hinunterrasen.

Es braucht nicht viel Fantasie, um die Gässchen, Höfe, Kais, die Brücken und Kanäle Venedigs als System einer Sprache zu lesen, sie als Sprache zu begreifen. Du versuchst, sie zu entziffern, zu übersetzen in dieses Idiom, das du kennst oder zu kennen meinst. Ja, doch, du kennt es. Es schlummern aber in jedem Wort so viele Anspielungen und Bedeutungen wie Geschichten in den Steinen von Venedig, hier wird anschaulich, was bei Hölderlin heißt: uralte Verwirrung.

An einem kühlen, heiteren Tag gehe ich die helle Bahn des Lidos hinunter. Das Meer liegt träge draußen, reglos und glatt, und nur hier und da, mit einem Seufzer, läuft eine Welle auf dem Strand auf. Kaum Spaziergänger. Ihre Körper, undeutlich auf den ersten Blick, werden bei näherem Hinschauen zu Schattenrissen ohne Gesichter.

Jetzt kommt die Sonne aus dem Dunst hervor, der den Himmel bedeckt hat. Gleich ändert sich alles: Das Meer wird grün, der Sand glitzert, die Spaziergänger bekommen ihre Gesichter zurück.

Hinter dem Casino, um diese Jahreszeit geschlossen, die Fenster mit Vorhängen zugetan, ist keiner mehr. In der sauberen Frische, der Leere, in die ich da hineingehe, ist mir, als träumte ich mit offenen Augen, was ich sehe.

Federwolken haben sich über den Himmel gebreitet, eine Art Schleier hat sich dort oben wieder installiert, der jetzt das Licht dämpft: Wie ein Mond kommt mir die Sonne da vor, klein und hart gerundet, ein Mond, der vergessen hat, auf die Uhr zu schauen, ja.

Noch einmal Amsterdam (2013)

Was mich jetzt, bei meiner Wiederkehr, am meisten beeindruckt hat, ist die ungeheure Vitalität der Stadt, der holländischen Städte überhaupt. Ganze neue Stadtviertel sind entstanden, zum IJ hinaus, in den ehemaligen Dockanlagen, Richtung Nordosten nach Sloterdijk und Haarlem zu, überhaupt in jeder erdenklichen Windrichtung: Wohnanlagen, Bibliotheken, Konzerthallen, Museen, Industriebauten, Verwaltungszentren.

Ich sitze im Wohnzimmer, schaue durch die großen Fenster zu den gegenüberliegenden Häusern hin, allesamt aus dem siebzehnten Jahrhundert, Ziegelbauten, Fenster und Giebel mit weißem, schön bearbeitetem Haustein gerahmt, hoch aufragend. Von meinem Platz aus geht der Blick durch ein anderes Fenster in den Hinterhof, zu grün übersponnenen Mauern und anderen Giebeln: Darüber kann ich auch ein Stück Himmel sehen.

Wie ich seinerzeit, vor fast dreißig Jahren, in Amsterdam ankam, erst nahe der Westerkerk, dann in der Leidsestraat und schließlich am Oudezijds Voorburgwal lebte. Das Zimmer in der Leidsestraat mit dem eleganten, offenen Kamin, der schrecklichen Unordnung meines Hausherrn, eines Malers, den ich nie malen sah. Ihm verdanke ich die Weisheit, eines Tages im Morgengrauen bei einem zufälligen Zusammentreffen in der gemeinsamen Küche geäußert: »It takes a lot of money to make the nightlife, Peter.«

Wie ich es mir nach getaner Arbeit im Oude Wetering oder bei Piper, Ecke Leidsegracht / Prinsengracht, gut sein ließ.

Wie einer meiner Wirte auf typisch holländische Art zu mir sagte: »Warum machst du's so teuer?« und damit meinte, ich hätte ohnehin schon mein Quantum.

Die Kraakers überall in der Stadt, die, war die Eingangstür des zu besetzenden Hauses vom Besitzer zugemauert, einfach einen Steg zu den Fenstern des ersten Stockwerks bauten.

Der Wittefietsenplan. Die Sprayer.

Der damals noch bis an die Amstel reichende Markt am Waterlooplein, wo man alles, überhaupt alles, bekommen konnte. Heute steht dort die Stopera, diese fragwürdige Kombination von Oper und Rathaus.

Die Athenäum-Buchhandlung am Spuy, gestern wie heute eine Quelle der Inspiration, viele der Titel in Originalsprache, Entlegenes, Hochaktuelles, Brandneues neben dem überkommenen, ganz selbstverständlich gepflegten Kanon.

Wie ich im alten Filmmuseum *Ivan Groznyj* von Eisenstein sah, die Fragmente des zweiten Teils, den Stalin unterschlagen ließ: Die Kader springen von Schwarz-Weiß plötzlich zu Rot-Weiß, und wie mich das packte.

Wie Wilfred, ein Kollege und Übersetzer, auf dem Fahrrad vorbeikam und sich über meinen ohnehin schlecht bestückten Kühlschrank hermachte: Er hatte sein ganzes Geld bei den Huren vertan.

Seltsam, kommt mir heute vor, dieses Leben empfand ich einmal als das gewöhnliche, das selbstverständliche – und das war es auch.

Die Schornsteine sind rechteckig, haben einen in halber Höhe umlaufenden Sims; oben springt gleicherweise ein Fries vor. Ein paar der Schornsteine sehe ich in ihrer Länge, andere in ihrer Breite. Sie ragen aus dem Ziegeldach hervor. Tauben an den Dachrinnen. Wolken. Dort oben, bei den Vögeln und Wolken, sind die Schornsteine. Eigentlich wollte ich über die Schornsteine der Ewigkeit schreiben, aber wer hätte mich da verstanden?

Die Warmoesstraat war einmal eine stille, verträumte Straße, gesäumt von Geschäften und Magazinen, darunter der alteingesessene Kaffee- und Kolonialwarenladen Geels, wo ich immer meinen Kaffee kaufte. Jetzt ist die Oude Zijd eine einzige Vergnügungsmeile, Gassen und Ufer Tag und Nacht voller Leute, Touristen, Gaffer und Kunden, ein Rotlichtkabuff neben dem anderen, dazwischen Coffeeshops. Viele hier sind eingeraucht oder benässt, hervorstechend britische Biertrinkerrunden, Gammlerartiges, aber auch gepflegte, ältere Herren, die in Breitspur und wie aufgezogen durch die Menge kreuzen. Da und dort sitzt einer noch, Mantelkragen hochgestellt, den kalten Joint im Mund, zusammengesackt auf einer Bank.

Und doch war es mir einmal, als schwinge ein Fluss sich draußen vorbei, und seltsam, die Wasser liefen nicht plan, sondern hatten Abhänge und Sohle wie ein freundliches Tal: Da erklang Musik, Lichter geisterten durch die Dunkelheit dieses Tals, und dann erstummte alles: die Wasser, die Musik, die Lichter. Nur mehr ein großes Schwingen verblieb, als glitten Augen aus sanft leuchtendem Stoff über eine leise zitternde, ruhig hinströmende Fläche.

Bei Besorgungen vermied ich wenn möglich immer den Achterburgwal mit seiner Fixer-Galerie, den eng stehenden, oben einander beinah berührenden Häusern, mir kam immer vor, als schwinde hier jede Helligkeit, der Tag wurde fahl.

De Doelen am Kloveniersburgwal und viele andere Lokale den Kloveniersburgwal hinunter.

Das biedere, alte Ehepaar, das furchtlos die ganze Nacht durch den Haschern und anderen Drogisten Schokolade und sonstige Näschereien verkaufte.

Rotes Licht macht eine schöne Haut und lässt Augen und Zähne glänzen.

Karl van Vliet, mein Greißler, er steht, stets unrasiert und mürrisch, eine Kippe im Mund, hinter der Budel und schneidet Wurst und Käse auf.

Es war schön zu leben am Oudezijds Voorburgwal, direkt gegenüber der Oude Kerk mit ihrem buckligen, gepflasterten Vorplatz und den Bäumen, die ihre rutenförmigen Kronen in einen bald sandpapierfarbenen, dann wieder blauen Himmel recken.

Ich ging einmal in einer mir nicht sonderlich vertrauten Hafenstadt spazieren. Unversehens kam ich in die Vorstadt hinaus, an eine verfallene Bierbrauerei, an der ich vorbeiging, erinnere ich mich noch genau, wo die Häuser hoch, grau und wie zusammengeschwemmt im flachen Grund standen. In einer der Straßen war Markt, und anstelle der Stände lagen Walfische rechts und links des Weges. Die Händler, sie standen im Inneren der Walleiber, hatten Fenster aus der Wandung geschnitten, und immer, wenn jemand zu kaufen wünschte, vergrößerten sie mit dem Messer einfach die Fenster: denn auf dem Markt wurde nichts anderes als Walfleisch feilgehalten. An neuen Ständen waren die Öffnungen winzig, wie Schießscharten, der Kaufwillige musste sein Ohr an die Öffnung legen, um zu hören, was der Händler drinnen sagte. Dann streckte sich eine blutige Hand heraus. An Ständen, die schon länger betrieben wurden, stand der Händler meist nur mehr im luftigen Gerippe des Wals und schnitt die Ware in Brocken von der Hinterseite. Eine gute Stunde schritt ich über den Markt, der sich in gerader Zeile hinzog. Gegen sein Ende zu lagen verwesende Kiemen, Knochen und Flossen, in denen schon Kinder und Hunde spielten.

Heute wirkt der Albert-Cuyp-Markt entzaubert, mit seinem Angebot völlig austauschbar: Ramsch, allerhand Kleidung, Lederwaren, Haushaltsgeräte, Fisch, Gemüse, Käse, Crêpes und natürlich die unverzichtbaren Flämischen Pommes. Dasselbe auf dem Markt an der Norderkerk.

Wenn es gestattet ist, in Analogien zu denken, kommt mir vor, hier etwa muss das Revier anfangen, in denen Leute wie Wilders ihre Stimmen zusammenfangen, was natürlich nicht heißen soll, dass nicht auch in bürgerlichen Gegenden solche Wähler zu finden sind.

Bei allem Erstaunen über den Rechtsruck in der niederländischen Gesellschaft darf man nicht vergessen, dass Holland von den Nazis zwar gegen jedes Völkerrecht angegriffen und besetzt worden ist, dass die Holländer aber, von erfreulichen Ausnahmen abgesehen, im Großen und Ganzen den Abtransport der Juden in Lager und Todeslager eher gleichgültig hingenommen haben.

Die postkoloniale Situation hat es zudem in sich: Surinamer und Antillianer, vereinfacht gesagt, durften bei der Entlassung ihrer Länder in die Unabhängigkeit optieren, in großer Zahl haben sie die Möglichkeit ergriffen und sind holländische Staatsbürger geworden. Mit den Molukkern, ehemals Kolonialsoldaten, liegen die Dinge noch vertrackter.

Nebenher fällt auf, dass viele Straßennamen immer noch Bezug zu den einstigen Kolonien haben, es muss da eine Art Nostalgie geben, ein wohl eher unbewusstes, aber doch wirkmächtiges Festhalten an einstiger Größe.

Nachts sind die Straßen und Kais des westlichen Grachtengürtels fast leer. Kein Autoverkehr, keine Radfahrer, kaum Fußgänger. Es gibt zwei Sorten von Laternen hier: Eine, die in ihrer Form an Diamanten erinnert, aus klarem Glas. Du kannst die Lichtstrahlen als goldene Fäden sich in den leeren, schwarzen Raum zwischen den stumm stehenden Häusern verlieren sehen. Die andere Sorte ist rund, eine Art Kolben, der gelbes Licht verströmt wie eine duftende Blume.

Noch romantischer kommt mir allerdings das neue Filmmuseum am IJ vor. Du siehst es vom Bahnhof, von der Fähre aus, die dich über den Wasserarm bringt. Innen dann begegnen dir die Menschen im vielfältig organisierten Raum bald als leibhaftige Personen, dann wieder als bloße Körper und zuletzt, von hoch oben, als die bunten Figuren von Breughel. Wie ein großes Papierschiffchen schwimmt das Gebäude zu dir her, aus einem Glanz, wie ihn nur weite Wasserflächen erzeugen können, du kannst deinem erwartungsvoll pochenden Herz vertrauen, ein cool inszeniertes Märchenland erwartet dich, und du fragst dich nur: In welchem Film spiele ich jetzt mit?

Eine Kneipe hat doch noch offen, vorn an der Keizersgracht, alles wie früher, denkst du, der biedere Wirt mit seiner Schürze, die hagere Schwarzhaarige mit ihrem Keith-Richards-Haarschnitt und der Lederweste, der kleine, pummelige Blonde im abgeschmuddelten Tweedsakko, ein versoffener, bärtiger Typ hängt weiter hinten auf einer Bank, aber es ist doch nur Remake, Madame Tussaud oder so was Ähnliches, ein Relikt bestenfalls.

Es beginnt zu regnen, und in der Früh regnet es immer noch.

In den Jordaan ging ich seinerzeit nur ausnahmsweise, wenn ich die italienische oder die Anarchisten-Buchhandlung besuchen wollte. Letztere findet sich nun in der Jodenbreestraat, gleich beim Rembrandt-Haus. Passende Platzwahl: Am Ende der Straße erhebt sich prachtvoll die alte portugiesische Synagoge, Mittelpunkt der sephardischen Kolonie, wo am 17. Juni 1656 der Bann gegen Baruch de Spinoza ausgesprochen, er also aus seiner Gemeinde ausgestoßen wurde.

Beim Anblick seines Porträts, beim Blick in dieses kluge, gefasste und selbstbewusste Gesicht eines iberischen Edelmannes, was denke ich da? Denken ist ein gefährliches Geschäft, immer und überall. Deshalb kommt's auch so selten vor.

Rauch und Qualm hängen schief und in Fetzen zur vielköpfigen Menge herunter, die im Rund der Finsternis johlt: Lou Reed singt *What a perfect Day* und danach *Satellite of Love*. Noch immer, abends, ergießt sich die Masse lavaartig den Damrak, den Dam und die enge Kalverstraat hinunter, unter Lichtern, sehnsuchtsvoll: Metropole, Wirbel, Straßenbahnen und hereinkreuzende Autos.

Wo ist jener Sommertag hingekommen, als Theo auf der Utrechtsestraat aus dem Plattenladen trat und mir *Radio Äthiopia* hinhielt, wo jener andere, als ich auf irgendeinem verregneten Bahnsteig einem der fliegenden Händler eine Schwarzpressung von *Pipes of Pan* abkaufte?

Die übliche Ausflugsfahrt nach Haarlem, nach Den Haag, nach Scheveningen, nach Delft: Möwen über den anrollenden Wellen, weiß schimmernd und flügelschlagend auf den Kämmen der dreckigen Brecher landend, immer die riesige Kubatur der Oude Kerk Haarlems, ihr eingehendes Glockenspiel, das keinen Stress, keine Schmerzen zu kennen scheint, Uhren, Säulenstummel und mächtige Tympanons, steinerne Früchtegirlanden am Rathaus zu Delft mit den krapplackroten Fensterläden.

De Cost gaet – immer noch – *voor de Baet uyt*, wie ein alter Hausspruch besagt, wenngleich, wie man an den zahllosen Rechtsanwaltskanzleien und Maklerbüros im Zentrum leicht sehen kann, die Beute mittlerweile meist übers Spekulieren gemacht wird.

Der Abendstern erscheint über dem Speicher, und mir fällt die Stelle ein, wo Anne Frank uns erzählt, wie sie in jener Sommernacht durch die Dachluke schaut. Das Ringelspiel dreht sich weiter, es ist immer noch die gleiche Stadt, die Laternen springen wieder an, die Cafés, so sie noch nicht voll sind, beginnen sich zu rasch zu füllen.

Eine schwarz-weiße Elster wird über die steilen Zelte der Dächer, an Giebeln und Schornsteinen vorbei, durch den reinen Morgen fliegen, die Landschaft mit ihren weiten Ausblicken wird von blauen Himmelswänden umstellt sein, prächtige Blumenstücke sind zu sehen samt Eidechsen, Schmetterlingen und schon welken, heruntergefallenen Blättern, Industrien, Industrien, und zuletzt vielleicht der kleine, unglückliche Maler, der seinen Krempel eine lange, sandige Bahn hinunterschleppt, durch den ewigen Wind, vor sich nichts als den Schatten, den schwarzen Zaubersack, aus dem ihm zwar keine Antwort kommen wird, aber doch der gütige Erlass der Frage, wozu alles gut war.

Reise ohne Ende

Amsterdam (1978)

Cafés, in denen man sitzt und wartet, bis zugesperrt wird. Es gibt viele Cafés, in denen man sitzen und warten kann, so lange, bis dann zugesperrt wird. Am schönsten ist es, wenn man an den Fronten der zugesperrten Cafés entlang heimgehen darf. Man hat abgewartet, bis zugesperrt wird. Jetzt ist zugesperrt, man wendet sich heim. Auf den Wasserstraßen gleiten Besichtigungsboote vorbei. Die Leute darin wollen die Stadt bei Nacht sehen. Sie wollen die Fassaden der Häuser sehen und den Nachthimmel. Hinter den Scheiben der Bootskabinen kann man sie undeutlich erkennen. Man geht heim, man hat so lange gewartet, und jetzt geht man heim.

Die Revolte ist auf dem Flohmarkt gelandet. Dort steht und hängt sie herum: Kleider, Schuhe, Lumpen. Aber man kann auch Stahlhelme kaufen, Brecheisen, Drahtscheren und von der Revolte träumen.

Don't cry Baby without it: Reklame für tränenfeste Schminke. Eine gute Erfindung: Wir weinen, aber man merkt nichts davon.

(Wie dieser Bauernjunge mit der Russenmütze den Karren zog, auf dem der andere Junge saß und schrie. Es waren zwei Stricke an dem Wagen, an denen der Junge zog, seine Stiefel versanken im Erdreich. Es war tief. Es hatte geregnet.)

Es ist eine alte Tradition, den Regen mit dem kleinen Niederschlag zu vergleichen, den unsere Augen produzieren. Ich sehe ein Gesicht unter seiner gelbgrünen Schminke, es regt sich nicht. Sein Besitzer trägt es durch die Welt, man denkt, er sitzt in seinem Zimmer in einem Hochhausturm der Vorstadt, sein Gesicht schaukelt durch die Straßen und an den Geschäften vorbei als ferngelenkter Schmetterling.

Ein Typ zeigt einem anderen einen Bolzenschneider, den er wohl gerade gekauft hat. Er demonstriert die Wirkung des Gerätes an einem Kaffeelöffel, lächelnd zerstückelt er den Löffel in kleine Teile. Die Vorführung gelingt. Dann setzt sich ein kleiner Japaner an den Tisch und bietet Zigaretten an. Jetzt weht dieser intensive, süße Geruch herüber, und ich wundere mich ein wenig darüber, wie vergangen mir das alles vorkommt, wie hoffnungslos und lachhaft.

In dem Film felliert Linda Lovelace den Doktor, und man sieht dann in Schwarz-Weiß eine Mondrakete der *NASA* aufsteigen, während er kommt. Es ist einfach zu lächerlich. Ein Betrunkener tappte durch den Kinosaal und suchte dort einen Sessel, wo gar keiner war. In einem anderen Kino hustete eine Frau während des ganzen Films, und es schien mir, als wäre das ein Kunstgriff des Regisseurs, der damit zeigen wollte, wie unwirklich das ist, da die Leinwand und dort die Zuschauer.

Durch den Einkaufsrummel der Kalverstraat zogen die Hare-Krishna-Leute und sangen. Touristen holten ihre Kamera hervor, knipsten. In einem Kaufhaus war ein Verkäufer ohnmächtig geworden. Jetzt bog ein Rettungsauto in die Calverstraat ein und hupte; ich habe es deutlich gehört.

Nachts saß ich in dem Zimmer und sah zu den Sternen hinauf, die in den Hinterhof hereinleuchteten. Eine Katze, die ich untertags durch den Garten schleichen gesehen hatte, rief im Dunkeln. Dann läuteten die Glocken an der Westerkerk. Ich zählte die Schläge mit. Es waren vier Schläge.

(Der Junge schrie und klammerte sich an die Planken des Wagens, aber der andere achtete nicht darauf und lief schnell. Die Räder des Wagens waren nicht allzu groß, etwa drei Spannen im Durchmesser, und nur mangelhaft befestigt. Funken sprangen aus der Nabe, als sie einen Feldstein streifte. Es war schon dunkel. So konnte man das Büschel der Funken sehen.)

Morgens ging ich an der Prinsengracht hinunter, sah in einem Boot, das halb versunken war, einen Mann werken. Er beugte sich über eine offene Luke, in die der Schlauch der Pumpe hinabführte. Auch sein Haar hing in die Tiefe. Kinder traten aus einem Laden und naschten Zuckerwerk. Ein Postbote warf Briefe in den Briefkasten des Mannes, dessen Boot am Versinken war.

Ich versuchte mir vorzustellen, ich würde in einem Boot auf dem Wasser leben: Ich liege im Dunkel des Schiffsleibes. Draußen fällt der Regen auf das Wasser, doch ich merke es nicht. Ich liege im Dunkel des Schiffsleibes, und ich bin tot.

Auf dem Damrak waren so viele Menschen. Sie liefen und waren erregt. Ich fragte mich, was wohl der Grund sei. Ich konnte ihn nicht entdecken. Dabei kam mir eine Geschichte in den Sinn: *Kannitverstan*. Ich trat an die Auslage eines Elektrodiscounters. Drinnen standen die Geräte, eine feine Staubschicht bedeckte sie. Ich lächelte, als ich sah, dass an all den Geräten kleine Schildchen befestigt waren. So ruhig war es in der Auslage, und auf dem Damrak liefen die Menschen.

Ich wusch mir sehr sorgfältig den Staub ab, den ich heimgebracht hatte. Auf dem Gesicht und auf den Händen hatte ich ihn heimgebracht. Ich merkte, dass der Kragen meines Hemdes schmutzig geworden war. Ich zog ein frisches Hemd an, kleidete mich und ging wieder fort, auf die Straße.

(Derjenige, der den Karren zog, lief weiter mit dem Karren und lachte. Der andere war heruntergefallen. Er weinte. Ich konnte es nicht sehen, weil es so dunkel war. Aber ich hörte, wie er den Rotz aufzog und wie er weinte.)

Dann war noch dieser Spaziergang durch den Vondelpark, den ich mehrmals unternahm, weil ich wusste, dass es so gleichgültig war, dass ich ihn überall anders auch hätte unternehmen können. Einmal schien die Sonne, und ich setzte mich vor dem Selbstbedienungslokal in den Garten. Da schien die Sonne auf mich und auf alles, was herum war: Es ist eine Flucht, und sie führte zu nichts.

Dann wieder im *Stedelijk* die *Beanery* von Ed Kienholz: Als ich später in einem richtigen Café an der Herengracht saß, kam's mir so vor, als wäre auch hier alles bloß künstlich, aus Gips, Kapok und Nylon aufgeführt, und ich roch an den Haaren der Freundin, und ich prüfte mit den Fingern, ob's nicht doch nur Hanf war, was sie da auf dem Kopf hatte.

Es ist lachhaft. Es ist lächerlich. Unter der Dusche rubbelte ich mir das Selbstmitleid vom Gesicht. Vor dem Spiegel probierte ich das *neue* Lächeln. Aber natürlich nützte mir das nichts, und schon beim Einsteigen in den Zug, der mich aus A-dam fortbringen sollte, dachte ich wieder an ein Lied von Memphis Slim, in dem er singt: *I pack my suitcase and make me on my way.*

Hamburg (1976)

Hamburg diesmal. Ich hatte falsch gebucht, musste mich am Flughafen Frankfurt Main auf die Warteliste setzen lassen. Auf den schnellen Rollbändern fuhr ich die Gänge hinab. Die leeren Stiegenhäuser. In der Halle schliefen Fluggäste auf den breiten Ledersitzen. Verlassene Tore und Schalter. Das stereotype Aufrufen der Flüge. Ein Japaner betrachtete sehr ernsthaft die Bundeswehrsoldaten mit ihren MPs. An sich komisch, das Gefühl, bedroht zu sein. Etwas zu verlieren? Und wenn?

Der Junge im weißen Overall warf immer wieder Münzen nach, wenn das Programm auf dem Minifernseher auslief. In dem Film *Rollerball* war es: Der Held betrachtet einen Film aus schöneren Tagen; die Frau, die er liebt und die ihn einmal geliebt hat, läuft durch ein Birkenwäldchen; der Held drückt einen der Knöpfe, die in seinem Fernsehfauteuil eingelassen sind, und das Bild der Frau verschwindet, es verschwindet auf der sich rasch eintrübenden Fläche des Apparates, es verschwindet aus der Erinnerung des Helden, *das Bild hat es nie gegeben*, jetzt flimmert die helle, in der Endgültigkeit ihrer Aussage beglückende Schrift über den Schirm: *Erase, Erase.*

Wir landeten. Das Blinken der Lampen an Bauch und Rücken der Flugzeuge war jetzt sehr deutlich in der einfallenden Dämmerung. Im Empfangsgebäude brannten schon alle Lichter, das war schön. Einige Passagiere wurden an der Sperre erwartet, ich lief, lief schnell an den Zellen vorbei, *Ruf doch mal an*, zum Ausgang, da war ich also in Hamburg-Fuhlsbüttel angelangt.

Während wir durch die City Nord fuhren, die schon ganz menschenleer war und mit den weiten Spiegelflächen der Hochhaustürme, kam mir der

Mann aus dem Flieger in den Sinn, der zu dem anderen fast beschwörend gesagt hatte, *wenn ich jetzt tot wäre, hätte ich sechstausend Mark.*

Das Zimmer hatte steingraue Tapeten. Dort, wo die Möbel abgenützt waren, zeigte sich etwas, das man hätte *Geschichte* nennen können. Das Zimmer hatte Vorhänge aus falschem Brokat, die ich gleich zuzog, Leuchter aus Messing. Das war mein Zimmer in Wandsbek. Ohne dass ich es sehr gewünscht hatte, schlief ich ein.

Ich rief ein paar Leute an, aber niemand war da.

Die Straße war still. Nur ab und zu fuhr ein Auto vorbei. Ich lag in meinem Zimmer. Ich war noch nie in Hamburg gewesen. Später läutete das Telefon, es läutete. Jetzt war ich in Hamburg, tatsächlich, da lag ich in meinem abgedunkelten Zimmer.

Die Pension hatte ein Frühstückszimmer, dessen Flügeltüren sich in einen richtigen kleinen Garten öffneten. Unter einer Weide lag ein künstlicher Teich. Ein Vogel badete dort. Ich schaute ihm zu. Er flog fort; er hatte also doch nicht *zu* dem Garten gehört.

Nachmittags würden die Aufnahmen sein. Man würde mich abholen und zum Studio bringen. Wandsbek ist ein stiller Vorort mit Alleestraßen und Radwegen und roten Ziegelhäusern in gepflegten Gärten. Alles schien mir sehr ordentlich zu sein, und es passte dazu, dass die Gärten keine Zäune, sondern bloß niedrige Mäuerchen oder Hecken herum hatten.

In einer Straße, die Gustav-Adolf-Straße hieß, warteten einige Frauen vor einem Kindergarten. Ich dachte, *gleich* kommen die Kinder, und da liefen sie auch schon aus dem Tor.

Jetzt würde ich gern einiges aufzählen, was ich in Wandsbek gesehen habe. So würde ich gern das große schwarze *Rot-Händle*-Plakat erwähnen oder den Getränkemarkt mit Reklameschildern für *Jevers* und *Holsten* und *Schlösser Alt* oder die Eckkneipe, die gegenüber einem weitläufigen Frachten- und Lagerhallenareal gelegen war und die ich mich doch nicht zu betreten getraute.

Ich könnte auch von den Ahornbäumen erzählen und von den Platanen, die feine rauschende Schatten über die Gehwege warfen. Oder von dem satten Gelb der Briefkästen, das mich wieder erstaunte. Oder von zwei Frauen, die aus einem VW stiegen und plauderten und dann doch wieder einstiegen und wegfuhren, wer weiß, nach Barmbek oder Blankenese oder sonst wohin, aber was nützte mir das, könnte dadurch alles auch nur ein wenig *wirklicher* werden?

Mein Gepäck nahm ich gleich mit, als sie mich abholten. Der Himmel hatte sich ein wenig bewölkt, es sah ganz nach Regen aus. Jetzt weiß ich nicht: Hat es geregnet oder nicht? Als wir nachts von der Produktionshalle zu den schon halb leeren Parkplätzen gingen, leuchteten die Sterne von dem schwarzen Himmel.

Der *Kiez* ist das Größte, Mann, sagten sie mir, als wir über die breiten Schnellstraßen zur Stadt fuhren. Ich hätte gerne das Meer gesehen, oder einen Arm von dem Meer, aber da kamen wir nicht vorbei.

Steindamm, zweite Straße rechts, wenn man vom Hauptbahnhof kommt, dort ist das *Pulverfass*. Wir kamen gerade zur ersten Show zurecht, alles war gerammelt voll. An der Bar im *Extra* saßen die Transvestiten und zogen ihre Lidstriche nach. Es war, wie man sagt, unsäglich traurig.

Dann steppten die *Les Boys* über die kleine Bühne, wirklich toll, aber es war schon die dritte Show und das Lokal beinahe leer, und die noch dasaßen, waren hinüber.

Gegen sechs Uhr morgens fuhr ich aus der Stadt wieder heraus, nach Fuhlsbüttel hinüber. Noch waren die Straßen leer und auch die Fußgängerstege, die sie überspannten. Ein kühler, verhangener Tag. Schon von fern hörte man die Geräusche der startenden und landenden Maschinen.

Weil's nur ein *Intercity*-Flug nach Frankfurt war, musste man sich das Frühstück selber nehmen. Es war in silbergraue Plastiksäcke verpackt. Als ich ins helle Innere des Airbusses trat, sah ich mich in Gedanken bereits wieder aussteigen. Ich sah die halb leeren, verknautschten Silbersäcke des *Lufthansa*-Frühstücks in den gelben Müllcontainern verschwinden. Alles ganz selbstverständlich, und niemand bemerkte etwas.

Als der Airbus langsam zu seiner Startposition rollte, fuhr ein VW-Bus der Flugleitung vor ihm her. Er war rot und weiß, in einem Würfelmuster gestrichen. Das sah lustig aus. Auf dem Dach hatte er ein Schild montiert, mit der Aufschrift *Follow me*. Das wiederum sah fast rührend aus.

Zürich (1972)

Ich trete aus dem Haus in der Storchengasse. Es ist Frühling. Es ist früh am Tag. Ich trage einen leichten Staubmantel, und mein Schnurrbart ist rot in der frühen Sonne dieses Tages.

Einen Wecken helles Brot, ein Stück Gruyere-Käse, eine Flasche Edelzwicker, eine Schachtel mit Pralinen.

Ich steige die gewundene Treppe im Haus empor. Das Eingekaufte deponiere ich in der Küche. Alles ist fein und säuberlich hier. Ein wenig riecht es nach frischem Bohnerwachs. Ich setze mich an den Tisch. Alles so bieder und brav und wohlgeordnet: Bleistifte, Füllfedern und Bogen von weißem Papier. Ich werfe einen Blick aus dem Fenster, auf den Platz und über die Brücke und auf die schönen Wasser der stillen Limmat. Dann beginne ich mein Tagwerk, so fleißig, so säuberlich und solid.

Bin ich ein Herzhauser, ein Kopfhumpen, ein Augenguck?

Ein Herzhauser ist einer, der im Wald wohnt, im tiefen Grün des hintersten Waldes, in dem Sinn, dass das Herz wie ein großer Wald ist, in dem sich die Kinder und Menschen verirren, in dem man von fern das Schlagen der Axt hört, die schlägt und schlägt und klingt.

Und Züüri? Na, meinetwegen, liegt das Herz von dem braven Waldhauser halt im innersten Herz vom Züri-See, ganz tief unten, bei allerlei Fischen und Schlingpflanzen und Karauschen und morschigen Fassdauben.

Wer kennt nicht das Wädenswiler Bierschiff?! Täglich fährt es, bis hoch hinauf mit Bierfässern beladen, über den weiten und breiten Züri-See! Die Kinder klatschen, wenn sie es kommen sehen. Es ist bunt angemalt. Die Kinder winken herüber und werfen ihre Bälle in die Luft. Es hat eine breite Nase. Es tuckert, wie man so sagt. Biertrinker, die sich auf der Promenade ergehen, zwirbeln ihre roten Schnurrbärte, so sie solche besitzen, und wünschen dem Schiff aus innersten Herzen eine gute und beste Fahrt.

Der Kopfhumpen ist ein ganz Seltsamer, ein ganz Eigener. Der hat seine Flausen und Grillen und Hirngespinste. Oft ist er ganz wie ertrunken in seine schönen und schillernden Träumereien hinein. Kann sein, dass er verrückt ist. In tiefer, innerster Nacht öffnet der Kopfhumpen die Truhe und greift in das Wasser und durch und durch, bis er den kalten Humpen anrührt, den kalten. Oder er geht durch den Wald, so leise und schleichend, laut schlägt die Axt, rumort der Wind im Gehölz, doch stehen die Tannen so starr, als wenn sie Menschen wären voller Blut.

Und Züüri? Man will es nicht wahrhaben, man will es nicht glauben, man will es nicht im Mindesten annehmen: Humpert der Herzkopf am Bellevue? Haust der Blutherzer im Niederdorf? Köpft der Waldhauser die Kinder, die nachts nicht schlafen?

Biedere Menschen werden in ganz anderer Weise verrückt als Unsolide. Vielleicht begnügen sie sich damit, rote anstelle von weißen Pelargonien in die Fenster zu stellen. Vielleicht gießen sie bloß nachts Milch auf die Türschwellen ihrer Feinde. Vielleicht laufen sie einfach wirr und wunderlich durch die Gassen, den Stadtberg hinauf, zum Predigerchor, rund um den Predigerchor herum, und dann den Stadtberg wieder hinunter? Wer kennt nicht den Predigerchor? Wer kennt denn nicht die sauberen, braven und guten Gassen des Niederdorfs? Wer wollte denn die gradlinige Hochanständigkeit eines Zürcher Bürgers, und wär' es der letzte und verschmitzteste und verquerkarierteste, leugnen?

Der Augenguck wieder ist frei, fröhlich und immer gradaus in die freie Luft! Der fliegt ja gradezu! Der fliegert so hell und klingend über Land und See, dass einem schier das Herz stehen bleiben möchte, beim Zuschauen, und der Mund offen und der Bierhumpen voll. Ist ein rechter Spring-ins-Feld, unser Augenguck, ein Waldläufer, ein Luftikus, ein Herzbrech und Lufthauser, allemal!

Und Züüri? Ja, wo steckt er denn, unser Augenguck? Trippelt er nicht eben die Stiegen zur Uni hinauf? Dort will er am höchsten Turmknauf seinen Drachen anbinden, in düsteren Bibliotheken der Herzhauser für liebe Schulmädchen spielen. Turnt er nicht gerade geschickt über Zoomauern und Käfigstangen? Dort will er die Waldbären herzen, die Köpfe von Seeaugen begucken. Ja, was treibt er denn da?

Den Berner Mutz kennt jeder. Der steht brummend in einer großen, waldigen Landschaft und hält Wappen und Stadtsäckel umtatzt. Das wurmt die Zürcher. Sie sind Großstädter, haben eine blauweiße Fahne, Kloten, Bahnhof, Uni, Zoo und vielerlei mehr. Ist das Herz eines Republikaners nicht leichter, höher, sonniger? Möge das Räbloch/Skt. Adolfs-Ring den Mutz verschlucken! In seinem Wölfli-Wirbel-Grund tanzen die Vögeli, weit unten, sie rufen! Und Züüri, du Mächtige, dann strahle: der Sternenhimmel, gesehen im Ätherraum!

Jetzt erwache ich, ist auch hoch an der Zeit. Schon scheinen die Sterne durchs Fenster. Was hab' ich getan? Pralinen gegessen, Wein getrunken, allerlei Seltsamkeiten verzeichnet. Selbst den Wölfli Adolf begrüßte ich, obschon der in Bern war, mit Züüri also nicht das Geringste zu schaffen hatte. Seltsam, seltsam! So ein Träumer in einem stillen Zürcher Stadthaus ist wohl das Seltsamste von der Welt.

Ich steige die gewundene Treppe im Haus hinunter. Hinter den Türen höre ich die Menschen reden. Auf mich wartet niemand. Ich trete aus dem Haus, schlendere zur Brücke hinüber, schaue in den Laternenschein, der sanft und wie hingezaubert auf die dunklen Wasser der Limmat fällt.

Ist denn da keiner? Und niemand? Und gar nichts?

O
tell me all about
Anna Livia! I want to hear all
about Anna Livia. Well, you know Anna Livia?
Yes, of course, we all know Anna Livia.
Tell me all. Tell me now. You'll die when
you hear …

Ich traf diesen Herrn in der Kronenhalle, er war ganz allein, wie ich, so war's nur allzu verständlich, dass wir zusammenrückten und ein paar Gläser tranken. Mein Schnurrbart war rot, seiner schon grau. So war das Reden und Erzählen an ihm, ich hörte bloß zu. Was er erzählte? Nun, er sagte mir alles, und es war strömend und schön und irgendwie schimmernd, über diese eine, er sprach mir immer von Anna Livia.

Berlin (1982)

Zugreisen haben ein Seltsames, so oft immer man sie auch unternimmt. Davon später. Ich fahre nach Berlin. Man darf nicht denken: Ich fahre nach *Berlin*, das heißt *Bärlein*. Das hätte dann ein Kleines und Liebebedürftiges und gar nichts Trauriges.

Das Rauschen des Dampfes in den Heizungsrohren, das Zischen. Und all die Menschen herum, die sich ganz ungeniert und ohne es recht zu überlegen *Auf Wiedersehen* sagen. Das Auffalten der Zeitungen. Und wie ganz selbstverständlich die einen zurückbleiben, während die anderen fortfahren.

Ich fahre nach Berlin. Es wird eine Nachtfahrt werden. Noch ist es hell. Nur der Fahrdienstleiter hat bereits seine Handlampe angeknipst.

Die schöne Geschichte des Nachdenkens, im Zug, beim leisen Geplauder der Mitreisenden. Einer dreht das Nachtlicht an. Alle sitzen ganz still in dem blauen Licht, wie Puppen, denen ein wenig kalt ist, ohne dass sie schon frieren würden.

Beim Betrachten einer Unbekannten stelle ich mir vor, es käme anders, und ich träfe die Frau, die ich einmal geliebt habe, und wir führen dann, als wenn es verabredet wäre, einfach fort, bis ans Ziel, wo wir ausstiegen, gemeinsam, als wenn es verabredet wäre, gingen heim und liebten einander, ehe wir – und diesmal für alle Zeiten – auseinandergingen und fort.

Man fragt mich nach der Uhrzeit. Es ist schon dunkel, sage ich, es ist neun Uhr.

Den Titel des Filmes habe ich vergessen, aber ich erinnere mich an die *Story*, ganz einfach, einer fuhr mit dem Nachtzug und erlebte dabei sein ganzes Leben in Rückblenden, in dem Sinn, dass die Bahnstationen die Stationen seines früheren Lebens darstellten oder symbolisieren sollten, ich glaube, es war ein polnischer Film.

Jemand reicht ein Neugeborenes durch die dunklen Abteile. Man flüstert und reicht das warme Bündel weiter. Manchmal lacht das Baby leise, oder es quietscht. Die weißen Tücher, in die es eingeschlagen ist, schimmern im Dunkeln. Alle wissen, dass nicht gesprochen werden darf. Der ganze Zug gleicht einem stillen, abgedunkelten Krankensaal. In den Kurven klirren die Lampendeckel. Ammen entblößen im Dunkeln ihre Brüste.

Diese Schulbank, in der ich sitze, ist aus Holz. Der Lehrer geht durch die Reihen und tippt mich von hinten mit einem Holzstab an. Jetzt bemerke ich, dass die Bank viel zu klein ist, dass ich viel zu groß bin für diese Bank, und dass mein Dasitzen in dieser Bank erbärmlich ist und dass ich gedemütigt werde.

Festlichkeit des Speisewagens! Der fliegende Teppich! Ich lege mein Gesicht an die kalte Scheibe. Dunkles Land. In einer Kurve sehe ich die Spitze unseres Zuges, die bewohnten Abteile, die Geschmeidigkeit der Gelenkwagen. Die Kellner tragen blitzende Tabletts. Ein Herr im Zweireiher setzt sich an meinen Tisch. Er ist müde. Er nimmt seine Brille vom Gesicht. Es ist mein Lehrer. Ich bin Peter Rosei, sage ich, ich war Ihr Schüler. Sie sind groß geworden, antwortet er, sehr groß, ich habe Sie fast nicht wiedererkannt.

Ein Wartesaal, ich glaube, es ist im Krankenhaus. Ich sitze auf einer Holzbank, der Boden ist blankes Linoleum, die Wände sind weiß. Die Türen sind weiß, mit verchromten Klinken und oben dem verchromten Selbstschließmechanismus. Wie komme ich hier heraus? Bis dann von Frauen in Schwesterntracht die Monitore hereingeschoben werden. Jetzt wird es dunkel, auf den Scheiben der Monitore erscheinen Gesichter, viele Gesichter und immer andere Gesichter, die mich anschauen und die ich nicht kenne.

Die schöne Geschichte des Nachdenkens, im Zug, beim leisen Atmen der Mitreisenden. Ich wollte jetzt gerne unter Menschen sein, auf einem Fest. Ich wollte jetzt gerne mit einer Frau schlafen. Morgens, beim Aufwachen, müsste sie sagen: Ich werde dir eine Tochter schenken! Ich würde ihren runden Bauch berühren und fragen: Jetzt gleich?

Ich fahre nach Berlin. Es ist eine Nachtfahrt. Wir fahren. Es wird eine Fahrt in den Morgen werden.

Man fragt mich nach der Uhrzeit. Es wird bald hell, sage ich, es ist vier Uhr.

War es ein belgischer Film, den ich damals gesehen habe, diese Geschichte mit dem Zug?

Es war Winter. Sie hatten ein Feuer angemacht. Alle bekamen zu essen. Schüsseln mit dampfendem Fleisch wurden herumgereicht. Die Gesichter der Essenden waren erhitzt. Alle bekamen sie zu essen.

Was hast du vor?

Sag mir, was willst du tun?

Ich weiß nicht, Vater.

Was willst du tun?

Nichts, Vater, ich weiß nicht.

Nichts!

Und die Frau sagte dann zu mir: Komm, es ist ein schöner Tag! Und ich liefe dann über eine von Raureif bedeckte Wiese, und die Bäume wären so schön und gläsern in dem Frost, und die Frau lächelte mir zu.

Der Junge trägt eine Kappe. Man hat dem Jungen eine rote Kappe aufgesetzt. Der Junge bin ich. Ich laufe durch leere Zimmer. Ich trete aus Spiegeln und gehe durch Mauern. Ich kann fliegen. – Niemand ist da.

Das Langsamerwerden und das gar nicht unangenehme Quietschen der Bremsen, die schlaftrunkene Geschäftigkeit der Fahrgäste, die warmen Gesichter der aufgeschreckten Kinder: Dann ordnet sich die Unordnung, man weiß, man ist angelangt, man steckt den Kopf aus dem Fenster in die kalte

Luft, ein Wintertag und unscharf hineingezeichnet die Häuser der Stadt, die Signale, Bahnsteige und Menschengesichter, ich bin da, ich lebe, ich schniefe, ich rubble meine Augen wach: Hallo, Berlin!

Salzburg (1977)

Ich könnte anfangen mit diesem Satz von Robert Walser, den er von einem jungen Mädchen sagen lässt, so still und für sich: *Was geht mich das Wertvolle an, wo ich das Geliebte haben möchte.* Der Satz würde ganz gut passen, denke ich.

Dann könnte ich an den Sankt-Peters-Friedhof denken oder an den Sebastians-Friedhof in der Linzergasse, und wie von selbst käme mir dabei der Trakl in den Sinn, der nicht weit davon gearbeitet hat, als Lehrling in der Apotheke *Zum Weißen Engel*.

Jetzt könnte ich es ganz selbstverständlich Abend werden lassen, sechs Uhr etwa, ein heller, freundlicher, fraulicher Sommerabend mit leisem Sternengefunkel, da könnte ich mich ganz unauffällig dem Trakl anschließen und ihm folgen, wenn er heimgeht. Wir würden die Linzergasse hinuntergehen, bis zum Platzl, in den Platzl-Keller hinunter. Dort gäbe es ein schlichtes Abendbrot, wir würden ein Krügel Bier trinken und später noch eines und recht nachdenklich in den Rauch der Zigarren und Pfeifenköpfe schauen. Das könnte grade so aussehen, als träumten wir mit offenen Augen vor uns hin. Das könnte schön sein, o ja!

Dann schauten wir keck in die dunklen Gelasse des Steingässchens, erspähten da den Zipfel eines Vorhangs, dort eine uns zuwinkende Dame, so traulich käme uns das vor und gar nicht schmutzig. Könnte sein, dass uns der Hausdiener begegnet, der einen weißen Packen frischer, duftender Wäsche durchs Dunkel trägt. Er grüßt uns gar. Sollten wir hierorts bekannt sein? Aus einer Laune heraus kletterten wir die Stiegen am Felsen des Kapuzinerberges empor, einen Blick auf die Stadt zu werfen. Wie ausgebreitet sie da vor uns liegt, all die Türme und Turmhelme zum Greifen, von Lampen und Lichtern verziert – und eben geht das Läuten der Glocken über den Dächern aus. Da könnte uns doch ein wenig schwer ums Herz werden, so als hätte man auf der feinen Apothekerwaage noch ein Bleiplättchen dazugelegt oder auch nur ein Knöchelchen aus Bein. Doch regte sich nicht auch ein Klingen der Freude, als würde im Inneren der Kuppe des Waldberges ein Nagelschmied sein Eisen hämmern?!

Alles ist uns so still und so gar nicht nach Menschen. Am liebsten fütterten wir die Hirsche, die scheu und ernst aus dem Waldrand treten. Und gerne flögen wir mit den Tauben um die Zelte und Kuppeln der Kirchen, um die Klöppel und Uhrzeiger, stiegen zur hellgrünen Höhe des Abendhimmels, wanderten fort und leichtfüßig auf den Bändern der Wolken.

Grade so war's uns, doch nun ist's anders, wir treten lächelnd in die Feierlichkeit des Kaffeehauses, die ganz aus Licht und Duft und goldenen Holzleisten gemacht ist. Man dreht sich gazettenknisternd nach uns um: Aha, der Trakl! – Und noch einer: *ein Neuer!* Man brächte uns flink den Mokka in winzigen Tässchen, und dann begänne der Trakl wohl zu reden, von den Farben und Festen der Stadt, vom Geistlichen Jahr, von den Hellbrunner Teichen. Und vielleicht fügte er wie beiläufig die alten Namen der Stadtviertel in seine Rede, die da sind *Morzg* und *Schallmoos* und *Gnigl* und *Parsch* und *Maxglan.* Und langsam stiege da ein Trauriges herauf, ein Dunkles wirkte sich in die Lichtkronen der Luster, und wie von fern hörte man dann den Trakl reden, wie einen vergessenen Brunnen.

Nachts wanderten wir durch die Industriequartiere im Norden, und die Nacht wäre kälter, als es Sommernächte für gewöhnlich sind. Schnell gingen wir jetzt, der Trakl und ich, durch die leergefegten Straßen, stünde der Mond, ein böser Zauberer, über den Hochspannungsmasten und Transformatoren.

Und doch, der andere Tag könnte ein Sonntag sein, ein Sonntag im Winter, der recht spät seine Sonnenfinger an die Häuser und Brücken legt! Dicker Nebel über dem Fluss, und helle, elektrische Blitze in dem grauen Emporsteigen, und wie von flüchtiger Hand hineingestrichelt das schlanke Eisengerüst der Stege! Trotz aller Frühe und Kälte könnten wir schon auf dem Mönchsberg sein und der Sonne unsere Hände hinhalten! Wir könnten zwischen den Steinmauern spazieren, über das Laub der Buchen, wir könnten lächeln und ganz schweigsam sein!

Jetzt regte sich das Bürgerleben auf den Plätzen, in den Kirchen feierten sie den alten Kult. Jetzt lachte und blitzte alles in der frischen Luft, Turmknaufe und Fensterscheiben und Messingköpfe. Uns aber betrübte der Frohsinn, der so schnell über Menschen und Dinge hingezaubert war, wir verließen die Stadt, nach Süden zu, gingen gegen Anif.

Und in dem Park von Hellbrunn vollzöge sich eine neue Verwandlung, schon kämen die Schneewolken von den Bergen herunter, das Licht würde fahl. Da könnte der Trakl im Übermut Steine aufsammeln und in die Teiche werfen. Das Wasser könnte langsam gefrieren. *Diese Stadt,* könnte der Trakl sagen, *ist feindlich. Eben weil alles wunderlich ist, gefärbelt, prunkvoll, eben deshalb ist sie es. Ginge es an, zu sagen, sie lügt?!*

Lange wanderten wir zwischen den Tannen. Die Ärmel ihrer Zweige streiften uns. Etwas wie Hass und Verbitterung würde uns erfüllen.

Aber dann, mit dem Niedersinken des Schnees, wär's wieder still in uns, aber nicht Friede, nur Ohnmacht.

Doch könnte es schön sein, heimzukehren, den Schnee aus dem Kragen zu schütteln, in ein warmes Zimmer zu treten. Eben trüge ein Hausmädchen den Tee herein, servierte ihn auf das Tischchen am Fenster. Dort könnte man sitzen, in die Polster zurückgelehnt, hinausblicken in das Treiben der Flocken über dem Platz. Nichts störte einen. Aus dem Dunkel des Raumes leuchtete eine Lampe. Man würde sich vergangener Begebenheiten entsinnen, man würde sie schauen, wie man sagt, man würde ganz leicht und kein bisschen schwindlig werden, nur leicht und aufgehoben. Schön könnte das sein, o ja, das könnte man Glück nennen.

So könnte ich diese Geschichte aufhören lassen, das wäre recht wohlgelungen, denke ich. Aber vielleicht ist es besser, ich schreibe diese Geschichte gar nicht auf, träume sie nur so vor mich hin. Vielleicht ist es besser, ich lasse das Aufschreiben sein und gehe spazieren? Ja, das werde ich tun.

Warschau (1973)

Ich habe überall gesucht, der Stadtplan von Warschau ist verloren gegangen. Alle Stadtpläne sind da, ich betrachte sie gern, unternehme imaginäre Spaziergänge, besuche entlegene Quartiere, erinnere mich. Ich besitze einen Koffer aus Pappe, in dem ich die Stadtpläne aufbewahre.

Wir gehen über jene Brücke, die in den Osten der Stadt führt. Es ist eine doppelgeschoßige Brücke; oben fährt die Eisenbahn, unten die Straßenbahn. Außen ist ein schmaler Steg für die Fußgänger. Selten überquert jemand die Weichsel auf diesem Steg.

Wir vergleichen den Strom mit der Donau. Im Osten wird er von einer breiten Überschwemmungszone begleitet. Es sind verwilderte Wiesen und Tümpel und Buschgruppen und Schotterbänke; allerlei Hütten stehen darüber verstreut. Wir blicken zur Stadt, zum Königsschloss hinüber. Es wird eben wieder instand gesetzt. Arbeiter turnen über das mit blitzenden Metallplatten belegte Dach.

Hinter dem Hochwasserdamm liegt das Areal des Tiergartens. Das Laub auf den Bäumen ist noch spärlich, so können wir über die Mauer des Tiergartens das Löwengehege betrachten. In einer aus Bruchsteinen aufgeführten, künstlichen Felslandschaft liegen die Löwen und schlafen. Nicht einmal die Rufe einer Pfadfindergruppe beachten sie. Die Kinder winken mit ihren roten Halstüchern. Der Anführer bläst in seine Trillerpfeife. Aber die Löwen rühren sich nicht, diese Löwen von Warschau.

Das Gehen in dem grauen Flusssand ermüdet uns. Ein kalter Luftzug weht vom Fluss her. An einer Hütte wird Branntwein ausgeschenkt. Betrunkene Taugenichtse lagern in einer sonnigen Mulde. Es ist Frühling, und bald wird Sommer sein. Über eine andere Brücke kehren wir, den Kreis schließend, zurück.

An vielen Stellen sind Gedenktafeln angebracht für die Opfer des Hitlerregimes. Immer wieder betrachten wir diese Tafeln, versuchen, sie zu übersetzen. Es gelingt uns nicht. Wir gehen weiter. Kann sein, dass wir noch fremder und verlorener sind unter den Menschen auf den breiten Straßen im Zentrum der Stadt, jetzt.

Wir sind im Zimmer. Sehr oft sind wir in dem Zimmer, schauen auf den Hinterhof mit den Mülltonnen hinaus. Dann versuchen wir, zu schlafen, aber wir können nicht schlafen, stehen auf und laufen wieder auf die Straßen hinaus, durch Parks und Straßen und wieder zurück.

An der Stelle, wo die Aleje Marszałkowska die Aleje Jeroszolimskie kreuzt: Von dem neuen Hochhaushotel schauen wir über die weite Fläche des Platzes, den der Bombenkrieg geschaffen hat, zum Turm des Kulturhauses hinüber. An seiner Spitze leuchtet ein Warnlicht für die Flieger. Es ist deutlich zu sehen, umso deutlicher, je undeutlicher die Menschen werden, die über Platz und Straßen hasten, die heimgehen, es ist sechs Uhr, ein leichter Regen beginnt zu fallen.

Die vielen Menschen, die unterwegs sind. Manchmal schaue ich fassungslos in eines der fremden Gesichter. Staub wirbelt auf. Staub auf den Gesichtern. Wieder eines der Mahnkreuze: Ich weiß, diese Zahlen bezeichnen die Opfer. Es gibt so viele Opfer. Ich überlasse mich dem Menschenstrom. Ich kaufe ein Exemplar der Trybuna Ludu. Ich überlasse die Blätter dem Wind. Es dunkelt. In den Vorstädten verliert sich der Verkehr.

Jeden Tag fahren wir nach Wilanów hinaus. Die Straße führt über Felder, an Gärtnereien vorbei, eine Allee entlang. Ich bin müde, und der Himmel ist so groß über der flachen Landschaft, hellgraue Wolken sind darauf.

Die Invaliden im Vorpark: Sie sitzen in ihren Wägelchen in der Sonne, schauen uns an. Bei dem Limonadenverkäufer kaufte ich ein Glas Limonade. Er hat eine verchromte Pressluftbombe, das Wasser kommt aus einem Schlauch, den er an die im Boden geführte Leitung angeschlossen hat. Die Limonade schmeckt nach Eisen, und sie erfrischt mich nicht.

Es ist schön, von der Terrasse des Schlosses über die Weichselniederungen hinzuschauen. Wir gehen durch die Irrwege des Parks, die Treppen an Mauern herab. Es ist sonnig. Wir schauen. Es ist, als ob wir unsere Sprache verloren hätten. Es ist schön, als wenn wir tot wären.

Von Osten her fließt die Weichsel, an den graugrünen Wangen der Ufer, Gänse fliegen auf. Drüben zündeln Kinder am trockenen Innern einer Weide, Rauchwolken steigen durchs Geäst, stehen blau, reglos beinahe, über dem Fluss.

Im abgelegeneren Teil des Parks steht ein chinesischer Pavillon, sein Dach ist geschweift. Dürres Laub bedeckt den Boden. Ein Seitenarm der Weichsel führt heran. Wir streiften an den Landspitzen hinaus, schauten über leere Flächen hinüber zu den Schloten der Stadt.

Eine Touristengruppe auf einem Ponton, Gelächter; die Männer tun so, als wollten sie die Frauen ins Wasser stoßen. Wir beobachten die Szene. Diese Szene verstehen wir, wir wissen, dass nichts geschehen kann, es ist gut.

In der Erinnerung ist über allem diese Müdigkeit, die aufkommt, wenn man sich nicht zurechtfindet, wenn man nicht weiß, was man tun soll. Wir sitzen in dem Café an der Novy Świat Straße, wir verlassen es, gehen in ein anderes Café, gehen in die Bar eines Hotels, verlassen es, fahren zur Gdansker Station hinaus, setzen uns in die Bahnhofsrestauration. Unser Geld wird nicht weniger, wir tun alles, es zu verbrauchen. Wir schauen den Zügen zu, die ankommen und abfahren.

Nachts waren wir wieder in dem Varieté, hörten das Lied von den Sto Dollaruv, deren Besitz so glücklich macht. Wir trinken Wodka, versuchen, möglichst viele Dollars gegen Bewusstlosigkeit einzutauschen. Wir schauen einander an, und wir geben uns zu, wie überflüssig und nutzlos wir sind.

Man erzählt uns von den Theatern und von den Museen, vom Jiddischen Theater und vom Heeresmuseum. Letzteres besuchen wir. Im Park stehen Panzer und Kanonen und zerschossene Panzer. Wir gehen dazwischen herum, gehen und schauen und wissen, dass das, was wir tun, sinnlos ist. Wir reden vom Heimfahren, vom Fortfahren, als ob das Sinn hätte, wir sind unterwegs, und wir geben nicht auf.

Ich besitze ein Köfferchen, in dem ich Stadtpläne aufbewahre. Der Plan von Warschau ist mir abhandengekommen, ich kann ihn nicht finden. Jetzt fällt mir ein, wo ich ihn vergessen habe, im Hotelzimmer, falls das so ist und falls man das so bezeichnen will.

Wien (1977)

Manchmal komme ich mir wie ein großer, weißer, knisternder Drachen vor, der über den Zinshäusern der Vorstadt flattert, der unversehrt die dicken Rußwolken durchsegelt, die aus den ziegelroten Schornsteinen steigen.

Ich habe dieser Stadt den Rücken gekehrt. Ich bin aus dieser Stadt fortgegangen. Viel zu lange habe ich dort gewohnt.

Man könnte sagen, dass ich diese Stadt vergessen habe. Und wenn das nicht stimmen sollte, so stimmt es gewiss, dass ich das möchte. Fragt man mich nach dieser Stadt, so antworte ich, ja, ich bin dort gewesen, aber das ist lange her.

Die Geschichte will sich nicht entwickeln, ich sehe das schon. Soll das so sein? Sollte es eben das Wesen der Geschichte ausmachen, dass sie ohne Entwicklung ist, ohne Anfang, und eigentlich auch ohne Ende?

Gestern saß ich wieder an der alten Stelle, am Wehr, wo das Wasser so still und sprechend darüberrinnt, und dachte daran, wie ich früher gelebt hatte und wie anders ich jetzt lebe. Es kam mir ganz unwahrscheinlich vor, dass ich früher einmal Bewohner einer Großstadt im Osten gewesen war.

Delia: irgendwann einmal werden wir (an welchem Fluss?) auf dieses unsichere Zwiegespräch zurückkommen und werden uns fragen, ob wir einmal in einer Stadt, die sich in einer Ebene verlor, Borges und Delia gewesen sind.

So beschließt Borges seine kurze Aufzeichnung über den Abschied von einer jungen Frau, die er nicht wiedersehen sollte, weil sie starb. Für mich ist das immer eine Geschichte gewesen, die von *Wien* handelt, auch damals schon, als ich noch dort war und lebte.

Manchmal stelle ich mir vor, dass plötzlich, mit einem Mal, alle Kinder die Schnüre ihrer Drachen losließen und diese, solcherart befreit, als bunte, knisternde Wolke über die herbstlichen Vorstädte davonflogen, fortflögen nach Wer-Weiß-Wohin.

Ich habe immer in der Vorstadt gelebt, in den verschiedenen Vorstädten, und vielleicht kommt es daher, dass ich *Wien* nicht als Stadt bezeichnen mag, sondern als bloße Ansammlung von Vorstädten. Und zuletzt ging ich fort.

Ich bereute das nicht. Andere versteigen sich dazu, zu sagen, sie hassten Wien. Da komme ich nicht mit. Man muss sehr stark sein, wenn man hassen kann, richtig hassen. So stark bin ich nicht. So stark war ich nie. Meine Sache war es, ganz leise die Tür zu öffnen, leise und vorsichtig, sie leise wieder zu schließen, davonzugehen.

Manchmal träume ich, ich hätte meine Geschichte verloren, meinen Namen, meine Identität. In diesen Träumen springe ich über eine Wiese, oder ich schlafe im Schatten eines Baumes. Es macht den Anschein, als wäre ich recht glücklich in diesen Träumen, aber das stimmt nicht, denn immer höre ich, sozusagen aus dem Untergrund des Traums, das Klingeln einer Straßenbahn oder das dumpfe Bellen, das Teppiche von sich geben, wenn sie in häuserumschlossenen Hinterhöfen geklopft werden.

Sollte ich *Wien* charakterisieren, so würde ich sagen, es ist Sonntag und Sommer und Nachmittag, und die Straßen sind leer und aus den geöffneten Fenstern hört man undeutlich das Dudeln von Radiogeräten, die ewiggleichen Stimmen von Fernsehansagern, und die Straßen riechen nach süßem Schweiß, und zuletzt stolpert ein Angeheiterter aus einem Gasthaus.

Ich stelle mir vor, dass es beim Heurigen mit einem Mal so still wird, dass man das Fallen einer Stecknadel hören kann. Ich stelle mir das angstvolle Staunen der Gäste vor. Dann tritt ein stämmiger, schwarzgekleideter Mann mit Fiaker-Bart und Melone auf und zeigt allen, die es sehen wollen, wie sauber und gepflegt seine *Pratzen* sind.

Immer wieder erzählte man mir die Geschichte von den drei Onkeln, die den großen Besitz der Familie verlumpt und versoffen hätten. Täglich seien die drei nach Perchtoldsdorf hinaus, zum Heurigen gefahren. Und jeden Mittag hätte es Schnitzel gegeben, einen ganzen Berg von Wiener Schnitzeln. Da seien die drei jedes Mal wie die Uhr aus ihren Zimmern gekommen, fesch, stattlich, Hosenträger stramm über dem Hemd, Bartbinden um, frisch rasiert und immer lustig. Manchmal sei zu dem Mahl auch der eine oder andere Nachbar eingeladen gewesen, aber der hätte sich gar nicht zuzugreifen getraut, in dieser illustren Gesellschaft, so *verhungert* sei er gewesen.

Der Zauberkönig hantiert mit Scherzartikeln. Er zündelt mit bengalischen Zündern. Der Zauberkönig hat sein Geschäft in der Josefstadt. Heute ist er ein bisserl nervös, er muss noch zu einer Totenmesse. Muss die allerweil grad die G'schichten aus'm Wienerwald klimpern, denkt er, wie er am Gymnasium vorbeikommt. Aha, der Herr Horvath, denkt er, wie der grad aus der Trafik herauskommt, grüß Ihnen: Haben S' ein Jux g'habt mit dem Totenschäderl, was letzthin bei mir kauft ham?!

Aus der Geschichte wird nichts; anstatt draußen zu sein, bin ich drinnen. Erst gehe ich rund um die Ringstraße, dann rund um den Gürtel, und die Stadt ist fest und rund aus lauter Häuserreihen gebaut wie ein großes Mausoleum, wie ein gigantischer Ziegelofen, der aber aufgelassen ist, der mitten in einer Gstätten steht, auf dem Gras wachst und um den die wilden Vogerln fliegen mit der wehenden Luft.

Ich stelle mir eine weite Gstätten vor, auf der nichts wie Unkrautstauden stehen, auf sandigem Grund, und Fußspuren sind da, von Kindern, und Reifenspuren von Autos und Ölspuren, und dann ist da ein freier Fleck voller Sand, da knirscht etwas wie steifes Papier, und dann liegt der schöne Drachen da, ganz zerrissen und kaputt, und ich sehe ihn und höre ihn, wie er so knirscht.

Wien ist ja nie weit weg. Das ist immer gleich um die Ecke und wartet. Das ist immer so nah und so bald, dass unsereiner leicht und ohne Weiteres auf den Rasierklingen hinüberreiten kann, wie nix.

Venedig (1979)

Versuchen, Beobachtungen zu machen, versuchen, den Wörtern, in die sich die lose, schöne, chaotische Flüchtigkeit der Eindrücke immer sogleich verfestigen will, zu entgehen; zu schauen versuchen. Fürs Erste ist alles ohne Bedeutung, es ist, wie Wittgenstein sagte, einfach der Fall.

Ein Mann schlief, eine Zeitung unter den Kopf geklemmt, ruhig, an die Einfassung des Pontons gelehnt. Der Kellner klapperte mit dem Kaffeegeschirr. Von der Carmini-Kirche klang das Läuten herüber. Durch den Giudecca-Kanal fuhr dann der große Autotransporter, ein Schiff mit hochgeklappten Rampen, er fuhr zum Lido. Natürlich könnte das eine Bedeutung haben, eine bekommen, indem ich es als Geflecht von Bezüglichkeiten notiere, aber ich will nicht, und so hat es keine.

Es war elf Uhr. Langsam hoben sich die Pontons mit der Flut. Die bunten Tischchen und Sessel darauf waren noch leer. Ich war der einzige Beobachter. Spaziergänger auf dem Zattere. Frauen trugen ihr Erspartes in die Cassa di Risparmio.

Glücksritter nannte man früher jene Individuen, die hinter den Ingredienzien des absolut unirdischen Zustandes her waren, des Glücks eben.

Arbeiter gruben die Straße auf. Mit der Flut steigt auch der Grundwasserspiegel. Immer tiefer gruben die Arbeiter, auf der Suche nach Kabeln und Rohren. Sie trugen Schaftstiefel. Oben, auf den schwankenden Stegen, liefen Mädchen vorbei.

Zu einfach erzählen sich diese Geschichten, das heißt: die Bedeutungen stellen sich ein.

Dieser Hund, dem sie, offensichtlich einer Krankheit wegen, das Fell geschoren hatten. Bloß die Schwanzspitze hatte man buschig belassen, sie zu einer Art von Quaste gestutzt. Auf dem Campo Sant' Angelo sah ich einen Hund, der eine absurde Kreuzung aus Fuchs und Katze zu sein schien. Er streunte, von den Tauben unbeachtet, über den Platz. Bei mir nannte ich ihn: il professore.

Alles ist mir freundlich. Meine alte Hökerin legt für mich das Süßeste von Trauben zurück: So Nietzsche aus dem südlichen Exil. Er scheint sich sehr wohlgefühlt zu haben, die leere Heiterkeit eines Sommerhimmels war an ihm, ehe er endgültig verrückt wurde.

Niemand beachtet einen. Die Freundlichkeit dieser Menschen muss den Bösen kindlich anmuten. Hier fällt es leicht, zu verschwinden, die Seele zu verlieren. Der Satz stellt sich ein: Alles ist irgendwie. Es erstaunt so gar nicht, die Relativität des Subjekts zu konstatieren.

Ich ging über den Campo di Sant' Agnese. Die Blätter fielen von den Bäumen, die dort stehen. Das stumme Grau der Häuser, Wehen von Leintüchern in der Sonne. Eine Katze lief mir über den Weg. Sie trug ein Halsband, blickte mich an mit dem Blick eines Verzauberten.

Auf dem Giudecca-Ufer zerschnitt der Fischhändler den Fisch, das Unbrauchbare warf er ins Meer. Langsam breitete sich die braunrote Trübung im Wasser aus. Die Flüssigkeiten vermischten sich. Möwen umkreisten das Schiff.

Pittura fresca: Ein Kind betrachtete die Aufschrift auf der roten Tür. Durchsichtigkeit vieler Insektenkörper, Flügel. Vorsichtig tippte das Kind an die frische Farbe. Es staunte.

Die Arbeiter auf dem rostigen Müllkahn tranken Wein aus ihren Korbflaschen. Ich erinnerte mich eines Plakates der PCI: E' morto il compagno Mao Tse-tung.

Wieder auf der Giudecca: die graugrüne, regenüberwaschene Verrottung der Cantiere Navale, die Arbeitslosen im Halbdunkel der Trattorien.

Unlängst meinte jemand im Gespräch, dass es unmöglich sei, sich dem Politischen zu entziehen. Der illusionäre Eskapismus vieler Menschen sei gefährlich, vielleicht das Gefährlichste überhaupt.

Nach dem Konzert der Wings strolchte ich ohne Ziel über die Piazza San Marco. Noch war die große Bühne aufgebaut, standen die aus Stahlrohren zusammenmontierten Verstärkertürme. Ein paar Hippies lungerten herum, Überbleibsel der Menschenansammlung, die sich längst wieder in die Alltäglichkeit hineinverlaufen hatte, während auf dem Platz die Straßenkehrer begannen, die Abfälle auf Haufen zusammenzukehren.

Das Merce Cunningham Ballett hat vor Jahren einmal auf der Piazzetta getanzt. Mit großen Reisbesen hatten die Tänzer die schöne abendliche Leere des Platzes in einen Winkel gefegt. Davon waren die Snobs entzückt gewesen.

Nachts in der Haig's Bar, später im Gritti, allerlei Künstler und von der Art. Vollkommenste Öde. Einer erzählte, er habe bei einer nächtlichen Überfahrt den Barhocker versenkt, den er zuvor hatte mitgehen lassen. Er selbst war am Leben geblieben. Ist es moralisch, wenn man solche Leute verachtet?

Gerne gehe ich nach San Polo hinüber, ins Arbeiterviertel. Nachmittags die vielen Kinder auf dem Platz, die unter der Aufsicht ihrer strickenden Mütter spielen. Ich fühlte mich so aufgehoben und sicher in dem Café, dass ich lachen musste, als mir der Titel einer Kriminalgeschichte einfiel: *Trouble is my Business*.

Im Traum beschloss ich, eine Flaschenpost aufzugeben.

Gewisse Bilder sind leider den Schlagertextern vorbehalten, ich war schon ziemlich müde vom Herumlaufen, als ich im Viertel um San Moise die Calle de la Vida entdeckte. Eine Frau lockte ihre Katzen mit seltsam klingenden Rufen. Die Tauben raschelten mit den Flügeln.

Heute war wieder Nebel über der Stadt, warm, knisternd, liebevoll. Das Glockenspiel der unweit gelegenen Kirche weckte mich. Im Hof unten fütterte ein Junge die Truthähne. Eine Hausfrau beugte sich aus dem Fenster und nahm die Wäsche ab.

Als mich die Zigeunerin noch einmal anbettelte, war ich zu müde, mich zu wehren. Schnell steckte sie den Geldschein weg. Das Kind, das sie auf dem Arm hatte, schlief. Natürlich dankte sie nicht, und das war ganz richtig so.

Gespräch mit einem Amerikaner in der Colomba: dieser quälende Optimismus! Die stereotyp propagierte schönere Menschenzukunft!

Leise flüsternd schritten Spaziergänger durch die dunklen Gässchen und Durchhäuser. Da und dort gingen in den Häusern die Lichter an. Weißgekleidete Mädchen kamen aus der Frari-Kirche. Vergebens lauschte ich: Selbstverständlich und ohne Schmerzen war ich mir selbst abhandengekommen.

In dem Film *With Love from Russia* fährt Bond zuletzt mit einer Gondel durch ein sommerliches Venedig. Die Mikrofilme, das Beweismaterial wirft er lächelnd in die fröhlich bewegten Wellen: ein triviales, ein versöhnliches Bild.

Quellenangaben

Die mit SK gekennzeichneten Texte erschienen erstmals gesammelt 1983 unter dem Titel *Reise ohne Ende* bei Suhrkamp / Frankfurt am Main; die mit KC gekennzeichneten Texte erstmals gesammelt 1993 unter dem Titel *Fliegende Pfeile* bei Klett-Cotta / Stuttgart; die mit SO gekennzeichneten Texte erstmals gesammelt 2000 unter dem Titel *St. Petersburg, Paris, Tokyo* bei Sonderzahl / Wien, die mit D gekennzeichneten erstmals 2002 bei Droschl / Graz. Für sich und allein erschienen fast alle Texte zuerst im Feuilleton diverser Zeitungen.

Zitate, soweit im Text selbst nicht ausgewiesen, stammen aus *The Anarchist Cookbook* (S. 155 ff.), von Marcel Proust (S. 123), James Joyce (S. 241), Anna Achmatova (S. 211), Ismail Kadare (S. 176) bzw. sind Selbstzitate (S. 116, 133 und 228 ff.).

Inhalt

Reise ohne Ende